W0086297

PETER JOKOSTRA

DAMALS
IN MECKLENBURG

Roman

WILHELM HEYNE VERLAG
MÜNCHEN

HEYNE ALLGEMEINE REIHE
Nr. 01/8657

Inhalt

Was ist Literatur?

»Eine Flasche der interstellaren Schiffbrüchigen, die wir in die Ozeane der Zeit schleudern, damit die neue Menschheit von dazumal durch uns erfahre, was sie von den vielleicht überlebenden Küchenschaben nicht wird erfahren können: daß hier Leben existierte, daß darin das Leiden vorherrschte, die Ungerechtigkeit vorherrschte, aber daß wir auch die Liebe kannten und sogar imstande waren, uns das Glück vorzustellen.«

Gabriel García Márquez

Prolog

Die Wirklichkeit ist so unwirklich wie die Wirklichkeit, so wahr wie die Lüge, so lebenssatt wie der Tod. Die Vergangenheit ist so nah wie die Zukunft. Die Gegenwart ist die Vergangenheit der Zukunft. Das Meer der Zeit ist mein Herz. Mein Herz ist so tief wie die ungeheure Ebene, wie die niemals durchforsteten Wälder, wie die weglosen Niederungen, die überfluteten Wiesen, in denen die Dränagen, die Entwässerungsrohre durchwachsen sind von Binsen, vom harten sauren Gras der Kranichwiesen, über die sich das monotone zersprungene Saitenspiel der Bekassinen, der Sumpfschnepfen erhebt. Es steht still in der hohen Luft, die kreist und diesen Schwirrlaut immer höher hinauf ins Blau zieht. Das Blau, das damals ewig war, das Ewigkeitswert besaß, weil es undenkbar war, daß jemals eine Unzeit kommen konnte, der Anbruch der Finsternis, in der die Kraniche nicht wieder zurückkehren würden von ihren afrikanischen Seen, aus Uganda zum Beispiel, vom weißen Nil vielleicht, tiefer noch vom Sambesi, von den großen Stauseen, diesen künstlichen Meeren von Menschenhand.

Undenkbar, unvorstellbar für die Visionen erfindende Phantasie, daß die Sumpfschnepfe eines Tages — und dann wird Tag auch Nacht sein — sich nicht mehr emporschrauben wird auf der zerrissenen Geigensaite ihres ungehemmten Jubels. Menschen waren da, die sie daran hindern konnten. Aber die es gekonnt hätten, taten es nicht. Denn es waren Menschen, die die Kraniche erwarteten, die der Sumpfschnepfe mit den von ihrer schweren Hand beschatteten Augen nachschauten in ihrem Taumelflug und wilden blauen Lied.

Manchmal stand ein Graureiher in den verschilften Kanälen, die niemand mehr räumte. Denn das Gras wurde nicht geerntet. Die Vorflut, das Entwässerungssystem, die Dränage waren nicht mehr in Betrieb. Dieses Gebiet von hundert Morgen einst fruchtbarer Wiesen blieb sich selbst überlassen. Es gehörte zwei Herren. Ein buschloser und baumloser größerer Teil wurde von mir beansprucht, wurde mir von niemandem streitig gemacht. Es war meine Bruchlandschaft, meine Raststätte für die Kraniche des Viktoria-Sees, die unterwegs waren, wenn der Frühling begann, irgendwann an einem milden Märztag, unterwegs zu ihren Brutplätzen nach Schweden, Finnland und den baltischen Ländern. Aber das wußte ich damals nicht. Das ist wie die Retrospektive eines unaussprechlichen surrealistischen Traumes. Denn der Traum ist die Wahrheit unseres innersten Erlebens. Er ist unauslöschlich wie ein Siegel, wie der Brand auf der Hinterhand der Remonten, der Pferde aus den fernen, für immer verlorenen Gestüten, deren Vorhandensein imaginär geworden ist wie unser Vorleben.

Ich schreibe von meinem Vorleben, von meiner Wahrheit, die besessen ist von Wahrhaftigkeit.

Dorthin gab es keinen für Autos befahrbaren Weg. Es gab nur Pfade, die heranführten an den schimmernden Silbersee des großen Bruches, dessen mit Erlen bestandene jenseitige Hälfte meinem Nachbarn gehörte, dem Grafen Tiele-Winkler. Hinter diesem vom Herbst bis zum folgenden Sommer unbetretbaren Gelände lagen wie im Schlaf versunken die Strohdächer des gräflichen Vorwerkes Hallalit. Das war mein einziger Bezugspunkt, der Fixpunkt, der mein tägliches Arbeitsleben mit dem Alltag anderer, mir unbekannt gebliebener Menschen verband. Ich nannte sie »Die-anderen-von-Drüben«, »Von-hinter-dem-Bruch«, »Aus-dem-Hinterland«. Ich hörte nur ihre rauhen Schreie, mit denen sie ihre Pferde antrieben, wenn sie den schweren, tiefen Boden umpflügten, den torfigen, den lehmigen, den steinigen auf den kiesigen Kuppen.

Ein Land, in dem es keine Grenzen gab, keine Willkür, keinen fremden Laut, keinen schrillen Mißklang, der das Gehör befiel und die Vielfalt des Daseins auflöste in ein metallisches Kreischen auf den Straßen, in der unheilvoll durchseuchten Luft.

Ich schreibe von damals. Das selbstmörderische Wort »Autobahn« besaß seinerzeit noch keinen Stellenwert, war ein Fremdkörper im Vokabular der Zeitgenossen. Peter Glahn stellte sich die Gegenwart als ein Amalgam aus Vergangenheit und Zukunft vor, unzerstörbar, unauflösbar. Er nahm sie so wahr. Und wie der sie wahrnahm! Er erlitt sie, projizierte sie in sein Bewußtsein. Sie berührte ihn mit ihrem heißen Atem und schuf Leben, sein Leben, seine Wirklichkeit, sein Liepowo.

Also keine asphaltierte Straße führte zu den Hufen 10 und 11, die zusammen genommen 440 Morgen Land umfaßten, und das war dann mein zur Karikatur heruntergekommener Gutshof in Liepowo mit dem Blick über die Kranichwiesen hinweg nach Hallalit, den geduckten Dächern aus Stroh und Schilf, die schon eine Moosschicht angesetzt hatten wie die Patina ferner Kirchtürme, die hier im silbernen Schmelzwasser einen Kopfstand simulierten.

Es gab noch Waldmenschen, Feldmenschen, Kinder der Weglosigkeit, naive Jäger, die ihre Waffen ohne Passion trugen, ohne Haß auf andere Wesen, die wie Menschen aussahen, die ihre Waffen, ihre Mauserbüchsen gegen die geweihten Rothirsche, gegen die wuchtigen Keiler, gegen das Übermaß an Leben aus der Unendlichkeit des Waldes führten. Sie brachten keine Blumensträuße für wartende Kindfrauen, die aus den verriegelten Stuben der Gutshäuser gelockt werden mußten, vielleicht mit einer glänzenden Uniform, an die ein Ritterkreuz geheftet war und die ganze Spange voll minderer Ehrenzeichen, die aber zusammen den Helden schufen, den Superhelden.

Lust an der Zerstörung

Am 1. September 1935 habe ich Besitz ergriffen von den Hufen 10 und 11 in Liepowo. Das heißt, ich traf als neuer Besitzer auf dem heruntergekommenen Hof des Mathematikers Dr. Vollmer ein, der in Berlin wohnte und auf den zu *einem* Gebäudekomplex vereinigten Hufen von zusammen 440 Morgen einen Verwalter wirtschaften ließ. Wenn die üble, denunziatorische, damals im ganzen deutschen Reich — das nun ein nationalsozialistisches war und ein großdeutsches werden sollte — gebräuchliche Redensart von einer »polnischen Wirtschaft« eine Spur von Berechtigung hatte, dann hier, dann traf sie auf diese verwahrloste Klitsche zu. Ich reiste — und ich muß mein Verhalten kritisch glossieren — sozusagen unangemeldet an. Ich rollte mit meiner noch aus Masuren stammenden, von der Firma Braun in Gumbinnen gekauften 250 ccm NSU-D, einem hochtourigen Motorrad, mit einem für diese ganz und gar nicht motorgerechte Landschaft ungeeigneten Viertaktmotor versehen, auf dem im heißen Mittagslicht dösenden Hof an. Ich fuhr vor! Ich war gekommen! Ich erschien wie eine Figur von Beckett, von der total verwirrten Frau des lockenbehangenen Verwalters mit einem verzweifelt lächelnden, aber auch hinterhältig lauernden Kindergesicht — die Locken blond und vom Wind der Ebene gebleicht (das ist ein anderes Blond, ein Kaum-Blond, ein zerwehtes Knochenblond, frisch aus der Sonnenschleuder, taufrisch wie nach einem Sommergewitter) — von der ratlosen jungen Frau mit kaum verhaltenem Haß begrüßt. Von einer Begrüßung, wie sie in guten Zeiten unter Menschen üblich ist, konnte hier keine Rede sein. Denn ich war wie ein Würgeengel über den Schlaf dieses unbeschreiblichen Durcheinanders gekommen. Auflösungserscheinungen, wie sie überall zu bemerken sind, allmählich alles überwuchern mit ihrer Tendenz, ein Chaos zu schaffen, Zerstörung zu hinterlassen.

Ich war voll Schaffensdrang, wollte sofort und noch heute an diesem heißen 1. September alles anders und neu machen. Ich war gerade vor wenigen Monaten 23 Jahre geworden. Da neigt man zur Verzweiflung oder zur Selbstüberschätzung, zur Übertreibung. Ich befand mich nach den ratlosen, hilflosen, allein gelassenen Jahren in Masuren in einer Phase der Euphorie. Meine Krise tendierte nicht zum Suizid, sondern zur Hypertrophierung, zum Übermut — im echten Sinn dieses so mißverständlichen Wortes.

Zuviel Mut also: Das bedeutete, mehr zu investieren, mehr Energien einzusetzen als überhaupt vorhanden waren. Der gute Wille allein, aus einer Jahrzehnte zementierten Mißwirtschaft eine Musterwirtschaft entstehen zu lassen: Das ehrt einen jungen Mann, zeigt aber auch, wie sehr er seine Fähigkeiten, die Möglichkeiten, die ihm zur Verfügung standen, überschätzte. Tabula rasa: gut und schön. Alles, was in sich zusammenfiel: die zerfetzten, halb in das unmittelbar an den Hof angrenzende Bruch geschleuderten Pappdächer, die demolierten Gebäude, vor allem den Pferdestall, dessen Balken sich bogen, dessen Decke durchhing und jeden Augenblick die Tiere unter sich begraben konnte, den Kuhstall, in dem die wenigen noch überlebenden Stück Rindvieh im Wasser standen, im Regen und bald wohl auch im Treibschnee, ebenfalls abreißen. Es galt, nicht aus alt neu zu machen, sondern etwas Neues aus neuem Material aufrichten, die Schuppen, in denen die Landmaschinen verrotteten, auf denen nachts die Hühner schliefen, weil ihr Stall so voll Mist war, daß kein Huhn mehr über diesen Unrat zu seiner Schlafstange gelangen konnte, diesen vom Wind der großen Ebene eingedrückten Schuppen aufzurichten, zu säubern, entrümpeln oder mit dem Tor der einst weiß gestrichenen Heuscheune einfach zu zerhacken, ein Hackfest zu veranstalten mit viel Wodka und Korn. Der Kuhstall war mit dem Schweinestall verbunden, in dem die eingestürzten Buchten, die geborstenen Pfeiler eine Trümmerlandschaft imitierten, lange bevor es diesen Begriff gab. Hier mußte eine Trümmerfrau her! Die Hufen 10 und 11, der Hof der Doppelhufe des Mathematikers Dr. Vollmer mußten enttrümmert werden. Hier mußte ich anfangen.

Ich hatte noch ganz andere Pläne, hochfliegende Pläne, eben die Pläne eines Würgeengels, der keine Pläne macht, die sich verwirklichen lassen, sondern der eine Vision hat. Diese Vision, der Musterhof, mußte sich über Nacht in eine von allen rundum wahrgenommene Erscheinung verwandeln. Aber am Hofausgang, wo das Gelände zu den abgeernteten Septemberfeldern anstieg, wurde gerade der letzte Roggen eingefahren und gedroschen. Ein schwarzes, Ruß und Lärm verbreitendes Requisit längst vergangener Herrlichkeit, ein ungeheures Insekt, eine sogenannte Lokomobile aus der Zeit der Kinderwünsche und Pionierträume von der Dampfmaschine, betrieb den riesigen Lanz-Dreschsatz mit seiner kolossalen Strohpresse dahinter. Der drei Meter hohe und halb verschmorte Schornstein stieß wolkigen Kohlenstaub in die heiße vibrierende Sommerluft. Über dem mächtigen Schwungrad lief ein daumendicker Treibriemen und setzte das Mahlwerk der prähistorischen Maschine in Bewegung, deren tiefes Brummen und gelegentliches Aufheulen, eher ein ohnmächtiges Kreischen, ein Sich-Aufbäumen, obszön wirkte. Ein fünf Meter langes ofenrohrartiges Gebilde hustete Spreu, die ausgeblasenen, nicht mehr verwertbaren Abfallprodukte auf einen himmelwärts wachsenden wattigen Haufen. Es war das Gebläse. Der Wind trug die Unkrautsamen, Distelköpfe, Kamille, Mutterkorn, auch den heute längst aus den Getreidefeldern verschwundenen Samen der Kornblumen und des roten Mohns über die braunen, struppigen, von der Sonne ausgezehrten Randwiesen zwischen dem Bruch, das nun fast trocken lag, und den geräumten Getreideäckern, die links und rechts von einem schmalen steinigen Pfad den Hügel erklommen, mühsam. Man konnte es ihnen ansehen.

Aber wer in eine euphorische Stimmung geraten ist, sich in ihr verloren hat, sieht nur den Himmel. Er sieht auch den Arbeitsvorgang, er kalkuliert den Ertrag, er zählt die Zentnersäcke und denkt in Preisen. Damals gab es für Roggen der besten Qualität, also trocken und nicht ausgewachsen, nicht verkümmert zu Vogelfutter, 7,50 Reichsmark pro Zentner. Ich zählte die gefüllten und abgewogenen Leinensäcke, die rund um die Maschine gestapelt waren, während die rüttelnden Siebe unter dem Dreschkasten das Getreide sortierten, die Spreu vom Roggen trennten. Die schrillen Aufschreie der mißhandelten Maschine alarmierten mich, wenn einer der jungen Männer oder das schöne kastanienbraune »Hawaimädchen«, Heudeckers jüngere Tochter, am Tisch aus Versehen oder wohl eher absichtlich das Messer zum Auftrennen der Bänder, die die Garben zusammenhielten, in die alles zerfetzende und zermahlende Trommel, in den Bauch der aufheulenden Maschine fallen ließen. Dann spuckte sie ihre Weichteile aus, zertrümmerte aber auch Eisenbolzen, Schrauben und Muttern, Bretter, Innereien, die diese alte große Lanz aus Mannheim mit einer Stundenleistung von 35 Zentnern (je nach Art des Getreides, also Roggen, Gerste, Hafer, Weizen oder Gemenge, variierte diese Leistung) zu einem sich ebenfalls auflösenden, nicht mehr funktionierenden Gebilde aus zersplittertem Holz und geborstenen Eisenteilen entstellte. Ihr Todeskampf dauerte lange. Sie wehrte sich. Sie zerfiel nicht, gab nicht auf nach solchen Versuchen, sie unbrauchbar zu machen. Sie verfügte über noch unverbrauchte Reserven in ihrem gequälten, aber stabilen, für Jahrhunderte konstruierten Leib.

Nein, diese Lanz war kein Baukasten, kein Kinderspielzeug. Sie bestand aus bestem Material. Ein Messer in ihren Eingeweiden war noch kein Todesurteil für sie. Sie schrie auf und schleuderte die verstümmelten Teile ihres komplizierten Inneren aus sich heraus, auch das verbogene Messer, auch eine geköpfte Heugabel, die mitsamt ihrem Stiel in die Trommel geraten war. Es waren Verluste, die ihren Zweck nicht erfüllten, aber die an der beschädigten großen alten Lanz Spuren ihres unaufhaltsamen Verfalls hinterließen.

Ich sah diesem Treiben ungläubig zu. Ich wollte nicht verstehen, was mir vorgeführt wurde: die systematische Zerstörung einer Maschine, von der doch alle an ihr Beschäftigten nur das Beste wollen konnten, nämlich die Erhaltung ihres Arbeitsplatzes. Ohne Lanz kein Tanz. Das war meine Logik. Aber sie war falsch. Es war die Logik des neuen Besitzers, eines potentiellen Ausbeuters, eines Antreibers, eines uneingeweihten, unvorbereiteten Zuschauers bei diesem Ritual der Zerstörung, in dem offensichtlich das unbegreiflich schöne, kastagnettenklappernde »Hawaimädchen« — sie handhabe ihr Werkzeug wie in einem wilden exotischen Tanz — die Regie führte. Ich konnte dieses Verhalten, diesen archaischen Vorgang, die Lust am Untergang nicht verstehen, obwohl ich doch kein Mathematiker aus Berlin war, sondern ein Jungbauer aus Masuren, mit einigen Erfahrungen »gesalbt«.

Was sich hier äußerte, war das elementare Vergnügen an der Anarchie, war der Versuch, das Chaos zu provozieren, einen Machtkampf zwischen den Dreschenden und den Profitierenden herbeizuführen. Dann riß der Riemen, und das Schwungrad lief leer, bevor der Meister an der Lokomobile, der Heizer und für den Betrieb Verantwortliche — sein Name war der erste, den ich nach dem des Verwalters Hahnemann und seiner Frau Gerlinde zu hören bekam: er hieß Starke — die Dampfmaschine anhalten konnte. Er begann sofort mit der mühsamen Flickarbeit an dem zerfransten, gerissenen Riemen. Die Zwangspause war eingetreten, ohne daß die alte Lanz noch mehr Haare, beziehungsweise Bretter, ihre Zähne sozusagen, lassen mußte. Die Schüttelsiebe standen still. Kein Korn lief mehr in die aufnahmebereiten, an Hebeln festgeklemmten Säcke. Im mystischen Halbdunkel des Scheunenfaches ruhten sich die jungen und dann auch die älteren Männer, die Waldarbeiter, deren einer der Vater des Kastagnettenmädchens war, mit der Schönen aus. Das war der eigentliche Sinn der Zwangspause. Zu diesem Zwecke hatte das »Hawaimädchen« die Regie geführt, den Betrieb stillgelegt.

Ich zog mich auf den Hof zurück, ging ins Haus, versuchte ein klärendes Gespräch mit dem Verwalter, der servil lächelte, aber ohne seine Augen umstimmen zu können. Sie betrachteten mich nach wie vor mit unverhohlener Abneigung. Seine Frau verfolgte mich mit offenem Haß. Ich war unangemeldet und zur Unzeit gekommen. Wer tut denn das? Wer geht so rigoros mit seinem Mitmenschen um? Ich habe den Schlaf der Träumenden gestört. Ich war als Störenfried in ihr vergessenes Idyll eingebrochen. Ich war kein Mathematiker, kein respektabler Dr. Vollmer. Ich war zu jung für diese Aufgabe, ein Anfänger und ohne Kenntnis der hier herrschenden Rituale. Mein Experiment stand auf schwachen Füßen. Ich hatte mich zu weit vorgewagt. Ich bekam einen ersten Vorgeschmack von den Schwierigkeiten, mit denen ich fertig werden mußte, wenn ich diesen einsam zwischen den Wäldern versteckten Hof aus seiner Lethargie reißen und zu neuem Leben erwecken, zu einem leistungsfähigen Betrieb machen wollte.

Mit diesem Gedanken fiel ich in den traumlosen Schlaf aller Pioniere. Und da fand ich Vorbilder, die mich beschämen mußten, wenn ich überhaupt noch zu einer Reaktion fähig war, nach dieser Fahrt aus dem sorbischen Grodk, meiner Heimatstadt, die auf einem riesigen Braunkohleflöz stand, über Berlin, durch die Schorfheide, an der Dosse entlang bis Wittstock und dann durch das Land der letzten Namen, der Großgüter der Kammerherren von Flotow auf Walow und Woldzegarten, der Herren von Bülow auf Kogel und dem bereits verlorenen Rogeez. Wie verschuldet sie alle waren! Ein Rittergut nach dem anderen fiel an die Siedlungsgesellschaft, wurde parzelliert wie Grabowhöfe, Grüssow, Klocksin, Faulenrost. Da saßen einst die Grafen Hahn. Baumgarten, das der Fürst zu Schaumburg-Lippe hergeben mußte, das Mustergut, gepflegt, aber mit Hypotheken überbelastet. Es war nicht zu retten. Oder das Schloß Reiffenberg bei Lalendorf — und Lalendorf selbst — auf der Waldhöhe, weit über der fruchtbaren Ebene vor Güstrow. Die Grafen von Schlieffen: Auch sie hatten Geschichte gemacht, Weltgeschichte sogar, mit dem Plan, Paris einzukreisen 1914, der dann nicht verwirklicht wurde, da der Krieg gegen Frankreich schon verloren war. Der junge Graf auf seinem letzten 4000 Morgen-Gut Drölitz, das ihm geblieben war nach dem Verlust von Tolzin, wo sich Dr. Vollmers tückischer Verwalter Hahnemann dann eine Siedlung aus bestem Lehmboden erwarb. Oder die Burg Klitz, die den Grafen von Bassewitz gehört hatte und die der Reichsbankpräsident an sich gerissen hatte, damit die Bassewitzens wenigstens gleich an der obersten Spitze der Finanzbehörde beraten werden konnten. Die junge schöne Gräfin heiratete dann meinen Nachbarn, den Grafen Tiele-Winkler — damals, als ich in Liepowo eintraf, war er noch Freiherr. »Komm mit nach Hallalit« hieß die Parole, der die blonde Gräfin folgte. Die Burg Klitz ging verloren in diesen Jahren, als ein Buch erschien, das Zeitgeschichte, Agrargeschichte, die Schicksale der großen Herrschaften, der Adelsfamilien erzählte. »Adel im Umbruch« hieß dieses Buch, in dem ich alles wiederfand, was ich gesehen: die Armut des Barons von Espelkamp, des Barons von Molzow-Wolkow und Rambow, der zwar seine riesigen Güter, seinen so reichen Boden noch halten, aber der sich kein warmes Essen im Speisewagen nach Berlin leisten konnte.

Diese imponierend arrondierten Großgüter, deren Anblick

mich immer zur Bewunderung zwang! Ich konnte mich nicht sattsehen an Wolkow, an Kogel, an Walow, an Satow, an Marxhagen und dem lieblichen Sophienhof der weit verbreiteten Familie von der Horst — es erinnerte mich an Gösta Berlings Eckeby, an Selma Lagerlöfs schwedische Kavalierstragödie —, denen auch das kleine Neu-Schönau gehörte. Der alte Freiherr lebte bis in die 80er Jahre in Westdeutschland. Sein Gut hatte eine eigene Bahnstation an der nach dem Krieg demontierten Hauptstrecke Berlin—Neustrelitz—Waren—Güstrow—Rostock. Das Teilstück zwischen Waren und Güstrow wurde herausgenommen. Da testete die Volksarmee ihre neuen Panzer und andere Waffensysteme. Nach Waren mußte man von Berlin kommend nun einen weiten Bogen über Neubrandenburg machen. Nur auf diesem Umweg erreichte man dann Barlachs Güstrow.

Septembertage waren immer auch historische Tage, veränderten die Weltgeschichte, sofern sie Menschengeschichte war, oft Kriegs-, selten Friedensgeschichte. Ich war mit friedlichen Absichten nach Liepowo in das Niemandsland hinter den Wäldern gekommen. Aber ich würde empfangen wie ein fremder Krieger von einem anderen Stern, und der hieß Berlin, obwohl Berlin nur die Startrampe für meine Expedition in den Dschungel von Liepowo war. Egal: Ich kam als Feind, als Eindringling. Und so wurde ich angesprochen, laut und krähend von der Frau des infantilen Lockenkopfes.

»Wie können Sie hier einfach reingeschneit kommen, wie der erste Mensch? Das ist eine Unverschämtheit. Wo soll ich die Bettwäsche für Sie herbekommen?«

»An der Bettwäsche soll es nicht scheitern«, wagte ich zu erwidern, vorsichtig den mir verbliebenen Freiraum abtastend. »Ich bin der neue Besitzer. Ich habe den Hof von Dr. Vollmer gekauft.« Ich unterdrückte die anmaßende Redensart »Alles hört auf mein Kommando!«

Aber dieser Einwand fruchtete nichts, erweiterte meinen Spielraum nicht. Hier war Sperrgebiet. Ich befand mich mitten in einem Konfliktszenarium, einem Manövergelände, wenn ich diese Abwehr, dieses Ausbleiben jeder auch nur angedeuteten Begrüßung nicht allzu ernst nahm. Hier herrschte offensichtlich ein permanenter Kriegszustand. Es war — um es mit einem Bild zu umschreiben — die windstille Mitte des Taifuns. Gerlinde kochte. Hahnemann fuhr sich in verzweifelter Ratlosigkeit durch seine wilden Partisanenlocken. Ich rang nach verbindlichen Worten, suchte nach einer versöhnlichen Höflichkeitsgeste. Die Verstörung, das, was ich hier angerichtet hatte, war stärker. Es war der Maßstab jeder Reaktion auf mein unerwartetes Erscheinen in diesem vergammelten Idyll. Gerlinde hatte ein Baby und war schon mit dieser Aufgabe überfordert, da das zweite unterwegs war, wie ich bald bemerkte. Ihr irritierter Mann raufte sich sein üppiges Strudelhaar auf dem überproportionierten Kinderkopf mit den gar nicht ländlichen Zügen. Es war eine konturlose, zerflossene Gesichtsmaske.

Geschichte? Ich schreibe hier lediglich an meiner ganz privaten Lebensgeschichte. Die Zeitbezüge sind eher zufällig, ergeben sich aus der jeweiligen tragischen oder grotesken Situation. Aber der 1. September war schon damals ein entscheidendes Datum, eine Zäsur, die für alle einen gewaltsamen Einschnitt in ihr Leben bedeutete. Es gab keine Unbeteiligten, keine Nichtbetroffenen. Es waren ja immer Blutspuren und Blutzeugen zurückgeblieben von solchen historischen Ereignissen, die eine Flut von Gedenktagen auslösten. So ein wolkenloser, heißer Septembertag wirkte wie ein Katalysator auf die Weltgeschichte.

Die Existenzkrise begann im Morgengrauen. Der Tod kam aus den Wolken. In der Frühe des 1. September 1870 blies der Kompanietrompeter Gaude zum letzten Mal seine Reveille, seinen Weckruf, in sein bis zu diesem Tag unversehrtes Clairon. Dann fiel er. Der Kaiser Napoleon III., der seinem Imperatorvorfahren nacheifern wollte, bot Bismarck, dem Sieger, seinen Degen an und kapitulierte in der Schänke von Donchéry.

Mein Vater zeigte mir aus dem Fenster des plüschenen Kaiserzeitwohnzimmers alljährlich das Feuer, das zur ewigen Erinnerung an den glorreichen Sieg der Preußen — denen sich selbstverleugnend die Bayern angeschlossen hatten — an die Schlacht bei Sedan entfacht wurde. Das Siegesfeuer loderte auf dem backsteinroten Bismarckturm hoch über der Stadt, der wie eine versteinerte Weinranke bacchantisch emporwuchs, ein Auswuchs allemal, eine steinerne Grotte mit der Schale für die ewige Flamme. Ich nannte später das Gebilde, das nach dem Ende des Hitlerkrieges zum Museum *gegen* den Krieg zweckentfremdet wurde, meinen »Grottenolm«. Immer war Krieg, wenn Geschichte war. Es gab keine Geschichten in der Geschichte, die nicht vor dem Hintergrund von Katastrophen entstanden. Die Menschengeschichte war seit Entstehen der Gattung eine Katastrophenfolge, eine Katastrophe mit Fortsetzungen bis zum unaufhaltsamen atomaren oder ökologischen Holocaust. Es bleibt bisher allerdings noch offen, welche der beiden Methoden der Selbstvernichtung zuerst zur Anwendung kommt, beziehungsweise sich ohne unser Zutun ereignet. Vor dem Berg und Friedhof beherrschenden Riesenfinger des Bismarck geweihten Turmes schob eine bei Saint-Privat erbeutete Kanone ihr schwarz verwittertes Rohr wie aus einer Kasematte als sichtbares Wahrzeichen ihrer Eroberer, der unfreiwilligen Helden meiner so proletarisch rebellischen Heimatstadt, in den sorbischen Himmel. Später ergriff hier der Arbeiter und Soldatenrat die Macht. Die Sedan-Gedenkfeuer waren erloschen und flammten nie wieder auf. Die Nazis veranstalteten andere Feuer, Freudenfeuer. Die vergangenen Siege zählten nicht.

Es war wieder ein 1. September, als die Bomberströme über meinen maroden Hof hinweg in der klaren Nacht gen Osten flossen, pausenlos. Die Nacht blühte auf im Dröhnen dieser Luftflotten, die von den westlichen Militärflughäfen in Richtung Polen aufgestiegen waren, dirigiert von der Weltgeschichte, der Kriegsgeschichte. Und so war der Tag gekommen, an dem die Zerstörung, die Vernichtung allen Lebens, die Auslöschung begann: der Ritt gen Osten. Der Ritt durch die Lüfte, wie ihn die Besenweiber auf dem Hexentanzplatz geübt hatten. Eine Maskerade war auch dieses Szenarium. Der Tod trägt viele Masken. Er verfügt über ein unerschöpfliches Reservoir von Maskierungen. Er manipuliert das Leben nach seinem Bild. Wo waren in solchen Septembertagen Gott und sein gnadenlos leidender Sohn? Wer konnte sich auf sie berufen? Wer vermochte die Anarchie, die Selbsthinrichtung des »Untieres«, als das sich das menschliche Wesen in seiner äußersten Selbstverwirklichung darstellte, beim Namen nennen? Die Anarchie beim Namen nennen: Das hätte diesen historischen Tagen, dieser letzten Entscheidung einen Sinn gegeben. Den Teufel beim Namen nennen: Beelzebub oder Gottseibeiuns, aber niemals »mein Führer«. Die Geschichte des »Untieres« endet im kollektiven Suizid. Sie kennt nur dieses Ziel. Alle Etappen zu diesem Ziel trafen das Datum des 1. September. Auch meine geschichtslose, ahnungslose Besitzergreifung der Hufen 10 und 11 in Liepowo gehört in dieses Muster, war eingewoben in diesen Rhythmus der Lebenslüge, die den Tod in sich trug wie eine abgestorbene Leibesfrucht.

Ich mit meiner Euphorie, mit meinem Übermut, meiner ungebrochenen Energie, meiner entfesselten Phantasie, die sich hier ein Manöverfeld gesucht hatte: die Vision einer aus Trümmern und schändlich verwaisten Feldern zu schaffenden Musterwirtschaft. Einen Erbhof sollte ich gründen. So wollte es der Kreisbauernführer Lacassé auf seinem Rittergut Alt-Schönau, dem ich als erstem Respekt und Unterordnung fordernden Amtsträger einen Besuch abzustatten hatte, förmlich und vorsichtig, ja nicht verratend, was ich dachte angesichts der Blutfahne mit dem schwarzen Symbol der Todesengel im weißen Feld.

Meine Geschichte begann wie alle Lebensgeschichten, an

deren Ende der Tod wartet als letzte Instanz, am 1. September. Und sie erreichte ihren Höhepunkt vier Jahre später am gleichen Tag, nicht wegen des Überfalles auf meine Freunde im Osten, meine slawischen Brüder, sondern aus ganz anderem, aus ganz persönlichem Anlaß. Es war der Tag meiner gesegneten Lupinenernte. Die bittere, blaue Lupine, die Monate zuvor in der Blütezeit so duftend, ganze Bienenvölker herbeilockend, bis an die Grenze nach Hallalit ein im Licht funkelndes tiefes Blau auf die Landschaft gelegt hatte. Einen blauen Teppich für meine Phantasie. Chagallfarben.

Hier war am 1. September 1939 eine Vision Wirklichkeit geworden. Ich konnte die zuerst nur als Gründüngung vorgesehenen Lupinen reifen lassen und als Saatgut ernten und einbringen. Sie waren gereift in diesem letzten heißen Vorkriegsaugust. Mein treuer Slowake Moravec setzte eine kunstvoll gegen den Regen abgedichtete Miete am Weg zum Hof. An frostklaren Wintertagen konnten wir dann die knochenharten Körner aus den Schoten dreschen.

Sedan oder Polen, Verdun oder Warschau: Die Faust, die mitten ins Leben schlug und alles traf, jede Erinnerung auslöschte, traf *mich* an diesem glanzvollen Tag nicht. Der dicke Bezirksbauernführer, der über mein Vierzig-Morgen-Feld bis an die Grenze nach Hallalit stampfte, um mir zu sagen »Der Krieg hat begonnen. Jetzt kriegen die dreckigen Polacken den Arsch aufgerissen wie damals der Franzmann bei Lüttich« (er meinte die Belgier), war Wachtmeister im ersten Weltkrieg gewesen, Wachtmeister bei der schweren Artillerie, der Festungen zu Staub zerhämmernden Artillerie.

»Ab heute müssen alle Fenster verdunkelt werden. Kein Lichtschein darf zu sehen sein, sonst«, fügte er drohend hinzu, »muß ich Sie melden wegen Sabotage.«

Ich hörte mir das an wie einen schlechten Witz. Hier gab es außer meinem Trümmerhof kilometerweit kein Haus, kein

Leben. Außer Hirschen, Wildschweinen, Rehen, Füchsen, Dachsen, Mardern, Reihern, Schwänen und erst im nächsten Frühjahr wieder den durchziehenden Kranichen gab es hier keine Bombenziele. Aber Befehl ist Befehl, auch wenn er von einem Analphabeten ausgesprochen wird.

Zu den »Polacken« äußerte ich mich nicht. Zu dem Befehl sagte ich, einen großen Schwatt Lupinen mit der breiten Holzgabel auf den Erntewagen schaufelnd: »Jawohl, Herr Ortsbauernführer, ich mache alles dunkel. Jetzt kommt die große Dunkelheit. Und Tag wird es erst wieder, wenn es keine Polacken und Bolschewisten mehr gibt.«

Ich hatte diesen gewichtigen Mann provozierend zum Ortsbauernführer degradiert. Aber er war so erfüllt von seiner Mission im Auftrag seines »Führers«, daß er diese Infamie überhörte.

»Richtig«, sagte er zufrieden und schwitzte, kochte geradezu unter seiner Uniform, seinem Parteibonzenpanzer, »und dann kommen die Bolschewisten dran, die werden sowieso alle liquidiert.« Oder sagte er, weil er dieses neue Wort noch nicht gelernt hatte, »ausgerottet«, oder eher noch »weggepustet« wie damals in Lüttich die Panzerkuppeln der belgischen Forts?

Ich schöpfte eine Kelle voll Himbeersaft aus der Zwanzigliterkanne. Auch meine Auflader und der Gespannführer Starke tranken, schluckten schwer an dem Brocken des Bauernverführers mit den eisigen Augen und dem negroiden Mund, den wulstigen Lippen, aus dem die Haßperlen sprudelten wie die Blasen aus einer perforierten Lunge. Aber Lungenschuß war erst für später vorgesehen. Wir ließen nicht den Krieg hochleben. Wir feierten Lupinenernte. Die Mission des Bauernfängers war beendet. Er hatte mich gewarnt. Ich wußte erneut: Es gibt keine Einsamkeit jenseits des Lebens, in der du dem Untier entgehen kannst. Du kannst dich nicht verbergen. Du mußt zur Lupine werden, um einen Sinn zu finden in dem Zerfall des entarteten Gens, das die Erde zerstört, um Platz zu finden für das eigene Autodafé, für die Selbsthinrichtung. In diesem Geist leben wir, er garantiert unsere Freiheit zum Tode.

Liepowo — Vorgriff auf Vergangenes

Ave, Boldebuk, Faulenrost, Gotthun, Kuchelmiß, Pekkatel, Rogeez, Rothenmoor, Serrahn, Vietgest und vor allem und dies zuerst, sozusagen als Zäsur mit unbeschränkter Erinnerungspflicht: Hallalit. Das sind Namen, an die du dich halten mußt, wenn du mich finden willst. Der Wegweiser dieser Erinnerung, die ein absolutes Gedächtnis voraussetzt, zeigt auf eine Diagonale. Sie durchschneidet die Landschaft von Hohen-Wangelin im Westen dieses Spielraumes, den ich mir für mein junges 23jähriges Leben erobert habe, in einer Steilkurve oder auch Steilschrift, je nachdem, aus welcher Perspektive man Räume sieht und aufschlüsselt, bis Hallalit am östlichsten Rand meines Gesichtsfeldes. Dort habe ich mich, sozusagen wiederum improvisiert, aber mit dem Ziel der Endgültigkeit, niedergelassen.

Liepowo heißt dieser Schnittpunkt meiner verwirklichten Träume, Träume, die Gestalt angenommen, die festen Boden unter den Füßen haben, die nicht wanken und nicht weichen mit der Morgendämmerung, die ein fatales Zwielicht über die ruinöse Wirklichkeit wirft. Mein verwirklichter Traum, die Verinnerlichung meiner vagen Wünsche, Wurzeln in diese spröde Erde zu schlagen, sie wachsen zu lassen und eingebettet zu sein in dieses Land. Hallalit ist der Endpunkt der Diagonale von Hohen-Wangelin, dem auf Sand gebauten Dorf, in dessen Mitte sich der Gutshof der Witwe Bentin befindet, mit ihrer mutigen, vierspännig fahrenden Tochter. Vierspännig, das heißt zwei Pferde an der langen Leine, die Vorderpferde genannt, und auf dem Sattel rechts der Fahrer, hier die kühne Fahrerin, an der linken Hand das Handpferd: Das ist ein Gespann. Ein Gespannführer lenkt wie in Masuren vier Pferde. Er trägt die Verantwortung für ihr Leben und ihre Leistung. Er ist Herr über dieses Vierergespann.

Also dieser nach dem Tod des Herrn Bentin vernachlässigte Gutshof, den diese energische Tochter aus dem Verfall heraus in die Rentabilität zurückführen möchte, ist das erste und auch schon einzige Bemerkenswerte in diesem vergessenen Ort. Von Hohen-Wangelin — auch das ist zu erwähnen und geht allen Überlegungen und Spekulationen voraus — gibt es keine Straßen, keine gepflasterten oder gar asphaltierten Chausseen. Sternförmig verlieren sich die sandverwehten und grobkiesigen Landwege, Pfade, Pisten in der hügeligen Weite. Eine Kirche, die einzige im Raum dieser Diagonale, die ihren östlichen Bezugspunkt sucht, stößt kurz vor dem Ziel, im letzten Drittel ihrer acht Kilometer langen Spur, auf die neun Bauernhöfe, die neun Hufen. Jede Hufe verfügt über 220 Morgen Land.

Was für ein elendes, armes und schwer zu bearbeitendes Land! Was für Plagen! Was für eine Hungerzone wäre das, wenn dort nicht ein seltsames Geheimnis die Not in einer Weise bannen würde, die eine Erklärung wert ist, sie sogar notwendig macht. Denn jeder Kenner — es sind außer den neun Bauern von Liepowo nur durchreisende Landfahrer, Tippelbrüder, vielleicht auch einmal ein Vermessungstrupp, Getreideaufkäufer, Viehhändler — jeder kennt den Spottvers auf diese Landschaft jenseits der großen Verbindungsstraßen, jenseits aller gewohnten und vorstellbaren Maße, den Spottvers, der mich nicht abhalten konnte, gerade dort meinen Traum zu Ende träumen zu wollen. Mein Traum, der der Alptraum der anderen, der Traumlosen, der Heimatlosen, der Phantasielosen — und das sind alle

Hoffnungslosen — ist: »Vor Hohen-Wangelin mußt du fliehn! Nach Hallalit komm mit!«

Muß dieser schlimme Vers, dieser Kalauer, wirklich kommentiert werden? Er sagt ja: Hier kannst du nicht träumen, nicht leben, nicht satt werden. Hier mußt du scheitern. Aber gerade hier an diesem Punkt, wo das Meßtischblatt die zwei Hufen 10 und 11 in einem Gebäudekomplex als Doppelhufe ausweist, wollte ich anfangen zu leben, *mein* Leben zu leben, nicht das mir von anderen Instanzen, von Eltern, fremden Herren zugedachte Leben: das Leben am Anfang jeder Geschichte, die allein meine Geschichte sein konnte und niemanden außer mir etwas anging oder ihm etwas bedeutete.

Am 1. September 1935 traf ich in diesem Planquadrat auf das, was in diesem Raum von dem Gebäudekomplex übriggeblieben war. Zuvor stattete ich dem Dorf Liepowo — was heißt hier »Dorf«? — einen »Antrittsbesuch« ab. Ein kurioses Unternehmen. Ich sprach ja eine andere Sprache, ein berlinisch eingefärbtes Hochdeutsch. Hier als absolute Fremdsprache nahezu unverständlich, vor allem — was mich sofort ins Aus katapultierte, mich belastete, Unsicherheit in mir hervorrief — verdächtig, höchst verdächtig, eine windige Erscheinung. »Der wird hier auch nicht alt!« Das war der Unterton in diesen Gesprächen, die eher Monologe waren, zu Monologen geronnen. Mütze hochgeschoben, sich am Hinterkopf gekratzt, bedenklich ins Weite — hier war alles weit, in die Endlosigkeit vorgetrieben wie ein Tunnel in einen Floz — geblinzelt und dann abgewinkt.

»Die Hufen 10 und 11 sind total ruiniert, kaputt, heruntergewirtschaftet von diesem Mathematiker und seinem Schwiegersohn, einem Diplomlandwirt, keine Ahnung von einer Ahnung, Früchtchen, schiefe Figur, Schulden, alles verjubelt, arm dran die ganze Klitsche dort unten.«

Das war die Auskunft des vierschrötigen Bauernverführers, rotborstig, etwas vom Wildschwein, so eine Art Sippenkeiler, der seine Rotte von neun Bauern, inklusive seine wuchtige Führerfigur, zusammenhielt und für den »Sieg im Osten« präparierte. »Also, hier gibt's keine Roten!«

Ach ja, die Bauern, diese neun Bauern der neun Hufen: Das war keine zum Verheizen bestimmte Dutzendware. Das waren echte Nachkommen aus dem slawischen Bauernadel, Obotriten, keine Zugezogenen, Zugereisten. Ich sehe ihre Höfe, nenne ihre Namen, blicke gebannt in ihre Gesichter. Unvergeßliche Gesichter, jedes anders gefurcht, aber von demselben Wind gebräunt, mit dem Brand der Remonten gezeichnet. Keine Elchschaufeln, keine Trakehner natürlich. Aber von einer leichten Luft geformt und zugeschnitten, die über endlose Wälder strich, ehe sie sich hier auf diesen Kieskuppen niederließ und dann eindrang in die wenigen fruchtbaren Mulden, auf die spärlichen Wiesen, die Weideflächen, auf denen immer einer aus den Familien die kleine Viehherde hütete. Niemand besaß mehr als zehn Kühe. Aber alles Land war zaunlos. Alle Häuser waren türriegellos, alles für alle offen. Persönlichkeiten waren die Hüter der Häuser und Höfe. Es gab in den sechs Jahren meines Lebens mit meinem vergeblichen Traum, der sich zuletzt in Asche, in einer Feuersbrunst auflöste, keine Gewalttat, keinen Einbruch.

Man nahm sich aber, wenn sich die Gelegenheit bot, was man vom Nachbarn brauchte, auch einmal einen angeschossenen Keiler nach einer Staatsjagd im riesigen staatlichen Revier, in den Schonungen, die bürstendicht herangewachsen waren und Rothirsche, Damhirsche, Schwarzwild und Rehe in großer Zahl als Standwild beherbergten. Man beobachtete diese Orgien, die der Jagdherr, der Gauleiter Hildebrandt — er war Landarbeiter gewesen vor seiner Berufung in das hohe Amt — aus seinem fahrbaren Jagdhaus dirigierte. Man verfolgte die Treiber, und was angeschossen durch die Schützenkette brach und dann im Hinterland verendete, das holten sich die wachsamen Bauern in der Nacht nach dem Jagdfest.

Dann blieb nur die Stille ständiger Gast in den Wäldern. Ich meine die aufgeforstete, weil unrentable Domäne Cramon. Zweitausend Morgen Kiefern-Monokultur waren dort gleich hinter meiner Grenze zum Staatswald bestimmt worden. Niemand außer den Förstern und Jagdhütern hatte Zugang zu Hildebrandts Reich.

Der Domänenpächter Hohl behielt den Rest, das Restgut, wie es im Fachjargon heißt. Restgüter gab es überall, wo es Pleiten, Unrentabilität, Zwangsversteigerungen, auch Angstverkäufe von Großgütern gab. Also hier hieß das Objekt Cramon. In diesen etwa zehn bis fünfzehn Jahre jungen undurchdringlichen Schonungen, mit kniehohem Heidekraut bewachsen, befanden sich die Wochenbetten der Rothirschkühe, der Bachen, der Ricken. Dort standen tagsüber die Kronenhirsche, suhlten sich die Keiler, suhlte sich die ganze Rotte der großen Schwarzwildfamilien, oft zwanzig Tiere in einer Rotte, je nachdem, wieviel Frischlinge eine Bache warf. Ich beobachtete oft Würfe von sechs und mehr schwarzgelb gestreiften, hochbeinigen Jungtieren.

Die Bauern wohnten in dem zweitkleinsten Dorf, das ich jemals gekannt habe, in Liepowo, das den Namen »Dorf« nur verdient, wenn man es abhebt gegen die absolute Menschenleere, das Umland ohne jede menschliche Siedlung in der Weglosigkeit des Cramoner Forsts im Süden, angrenzend an die waldnahen Felder und Kieskuppen der Hufenbauern.

Das kleinste Dorf hieß Jerischke und hatte 87 Einwohner und lag weit weg von meinem damaligen Zielgebiet. Es drängte sich erst wieder nach dem Krieg in meine Erinnerung, nachdem ich die Spur zu den neun Bauernhöfen inmitten der Menschenferne längst wieder verloren hatte. Da schob sich das Erinnerungsbild an die nach frischem Holz duftenden Dörfer der großen Ebene vor Moskau dazwischen, Chagallbilder, die alles andere zuvor Gesehene überdeckten, einfach auslöschten mit ihrer lichtstarken Farbigkeit.

Aber hier muß ich von dem zweitkleinsten Dorf erzählen. Schreiben, aufschreiben, was man gesehen hat, was man weiß, was wahr ist, ist ja immer ein risikovoller, unausweichlicher Zwang, ist Notwendigkeit, die die Not, mit unserer Erinnerung allein gelassen zu werden, mit ihr leben zu müssen, wendet, sie in Mitteilung umsetzt im Warten auf den Gesprächspartner, auf einen Zuhörenden, einen Mitlesenden, einen Godot. Godot ist gekommen. Es ist nicht wahr, daß er nicht kommt. Das ist die Antwort auf die Frage nach dem Sinn solcher Niederschrift. Er kann ja immer noch kommen. Er kann ja aufgehalten worden sein, kann an der Kreuzung nach Hallalit den Weg nach Liepowo und weiter nach Hohen-Wangelin verfehlt haben. Die Abzweigung über Felsbrocken einen Hang hinab durch einen Buchenhochwald, ein Buchenaltholz — wie es der Forstmann nennt —, das noch zum Revier des Grafen von Nachterstedt-Hoym gehört; und von dort muß jeder Wegsuchende kommen, der zu den neun Bauern der neun Hufen will. Er muß heraufsteigen von dem Bahnhof des gräflichen Rittergutes Vollrathsruhe, am großen Gutshof und stilvollen Schloß vorbei in einem Bogen rund herum um die Anlage und dann auf der Rückseite des Parkes mit dem hohen, schmiedeeisernen Gitter weiter auf einer Landstraße, die aus tiefen Schlaglöchern besteht und einem schmalen befahrbaren Randstreifen für Radfahrer und Motorradfahrer — Optimisten allesamt —, falls diese hier einmal den Versuch wagen sollten, meinem Hof in der Mulde hinter dem Buchenaltholz oder zwei Kilometer weiter den anderen Hufen einen Besuch zu machen. Es wird immer ein eher erzwungener, unfreiwilliger, eventuell geschäftlicher oder amtsnotorischer Besuch sein.

Von den neun Bauern — wie aus Barlachs Holz geschnitten — leben, wohnen — hausen müßte ich es richtiger nennen — zwei auf Kieskuppen, auf den Hügeln, zu denen ich aufblicken kann aus meiner »mystischen Tiefe«. Da ist mein nächster, bester, vertrautester und mitverschworener

Nachbar, ein routinierter Wilddieb, wie ich dann mit seiner brüderlichen Hilfe selbst einer wurde, Dobbertinsky, ehemaliger Tischler, der hier mit Frau und zwei Söhnen — von denen einer leider Reiter bei der Wehrmacht wurde und damit für den Hof verloren war — einen ebenfalls total heruntergekommenen kleinen Hof, eben seine Hufe, unter Jahrhunderteichen, bewirtschaftete, ebenso verbissen und fanatisch wie ich, bevor mein Traum verbrannte.

Dann auf dem gegenüberliegenden Hügel, kaum sichtbar — nur die Dächer schoben sich über den Rand der Kuppe — der Hof des kleinen, stillen, aber tatkräftigen Lindner. Die anderen sieben Hufenbauern bildeten den »Dorfkern«: Von mir zu erreichen, gleich hinter dem See ohne Namen, an den meine Viehweide grenzte, der aber allen gehörte, von dem gesagt wurde, er sei sehr tief, in der Mitte zwölf oder fünfundzwanzig oder gar fünfzig Meter. Das lotete niemand aus. Das blieb reine Spekulation. Jedenfalls war er klarer als die Sonne an einem frostigen Wintertag mit 40 Grad Minus vor Moskau.

Der erste, den ich erreichen konnte, wenn es mich zu einem Gespräch über das Wetter, über die Saat, die Ernte, die Preise, die Herde verlockte, dieser mir ganz zugetane Hüne, eine Fernandel-Erscheinung, dunkel, und mit brennenden Augen, dieser gute Nachbar hieß Kowalz, und Konrad hatte er als Vornamen erhalten seinerzeit von dem weißhaarigen Vater, der immer noch die Zügel fest in der Hand hielt, den Hof nicht abgab an den Sohn, der auch schon Mitte dreißig war und eine ebenso schöne wie stolze Gutsarbeitertochter geheiratet hatte, die ohne Ambitionen einfach da war und tätig war und sich stellte, sich einsetzte, auch wenn sie keinen leichten Stand in diesem Betrieb hatte — die schwache Position aller Frauen im Patriarchat, im bäuerlichen »Machismo«: Konrad Kowalz also. Und dann Klinke mit seiner schlanken kinderlosen Frau, der wortkarge Bürgermeister, und weiter auf der gleichen rechten Seite der immer unter einer Staubfahne schlafenden

Dorfstraße der Ortsbauernfänger Schaufuß und der Parteileiter Marinus, ein verschlagener, hinterhältiger Zuträger und Denunziant — wie wir noch erfahren werden —, Schwager von Schaufuß, also die gefährliche Clique. Ganz zuletzt am Dorfrand die Gastwirtschaft, die nur an Regentagen geöffnet hatte, weil auch zu ihr 220 Morgen Land gehörten, die Familie Bleicher. Eine liebenswerte, ganz zaghafte Frau Wirtin, der ich im Suff einmal ihre neue Kaffeemühle mit einem gezielten Fausthieb von der Wand schlug und zerschmetterte. Der Sohn war ein starker Trinker und Gefolgsmann des »Führers«, donnerte wie besessen mit einem schweren Motorrad durch die Weglosigkeit, auch ein Gezeichneter, ein Todesanwärter. Das war auf dieser Seite schon alles. Linkerhand wohnte keine Franziska, sondern der reiche, wohlbeleibte Bauer Borjack mit Frau und Tochter, die noch jung, kaum 16 war, blond und scheu und noch lange keinen Freier brauchte. Sie schlief türriegellos.

Dann gab es noch eine einklassige Schule mit einem jungen Lehrer, der ein Stadtmensch war, sich nicht anpassen, kein Taigamensch werden wollte und einfach nicht mitgezählt wurde, nicht dazugehörte. Er war bei keiner Orgie dabei, zum Beispiel, als wir in einer Nacht einen ganzen vom Bürgermeister Klinke geschossenen drei Zentner schweren Keiler mehr versoffen als verfressen hatten. Erst als kein Knochen mehr übriggeblieben war — die hatten sich die Wachhunde und Katzen geholt —, war Zapfenstreich im vollen Sonnenlicht dieses Morgens im Paradies gewesen.

Aber ganz hinten hinter den sieben Hügeln mit den sieben von niemandem je gesehenen Zwergen lebte noch der Junggeselle Kuhklack mit der schiefen spitzen Nase, den schmalen eingesunkenen Schultern, dem kranken wie von Tränen feuchten Gesicht, den hilflosen Augen, der kaum hörbaren wie schon erloschenen Stimme, die mühsam Satzfragmente zu formulieren versuchte, was ihr immer mißlang. Er hatte es von allen am schwersten. Er vegetierte auf dem ärmlichen Boden und war bereits zum Phantom geworden. Ich glaube, er sah sich selbst, sein ausgetretenes Spiegelbild im Sand nicht mehr ... Hinter ihm das blitzende, ganz gesunde Auge des Sees, der so namenlos war, daß selbst ich ihn immer nur als Fata Morgana in der Steppe wahrnahm.

Das ist die Topographie und der Schauplatz meiner Lebensgeschichte am Vorabend des Holocausts, im Vorhof der Menschenhölle. Eine Heimsuchung, von der zwischen Hohen-Wangelin und Hallalit niemand etwas jemals am eigenen gepeinigten und hingemordeten Leib erfahren mußte. Die Bauern lebten jenseits von Gut und Böse, und das heißt in ihrem Fall jenseits der Geschichte, aber auch von Eden. Sie blieben draußen vor der Tür zum Niemandsland. Sie waren wirklich frei. Sie bestellten und ernteten, sie hatten einen Herrn über sich, der alles befahl — und entschied: die Jahreszeit. Pans Schatten erhob sich hinter allen Wegen.

Aber Schaufuß und Marinus? Diese irdischen Plagen, waren sie nicht Mitwisser, wenn nicht gar Anstifter aller Verbrechen in der uns umgebenden Taiga, der ungeheuren Waldsteppe, die unsere Felder einkreiste und überwucherte? Gehörten sie nicht zur Legion der Henker? Waren sie nicht die anderen, die Mitschuldigen, die mehr wußten, als sie sagten? Außer den Bauern lebten noch einige Unbehauste, befristet und nie dazugehörig, unter ihnen. Knechte wurden sie damals genannt.

»Mein Knecht bekommt 30 Mark im Monat und will noch mehr. Ist das nicht total verrückt?«

Das konnte der 80jährige Kowalz senior sagen und war dabei ganz rot vor Ratlosigkeit und Zorn. Heute hätte man seinen Blutdruck gemessen, und der wäre dann wohl so bei 230 oberer Wert festgestellt worden.

»Ich habe gehört, Sie zahlen Ihren Arbeitern 50 Mark. Das ist doch nicht wahr. Oder?«

Er wurde zum gallischen Hahn vor soviel Unverstand.

»Ja, das stimmt«, gab ich zurück. So empört sah ich selten einen Menschen in den Jahren, wo die Weisheit des Alters mit den Schultern zuckt und das Denken keinen Spielraum mehr besitzt. Ja, und Bahles und Tschrapp, über die zu berichten sein wird, waren die beiden bauernschlauen Waldarbeiter, die zwar im Dorf wohnten, aber täglich zur Staatsförsterei Kraatz fuhren, zu der das Revier Cramon gehörte.

Später kam die Nacht vom ersten Kriegstag zum zweiten, vom 1. zum 2. September. Die brütende Stille nach der Glut des Tages. Die Ahnungslosigkeit der Betroffenen. Das waren wir. Denn wir nahmen kaum wahr, was geschah. Es war so unvorstellbar fern von uns hier, umgeben von dem schützenden Waldgürtel. Die abgeernteten Sommerfelder, die reifenden Hackfrüchte, die Kartoffeln, die Rüben, die Kohlrüben (Wruken genannt wie im Masurischen): Sie atmeten die Nachtluft ein. Sie breiteten sich aus unter der brütenden Stille. Als der Abendstern über Hallalit erschien und funkelnd mit seinem Dämmerlicht prahlte, entzog sich das Land ganz dem Geschehen, das auch ihm nichts bedeutete. So muß es gewesen sein. Darüber dachte ich, darüber dachten bestimmt die anderen Bewohner des Hofes, die sich zuerst wie ich den Lupinenstaub aus den Poren spülten, nicht nach. Dieser begonnene Krieg war so fern, so entlegen, so unverständlich in seinen Motiven, daß er in uns nichts bewirkte. Es gab keinen Alarm »Heraus aus den Bunkern und Gräben, der Iwan ist da!«, wie es dann später, nur drei Erntejahre später auch mich nicht verschonte, nicht ausließ aus der Rechnung, die die Geschichte präsentierte. Es war nicht meine Geschichte, nicht meine Rechnung, und ich mußte sie doch begleichen.

Der Abendstern über dem schlafenden Land, die bevorstehende Hackfruchternte, zuerst die mit ihrem welkenden Kraut herb duftenden Kartoffeln — dafür mußte ich Akkordarbeiter suchen, das wäre im Tagelohn niemals zu schaffen gewesen —: Aber wo standen in diesem September die Kartoffeln? Wie waren meine Felder in der Fruchtfolge eingeteilt? Diese Details lassen sich nicht mehr ermitteln, das Muster ist nicht mehr rekonstruierbar. Aber das Lupinenfeld könnte ich heute noch bestimmen, würde ich abschreiten. Führt mich hin, ich zeig es euch! Es zog sich von dem Feldweg, der aus dem Taigawald heraus zu meinem Hof führte, bis an die aus dem Cramoner Forst meine Feldmark überquerenden und dann durch den zerrissenen Grenzzaun nach Hallalit führenden Wildwechsel.

Das alle Kriege, alle Schicksale, alles Leben und allen Tod ignorierende Land lag nun unter dem ausgestirnten Himmel. Noch war es still unter dem großen Wagen, dessen Sterne wie Wahrzeichen in der Unendlichkeit aufflammten, einer nach dem anderen. Das war meine Stunde. Die Jagd konnte beginnen. Das waren die guten Begleiter meiner nächtlichen Ansitzstunden auf der Jagdkanzel unmittelbar unter den hohen Buchen des Staatsforstes, die der alte Förster Vogelsang aus der Revierförsterei Cramon überwachen sollte. Über diesen Ehrenmann und großherzigen Waidmann, der sein Amt nach der Pensionierung noch einmal übernommen hatte, weil die jungen Förster zum Wehrdienst herangezogen wurden, muß etwas gesagt, beschrieben, erzählt und aufbewahrt werden.

Meine Jagdkanzel stand wie eine Herausforderung direkt auf der Grenze. Ich hätte sie dort nicht stehenlassen dürfen. Aber die Brüder Vollmer, beide passionierte Jäger — der Mathematiker und sein weniger erfolgreicher kauziger Bruder, der Porzellanvertreter — hatten sie dort errichtet.

Vogelsang sagte einmal zu mir: »Was Sie schießen, muß ich nicht abschießen. Ich habe die Wände voll Trophäen. Du lieber Himmel, was habe ich nicht alles erlegt in über fünfzig Dienstjahren in diesem übervölkerten Revier. Aber wenn Sie meinen läufigen Dackel Waldi — ein guter Bauhund, Fuchsjäger, nur vor dem Dachs muß man ihn bewahren, der zieht sich bis in den letzten Winkel seines Baues zurück, flüchtet nicht wie der Fuchs; der Dachs stellt sich zum Kampf, ein Prankenhieb würde meinen Waldi erledigen —, aber wenn Sie ihn nachts oder wann immer in Ihrem Revier beim Wildern erwischen, dann gebe ich Ihnen jetzt schon die Vollmacht, ihn zu erschießen. Sie können ja nicht wissen, daß es mein Dackel ist. Jeder Hund, der räubert, ist ein Wilddieb, und da darf es kein Pardon geben... Aber wenn Sie Waldi und mich einmal brauchen sollten, die Fährte eines von Ihnen angeschweißten Keilers oder Rothirsches, natürlich auch Rehbockes — das gilt für alles jagdbare Wild — in unserem Staatsforst durch die Dickungen zu verfolgen, dann stehen wir jederzeit zur Verfügung.«

Das versprach Vogelsang beim Grog in Gerlings Bahnhofswirtschaft in Vollrathsruhe, und er hielt Wort. Worthalten war damals eine ebenso selbstverständliche Tugend unter Landleuten wie ein Geschäft per Handschlag zwischen Viehhändler und Bauern, zwischen Aufkäufer und Verkäufer. Die Zeit der Verträge, die beschlossen werden, um sie nachher zu brechen, war noch nicht gekommen, jedenfalls nicht hier in unserem letzten Arkadien, in der Taiga. Das war es natürlich nicht für alle. Aber für mich, für den jungen Traumtänzer, dessen Träume einer nach dem anderen zerronnen waren, galt es noch. Meine Heimat Arkadien! Ich habe sie überall und immer wieder vergeblich gesucht, und stets glaubte ich, sie gefunden zu haben. Nun aber, unter dem großen Wagen mit dem Abendstern zur Linken, dem Glitzerlicht über den immer tiefer ins Nächtliche versinkenden Feldern, war meine Welt noch in Ordnung. Sie war überschaubar, sie war begrenzt auf 440 Morgen Eigenjagd. Hier durfte ich alles tun, was das Jagdgesetz erlaubte, und noch einiges darüber hinaus, was es verbot.

Ich hatte mir den Lupinenstaub aus den entzündeten Augenlidern gewaschen, hatte mich präpariert auf die zweite Kriegsnacht, die für mich in keiner Weise mit diesem Ereignis etwas zu tun hatte. Die herztötende Teilnahmslosigkeit der Erde, dieses Stückchens Erde, dieses winzigen Ausschnitts aus dem Meßtischblatt der Strategen konnte ich damals nicht wahrnehmen. Ich war mit ganz konkreten, greifbaren, vernünftigen — Krieg ist ja der Triumph des Wahnsinns, und ich war seinerzeit noch nicht wahnsinnig! — Tätigkeiten beschäftigt. Ich mußte meine Mauserbüchse, ein Repetiergewehr mit gezogenem Lauf und aufgesetztem Zielfernrohr mit Nachtbeleuchtung — vierfache Vergrößerung des anvisierten Zielobjektes — vor dem Schuß liebevoll einer Schonbehandlung unterziehen, das heißt, den Lauf säubern, ihn von Öl- und Pulverresten befreien, ehe ich hinausging in diese lastende Stille, die noch kein Schrei durchbrach, noch kein schreckender Rehbock, kein bellender Fuchs, noch kein Eulenruf, noch kein Schuß aus einem anderen Revier, das an mein Arkadien angrenzte.

Eine Nacht wie alle anderen Jagdnächte zuvor. Die Geschichte, die Weltgeschichte kann man nicht von Sternbildern ablesen — die Venus reagierte nicht auf den Überfall auf Polen —, nicht aus der von Erntedüften satten und schweren Erde erfahren, nicht aus dem hellen Hetzlaut der Waldohreule, die sich auf den noch stehenden, mit Absicht stehengelassenen Getreidepuppen niedergelassen hatte. Ihre behaarten spitzen Ohren hoben sich ab vom Nachthimmel, der das Licht der Sterne reflektierte.

Ich ließ immer etwas von der Ernte für die Tiere zurück. Diese Reste einer Sommerschlacht lockten das Wild herbei. Besonders Rothirsche und Schwarzwild weideten gern an solchen Futterplätzen, die ich den ganzen Winter mit Nachschub versorgte. So hielt ich das Wild in meinem Revier. So kam es allnächtlich aus den Cramoner Schonungen. Und manches Stück Wild lief mir so vor die Büchse.

Meine Mauser war eine durchschlagende Waffe mit einem Kaliber 8 × 57. Wer da kein Sonntagsjäger war, wer den Schuß nicht verriß, wer Zielstachel und das Blatt oder den Hals des zu erlegenden Wildes punktgenau zur Deckung brachte, der mußte Jagdglück haben. Eine stille Jagd. Ein

Schuß mußte genügen. Kein Halali wie bei den gräflichen Treibjagden, die ich nicht ausstehen konnte wegen diesem enormen Aufgebot erlauchter Namen und der Großsprecherei, der Prahlerei mit Abschüssen. Dort gab es Strecken von 700 Fasanen und Rebhühnern, 50 Füchsen, 80 Stück Schwarzwild — manche uralte Keiler, gefürchtete Einzelgänger darunter — 60 Stück Rot- und Damwild. Rehe blieben tabu. Die starken Böcke hob der Graf für sich allein auf. Sein Förster Reul, jung und drahtig mit dem Kaiserbart »Uns hat's gereicht«, pardon »Ich hab's erreicht«, bewachte diese kapitalen Böcke und sorgte dafür, daß keiner über die Grenze wechselte, was er nicht immer verhindern konnte.

Diese geschichtslose Nacht der Weltgeschichte, in der Polen brannte und starb, war in meinem Reservat für Außenseiter eine ganz gewöhnliche, spannungsreiche Jagdzeit. Parole: Warten auf eine Beute, die mir der vom Kreisjägermeister Bönisch genehmigte Abschußplan gewährte.

Aber dann kam aus der Ferne über den Hügeln des Dorfes und noch von weiter her, von den Ausläufern der Milchstraße, den sich drehenden Nebeln unter dem Sternenmeer dieses nie zuvor gehörte tiefe Dröhnen, dieses absolut nicht erklärbare Fremde, die Bedrohung. Sie kam wieder wie in der Nacht zuvor, als der Krieg begann im Morgengrauen. Es kam heran und überzog die brütende Stille mit Unruhe, mit flackernden Lauten, die auf- und abschwangen, mal näher, dann wieder ferner.

Es war eine Blutorgie, ein Rausch des Mordens, Henkens und Folterns, ein Gemetzel, damit Deutschland großdeutsch wurde und alle Länder und Völker Europas heim ins Reich der Dämonen führen konnte. Denn nur *ein* Herrscher sollte die Zukunft der Völker bestimmen und die Erde besitzen. Der hatte um 4.30 Uhr befohlen, Bombe mit Bombe zu vergelten, auch wenn noch gar keine gefallen war, die es zu vergelten gab. Er, der mächtigste aller Dämonen, befahl, daß es diese Bombe geben mußte, die zu rächen war, daß diese »Polacken« vernichtet, ausgelöscht, getilgt werden mußten auf der Landkarte Europas mit ihren Engeln und ihrer schwarzen Madonna. Auch Tschenstochau sollte ausradiert werden und dann natürlich das schlimmste aller Verbrecherquartiere, die Hochburg der Rassenschande: Warschau. Dann das Denkmal des Kopernik, der Wawel, das Königsschloß, die Marszalkowska, das Herz Chopins. Und das schwarze Blut quoll aus dem dichten von Splittern zerfetzten Fell des Widders.

Ich summte, um die Stille zu durchbrechen, meine Unrast zu betäuben, das alte Wandervogellied aus den Jahren in Grodk in der sorbischen Heimat: »Die roten Husaren, sie reiten, sie reiten niemals Schritt. Herzliebstes Mädel und du, du kannst nicht mit ...«

Es waren Ulanen, die damals ausgeritten waren mit der gefällten Lanze gegen die Panzer mit dem Balkenkreuz. Aber die Mädchen, die zu Hause bleiben mußten, gerieten unter die Panzerketten oder wurden in die Bordelle getrieben. Die Ulanen kamen nicht zurück. Keiner kam wieder. Alle blieben draußen auf den blutigen Weiden. Auch diese Geschichte wird niemand mehr erzählen, wenn wir nicht mehr als Zeugen in den Stand gerufen werden.

Singe, mein Herz. Du singst für keine Menschenohren. Die Waldohreule ist abgestrichen von ihrer im Regen der letzten Wochen schwarz gewordenen und nun wieder grün keimenden Roggenpuppe. In dieser Nacht wechselte kein Hochwild unter meiner Jagdkanzel vorbei zu den Kartoffelfeldern nach Hallalit. Der Schuß wäre ins Leere gegangen.

Die Taiga

Wo lebte ich eigentlich? Wie war ich hierher gekommen? Ich muß zu den Fakten zurückfinden. Jede Geschichte hat ihre Vorgeschichte, auch wenn diese Vorspiele, diese Prologe für den großen Auftritt in der nächsten Generation bereits vergessen sind. Die Fakten der Geschichte sind allenfalls Sperrmüll auf dem unbesteigbaren Berg, einem Vulkan oft, des unbewältigten Lebens. Frage heute einen nicht einmal ganz dummen Zeitgenossen nach Dien-Bien-Phu und ergänze diese Frage noch mit dem Hinweis, daß es Frankreichs Stalingrad war. Frage eine Generation später nach Tschernobyl. Diese Fragen haben nicht mehr Gewicht, lösen kein größeres Echo aus als ein »Heiteres Beruferaten«.

Mein Vater, Akademiker alter Schule, streng, abweisend, fremd, aber immer glatt gebürstet, hatte kein Verständnis für meinen jugendlichen Anarchismus. Die letzte große Familienkrise wurde von Tucholsky verursacht, nämlich durch sein Buch »Das Lächeln der Mona Lisa«. Das fand mein Vater — er trug »Vatermörder«, diese steifen Stehkragen, in denen der Hals wie in einem Schraubstock steckte, Rudimente der Kaiserzeit, der »schönen Epoche« — unter meinen Büchern und gleich auch die Stelle, die das Buch einem Autodafé im Wohnzimmerofen auslieferte. Es ging dabei um die »kotzenden« Saxo-Borussen, um diese schlagende Verbindung vom feinsten Geldadel...

So eine Schweinerei gehörte auf den Scheiterhaufen. Mein Vater veranstaltete dieses Feuerwerk, lange bevor der braune Schreihals aus Braunau am Inn und sein Windmacher und schlechter Bücherschreiber Klein-Goebbels daraus ein Volksfest à la Hexenverbrennung machten.

Dann sprach mein Vater ein Machtwort. Ich war aus Masuren als Verlierer zurückgekommen, hatte dort total versagt, obwohl das Land mich so verzaubert hatte, daß ich in einen halluzinierenden ökologischen Rauschzustand geriet. Es gab ja noch keine echten Sorgen um das Überleben des Menschen auf der Erde.

Und nun setzte ich meine Lehre, meine Elevenzeit bei einem sehr mutigen und zähen Gutsbesitzer in unserem Heimatkreis Grodk fort. Dieser Herr Köhm brachte die von seinem Vater, einem Ex-Rittmeister, ruinierte Klitsche wieder in Schwung. Er war sparsam, einfallsreich, ein fanatischer Landwirt. Diesen Keim setzte er in meinen masurischen Mutterboden. Aber als ich der kleinen frechen Mamsell Kathi das Frühstücksbrot an die Backe klebte, weil es eben fast nur aus der Grundsubstanz Brot, aber nur andeutungsweise mit einem als Wurst bezeichneten Aufstrich bestand, als das passierte und ich noch rabiater wurde, weil Kathi nur darüber lachte, ihr ankündigte, »ich würde Ihnen die Fresse polieren« — nein, ich war kein feiner Mensch, kein Vollakademiker, eher schon ein Randalierer aus Bakunins verlorenem Haufen, so kurz vor dem Triumph der Anarchie in Barcelona und Durrutis Tod im Kampf um die Universität von Madrid, nur ein Jahr später — als das alles mit Tucholskys Verdauungspastillen zusammentraf und mein Vater die Widmung »Warum lächelt die Monalisa? Weil sie Hutchinsons Verdauungspastillen gegessen hat und seitdem von ihrer lästigen Verstopfung befreit ist«, als diese Orgie von Provokationen ein geistiges Koma signalisierte, vor dem er seine Standesehre retten mußte, als sich diese Anzeichen des Entstehens einer anarchischen Anti-Gesellschaft mehrten, rief mich mein guter alter, aber im Jähzorn völlig unzurechnungsfähiger Vater zu sich. Er rief den Notstand aus. Das geschah in einer feierlichen Zeremonie.

In klarer Strenge sagte er: »Ich zahl dir jetzt dein Erbe aus. Kauf dir davon eine Landwirtschaft. Dann brauchst du mich nicht mehr. In Groß-Görigk bei dem Herrn von Diepow wohnt ein ehemaliger Güterdirektor des Kammerherrn von Wülisch aus Mecklenburg. Der kann dich beraten und einen Makler finden, der dir ein Angebot macht. Mit diesem alten Herrn Schröder fährst du dann nach Mecklenburg oder meinetwegen auch Hinterpommern, jedenfalls weg von hier. Und wenn ihr etwas gefunden habt, das dem Schröder und dir gefällt, kauft die Klitsche. 40 000 Mark in bar, der Rest als Hypothek. Mehr ist nicht drin. Dein Bruder bekommt seinen Anteil nach dem Studium. Der wird es zu etwas bringen, wird Akademiker, Jurist oder Arzt. Mit ihm kann ich mich sehen lassen.«

Ich war 23 geworden in diesem Wonnemonat, in dem die Winterstürme wichen, weichen sollten, und konnte immer noch nicht schwimmen, weder in Mecklenburg noch in Hinterpommern. Meine Kondition war miserabel. Aber nun ging es los. Das »Unternehmen Monalisa«, wie ich meinen Landkauf in Mecklenburg dann beziehungsvoll nannte, konnte steigen. Der alte dicke, rund- und rotgesichtige, stiernackige Ex-Administrator des Kammerherrn auf Walow und Woldzegarten war sofort bereit, die Sache in seine geschickte Hand zu nehmen. Der Rest war Routine, nämlich eine Geldfrage. Die große Firma Schumann und Co. in Berlin-Kurfürstendamm hatte kleine und große Güter en masse anzubieten. Die Junker verkauften, um der Pleite zuvorzukommen. Die großen Latifundien wechselten oft jährlich ihre Besitzer. So schnell folgten die Pleiten aufeinander. Das Angebot war enorm. Aber für mich und mein schmales Handgeld von 40 000 baren Piepen kam nur eine kleine verlassene und nahezu unverkäufliche Klitsche in Frage. Aber auch das gab es bei Schumann und seinem Kompagnon Weigand, einem schneidigen, großschnäuzigen, aber gut informierten ehemaligen Freikorps-Offizier der legendären Brigade Ehrhardt.

»Auf nach Berlin«, hieß die Parole. Und mein Vater durfte zum Kaufvertrag nachkommen. Mit mir allein wollte Schumann nicht abschließen. Der Vollakademiker mußte bürgen.

»Na, dann wollen wir mal«, sagte Weigand, und wir stiegen in den Luxusliner der Firma Schumann, starteten vom Kudamm in Richtung Nauen, um vorher noch im Osthavelland einige marode Güter zu besuchen, die sich vielleicht verkleinern ließen und einige hundert Morgen besten Lehmboden, Güteklasse 1, abstießen, um sich zu sanieren. So rasteten wir bei dem jungen Witzlack in Kantow, der schwer in der Bredouille saß. Er empfing uns auch, wollte sofort 250 Morgen an uns verkaufen, hatte aber nur ein backsteinrotes Gutsarbeiterhaus für mich zur Verfügung. Außerdem lag das Land weit entfernt vom Zentrum des Gutsbetriebes. Das war nichts. Weiter, bei Herrn Ribbeck auf Ribbeck im Havelland und seinem Märchenbirnbaum vorbei.

»Der ist auch bald am Ende, will aber nicht verkaufen.« War ja auch zu groß für mich. Also weiter über Wittstock, Freyenstein nach Malchow, direkt ins Herz Mecklenburgs zu den Obotriten zwischen Seen, Wäldern, bunten Hügeln und roten Rittergütern. Was ich da unterwegs sah, ließ mein Herz lärmen. Soviel Frieden konnte es doch gar nicht geben auf unserer friedlosen Erde, wo sich Schläger vom RFB und der SA täglich die Visagen einschlugen.

Keiner kennt mehr die Namen. Ich nenne sie. Wir fuhren über Altenhof. Es gehörte den von Bülows. Kogel, Rogeez: alles noch die Bülows, Rogeez war allerdings verloren, gesiedelt. Dann nach Grüssow auf der Höhe, auch parzelliert. Und immer weiter an kilometerlangen Roggen-, Weizen- und Gerstenfeldern entlang, an Kartoffel- und Rübenäckern vorbei, an der berüchtigten Kneipe »Zum Knorrnpunkt« vorbei, ohne anzuhalten.

»Gesoffen wird erst am Übernachtungsziel, dem Hotel Kronprinz in Malchow.« Zuvor erklärte Weigand noch die so gegensätzlichen wirtschaftlichen Verhältnisse auf den beiden aneinander grenzenden Domänen Penkow, groß und beherrschend, solide und gesund, und daneben Roez, klein und geduckt. Der Pächter Rau in Penkow ein perfekter Landwirt, schlau und nicht unterzukriegen.

»Der schmeißt den Laden«, sagte Weigand anerkennend. Roez war nur ein abfälliges Daumenzeichen nach unten wert.

»Der zappelt sich ab und kommt auf keinen grünen Zweig.«

Was sollte da nur aus *mir* werden? Ich bekam eine Vorahnung von den Katastrophen, denen ich entgegenfuhr und denen ich ausgeliefert wurde, wenn Weigand den allzu opportunen Schröder davon überzeugte, daß er genau das Richtige für mich zu bieten hatte. Aber endlich war die Seenstadt Malchow erreicht, das liebliche Landstädtchen, das dann erst die unterirdischen Munitionsfabriken und Depots aus seinem Tiefschlaf wecken sollten, schon wenige Jahre später. Noch hatte diese Landschaft Schonzeit bis zum letzten Appell.

Weigand kündigte nach einer vollmundig durchsoffenen Nacht bei der Abfahrt vom Malchower »Kronprinz« etwas lustlos an: »Jetzt kommt der wilde Westen!« Das war zuerst auf den jämmerlichen Zustand der Chaussee gemünzt, die nach Vollrathsruhe führte. Heute und hierzulande wäre das lediglich ein Schotterweg gewesen. Aber kann man die Vergangenheit, das einmal Gewesene und niemals Wiederkehrende mit unseren Maßen messen? Kann man unsere Perspektiven auf fünfzig vergangene Jahre anwenden? Kann man darauf bestehen, daß das, was unsere Augen gesehen haben, wann auch immer, als feststehendes Erinnerungsbild erhalten bleibt und Gültigkeit hat auch für Bewertungen, die aus einer völlig veränderten und weitgehend zerstörten Umwelt resultieren? Wie kann ich etwas erzählen und das Gewesene auch als das Seiende ausgeben? Hieße es nicht, den Augenblick zur Ewigkeit verdammen, die Bilder, die uns begleiten, in magische Zeichen verwandeln, sie gerinnen lassen, aus der Bewegung heraus in Beton gießen?

Ich kann aber nicht meine Erfahrung, meine kritische Bewertung der Vorgänge, der Geschehnisse, die mein Bild von der Vergangenheit prägen, einfach ausschalten. Ich kann die fünfzig Jahre zwischen damals und heute nicht zurücknehmen. Ich muß auf zwei Ebenen leben, im Zwiespalt, in der Gegenüberstellung. Das heißt: Alles Erzählte kann nur paradox sein. Die Geschichte, und gerade die private Geschichte, ist ein Paradoxon. Ihr Erkennungszeichen ist das Absurde. Eine Chaussee 1935, im Jahr der Improvisation, ist keine Chaussee 1986 im Jahre der Perfektion. So fuhr ich in mein mecklenburgisches Abenteuer.

Wir ließen noch zwei Großbauernhöfe hinter uns. Dann kam nur noch Wald. Wo kommt heute nichts außer Wald? Weite offene Heidewälder schoben sich heran, drohten über uns zusammenzuwachsen, sich zu verknoten, uns einzuspinnen. Die Taiga hatte uns eingeholt, die mecklenburgische Taiga, endlos, menschenleer, kaum befahren. Wer sein Auto liebt, der läßt es hier zu Hause. Schlaglöcher im geschotterten Weg so tief wie Wolfsgruben, Fallen für die ahnungslosen Pioniere des wilden Westens, Autofallen. Dazu ein »Bilderbuchwetter«.

So würde man es heute nennen, wo Landschaft fast nur noch in Bilderbüchern vorkommt. Wälder, die rauschten wie ferne Meere, wie ein Heer von Wildgänsen, wie ziehende Schwäne. Wälder, die wirklich sangen, die den starken pochenden, manchmal auch stotternden Motor der Maklerlimousine übertönten. Singschwäne, die den Himmel verdunkelten. So zog es über uns dahin, das Wipfelvolk. Es wuchs über uns zusammen, ein Geflecht. Seine Reflexe brachen das Sonnenlicht dieses Junimorgens, gitterten uns ein. Die Gespräche verarmten. Es gab keine Großgüter mehr mit ihren tragischen, komischen, ja lächerlichen und diffusen Familiengeschichten, diese Tragik des »Adels im Untergang«, keinen Stoff zum Fachsimpeln.

Schröder rauchte eine schwarze Zigarre und versank in Bewunderung, dann in Bewußtlosigkeit. Die Zigarre rauchte ohne ihn, sie schwefelte vor sich hin, konnte im Zugwind nicht erlöschen, bevor sie ausgekohlt war und Schröder die Finger verbrannt hatte. Jeder Genuß machte ihn sonst redselig, und je schärfer das Nikotin, das er begierig einsog, um so gesprächiger wurde er. Er ließ sich nicht von der ungeheuren Weite einfangen und mundtot machen, er nicht, aber ich, der mündig gewordene Sohn des slawischen Raumes, der Slamener Heide, die mich nun hier wieder einzuholen schien — ich tauchte in meinen nie erfüllten Traum, eines Tages wie Hamsuns »Pan« unauffindbar zu werden, Teil der Endlosigkeit, eine Wurzel unter dem zerstampften Menschenland, eine vergessene Wurzel vom frevelhaft gerodeten und zertretenen Baum des Lebens, eine Wurzel mit nicht vorhersehbarer ungeheurer Sprengkraft unter den mörderischen Landstraßen.

»Diese Wälder stecken bestimmt voll Hochwild, Sauen und Kronenhirschen«, stellte Schröder mit geschrumpfter Zigarre lediglich fest. Es war Halbzeit in seinem genüßlichen Landschaftsdiskurs. Breite Wildwechsel, gelb gefegte Chausseebäume, glatt wie Knochen, ließen auf starke Rotwildrudel und Schwarzwildrotten schließen. Da kannte sich der alte Administrator aus.

»Ja, hier ist allerhand los«, bestätigte lapidar, eher uninteressiert Weigand. Er war unterwegs, um eine bisher unverkäufliche Klitsche an einen Dummen, einen jungen Anfänger zu verscherbeln. Er war kein Jäger, er war Schürzenjäger, wie es sich für einen ehemaligen Hauptmann der Brigade Ehrhardt gehörte. Bis auf die Poren glatt gehobelt glänzte sein frischrasiertes Kölnischwasser-Gesicht mit den leeren Augen, die ein Schimmer von Interesse belebte, wenn es um ein Objekt ging, zu dem wir unterwegs waren — nach Liepowo zu der Hufe 10 und 11, dem 440-Mor-

gen-Hof des unglücklichen Mathematikers Vollmer, der —
laut Weigand — »so richtig aufs Kreuz gelegt worden war
von seinem Schwiegersohn Brendler, der dabei war, dem
Lebensversicherungsspezialisten das letzte Hemd auszu-
ziehen oder, falls der nicht spurte, ihm die ungeliebte Tochter, die junge aber unscheinbare Jutta Brendler, geborene
Vollmer, zurückzuschicken, per Nachnahme und Eilpost,
wenn sie nicht von allein die kaputte Klitsche räumte. Er
selbst ist schon auf und davon.«
Weigand war Offizier und Makler und außerdem ein Berliner. Was kümmerten ihn Schröders Hubertushirsche und erfundene Saugeschichten. Das ganze Leben war eine Sauerei. Jetzt kam der Epilog. Und dessen Text stand fest. Er mußte dem Junglandwirt Peter Glahn diese Westernkulisse als
Prärie verkaufen. So durchfuhren wir schließlich das Wald-
arbeiterdorf, ein langgezogenes Straßendorf, Nossentiner
Hütte. »Hütte« paßte genau auf alles, was sich an der Straße
kilometerweit entlangzog, was sich dort metastasisch aus-
gedehnt hatte, ehemals backsteinrote Katen, jetzt vom Alter
zernagt. Das einzige Gasthaus sah nicht besser aus. Keine
einladende Raststätte. Weigand wollte nur noch ans Ziel. Gefeiert war nun genug. Jetzt wurde angeboten, schmackhaft
gemacht und abgeschlossen. Allerdings, ich muß zugeben,
dieser flotte Verkäufer des Unverkäuflichen war schlau genug, auch auf Mängel hinzuweisen, Negatives nicht auszu-
klammern, nicht zu unterschlagen. Die wasserhellen wachsamen Augen des alten Fachmannes Schröder hätten ihm
jede Schönfärberei und Aufdringlichkeit schnell verübeln
können. Ich selbst mußte es schlucken, wie es auf den Tisch
kam. Ich war entschlossen, in diesen Wäldern zu leben. Liepowo konnte meinetwegen ein Vorhof der Hölle sein. Pan
hatte auch nicht gewählt, nicht gezögert, als er das einsam-
ste Versteck für seine verlorene Liebe suchte und über dem
Fjord fand, allein mit seinem Hund und den Schneehüh-
nern. War das Literatur? Dann war diese Literatur meine
Wirklichkeit, mein Leben.

Nach einigen Kilometern, die diese Hütte, dieses Hütten-dorf Nossentin verschlungen hatten, zeigte eine kaum noch lesbare Holztafel einen Weg nach rechts an: »Försterei Kraatz, 500 Meter.« Das war schon ein freundlicherer Hin-weis, der in meinen Zielbereich führte. Aber da dröhnte Weigand schon: »Hier versuchen wir jetzt über Ho-hen-Wangelin sozusagen die Front von hinten aufzurollen. Wir kommen so durch das Dorf Liepowo — da sehen Sie gleich, wie es bei Ihren zukünftigen Nachbarn zugeht — und bei dem Orts- und Bezirksbauernführer vorbei. Diese Leute sind gute Informanten. Dem Schaufuß — so heißt der Mann —, schweigsam und schwierig, sollten wir mal auf den Fuß treten. Konsultieren nennt man das wohl. Viel-leicht spuckt er etwas über das Gut vom Vollmer aus. Ich war, seit er es von einem gewissen Hoepker übernommen hat, nicht mehr vor Ort. Dem Hoepker, der jetzt eine Schweinefarm in Berlin-Britz hat, geht es finanziell nach der Pleite auf seinem Hof 10 und 11, primissima . . .«

Weigand hatte die richtige Witterung. Schaufuß stand, die Hände unter die Hosenträger geschoben, mit denen er dauernd knallte, über einen schiefen Zaun hängend, Pfeife kalt im schorfigen Mund — »was für eine Flappe!«, regi-strierte ich — vor seinem nicht mehr ganz neuen Hof. Die Mütze hatte er hoch aus der Stirn geschoben. Der Schweiß perlte. Schaufuß schwitzte. So sehr strengte ihn das Nichts-tun an. Er gab sich leutselig, Volksgenosse, ganz dem gro-ßen Meister ergeben, der ihn zum Bauernfänger, zum An-reißer und Aufsichtsführenden über zehn Bauern ernannt hatte. Schaufuß maß mich streng, schätzte mich als Land-wirt als Niete ein, wurde aber ganz zugänglich, nahm so-fort Partei für mich, als er hörte, daß »der Vater dieses jun-gen strebsamen Landwirtes ein reicher Akademiker, ein Apotheker« sei — wie es Weigand erklärte.

Die Wirkung war frappierend. Schaufuß war nicht mehr müde, er war hellhörig, er überschlug wohl bereits kurz, was da abzusahnen war, wenn die Mini-Gemeinde Geld brauchte. Vielleicht sollte man die Dorfstraße pflastern lassen, auf der der Staub Hexenringe zusammenblies. Dann holte er tief Luft, holte sozusagen aus zum großen Rundumschlag, mit dem die Sache für ihn schon entschieden war:

»Heruntergekommen ist der ganze Laden, die Felder voll Unkraut. Na ja, der Boden ist nicht schlecht, eigentlich der beste hier« — er machte eine alles umfassende Handbewegung, die das ganze weite Land einschloß und Zensuren an dieses von der Sonne ausgebrannte und arme, vergessene Dorf hinter den großen Wäldern, erdrückt, überrannt und ausgeliefert an diese Unermeßlichkeit, erteilte: »Mit Geld, viel Geld, ist da etwas zu machen, durchaus etwas zu machen. Das war ja schon einmal ein gesunder Hof, als noch der alte Teidchen wirtschaftete. Er konnte wirtschaften. Die nachher kamen, waren dümmer, als die Polizei erlaubt.«

Schaufuß schüttelte seinen schweren kahlgeschorenen westpreußischen Pomuchelkopp — auch er war ein Fremder hier —, er war 1918 nach dem Verlust der preußischen Provinz Posen-Westpreußen an die Polen hierher verschlagen worden. Wir fuhren davon, bis wir aus dem Dorf heraus waren und die Höhe erreichten, von der wir in der Mulde vor uns die schwarzen Teerpappendächer des Hofes sahen. Nur das Wohnhaus war mit einem lückenhaft ruinösen Ziegeldach versehen und aus rotbraunem Sandstein. Die Wirtschaftsgebäude mußten ehemals weiß gestrichen gewesen sein. Jetzt dominierte das Schwarz der Teerpappe. Der Hof lag fast baumlos auf den ausgedörrten Feldern. Die Junihitze hatte auch hier eine Westernkulisse entstehen lassen. Mir war es absolut unwichtig. Ich hatte für den Wald optiert, eine unbefristete Option. Wege gab es hier ja nicht mehr. Es waren sandige Pisten, über die sich der schwere Wagen quälte. Aber wir schafften es schließlich bis zum Waldrand, wo ein Pfad zu dem Hof abbog, während die Schneise durch den Wald — rechts der Staatsforst, links die Buchenwälder des Grafen Regis von Breitingen und Vollrathsruhe — geradeaus weiterlief. Aber was heißt hier geradeaus? Wo alles schiefliegt, ist auch eine halbwegs überschaubare Piste etwas Unüberschaubares.

Schröder stieg aus, um eine Bodenprobe zu nehmen. Er grub eine Handvoll Erde aus, zerkrümelte sie und nickte befriedigt: »Der Boden ist gut, gute Mittelklasse. Hier wächst was.«

»Na also«, freute sich Weigand. An anderer Stelle gab er Schröder keine Gelegenheit mehr, einen Bodentest zu machen. Er wäre gar nicht auf Erde gestoßen, nur auf Steine, Kies oder losen Sand, Taigasand. Schröder *wollte* mit Weigands Augen sehen. Weigand hatte meinem Berater Makleraugen eingesetzt. Ich wurde nicht gefragt, hatte auch nichts dagegen zu sagen. Der Kauf war perfekt, der Rest Routine. Rückfahrt nach Berlin und dann Vertragsabschluß im Bürohaus der Firma Schumann. Durch die demolierten Ställe und windschiefen Schuppen, die beiden Holzscheunen gingen wir sozusagen mit abgeblendeten Lichtern.

»Das läßt sich alles mit viel Geld machen«, wiederholte Weigand die Auskunft von Schaufuß. Und Schröder nickte wieder.

»40000 bar auf den Tisch. 40000 als Hypothek. Hoepker hatte davon 30000 in dem Hof stecken. Und dann nochmal 40000 in Vieh, Gebäude und Maschinen investieren, und Sie haben eine Musterlandwirtschaft«, resümierte Weigand. Schröder nickte noch zustimmender. Ich hörte den Wald, hörte die Sumpfschnepfen, folgte dem Flug des Graureihers, sah schon die Singschwäne über mein zukünftiges Land rauschen. Ich war noch nie so sehr mein eigener Traum. Ich bemerkte kaum den Schatten Hamsuns, der hinter meinem Rücken die Erde »segnete« und Pan an meine Seite rief. Er sollte mich nicht mehr verlassen.

Eine archaische Existenz

Ich bin kein Zyniker. Ich halte nichts von der »toten Zikade des europäischen Nihilismus«. Ich habe auf das Prinzip Hoffnung gesetzt. Meine fast — ich beschränke mich auf dieses hoffnungsvolle »fast« — unbeantwortbare Frage als 23jähriger Landwirt auf dem Taigahof in Liepowo vis-à-vis den Schafsrücken gleichenden bemoosten Strohdächern von Hallalit — diese Frage lautete ganz ohne Fluchtmöglichkeit, ohne Ausweichchance in irgendeine noch so ferne Emigration: »Wo anfangen?« Ganz konkret: »Wie beginne ich meinen Arbeitstag?« Eine Frage, die sich mit dem Heraufziehen der Morgendämmerung aufdrängte, wenn das Licht sich über den Buchen des südlich angrenzenden gräflichen Forsts bündelte und die Sonne gebar. Dieser strahlende Kriegsseptember ist eine heitere Sonne, eine Sonne, die den Untergang in Polen, den Tod an der Weichsel und am Bug, wo ich ihm dann später selbst in seiner schrecklichsten Ausprägung begegnete, leugnete, zu leugnen schien.

Jeden Morgen mußte ich nun eine Antwort auf die Frage geben, die nur ich mir stellen konnte: »Was muß heute getan werden, damit ich hier nicht verloren gehe, nicht untergepflügt werde von dem eigenen Gespann, das mich hinter sich herschleift in rasender Flucht wie damals den Kukies in Przytullen mit seiner Egge, der totgeschleift wurde von einem Vierergespann, das von einem Hornissenschwarm verfolgt wurde?«

Ich begann damit, meine Position zu bestimmen. Zuerst war ich fasziniert von dem wie mit einem Talar verkleideten vierkantigen Wasserturm. Meine Frage an Vollmers

scheidenden Verwalter: »Was ist denn das für ein Gebilde?«
— es sah sehr nach einem Einfall von Max Ernst aus — blieb
ebenfalls unbeantwortet. Hahnemann gab keine Auskunft. Er war mein Feind. Schwarz umkleidet wuchs dieser monströse Bau wie eine Beule aus dem Gewirr der zerstörten Gebäude. In dem Prospekt der Firma Schumann
und Co. wurden sie als »devastiert« bezeichnet. Ich hatte
keinen Grund zur Reklamation. Gekauft war gekauft. Man
kann nur einen Tod sterben, nur einmal siegen. Und ich
wollte siegen. Ich wollte den Tod von Liepowo besiegen.
Mein Schlachtfeld war hier. Hier war ich vor Ort. Ich wollte
den Zerfall aufhalten, wollte dieses Land fruchtbar machen, wollte Ernten hervorbringen, die sich sehenlassen
konnten, reiche Ernten.

In Waren, meiner Kreisstadt, sollten sich die Getreide- und
Kunstdüngerhändler Breitner und Sohn und ihr Konkur-
rent Kessel und Co. nach diesem neuen Musterlandwirt,
den der Kreisbauernführer Lacassé auf Alt-Schönau zum
Erbhofbauern »geschlagen« hatte, die Hacken ablaufen.
Ich wollte einen Kuchen backen, in dem so viele Rosinen
versteckt waren, daß man den Teig nicht sehen konnte. Die
Hufen 10 und 11 waren schon vor dem ersten Morgengrauen zur Musterwirtschaft erklärt worden. Ich war zum
Erfolg bestimmt worden, war von Lacassé dazu verpflich-
tet worden. Aber jede Wette, die dazu abgeschlossen worden wäre, hätte mit absoluter Sicherheit auf das Scheitern
gesetzt. Es war vorprogrammiert. Ein todsicherer Tip. Als
ich meinen ersten Inspektionsgang, meinen ersten Versuch unternahm, mein weiteres Umfeld kennenzulernen,
traf ich vor der Ausfahrt des Gutshofes von Vollrathsruhe,
dem Nebenausgang, der zur Abfahrt nach Hallalit führte,
den alten Administrator des Grafen, Herrn Leistikow. Jetzt
war bereits sein Sohn an seine Stelle getreten und hatte
sich auch schon einen Daumen von einer Mähmaschine ab-
säbeln lassen. So kam er nicht zur Wehrmacht, wurde erst
nach dem Zusammenbruch, nach dem Ende der Gutsherr-

schaft von den Zwangsarbeitern, die plötzlich zwanglos ihre geheimsten Wünsche erfüllen konnten, totgeschlagen.

Also zur Sache. Dieser alte, sehr tüchtige und sofort Vertrauen erweckende Kenner der Verhältnisse in Liepowo sagte — und tiefe Sorge schwang in seiner spontanen Äußerung mit: »Da haben Sie ein heißes Eisen angefaßt. Da sind schon alle Ihre Vorgänger gescheitert. Aber nur Mut, Sie scheinen Energie und Tatkraft zu besitzen. Das müssen Sie auch vorweisen. Andere Eigenschaften sind da völlig überflüssig, sind nur im Wege. Sie sehen so aus, als ob Sie es schaffen könnten.« Der alte Herr zog sich sofort nach diesem für ihn wohl ungewöhnlichen Resümee zurück, ließ mich auf der Schotterstraße stehen.

Der schwarze Turm, offenbar ein Begräbnisturm, ein Katafalk, ragte über den gerissenen und stellenweise eingebrochenen Pappdächern empor, ein drohender Hinweis auf das Unwägbare meiner Situation. »Im Augenblick gibt es kein Wasser. Der Motor für die Pumpe ist kaputt. Wir haben schon den Schmied Gregor aus Grubenhagen bestellt. Aber der kommt nur, wenn er Lust hat.«

Kirch-Grubenhagen: Das war das Gutsarbeiterdorf des Grafen mit dem einzigen Kramladen weit und breit. Dort befand sich auch die Gutsschmiede des jungen Gregor, eines Motorradnarren, der selten selbst ein Pferd beschlug oder den Blasebalg betätigte. Seine jungen Gehilfen taugten nichts. Die Schmiede, inzwischen Gregors Eigentum, siechte dahin. Den Schmied bestellen, bedeutete etwa soviel, wie dem Schlachter Eichholz aus Krakow am See zuzumuten, Fleisch ohne Maden, einwandfreie Wurst zu liefern, wenn er mit seinem Planwagen unterwegs war, um ebenso wie der Krämer Sieghart Fischer aus Grubenhagen die entlegenen Bauern und Höfe mit Ware zu beliefern. Gregor kam, wenn er Taschengeld brauchte. Seine Schulden konnte ihm sowieso niemand abnehmen und bezahlen. Manchmal schickte er seine kleine, rundliche Schwe-

ster mit dem Puppengesicht in eine der Garnisonsstädte —
das waren vor allem Güstrow und Neustrelitz, wo der
Oberst Graf von Holck ein Regiment führte —, diese auf
todschick herausgeputzte kleine Dame brachte von solchen Wochenendausflügen einige Hunderter mit. Gregor
konnte nun über die nächste Runde kommen, wenn der
Gerichtsvollzieher anklopfte.

Also, der Motor war kaputt. Das war das erste Handicap
im ersten Morgengrauen, mit dem ich knallhart konfrontiert wurde. Mein dringlicher Anruf bei Gregor — eine
neue Stimme in seinem gelangweilten Ohr, fordernd, un-
geduldig, alarmierend, ohne Wenn und Aber — führte tatsächlich dazu, daß er noch in der gleichen Stunde auf den
Hof donnerte. Den aus der Erde ragenden, phallusartigen,
abgeplatteten Feldstein in der Mitte der Einfahrt kannte er
bereits. Er umfuhr ihn elegant. Dann machte er sich die
Hände in dem unglaublich verwahrlosten Raum schmut-
zig, in dem Öl, Wasser, Dreck und undefinierbare Eistei-
le, Rudimente eines in grauer Vorzeit benutzten und intak-
ten Maschinenraums jede Übersicht über die vorhandenen
Hilfsmittel unmöglich machten. Ich stellte inzwischen fest,
daß der riesige Eisenbehälter des Wassersarkophags auf
baumstarken, hölzernen Stützbalken ruhte, die ihn trugen. Ich klopfte an die stählerne Wand. Es klang hohl. Kein
Wasser!

Gregor fummelte ratlos an dem Kolben des längst nicht
mehr reparablen oder gar mit Ersatzteilen wieder in Gang
zu setzenden Dieselmotors herum und sagte dann: »Das
Ding läuft nicht mehr. Da muß ein neuer Motor her.« Das
war immerhin eine Auskunft. Der kranke Zahn muß gezogen werden. Da kann man keine Flickarbeit leisten. Aber
es geschah ein Wunder. Gregor pumpte und hämmerte,
schraubte und drehte, schimpfte und stöhnte, warf das
Schwungrad immer wieder mit einem aufmunternden Blit-
zen seiner flinken und stets zum Abenteuer bereiten Augen an, und der Motor tuckerte los. Er tat so, als wollte er

wirklich laufen. Beim ersten Anzeichen seiner Genesung war Gregor aufgesprungen, wischte sich Schweiß und Öl aus dem gequälten Gesicht und rannte zu seiner Maschine. Dann umkreiste er erneut den Phallusstein, der später so manchen voreiligen Besucher zu Fall brachte — für mich war er das Symbol der heidnischen Taiga —, und war auch schon hinter dem nur zweihundert Meter entfernten grünen Waldvorhang verschwunden. Das Echo seiner Maschine fieberte noch durch die helle Septemberluft.

In diesem Augenblick setzte der Motor aus. Diesmal gab es kein Dakapo. Die Kolbenringe waren zu Stahlstaub zermahlen. Aber immerhin, es gab einige Liter frisches Wasser, das schnell für die neun von Vollmer hinterlassenen Kühe und sechs abgemagerten, auf Schonkost gesetzten Pferde reserviert wurde. Alle Wasserhähne wurden abgedreht. Ich wusch mich nicht mehr. Hier kamen zuerst die Tiere, dann ihre Wärter, die Menschen, die sich auf diesem devastierten Hof aus ganz unverständlichen Gründen und Motiven eingefunden hatten und hier zu leben versuchten. Das Verwalterehepaar, das mit dem Packen beschäftigt war, dann der stille, fast stumm wirkende, tüchtigste junge Pferdepfleger, dem ich je begegnet bin, der 21jährige Funke, den acht Jahre später die von Bomben zerwühlte, eisenhaltige Erde von Welikije Luki deckte, dieser Festung im östlichen Sumpf, einst Modebad der Zaren, dann letzter Pfeiler der einstürzenden Verteidigungsfront der Heeresgruppe Mitte.

Funke, der einen drei Zentner schweren Keiler am Strick über einen Haken hochhieven konnte, damit der erfolgreiche Vollmer ihn ausweiden konnte — »aufbrechen« nennt man das in der Jägersprache — dieser Funke war da und hielt seine plattgedrückte Schirmmütze demütig in der Hand, drehte sie hin und her, wartete auf Befehle vom Chef. Ich war nun der neue Chef. Eine anmaßende Rolle, die ich nicht auszufüllen vermochte. Aber dann war da Starke, junger Familienvater, mit angedeutetem Bärtchen,

das ihn nicht männlicher machte, nur seine Verschlagen-
heit gewissermaßen auf Freundlichkeit polierte, Starke,
der, wie Schröder richtig feststellte, »niemandem offen ins
Gesicht sehen konnte«, Starke, der unter gesenktem Blick
mit absoluter Präzision wahrnahm, was er klauen konnte,
ohne erwischt zu werden, aber eben unentbehrlich war, da
als Arbeiter geschickt, verläßlich und jeder Aufgabe gewachsen. Dann noch der stotternde Hütejunge Karli, das
kleine Karlchen, mit einem bläulich verfärbten Gesicht wie
vor einem Schlaganfall. Das war schon alles.

Wer wird für mich sorgen, kochen, meine total eingestaubten Klamotten in Ordnung bringen? Ich war ja mit dem Motorrad über Mecklenburgs legendäre Pisten hierher gekommen, hatte die Spur wiedergefunden, die Weigand
mit dem Maklerwagen in die Taiga gegraben hatte. Karlchen sagte wie der Verwalter und von ihm angestiftet —
worüber kein Zweifel bestand: »Bei Ihnen bleibleibe ich ni-
nich. Ich gehhe mit Hhahanemanns nach Toltolzin.« Und
weg war der Husten. Da stand ich nun und mußte *anfangen*, noch heute.

Es war der 2. September. Ich teilte meine beiden Sekundan-
ten zur Arbeit ein. Funke schickte ich mit vier Pferden und
dem großen, uralten, verrosteten Schälpflug zum Stoppel-
schälen. Starke mußte mit allen Milchkannen — und das
waren immerhin etwa zwanzig mit je zwanzig Liter Fas-
sungsvermögen — mit den anderen beiden schwächsten
Pferden Wasser vom See holen, der meinen Besitz zum
Dorf hin abgrenzte.

Ich nahm mir das Telefonbuch vor und suchte einen Land-
maschinenverkäufer in Waren. Ich stieß auf den Namen
Zenker. Ich rief diesen Zenker an und hatte ihn gleich am
Apparat. Er war ein kurioser Gesprächspartner bereits in
dieser ersten Geschäftsverhandlung. Als ich ihm erzählte,
wie schlecht es meinem alten Diesel ging, sagte er: »Ich bin
gleich bei Ihnen. Ich bringe meinen Monteur Griephahn
mit, und dann können Sie sich einen neuen im Katalog aus-

suchen. Hören Sie noch? In zwei Tagen haben Sie soviel Wasser, daß Sie alle ersaufen können. Das schwöre ich, so wahr ich Zenker heiße. Zenker aus Waren ist immer zur Stelle. Darauf können Sie Häuser bauen!«

Also in zwei Tagen sollte ich mein erstes Problem gelöst, meine erste Kraftprobe bestanden haben mit Hilfe dieses vor Dienstbereitschaft sich geradezu überschlagenden Meister Zenker, der eine weiche und seltsam gepreßte Kinderstimme hatte. Er mußte entweder keine Zähne oder eine miserable Prothese haben, die ihn zwang, so gequetscht zu quatschen.

So erfuhr ich, daß ich nun in einem Land — heute hieße es ein Paradies aus Menschenhand — lebte, daß ich angekommen und aufgenommen worden war an dem Platz, zu dem Kafkas himmlischer Torhüter keinen Einlaß gewährte. Mein Schloß versteckte sich auch nicht auf einem unzugänglichen Berg. Mein Schloß war eine Bruchbude und allen weit geöffnet. Durch mein Schloß fuhr der Wind. Es lag in den Lüften und löste sich auf in der Luft.

Das Wohnhaus, etwas erhöht, bot einen tiefen, alles umfassenden Ausblick auf den Turmbau, dessen Außenhaut porös und rissig war und stellenweise das nackte, modernde Holz zeigte, eine Entblößung. Die Symbole einer noch vorindustriellen Lebensweise gaben sich preis, zeigten sich unverschleiert. Hier gab es noch keine Tarnfarben. Schwarz dominierte. Ein klares, wenn auch der Zeit entsprechend zerschlissenes Schwarz.

Links vom Turm und hinter dem eingesunkenen Stallgebäude — Kuh- und Schweinestall unter einem nur noch in Restbeständen vorhandenen Dach aus Teerpappe, hier schien es niemals ein anderes Baumaterial gegeben zu haben, jedenfalls nicht für die Dachkonstruktion — wurde mein Blick auf die breit und satt hingelagerten Hofgebäude des Vorwerkes Hallalit gerichtet. Er wurde geradezu angesaugt von diesen großen Bauten aus gelbem Lehm und moosbesetztem Stroh. Das war das Panorama, der Panoramablick aus dem einzigen Zimmer, das im Augenblick für mich bewohnbar war. In den übrigen Räumen waren »Hahanemmans«, wie Karlchen immer wieder ihren Namen rief, im Aufbruch. Diese Aktion vollzogen sie mit größtem Lärm und mit der Ausdauer von Pionieren, die in einen anderen Kontinent aufbrechen wollten, nach »Tolltollzin«. Ich ließ sie rumoren, wartete auf Meister Zenker und den neuen Dieselmotor. Ich lebte in einem anderen Milieu als Kafkas Torhüter. Denn hier wurde nicht nur versprochen, sondern das Versprochene auch gehalten. Warten auf Zenker war sinnvoll, war nicht lediglich ein literarisches Sujet und somit eine Fiktion. Beckett lebte noch nicht, jedenfalls nicht in meinem Bewußtsein.

Zenker kam, freute sich, einen alten, nie zuvor gesehenen Freund begrüßen zu können, beidhändig natürlich. Dieser Charme hätte ihn beinahe um seine schiefe, wohl in der Tat von einem Klempner eingesetzte Oberkieferprothese gebracht. So schob er sie mit der Zunge nach jedem Wort wieder an ihren Platz. Die Schräglage war in diesem Fall die einzige Möglichkeit, sie bei sich zu behalten. So simulierte er Heiterkeit. Nein, er war ein fröhlicher Verkäufer von Landmaschinen. Er hatte es nicht nötig, sich Tricks und Täuschungen zu bedienen, um seine Kunden zu überzeugen. Er warf schwungvoll seinen Katalog auf den Tisch, blätterte die Seite auf, auf die es in meinem Fall ankam, knallte dann den rechten Handrücken auf das Blatt — Monteur Griephahn in Arbeitskluft war als Assistent im Hintergrund jederzeit abrufbar, verhielt in Habachtstellung — und schob die Prothese beiseite. Er heftete seine wasserhellen Augen auf seinen neuen Kunden und erklärte, nochmals auf die Seite einschlagend, die er für mich aufgeblättert hatte:

»Hier, sehen Sie sich *den* an, ist er nicht wunderbar, ist das nicht ein bildschöner Diesel, ein Motor aus einem Guß? Was sage ich? Ein Motor zum Verlieben! Preiswürdig!«

»Ist schon prämiert«, ergänzte Griephahn aus dem Wartestand im Hintergrund. Hinter ihrem Rücken drohte der leere Wasserbehälter, knisterte die poröse Pappe, stöhnte das faulende Holz der Verkleidung. Also, ich mußte zugreifen oder meine Hufen 10 und 11 zu einer Fata Morgana werden lassen, vor der wir alle im Wahnsinn eines eingebildeten Überflusses verdursstet und verdorrt wären.

»Ja«, bestätigte ich, ohne nach dem Preis zu fragen, »das ist genau das, was wir hier brauchen.«

Der Dieselmotor war stationär, also nicht fahrbar, nicht transportabel. Er mußte auf einen steinernen Sockel montiert werden wie der alte, von Gregor für fünf Minuten ins Leben zurückgerufene.

»Aber da wird Ihnen schon was einfallen«, beschwichtigte Zenker meinen vorsichtigen Einwand, während seine Prothese die Stellung wechselte und nun kontrapunktisch zu ihrer bisherigen Lage quer zu den Proportionen dieses hellen Blaue-Jungens-Gesichts mit dem kurzen Haarschopf im Mund hing. Zenker mußte allein aus diesem Grund lächeln, er mußte fröhlich sein, Heiterkeit vortäuschen, mußte sie ausstrahlen. Er hätte sonst seine Prothese verloren, hätte sie nicht bewahren können vor dem Verlust ihres Gleichgewichts in diesem menschlichen Panorama vor dem schwarz drohenden Hintergrund des wasserlosen Eisentanks, der hier die Entscheidungen brachte, der die Entschlüsse erzwang.

»Den nehme ich«, sagte ich, fast ebenso hingerissen von dem Angebot. Den Preis nannte mir Zenker, als er den Katalog zuschlug und das Auftragsbuch aus der Tasche zog: »Also 880 Mark, zahlbar sofort bei Lieferung. Übermorgen haben Sie ihn. Griephahn bringt ihn selbst und montiert ihn dann.«

»Jawohl Chef«, bestätigte Griephahn und freute sich mit uns. Dann hatte es Zenker auf einmal sehr eilig. Ohne Geschäftsabschlüsse riskierte er keine Fahrt zu neuen Kunden, aber hier war noch viel nachzuholen.

»Wenn Sie einen neuen Dreschsatz, Garbenbinder, Düngerstreuer, Grasmäher oder vielleicht Pflüge, Schälpflüge, Tiefpflüge brauchen: Dann nur bei Zenker anrufen. Lieferung prompt, zahlbar sofort.«

Er griff gierig nach meiner Hand, erkundigte sich aber zurückhaltend und pietätvoll nicht nach meiner Zahlungsfähigkeit. Zenker musterte seine Partner kurz und aus heiterem Himmel heraus und war bereits informiert, mit wem er es zu tun hatte. Mein Fall war sonnenklar. Der junge Mann war sympathisch, vielleicht etwas leichtsinnig. Ein Blick auf den Wasserturm genügte, um den Verfall, den Wert, beziehungsweise Unwert dieser gottverlassenen Klitsche erkennen zu können. Wie sah es hier nur aus? Wo hatte der korrekte Zenker schon jemals ein derartiges Ausmaß von Verwahrlosung registriert? Aber sicher fielen ihm dabei große Namen, Adelsnamen, der ganze »Adel im Umbruch« ein. Da hatte es nicht anders ausgesehen, nur ungeheuer gut getarnt. Die Pleite wurde nicht wie eine Auszeichnung vor allen sichtbar gemacht.

»Was ist denn das da hinten«, fragte er noch beim Verlassen des Hauses mit den feuchten Flecken an den Wänden, von denen es tropfte wie in einer Grotte.

Oben mußten ganze Partien von Ziegeln fehlen. Sie lagen zerschmettert vor der Tür. Zenker, der etwas lendenlahm lief, mußte einige schwarz gewordene Ziegel beiseite schieben, um zu dem von Griephahn gesteuerten DKW-Reichsklasse zu kommen. Das war damals der »Volkswagen« des großdeutschen Kleinbürgers.

Zenker hatte eine ganz winzige Werkstatt in einer alten Scheune am Stadtrand. Dort bastelten seine Topmonteure Brauer und Griephahn alte Maschinen zusammen. Sie machten·in der Tat aus alt neu.

»Wenn Sie Ihre Maschinen regelmäßig warten lassen, gibt es auch keine Pannen beim Einsatz. Ich schicke Ihnen dann meinen Meister. Wissen Sie, das ist wie mit den Zähnen. Vorbeugen ist alles, ist wichtiger als bohren. Also immer vor der Ernte alles prüfen lassen, und ab geht die Post!«

So war Zenker gekommen. Godot wäre niemals gekommen, nicht einmal ein anderer Ingenieur. Zenker nannte sich Landmaschinen-Ingenieur. Ich wurde ihn in all den unbehausten Jahren meines Lebens in meiner Traumfabrik nicht mehr los. Ich kaufte alles nur noch bei ihm. Ich wurde ein Zenkerfan, obwohl es zu kuriosen Zwischenfällen kam, auch zu ernsten Konfliktsituationen in unserer Geschäftspartnerschaft, die von Zenker immer als eine echte Freundschaft bezeichnet wurde. Auch in diesem Punkt hielt er sein gegebenes Wort.

Der schwarze Turm aus Teerpappe mit dem eisernen holzverkleideten Rundbehälter verlieh der weiten Mulde zwischen den gräflichen Nordwäldern, die der Förster Reul mit seinen zwei arrogant schönen, schwarzhaarigen Töchtern — beide hatten schon ihren Kronenhirsch von der Jagdkanzel herunter erlegt — bewachte, und den Südwäldern, in denen der Grogtrinker und der Jägerei übersatte, aus dem Ruhestand in sein Amt zurückbefohlene Staatsförster Vogelsang jede Aufsicht vernachlässigte — zwischen diesen beiden Polen verlieh der Turmbau zu Liepowo der ebenen Landschaft etwas Gespenstisches. Diese absurde Konstruktion, die der Architekt entworfen hatte, der den weiß getünchten Hof aus Pappe und Sperrholz in die Landschaft gesetzt hatte, mußte aus dem Geist Dadas entstanden sein. Ein Schüler Dadas, ein Irrläufer, ein Apologet von Schwitters und Arp, hatte hier Hand angelegt an eine Landschaft, die den Menschen als ihren Überwinder, ihren Nutznießer und schließlich Zerstörer weitgehend und — wie der Zustand dieser Nachgeburt Dadas erkennen ließ — mit Erfolg ignorierte.

Ich war ihr ausgeliefert. Nein, ich war ein Liebender. Ich gab mich ihr hin. Das Unvergängliche an der Liebe ist die Hingabe ohne Bedingung oder Vorbehalt, die Erblindung, die Blendung zumindest des kritischen Geistes. Ohne diese vorbehaltlose Liebe, diese durch nichts aufzuhaltende Leidenschaft, nur hier an diesem verlorenen Ort weiterleben zu wollen nach allen Niederlagen und Tiefschlägen, die ich empfangen hatte, ohne mich wehren zu können, nach all dem, was ich meine »Vorgeschichte« nenne, war ich hier an diesem Punkt angekommen, wo mir eine ganze Milchstraße von Sternen, kleinen Sonnen und riesigen Monden in den leeren Hut fiel — und meine Seele singen ließ. Pardon, ich war betrunken von der Schönheit. Ich schäme mich nicht. Der Duft, den meine Geliebte verströmte, durchdrang mich wie einen Filter und überzog meine innere Haut mit dem seltsamen Glanz dieser Fiebernächte, wenn ich hinaustrat auf die zerfallene Terrasse und die dunkle Wand des Waldes im nächtlichen Leben vibrierte.

Keine Wasserleitung, kein Licht, sofern man darunter elektrischen Strom versteht, und keine festen Straßen. Die drei Voraussetzungen der Zivilisation: Wasser, Strom, Straße waren nicht gegeben, waren Fehlanzeige. Das war das Abenteuer. Alles Lebende war auf eine archaische Existenz beschränkt. Aber sie schuf Fülle, Erfülltsein, einen »großen Glanz aus Innen« — wie der Dichter der Armut den Nichtbesitz idealisierte.

Im Warten auf Zenkers Diesel umrundete ich mein Revier, diese 440 Morgen. An der Grenze zu dem hügelhohen Eichenhof traf ich den pflügenden Sohn des alten Besitzers, eines ehemaligen Tischlers, der mich über alles informierte, was meinen Kurs bestimmen mußte, wenn ich hier überleben wollte, eben auch finanziell, wirtschaftlich, ökonomisch. *Er* mied jedes Experiment. *Ich* sah im Experiment meine einzige Chance. Aber nun sah ich auch die seltsamen, mir unerklärlichen braunen Hügel, glänzend wie ganz weiche Tierfelle, deren Glanz erlischt, wenn man sie berührt. Das Geheimnis dieser braunen Hügel wird bald aufgeklärt werden. Inzwischen bastelten Starke und Funke eine Schleppe aus schweren Holzbohlen, auf die dann der Diesel montiert werden sollte. So konnte er von einem Pferd — die Schleppe lag auf Kufen — an jeden beliebigen Platz gebracht werden. Die schwarze Lokomobile, dieser

Kohlenfresser und Rußproduzent, dieser nur an Dreschtagen verwendbare Industriekadaver, konnte meinetwegen von Zenker ausgeschlachtet werden. Zenker kaufte alles, was verbraucht, kaputt oder nicht mehr gefragt war.
Aus dem Schrott schuf er Variationen von Maschinen, die
nur in seiner Phantasie arbeiteten.
Aber der Diesel auf der Holzschleppe war nun der Alleskönner, eine Art perpetuum mobile. Ich konnte mit ihm
Häcksel schneiden, also die Häckselmaschine betreiben,
Getreide zu Mehl schroten, also Schweine- und Kuhfutter
produzieren, den Dreschsatz ohne Vorbereitung, ohne
Starkes Heizertätigkeit laufen lassen und natürlich den
10 000 Liter fassenden Wasserkessel vollpumpen. Ich bestellte zuerst ein Faß Dieselöl.
Ein Rudiment des Fortschritts befand sich hinter der bunten Glastür des Wellblechvorbaus, einer Art Sauna, in der
sich im Sommer niemand auch nur eine Minute aufhalten
konnte. Wellblech rundum als Sonnenkollektoren, vor-
weggenommene, aber ungenutzte alternative Energie.
Da hing der Telefonapparat auf der Diele, von der vier Türen ins Innere des Wohnhauses führten. Rechts befand
sich ein leerer, aber gut erhaltener Raum. Es stank pene-
trant nach Mäusen. Im Holz der Bodenleisten waren einige
Löcher zu sehen, in jeder der vier Ecken ein Schlupfloch
für Mäuse. Ich entschloß mich, diesen Raum als Futter-
kammer für Pferdegetreide einzurichten, also dort Gerste
und Hafer zu lagern, damit sie nicht geklaut werden konnten. Der Speicher war undicht, und vor allem trug er die
Last von mehreren hundert Zentnern Getreide nicht mehr.
Da der zementierte Boden sich gesenkt hatte und eines Tages nachgeben konnte, würde er die sechs ausgehunger-
ten Pferde darunter begraben und erschlagen. Ich würde
zu dem Futtergetreide in diesem unbenutzten Raum eine
Katze, eine gute, patentierte Mäusevertilgerin setzen.
Die beiden Türen auf der gegenüberliegenden Seite der
Diele führten rechts in die monströse rußgeschwärzte Kü-

che. Auf der linken Seite ging es zum Hausboden mit den drei Kammern, die für hauseigene Arbeitskräfte vorgesehen waren, aber unter ständigem Beschuß durch Regenschauer lagen. Von dort konnte man über eine Hühnerleiter den sogenannten Räucherboden erreichen. Dort würden in Zeiten, die noch kommen sollten, die Erträge der Hausschlachtung, Schinken, Leber- und Blutwürste sowie Salami geräuchert.

Aber vorerst gab es auf dem ausverkauften Hof kein einziges Schwein, nur die von Vandalen zerstörten Buchten, die gestürzten Zementpfeiler, die zerschlagenen Tröge, die verbogenen Gitter. Aber an der Tür zum einzigen bewohnbaren Raum, den ich jetzt zu meinem Gefechtsstand ernannt hatte, hing der Telefonapparat mit der Kurbel, ernst und schwarz. Schwarz schien hier dem Gründer und Erbauer dieser seltsamen Filmkulisse für einen Western, der nie gedreht wurde, die Farbe seines Herzens gewesen zu sein. Schwarz war alles, was ich anfaßte, was ich sah und wahrnahm. Auch meine Hände waren eingeschwärzt. Die Muschel beziehungsweise der Hörer hing an einer schwarzen Kordel. Ich nahm ihn versuchsweise ab. Er mußte lange nicht benutzt worden sein, denn Wasser spritzte mir ins Ohr, als ich ihn probeweise andrückte, ein Klistier, das mich sanft traf und mein lauschendes Ohr ausspülte.

Auf dem großen rohen, stellenweise zerhackten, wie von Axthieben gespaltenen Tisch stand eine Lampe, eine Petroleumlampe. Sie setzte sich zusammen aus einem schwarzen Fuß, ihrem Standbein gewissermaßen, einem verrußten Zylinder, in dem ein viel zu hoch geschraubter geschwärzter Docht ihre Betriebsfähigkeit nachwies, und als prächtiger Krönung einem Lampenschirm aus fliegenbeschissenem Porzellan. Hahahanemann und ich mußten uns in diese einzige einsatzfähige Beleuchtung teilen, mußten einen Kompromiß finden. Der seinen Auszug immer noch vorbereitende Verwalter benötigte jetzt dringender einen Beleuchtungskörper. So überließ ich ihm Standbein und Zylinder, während ich selbst als symbolisches Licht in der Taiganacht der Pioniere den Lampenschirm aus schwarzgewordenem Porzellan in mein Zimmer mitnahm.

Hinter meinem Befehlszentrum gab es einen großen schönen Raum — Schiebetüren wiesen hinein —, meinen Schlafraum. Er enthielt nichts außer einem Bettgestell ohne Bett. Nicht einmal eine Decke lag auf der Drahtmatratze.

Vor den Fenstern glänzte und schwappte ölig dickflüssig die nie geleerte Senkgrube. Sie ergoß ihren Überfluß auf ein unbebautes Feld, ein Stück Gartenland, das von einem umgestürzten Maschendrahtzaun gegen die offene Feldmark dahinter abgegrenzt wurde. Schräg aus der stinkenden Grube erhob sich wie der Arm eines Versinkenden die demolierte und ebenfalls dem Schlaf der Zerstörung überlassene Jauchepumpe aus verbogenem Blech.

Mein Wirkungsbereich war somit abgesteckt. Denn das an das Schlafzimmer angrenzende Bad — im Entwurf ein durchaus respektables Ensemble von Toilette und Badewanne — war in kleinste Partikel zerlegt, das heißt zu Krümel — im Jargon würde man sagen zu Kleinholz — gemacht worden.

Ich nahm meinen symbolischen Beleuchtungskörper und meldete mich mit dem fröhlich angestimmten, jedem hierzulande vertrauten Bergmannslied ab: »Der Knappe steigt, er hat sein helles Licht bei der Hand . . . Generalfeldmarschall Milch meldet sich ab.« Aber soweit sind wir noch nicht. Immerhin, die Taigawesternkulisse — es konnte nur eine Satire werden, ein Satyrspiel — war perfekt. Die Helden zu dem Stück, die »tapferen Legionäre«, das hier gespielt werden sollte, waren sicher schon unterwegs. Der Hauptdarsteller war immerhin schon eingetroffen. Das war ich, der 23jährige jugendliche Held, der hier einen unverdrossen um sein Überleben kämpfenden Pionier im Niemandsland spielen sollte. Aber Liepowo war nicht Texas, und meine dann zusammengeraffte, zusammengelaufene, irregeführte Mannschaft war kein Filmteam. Das sollte ich bald erfahren, als es hier ganz knallhart um die Erfüllung eines von mir entworfenen Arbeitsprogramms ging.

Hahahanemanns Traum war zu Ende geträumt. Mein Traum war sein Alptraum. Als er meine Saategge — fast das einzige noch verwendbare Ackergerät außer den großen schottischen Eggen mit dem Holzrahmen und den handlangen, dornig-spitzen Eisenzinken, die die Erde aufreißen sollten, wenn man vier Pferde davorspannte — als Hahahanemann, dieser Flibustier im Lockenschmuck, meine Eggen auf seinen von mir geliehenen Kastenwagen aufladen wollte, neben noch anderem Werkzeug und Hausrat, den er sich, ohne viel Worte zu machen, angeeignet hatte, wurden wir um ein Haar handgemein. Dieses Schlitzohr, Neusiedler im Aufbruch nach Tolltollzin zum Grafen Reiffenberg, zum einst dem Grafen gehörenden Großgut, das nun in lebensunfähige Parzellen aufgeteilt worden war — dieser ehemalige Verwalter des ahnungslosen Mathematikers, mußte wieder abladen, was er aufgeladen hatte. Nun war er aufgeladen. Er rief mir, auf meine von ihm ebenfalls geliehenen Pferde einschlagend, einen saftigen Fluch zu, eher einen offen ausgesprochenen Wunsch: »Sie werden ja sehen, was Sie davon haben. Sie kommen hier nie zurecht. Keinen blassen Schimmer von einer Ahnung und will hier Gutsbesitzer spielen, Chef. Sie Klugscheißer!«

Aber Hahahanemann war besser als sein Ruf. Er brachte am folgenden Sonntag Pferde und Wagen zurück, stellte das Gespann mitten auf den Hof, auf dem die wilde Kamille reifte — es war ja Spätsommer, Indian-Summer — ein wunderschönes Wort für eine bunte Palette. Die goldenen Wälder glühten, und mein schwarzer Sarkophag hob sich gegen dieses späte Licht ab wie die Dekoration zu einer großen Oper, einer sizilianischen Vesper.

Wortlos zog Hahahanemann davon. Ich hörte nie mehr etwas von ihm und Karlchen. Außer der einzigen Zimmerlampe, die nun mir allein gehörte, fand ich noch zwei Stallaternen vor. Petroleum war genug vorhanden. Ich konnte so einen nächtlichen Rundgang durch die Verwüstung machen. Aber außer kaninchengroßen Ratten floh nichts Lebendes vor mir. Geräuschlos strichen die Waldkäuze und Waldohreulen um meinen Kopf, der so klar war wie nie zuvor. Die von keinen Industrieabgasen verpestete Luft, dieser Duft von allem, was auf und über der Erde wächst und dahinwelkt, das absterbende Kraut der Rüben, blies mir den Staub des Tages aus den Poren. Wo war hier überhaupt ein Rübenfeld? Kartoffeln gab es nur zum Eigenbedarf. Nicht einmal dafür hatte Vollmer und sein Verwalter gesorgt. Ich mußte bei der Stunde Null anfangen.

Muß ich erklären, was eine Stallaterne ist? Ich kann nicht erwarten, daß davon noch eine Vorstellung in dem abrufbaren geistigen Inventar der heute Lebenden vorhanden ist. Nun denn, ich lasse es bei dieser Vermutung bewenden. Es ist eine Laterne, die man mit sich herumtragen, die man durch die Luft schwenken kann, die man ohne Bedenken sogar ins Stroh, auf die Erde stellen kann. Denn ein dickes Glas schützt den Docht und die Wanne mit dem Petroleum. Ein Bügel an den Seiten dient dazu, den Schutzrahmen — alles aus festem Material, Draht und Zinkblech — hochzuziehen, damit man den Docht darunter einstellen kann, heller oder schwächer. Dann entzündet man ihn mit einem Streichholz oder Fidibus (was ist denn das nun wieder? Ich empfehle, einen Duden oder Knaur zur Leseunterstützung neben diese Lektüre zu legen!).

Mein Tag konnte beginnen: Das Handwerk des Lebens, die Besessenheit eines Stiergeborenen von dem Gegenstand seiner Lust, seines Wahnsinns, seiner Suche nach einem Sinn.

Schafschwingel

A ber nun geht es um die glänzenden braunen Hügel, die offenbar für die neun Hufenbauern eine Quelle des Glücks, des Überlebens, der ständigen Pflege und Schutzbedürftigkeit bedeuteten. Der junge Nachbar Dobbertinsky gab gern und geradezu mit Stolz auf meine Befragung Auskunft. Er gab das Geheimnis preis. Das war so: Schafschwingel hieß das Zauberwort. Schafschwingel anbauen war die Zauberformel, die aus den ärmsten Bauern der Region die wohlhabendsten, wenn nicht sogar die reichsten, machte. Schafschwingel, das dünne, braune, wenn der Wind hindurch ging, rötlich glänzende Gras hatte für Liepowo und nur dort — das ist das Geheimnis, das geradezu eine magische, fast rituelle Bedeutung bekam — denselben Stellenwert wie heutzutage etwa der Mohn für die armen Waldbauern im sogenannten »goldenen Dreieck«, also in Burma, Kambodscha und Thailand. Nur daß sich hier niemand eine Privatarmee halten muß, um seine verborgenen Felder, seinen illegalen Reichtum zu verteidigen. Schafschwingel, dieses unscheinbare Gras, das auf dem kiesigen Sand, auf den braunen Hügeln wuchs, sicherte die Lebensgrundlage der neun Hufenbauern von Liepowo. Es gedieh an keinem anderen Ort, wie alle Versuche ergaben, es entwickelte sich nur noch spärlich auf meinen vierhundert Morgen, wie ich zur größten Enttäuschung später feststellen mußte. Denn ein Eigenversuch scheiterte kläglich. Ich spielte russisches Roulett, als ich gleich eine große Fläche damit bestellte.
Der Samen wird mit dem Roggen zusammen gesät wie auch Rotklee oder Luzerne. Nach der Getreideernte be-

ginnt das Wachstum des zuerst mattgrünen Schafschwingel. Aber warum wuchs dieses kostbare Gras *nur* hier?
Und was bedeutete es, welcher Wert war ihm beizumes-
sen, wenn ein Vergleich mit dem Mohn der asiatischen
Waldbauern nicht abwegig, unsinnig, maßlos übertrieben
anzusehen ist?

Es war ein Phänomen, das damals nicht aufgeklärt werden
konnte, daß in ganz Deutschland nur in diesem winzigen
Dorf auf diesem topographisch nie erfaßten Gelände dieser Schafschwingel gedieh, der die sozialen Verhältnisse
der neun Bauern im Laufe weniger Jahre völlig veränderte.
Das arme Dorf war ein getarnt reiches Dorf geworden, seitdem in Australien große Flugplätze auf dem Treibsand der
Wüsten errichtet wurden, die den Planern und Erbauern
unter den Händen vom Wüstenwind zugeweht worden
wären, auf denen keine Maschine mehr hätte starten können, weil das Rollfeld zur Sandpiste verkommen wäre,
wenn es dieses seltsame Gras nicht gegeben hätte. Nur mit
dem harten, zähen, anspruchslosen Schafschwingel konnte dieser wandernde, fließende Dünensand gebunden, beziehungsweise befestigt werden. Das Gras, die Grundsubstanz für die Anlage von Flugplätzen — auf denen auch
noch riesige Schafherden weiden konnten — gab es nur
auf diesem einen kleinen Punkt der Erdkarte im Dorf Liepowo, auf den Hügeln, die sonst nur etwas kümmerlichen
Roggen und Kartoffeln hervorbrachten.

Wer mit dem Anbau des braunen Zaubergrases angefangen hatte, konnte ich nicht feststellen. Alle neun Hufen
bauern profitierten davon, je nach Anbaufläche. Denn
nicht jedes Feld eignete sich dafür. Da gab es Pannen und
Niederlagen, Mißernten. Aber nach einigen Versuchsjah-
ren hatten die Bauern von Liepowo gelernt, ihren Boden
auf Schafschwingeltauglichkeit zu testen und danach zu
behandeln.

Der junge Dobbertinsky berichtete natürlich nicht in dieser
fast pedantischen Ausführlichkeit darüber, aber er gab zu:

»Ohne Schafschwingel wären wir alle ruiniert.« Die Frage, was eintreten würde, wenn die Konjunktur einmal ihr voraussehbares Ende fand, wenn Schafschwingel wertlos geworden war, ein Gras unter vielen anderen Gräsern, das, im Unterschied zu Klee, Luzerne, Raygras und welschem Weidelgras, nicht einmal verfüttert werden konnte: Diese Frage, die sich die Ölscheichs heute längst für den Fall des Versiegens ihrer Ressourcen gestellt haben, die sie zwingt, alternative Einnahmequellen zu erschließen, vorzusorgen, Industrie aufzubauen, eine Frage, die für das »goldene Dreieck« nicht gilt, weil dort die Illegalität kein Zukunftskonzept zuläßt, es auch nicht für machbar erscheinen läßt, diese Kernfrage eines Überlebens »danach« stellte sich hier niemand, am wenigsten der Sausewind und Bruder Leichtfuß Dobbertinsky junior, für den die Feldarbeit sowieso eine Strafe bedeutete, zu der ihn sein rabiater und unerbittlicher Vater verdammt hatte.

Dieser alte Querkopf mit dem zerrauften Ziegenbart, den immer entzündeten Wilddiebsaugen, dem krächzenden Raucherhusten, der seinen Auftritt geräuschvoll ankündigte, war besessen von der Wilddieberei. Wenn er selbst einmal mit dem Pflug aufs Feld zog und schnaufend und hustend einige Runden drehte, trug er immer seinen Drilling auf dem Rücken, geladen und schußbereit, mit einer Patrone im Kugellauf und zwei Schrotpatronen in den beiden Läufen, die diese kombinierte Jagdwaffe auch für Niederwild und Kleintiere, Greifvögel und die anderen Räuber in der Luft, die Elstern und Häher, hervorragend geeignet machte. Viele Jäger trugen immer einen Drilling als Allzweckwaffe.

Ich selbst hatte mich für Hochwild, also für Hirsch und Sau, entschlossen und ließ die Schrotflinte fast immer an der Wand unter dem Geweih eines jungen Kronenhirsches hängen, meines ersten Hirsches, den ich in einer tiefdunklen Herbstnacht nur als Schatten wahrnahm, aber nah genug von meinem improvisierten Ansitz auf einem Kastenwagen. Ich konnte den Lauf auf die Kastenwand auflegen und kam auf diese Weise gut ab, brachte einen ziemlich gewagten Blattschuß auf diesen nur in Umrissen als Rothirsch erkennbaren Schatten an. Es gab ein prasselndes Geräusch, wie es eine Flucht über einen steinigen Kartoffelacker verursachen konnte. Ich fand den jungen feisten Zehnender erst im Morgengrauen mit einer Kartoffel im Äser, hingestreckt in das schon welke Herbstkraut. Die Lichter des Gefallenen waren glasig und vom Nebel beschlagen.

Ständig ästen große Wildrudel, Hirsche und Sauen, auf meinen Feldern am Rande des Nordwaldes wie auch am Südwald. Das wurde zu einer Plage, als ich dann als erster Bauer in dieser Region mit dem Anbau von Mais begonnen hatte, Futtermais für meine Kühe, ein in der Milchreife äußerst ergiebiges Grünfutter, zusammen mit Sonnenblumen, die ich ebenfalls in so großem Umfang als Viehfutter anbaute. Wenigstens das war mir gelungen, als sich mein Versuch, auf der Basis von Schafschwingel wohlhabend zu werden wie die armen Hufenbauern, als Fehlspekulation und Fehlschlag erwiesen hatte. Meinem Boden fehlte die nie ermittelte Mischung aus Kies, Sand, Kalk und Wasserdurchlässigkeit, die hier auf den Hügeln rundum das Wunder dieses hochbezahlten Grassamens hervorbrachte. Ich muß hier etwas ins Fachsimpeln geraten, weil es die Fakten erfordern: diese seltsame Einmaligkeit einer Existenzsicherung, von der heute niemand mehr Kenntnis besitzt, sicher auch nicht mehr in Liepowo, wenn es diese Ansiedlung, dieses winzige Dorf überhaupt noch gibt.

So viele Orte, Lebensräume meiner Jugend, auch noch meiner ersten Nachkriegsjahre sind verschwunden, weggebaggert worden, weil unter den Dörfern ein Kohleflöz, Braunkohle, lag, der erschlossen werden mußte, um den Energiebedarf der voreilig entwickelten neuen Industriebetriebe der DDR decken zu können. Die alten Gutsdörfer, die Kirchen aus der Sorbenzeit, die tiefen Heidewälder,

der Sprengruf der Hirsche zur Brunstzeit, alles was einem Land seine spezifische Note verleiht, was eine Region erst zur Landschaft macht, was zu dem verschwommenen und oft mißbrauchten Begriff »Heimat« gehört, wurde dort in diesem Raum in der hermetischen Abgeschlossenheit eines Exils als bedeutungslos getilgt, kurzerhand abgeschafft. Es gab bei der Zerstörung des Umfeldes, der Umwelt, überhaupt keine Bedenken und schon gar keine Skrupel. Gromack hatte es seinerzeit kommen sehen, er hatte es gewußt, lange bevor diese Situation zum Überlebensproblem der ganzen Menschheit wurde. Gromacks unerbittliches Resümee dieser Entwicklung: »Die Innenwelt ist genauso dreckig« wurde zum Wegweiser meines Denkens und Handelns, leider viel zu spät, leider erst ein halbes Jahrhundert danach.

So weiß ich auch heute nichts mehr über das Schicksal des Schafschwingellandes. Ist es zum Truppenübungsplatz verkommen? Es war ja schon damals, als 1935 mein Experiment begann, als Landwirt eine für mich sinnvolle Lebensaufgabe zu finden, kaum bewohnbar. Wir waren zusammen zehn gegen die ungeheure Übermacht der Wälder und Sümpfe, gegen die überproportional angewachsenen Wildbestände. Schafschwingel war als Äsung für das Wild ohne Anziehungskraft. Da gab es andere lohnendere Ziele der Begehrlichkeit: Rüben, Kartoffeln, Getreide jeder Art und Mais, Markstammkohl — auch ein Proteinprodukt, reich an Eiweiß, das für Vieh und Wild gleicherweise verlockend war. Sie verloren dabei einfach ihren Instinkt. Hirsch und Keiler, natürlich auch Rehe, liefen auf ihrem Wechsel zu den Feldern, wo diese begehrenswerten Futterquellen offenbar nur für sie bestimmt und erschlossen waren, selbstmörderisch vor meine Mauserbüchse. Ich brauchte nur eine gut getarnte Deckung zu haben. Manchmal genügte es sogar, einfach im Mais oder im Getreide auf das heranziehende Wild zu warten. Manchmal bezog ich meinen Posten gleich nach Sonnenuntergang, wenn die

Dämmerung anbrach und das Wild aus den undurchdringlichen Kieferndickungen von Cramon heraustrat, um schnell zu den Äsungsplätzen zu gelangen.

Aber ich habe mich treiben lassen. Das Phänomen Schafschwingel wartet noch auf seine landwirtschaftlich wissenschaftliche Untersuchung, ein wahrer Tummelplatz für Agrarökonomen, für Experten. Die unbeantwortete Frage, die ich heute, 50 Jahre später, ein halbes Jahrhundert zu spät, stelle, lautet nach wie vor konkret: »Warum wuchs Schafschwingel damals nur in Liepowo? Warum scheiterten alle Versuche, dieses geheimnisvolle Gras anderswo anzubauen?« Eine Schicksalsfrage, die mir auch der greise, inzwischen zum Professor für Holocaustik ernannte Fjodor Michailowitsch Gromack nicht beantworten kann.

Ich versuchte es dann 1940 in Hohenfelde auf dem Gut des baltischen Barons von Engelmann in der Uckermark. Vergeblich. Auf hundert Morgen kümmerten nach der Getreideernte nur einige Pflänzchen, nicht mehr wie Haare auf einer zur Glatze degenerierten Schädeldecke. Aber hier bei Klinke, Kowalz, Borjack, Lindner, Kuhklack, Schaufuß, Marinus, Bleicher und meinem krächzenden Nachbar Dobbertinsky brachte er Spitzenerträge. Dobbertinsky, der mit seinem Drilling die Stare, ganze Starenfamilien erlegte, die in der Furche hinter seinem Pflug Würmer, Käfer und fette Engerlinge sammelten, brachte immer eine leckere Starenmahlzeit von solchen Arbeitseinsätzen mit nach Hause und schüttete sie seiner Frau, die sich wegen ihrer Wassersucht kaum auf den geschwollenen Beinen halten konnte, auf den Küchentisch. »Hier Alte, das reicht für Sonntag!« Sie mußte die kleinen Leckerbissen rupfen und braten. Einmal kam ich gerade zurecht, um Gast bei einer Starenmahlzeit zu werden.

»Ein Dutzend muß es schon sein«, sagte der Alte und hustete trocken aus seinem Stummelmund. »Im Dutzend billiger«, fügte ich hinzu. Aber mir war gar nicht nach Spaß zumute. Ich mochte keine gebratenen Stare. Ich liebte sie lebend und in ihrem Vorfrühlingsglanz, pfeifend und flötend. Dobbertinsky bemerkte meine Zurückhaltung und schmatzte: »Hemm, das ist was Feines.«

Die Küche war wie aus einem Roman von Anzengruber, aber auch nicht schwärzer als meine nie geweißte Brathöhle, in der ein Herd mit Kochstellen wie für eine ganze Kompanie des Grafen von Holck aus Neustrelitz stand, um den die Hausfrau herumtanzen mußte, wenn sie jeden Topf vor dem Überkochen erreichen wollte.

Noch ein Zusatzgeheimnis, ein Hinweis zur Schafschwingelbehandlung. Dieser empfindliche Ernährer, der neun Familien samt der Mädchen und Kutscher, Knechte genannt, versorgte, verlangte kategorisch einen absolut sauberen, das heißt unkrautfreien Boden. Mit Quecken, Kamille, Disteln, Brennesseln und Wegwarte vertrug er sich nicht. Schafschwingel duldete keine Wohngemeinschaften. Er existierte nicht mit anderen Pflanzen, außer seiner Wirtin, dem Roggen. Was da sonst im Roggen mit hochkam, vertrieb den Schafschwingel. Er ließ sich auch nicht auf eine Scheinverbindung, eine Scheinehe ein, um dann später seinen Partner kleinzukriegen, kurz zu halten, sich durchzusetzen gegen Quecke und das andere Unkraut. Er ließ nichts neben sich wachsen, oder er verschwand, wenn er es nicht verhindern konnte.

Meine Felder waren ihm offensichtlich nicht sauber genug. Da war ja noch allerhand anderes im Roggen. Da blühten noch Mohn und Kornblume. Das war ja geradezu ein Biotop, eine »ökologische Nische«, wie Gromack die Bonität meines Bodens qualifizierte. Gromack war allen und allem voraus. Aber Schafschwingel respektierte keine Nischen. Er wollte die Alleinherrschaft. So mußten die Schafschwingler sich anstrengen. Diese Wohlstandsarmen mit den Autos, die sich zuerst Bürgermeister Klinke und der schlaue Borjack mit der spröden Tochter, die auf einen Karrieremann wartete, anschafften — und zwar nicht etwa DKW-Reichsklasse, den Volkswagen des großdeutschen

kleinen Mannes, sondern schwergewichtige Opellimousi-
nen, mit denen sie dann im knietiefen Sand der Heide-
wege, der Pisten nach Hohen-Wangelin oder zum Bahnhof
nach Vollrathsruhe steckenblieben. Auto mußte sein!

Auch in diesem Punkt waren diese Schafbengel schon da-
mals Pioniere einer Welt, von der sie noch nichts wissen
oder ahnen konnten. Kein Alptraum von einer totalen
Autogesellschaft machte sie zu Pionieren. Sie waren naiv,
Kinder der Erde, die ein australischer Flugplatzplaner zur
Begehrlichkeit verführte, auch ein Spielzeug zu haben.
Wer Geld verdient, soll auch Auto fahren. Der Zentner
Schafschwingel brachte je nach Qualität — und die wurde
mit der Lupe gemessen von dem Händler aus Waren,
meist war es Breitner, der alles aufkaufte, gleich wenn im
Frühsommer noch vor dem Getreide der Drusch begann —
der Zentner brachte zwischen 80 und 170 Mark. Auch
schwankte der Preis, der sich allein nach der Nachfrage
und dem Stand der Flugplatzarbeiten richtete, von Jahr zu
Jahr. Zum Vergleich: Roggen kostete etwa 7,80 Mark, Weizen, der in Liepowo nicht gedieh, weil er Lehmboden,
schweren Boden braucht, etwa 10 Mark, Gerste bester Qualität, also Braugerste, lag bei 12 Mark. Kartoffeln kosteten
beim Bauern 1,80 je Zentner. Das waren dann aber Speisekartoffeln. Futterkartoffeln für Schweine und Industriekar-
toffeln, die in die Brennerei nach Vollrathsruhe gingen
oder per Waggon vom Bahnhof zu einem Händler, brachten nicht mehr als 1,20 — so meine Parnassia oder die rote
Woltmann. Also Schafschwingel brachte das Zehnfache.
Dafür mußte das Feld sauber gehalten werden wie ein Par-
kettfußboden. Von einem Schafschwingelfeld mußte man
essen können. Und wenn das zuerst stumpf-grüne Gras
sich dann hellbraun, zur Reife dunkelbraun verfärbte und
seinen Glanz über die Hügel breitete, befanden sich die
neun Schafbengel in einer ständigen Euphorie.

Es begann das Spiel mit Zahlen, mit Preisen. Was würde er
in diesem Sommer bringen? Welches Angebot hatte Breit-

ner gemacht? Oder versuchte man es mal mit der Konkurrenz, mit Kessel vielleicht? Wieviel Zentner würde es geben? Wieviel Morgen Schafschwingelland standen zur Verfügung? Denn es war ja immer nur ein begrenzter Raum zum Anbau vorhanden. Kartoffeln und Rüben beanspruchten einen großen Anteil des vorhandenen Bodens, auch die Viehweide, meist nicht eingezäunt. Meist mußten die neun bis zwölf Kühe gehütet werden. Das alles mußte im Bestellungsplan der Hufen, in der Fruchtfolge bedacht werden. Es gab auch knallharte Winter und hundstagsheiße Sommer. Dann kümmerte, verkümmerte das empfindliche Gras, und die Hügel trugen statt glänzend braunem Bewuchs Kahlstellen. Glatzen breiteten sich aus, überzogen die Hügel und ihr Urgestein, zeigten, daß hier Erde, Mutterboden Mangelware war, daß es mehr Steine als Brot gab. Das waren dann lausige Zeiten.

Im Spätherbst mußte die erste Grunddüngung aufgetragen werden. Schafschwingel gedeiht nicht ohne starken Einsatz von Kunstdünger. Chemie garantierte hier den Ertrag. Manche brachten auch Stallmist mit der Roggensaat ein und stärkten so die Keime des sensiblen Grases. Erst im folgenden Frühjahr schloß sich der grüne Teppich, und dann war es Zeit für den Kopfdünger. Im Herbst gab es Kali und Thomasmehl als Stärkung zur Überwinterung. Im folgenden zeitigen Frühjahr dann den Kopfdünger Kalkammonsalpeter, Grünkorn genannt, gleichmäßig — auch das setzte Könnerschaft voraus — verteilt. Dann kam im Frühsommer die erste Ernte. Im folgenden Jahr die zweite. Das war die Haupternte. Im vierten Jahr nach der Aussaat ließ der Ertrag bereits erheblich nach. Mancher nahm auch diesen Rest, diese Zugabe noch mit. Aber dann mußte der Schlag umgebrochen werden. Schafschwingeljahre waren Voraussetzung, daß die Kasse stimmte und die neun Hufenbauern wieder einmal eine Schlacht gewonnen hatten. Es gäbe noch viele überraschende Details zu berichten. Unsere schönste Dame unter den Gräsern war auch die eitelste. Gräser sind sensible Gewächse. Sie haben eine Fülle von Eigenheiten und Eigensinnigkeiten zu bieten. Aber die könnten wir nur vor Ort ermitteln. Dort aber herrscht Schweigen. Tiefe Dunkelheit hat die Spuren verwischt, die zu der verschollenen Schönen führten. Der Glanz über den Hügeln ist für immer erloschen.

Vollmers letzter Keiler

Auf dem zum Wiesengelände, zum Kranichbruch etwas abfallenden Hof stand, umrahmt von verblühter Kamille und meterhohen Brennesseln, ein seltsames Fahrzeug vor dem Kuhstall, dessen Funktion mir am folgenden Morgen vorgeführt wurde. Starke und seine rosig-runde Frau hatten die neun Kühe gemolken. Sie waren gerade dabei, zwei Milchkannen — das waren lächerliche 40 Liter, ein schandbares Resultat bei neun Kühen, nicht einmal fünf Liter pro Tier — in einen Hanomag zu stellen, der offensichtlich die Pionierzeit nicht überlebt hatte.

Dazu muß ich dieses komische Fahrzeug, das auch »Kommißbrot« genannt wurde, näher beschreiben. Es war vorn und hinten rund und ganz klein wie ein Spielzeugauto. Aber dieses Exemplar war um seine Kraft und Herrlichkeit gebracht worden, das heißt: Es war kastriert, es besaß keinen Motor mehr. Ich kann mir vorstellen, daß es seine Jungfernreise über die Felsen im Buchenaltholz, noch dazu bergab, wo der Weg von der Landstraße Vollrathsruhe-Malchow über Nossentiner Hütte nach Liepowo abbog — daß es diesen letzten Sprung über die Hürde nicht gesund überstanden hatte.

Auf Dr. Vollmers Hof angekommen, hatte man dem Mini-Auto — Höchstgeschwindigkeit 50 Stundenkilometer —

den Motor herausgerissen. Und da Vollmer sowieso keinen Milchwagen besaß, um die geringe Ausbeute der Abend- und Morgenmilch zur Molkerei zu karren, kam er auf den kuriosen Einfall, dem ausgedienten, maroden Hanomag eine Deichsel verpassen zu lassen und ihn so zum Pferdefuhrwerk zu degradieren. Die Reifen waren natürlich auch platt. Aber platte Reifen stören nicht, wenn sich die Räder noch drehen. Also diente der Ex-Hanomag nun als Milchwagen. So waren Vollmers und seines genialen Schwiegersohnes, des Diplomlandwirts Brendler, Pioniertaten.

Diese peinliche Situation mußte sofort aufgehoben werden. Ich konnte mir leicht ausmalen, welches Gespött das Eintreffen dieser Blechkarre mit den von Mäusen zerfressenen Sitzen vor der Molkerei in Vollrathsruhe jedesmal auslöste. »Da kommt ja die Hämorrhoidenschaukel vom Vollmer.« Also das mußte sofort geändert werden. Ein richtiger Milchwagen, hochbeinig und stabil, mit Sitz für zwei Personen und Platz für zehn bis fünfzehn Milchkannen mußte her. Ich gab noch am gleichen Tag eine Anzeige auf: »Milchwagen gesucht, gut gebaut für schwierige Wegeverhältnisse.« Es meldete sich per Postkarte ein Dr. Seeger, Domäne Malkwitz. Sie lag nur zehn Kilometer entfernt mitten in der ungeheuren Nossentiner Heide. Hier wurde alles, auch jeder Bewohner von dieser Landschaft geprägt oder hatte wie die Waldarbeiter Bahles und Tschrapp — er war Tscheche — mit ihr, für sie zu tun. Ich rief Dr. Seeger an und fuhr selbst zu ihm, sah, daß der Wagen stabil und gut bereift, allerdings nicht gummibereift war, und kaufte ihn für ein Taschengeld.

Dr. Seeger, der es in der Einsamkeit der Taigawälder nicht aushalten konnte und außerdem finanziell keinen Ausweg und Rat fand, erschoß sich wenige Wochen später. Hier in diesem geradezu vulkanischen Gelände, in dem sich ein Eiszeitvolk von Zyklopen ausgetobt haben mußte, konnte man nur eisenbereift fahren, und selbst da flogen die

Brocken, das heißt die Schrauben, Bolzen und Reifen nach kurzer Zeit ab. Jeder Wagen mußte ständig nachgesehen und seine Innereien ersetzt oder repariert werden. Die skandalösen Wege machten jedes Fahrzeug chronisch krank. Die meisten Wagen, eben auch die schweren Kastenwagen, mit denen man unter normalen Verhältnissen gut 40 Zentner Getreide oder Kartoffeln befördern konnte, waren immer defekt, mußten in Gregors Schmiede.

Ich hatte ein festes Programm zur Sanierung der Klitsche. Denn nur so konnte man diesen Hufenhof treffend bezeichnen. Ich war keineswegs mit Brecht einverstanden und hielt nichts von seinen zum geflügelten Begriff gewordenen Versen: »Ach, mach nur einen Plan und mach noch einen zweiten Plan. Gehn tun sie beide nicht.« Ich zitiere sicher falsch aus dem Gedächtnis, aber so hatte er es gemeint. Ich verhielt mich *nicht* im Sinne Brechts. Ich hatte viele Pläne und begann sofort mit dem Versuch, sie zu verwirklichen, soweit die Mittel, die mir zur Verfügung standen, ausreichten und soweit die Füße mich trugen. Ich scheute keine Anstrengung, keine Strapaze. Ich wurde rund um die Uhr Landwirt.

Ich begann mit dem Aufbau einer Viehherde. Nahziel war: sofortige Erweiterung des Kuhbestandes. Fernziel: etwa zwanzig gute Milchkühe — nicht diese traurigen »Milchziegen«, die der Vollmer im kaputten Stall stehen hatte, durch dessen defektes Pappdach die Sonne schien und der Regen rauschte. Das kaum lösbare finanzielle Problem bestand darin, daß mein Vater in dem Irrglauben lebte, beziehungsweise dachte, diese devastierte Wirtschaft könnte gleich Gewinn, Profit machen. Eine völlig abwegige, wenn nicht wahnsinnige Vorstellung. Ich war sein Sohn, an dem er bisher kein Wohlgefallen gefunden hatte, aber ich sollte zaubern, Wunder vollbringen. Kurz: Er wollte nichts investieren, obwohl er es mit Leichtigkeit konnte. Mit 20 000 Mark zusätzlich zu dem Kaufpreis wäre mir geholfen gewesen. Ich hatte immerhin unvermeidliche Ausgaben:

1. etwa 3000 Mark Zinsen für die Hypothek von 40000 an Hoepker, 2. Kunstdünger für etwa 4000 Mark, den ich allerdings bis zur nächsten Ernte auf Wechsel nehmen konnte.

Breitner lieferte, was ich dringend brauchte, auch das Saatgut. Aber es mußten einige Maschinen her, wenn der Betrieb überhaupt wieder laufen sollte. Wie sollten die Bilder laufen lernen, wenn kein Apparat vorhanden war, nur der ratlose Vorführer? Ich mußte ja den beiden Arbeitern Funke und Starke ihren, zugegeben schäbigen, Lohn zahlen. Mit zwei Hilfskräften war das Aufbauprogramm nicht zu schaffen. Ich brauchte mindestens noch zwei, besser drei tüchtige Leute, die auch wirklich mit Interesse an die Arbeit gingen. Was das Arbeitsamt da schickte, war Ausschuß, waren herumvagabundierende Nichtstuer, Säufer, Schläger, Diebe und Gauner jeder nur denkbaren Spielart. Darüber wird noch berichtet werden müssen. Da habe ich eine ganze Palette von Variationen zu bieten.

Ich konnte nun immerhin die letzte Roggenernte, die Vollmer an mich mitverkauft hatte, weil sie bei Übernahme des Hofes noch nicht eingebracht war, an Breitner liefern. Sein dichter Schnauzbart paßte zu seiner ganzen massiven Gestalt. Er hatte etwas Wilhelminisches in seinem Wesen und Auftreten, war ein Bismarck des Getreidehandels. Aber man durfte sich nicht täuschen: Er war ein kluger Rechner, er gab nur Kredit, wo er sicher war, daß er keine verlorene Sache finanzieren sollte. Und in meinem Fall dachte er nicht ganz unbegründet: Wenn der junge Springer Schulden macht und Wechsel platzen läßt, ist ja da noch immer der Apothekervater. Ich hole mir schon, was mir zusteht. Er kalkulierte genau, scharf und dabei mit der schauspielerisch perfekten generösen Gebärde des geradezu opfervoll Gebenden, zu jeder Hilfe Bereiten. Sein Spruch: »Auf Breitner können Sie sich immer verlassen. Mit Breitner können sie Pferde stehlen.«

Ich erkundigte mich nach einem Vieh- und Pferdehändler

und wurde — ich kann nicht mehr sagen von wem, denn es war, wie sich später herausstellte, ein falscher Rat — an einen gewissen Schnabel in der kleinen Stadt Röbel empfohlen. Ich verwendete die etwa 5000 Mark, die mir nach allen Abzügen blieben, für den Kauf von fünf Kühen, die Schnabel prompt und einwandfrei lieferte. Er garantierte sogar den Milchertrag. Keine Kuh lag unter 15 bis 20 Litern. So konnte ich schon nach wenigen Wochen sieben Kannen zur Molkerei schicken.

Ich hatte inzwischen ein Ehepaar aus Oberschlesien vom Arbeitsamt zugewiesen bekommen, das zuerst gar keinen schlechten Eindruck machte und auch ganz gute Arbeit leistete. Die Unterbringung war allerdings schwierig. Auf einem Müllberg zwischen vergammelten und von Unkraut überwucherten Landmaschinen — Pflüge, Walzen, Eggen: alles unbrauchbar — stand ein kleines Häuschen, nein, ein Schuppen, eine Kate, kurz ein Menschenstall, ebenfalls mit rissigem Pappdach, durch das der Regen ungehindert in die zwei Räume mit schimmligen, von der Feuchtigkeit geradezu in Auflösung befindlichen Wänden und faulenden Bretterfußböden strömte. Dort mußte ich Dudeks aus Oberschlesien unterbringen. Funke und Starke wanderten nach getaner Arbeit Richtung Heimat nach Hohen-Wangelin. Sie waren ambulante Patienten auf meiner Hungerfarm. Aber sie konnten nicht fliehen. Es war ein schlechter Groschenroman, dessen erstes Kapitel vergleichsweise harmlos anfing. Es sollte anders kommen. Die Sturmzeichen zogen schon mit Dudeks auf.

»Die Rammelzeichen fauchten« — wie wir als Pennäler sagten, wenn etwas stank, wenn wir Mist gemacht hatten und die Strafe, die Eintragung ins Klassenbuch, sowie ein blauer Brief an die Eltern, auf dem Fuß folgten. Die Kühe waren gekommen, aber jetzt brauchte ich einen richtigen gelernten Melker.

Denn für Starke, der ja auch auf dem Felde arbeiten mußte — die Herbstbestellung war hochbrisant geworden —, mußte Ersatz geschafft werden. Wo jetzt und sofort einen tüchtigen Melker hernehmen? Da half mir der alte Administrator Schröder. Auf meinen SOS-Ruf hin schickte er zuerst seine 35jährige unverheiratete, unter einer alten gescheiterten Liebe leidende Tochter Lucy, die für mein »leibliches Wohl sorgen« sollte. Und durch seinen Sohn, der Oberinspektor auf dem Rittergut Muckrow der Anhaltinischen Kohlenwerke bei Grodk, also meiner Heimatstadt, war, vermittelte der alte Herr, mein Berater und Verführer beim Kauf der Hufen 10 und 11, einen jungen flotten Melker, den ich nicht vergessen werde, wenn ich mich an die Glanzlichter auf der Tragödie Liepowo erinnere.

Diese Erinnerung ist nicht dem Lauf der Zeit, nicht dem Verfall unterworfen oder gar preisgegeben, sie ist das Lebendige in der Totenstarre des Vergangenen, das keine Zukunft mehr hat, das Gegenwart nur von der Eingebung des schöpferischen Prozesses empfängt, dann aber in aller Intensität und Variationsbreite.

Martin, der Melker, auch ein Schlesier, aber aus Niederschlesien, aus Klitschdorf vom Grafen Solms kommend und dort ausgebildet, bevor ihn der junge Schröder nach Muckrow holte. Fritz Schröder, ein hervorragender, gelassener, zielstrebiger Landwirt, machte alles, was er tat, mit vollem Einsatz, verläßlich und treu. Er machte Nägel mit Köpfen. Und er schickte gleich noch einen jungen Mann namens Willy mit, der zwar an einem Leistenbruch litt, keine schweren Arbeiten, keine Feldarbeiten ausführen konnte, aber dafür so eine Art junger Mann für alles, für Bastelarbeiten, Stellmacherei, verbogene Türen, kaputte Schlösser, zerrissenes Zaumzeug, gebrochene Deichseln und was es alles für einen landwirtschaftlichen Betrieb geradezu lebenswichtige, lebenerhaltende alltägliche Kleinarbeiten gab. Klein war der Anlaß, groß waren die Wirkungen. Unterblieben diese Tätigkeiten, konnte der Betrieb nicht laufen.

In einem kleinen Raum neben dem Pferdestall befand sich

eine total verwüstete und ausgeplünderte Werkstatt. Willy ging sofort ans Werk und ließ sich nicht ablenken. Ein blasser, eigensinniger und auch renitenter Bursche, der nur das machte, was *er* für wichtig hielt. Das mußte zu Komplikationen führen. Es kam tatsächlich zu einer Katastrophe. Aber in den ersten Monaten harmonierten wir. Willy war nicht dumm, wie er sich den Anschein gab. Er war ein echter Sorbe, und Sorben sind Slawen, sind ein Ostvolk. Sie werden rabiat, werden Amokläufer, wenn sie sich schlecht behandelt oder unverstanden fühlen. Sie nehmen dann das Messer statt der Mistgabel oder schüren das Feuer der Revolte, statt sich zu fügen. Willy hatte sich den Spruch zu eigen gemacht: »Macht kaputt, was euch kaputt macht!« Kein Sorbe wird sich jemals einem Herren unterwerfen, wenn er ihn nicht als seinen Patron anerkennt, wenn er ihn nicht lieben kann, wenn er selbst nicht geliebt wird, auch wenn er sich täuschen sollte. Der Konflikt kommt in ihm niemals zur Ruhe, er schwelt bis zum Exzeß.

So ging es mir dann mit Willy. Aber noch ist seine Stunde nicht gekommen. Noch bastelt er rund um die Uhr, kennt keine geregelte Arbeitszeit.

Nun hatte ich vierzehn Kühe. Bald sollte es Kälber geben. Schnabel lieferte auch noch einen leistungsfähigen Bullen. Aber die Einnahmen aus dem Roggen waren dabei draufgegangen, und da Vollmer keine Kartoffeln angebaut hatte, nur einige Morgen Rüben, konnte ich mit der Schweinezucht nicht beginnen. Nahziel: drei Zuchtsauen. Fernziel: sechzehn Zuchtsauen. Dann würde ich über einen Bestand von etwa hundert Schweinen inklusive der Ferkel, die diese Sauen werfen würden, verfügen. Da mußte ich minimal etwa 30 Morgen Kartoffeln anbauen. Den Kunstdünger nahm ich auf Wechsel. Dazu gehörte auch das Ammoniak-Superphosphat, ohne das keine Kartoffelernte gesichert war. Denn Stallmist fiel ja zuerst in so geringer Menge an, daß eine so große Fläche damit nicht versorgt werden konnte. Zwar besserte sich die Situation durch die fünf zusätzlichen Kühe, aber es fehlten noch zwei starke Zugpferde. Die sechs abgemagerten und bald nur noch für den Roßschlächter verwendbaren Pferde konnten die Feldarbeit auch nicht leisten. Nur drei davon waren gute und gesunde Tiere im besten Alter zwischen sechs und acht Jahren. Ich setze den beiden Stuten Lotte und Liesch und dem Hengst Max hier ein Denkmal, ein Pferdedenkmal der Erinnerung. Besonders an die runde, etwas träge, treue und sehr kräftige Lotte denke ich mit der Trauer des Verlierers. Von ihr soll erzählt werden, wenn ihr Stichwort fällt.

Noch muß ich mit Schnabel ein letztes Wort reden, bevor wir beide vor den Richter treten. Denn dieser schlaue Fuchs versuchte mich nun, nachdem er mich mit den Kühen gut bedient hatte, mit den Pferden reinzulegen, so richtig auf die dusselige Tour anzuschmieren. Aber da war er an den ihm angemessenen Feind geraten, an den Stierbruder, der kämpft, bis die Planken der Arena zittern und der Kampfplatz leergefegt ist. Schnabel mußte ich spitze Hörner zeigen, keine abgefeilten, keine präparierten. Schnabel war kein Spanientourist, er war ein mecklenburgischer Schlaukopf und zwar ohne Skrupel und versoffen dazu. Aber vorläufig hielten wir beide zusammen, wenn es im »Knorrnpunkt« bei Gotthun um ein Geschäft ging. Da kamen erst einige Lagen Bier und Korn. Dann kam das Eingemachte, das Geschäft. Denn Schnabel wollte ja verdienen, und die Kühe, so behauptete er, ohne sein Gewissen zu strapazieren:

»Also die Kühe, mein lieber Herr Glahn, die habe ich zum Selbstkostenpreis geliefert. Da habe ich nicht einen Dittchen dran verdient. Wie sagt meine kleine Maus immer« — die Maus war seine Tochter, die er auf jeden Handel mitnahm — »Regentröpfchen, die an dein Fenster klöpfchen, die sind ein Gruß von mir . . . Haha, also nehmen wir noch einen? Einen können wir doch noch rüberholen. Der haut uns nicht um. Dann müssen wir aber . . . Also prost, auf daß unsere Kinder lange Hälse kriegen. Na, da haben Sie ja noch Zeit. Aber ich wüßte da eine prima Frau für Sie. Landwirt ohne Weib, das gibt doch nichts. Das ist ja wie ein Bulle ohne Zagel. Also, ich weiß da ein Mädchen, und 20 000 bar bringt sie auch noch mit. Die legt Sie glatt um, bringt Sie um den Verstand. Aber lassen Sie uns mal darüber nachdenken, spekulieren ist immer gut.

Kennen Sie die schwarzhaarige Tochter vom Gastwirt Holldrio in der Hütte? Sehen Sie? Die ist jung und hübsch und hat 20 000 auf der Hand. Der Alte hätte sie gern einem anständigen jungen Mann mit Zukunft anvertraut. Der hat zwar kein Konto auf der Bank, aber immerhin die Kneipe. Ist ein bißchen krank auf der Lunge, das Mädchen — aus Liebeskummer. Da war so'n junger Förster, aber der war schon verheiratet, hat sie wohl rumgekriegt und dann sausen lassen. Die jungen Leute heute! Taugen alle nichts mehr . . . Sehen Sie sich dagegen den Schnabel an. Der hat immer gehalten, was er versprochen hat, und legt auch keinen Geschäftsfreund rein. Also, der nicht, und nun nehmen wir noch einen allerletzten. Prost Gemeinde! Der Schnabel soll leben und seine kleine Maus Regentröpfchen . . . Wie gesagt, die Ornella vom Holldrio ist genau das richtige für Sie, lieber Glahn. Sie sind doch ein gebildeter Mann. Sie wissen doch, was Qualität bedeutet. Mensch, meine Alte meckert, wenn wir so angetörnt nach Hause kommen. Aber die beruhige ich schon. Ich weiß, was ihr schmeckt, und das kriegt sie und nicht zu knapp. Hahaha. Auf denn, Kameraden, die Nacht wird kühl!«

So war es mit dem Schnabel, als wir uns noch nicht vor Gericht Auge in Auge und Zahn um Zahn gegenüber standen. Da war der Handel aus. Eine lange Vorgeschichte. Die richtige Geschichte, sozusagen das Meisterstück, in diesem Fall das Gaunerstück, kommt noch.

Jetzt hatte ich endlich einen verläßlichen und sauberen Melker. Die Milchproben, die die Molkerei mitschickte zur Selbstkontrolle, waren Klasse 1, nicht mehr 5, wie bisher.

Kein Dreck auf dem Filterpapier. Alles tiptop. Und die Rendantin ließ mich grüßen. Der Graf hatte sogar bemerkt, daß da ein junger Mann ernst machte mit dem Leben auf dem Lande. Das war kein Traumtänzer für eine Nacht, und wenn es schön war, noch für die nächste. Das war ein solider Nachbar. Die Rendantin wollte ich mir mal ansehen, wenn ich Vorschuß auf die Monatsrechnung holte. Na, warten wir es ab.

Inzwischen war auch Lucy Schröder eingetroffen. Ich hatte sie mit dem einzigen nicht zertrümmerten Wagen, einem Jagdwagen aus grünem Korbgeflecht, vom Bahnhof abgeholt. Das Wägelchen war so richtig etwas für einen Sonntagsausflug rund um die Güter, die hier das Landschaftsbild bestimmten. Auch etwas für später. Zuerst gab es keinen Sonntagsurlaub, nur Arbeit bis zum Umfallen, bis zur Erschöpfung.

Wo beginnen? Wir hatten unsere Köpfe in ein Spinnennetz gesteckt, und eine riesige Vogelspinne wartete auf ihren Biß. So ungefähr ging es zu an diesem ortlosen Ort.

Wer hat das scheußliche Wort »Altweibersommer« in die deutsche Sprache eingeführt? Ein Wort, daraus keineswegs »Tiefsinn und Trauer rinnt wie schwerer Honig aus den hohlen Waben«. Dieser Zusatz ist von Hugo von Hofmannsthal, einem Dichter, dem ich damals verfallen war. Die Taiga mit ihrem Geist und Verstand nivellierenden Sog in die Wildnis konnte die Erinnerung an diese grandiose Dichtung, diese Verse, die unter die Haut gehen, und meine Bewunderung nicht schmälern oder gar löschen. Ich las in diesen Jahren in *meinem* »wilden Westen« zwar keine Bücher, aber die früheren Erlebnisse mit Büchern saßen tief. Sie lösten sich nicht auf und bestimmten auch die Stille dieses ersten »Indian-Summers« auf dem geliebten und verfluchten Hof. Es ist keine echte, keine wahre, tiefe Liebe, was du nicht verfluchst. Die Hufen 10 und 11 und Liepowo waren mein Trümmergrundstück, lange, bevor fast jeder Hauseigentümer, jeder Bauer, jeder Zeitgenosse nur noch über Trümmer verfügte, sich in Trümmern einrichten mußte, in Wohnungen mit einem alten Ofenrohr als Schornstein und Lüftungsklappe zugleich.

Dieser erste blühende Herbst führte auch zu einem Schlüsselerlebnis, von dem ich dann später, auch in der toten Zeit nach den Krieg, nie mehr loskam. Und das kam so: Während Funke mit dem großen alten Vierscharpflug und vier Pferden davor die Herbstfurchen zog, den Acker für die Roggensaat umbrach, folgte ihm Starke mit der Egge, um das Saatbett vorzubereiten, die aufgelockerte Erde sozusagen glattzubügeln und das Unkraut zu lockern. Dann mußte der große Schlag auf dem Hügel nahe der Grenze zu Hallalit noch einmal mit den großen, schweren schottischen Eggen tief durchgearbeitet, aufgerissen werden. Denn nur gelockerte Erde nimmt die Saat an und läßt sie Wurzel schlagen.

Die Zäsur dieses »Indian-Summers« mit seinem großen Glanz und spärlichen Glück. Es ging vorwärts. Mein Betrieb war angelaufen. Mein Traum griff hoch hinaus in die nach welkem Kraut und Laub duftende Herbstluft. Meine Hoffnung bekam Flügel wie der jüdische Geiger auf dem Dach des hölzernen Hauses in Witebsk. So hatte es Chagall gemalt. Diese Erzählung von dem überall, wo er ging und stand, Geige spielenden Onkel Neuch — diese Zäsur kam von außen. Der Überträger und Vermittler wider Willen war Dr. Vollmers Bruder, der Porzellanvertreter aus Berlin. Er hatte einen Jagdschein, war der Passioniertere der beiden Brüder, für die das Gut nur eine Unterkunft während ihrer Jagdtage war und wirtschaftlich ohne Bedeutung oder gar Reiz.

Dafür war der ungeschickte und erfolglose Schwiegersohn des Mathematikdoktors zuständig, ein Schreibtischtäter comme il faut, jedenfalls was die Landwirtschaft anbetraf. Ich habe mich nie darum gekümmert, was die Vollmers trieben, auf welchem Argonautenschiff sie politisch unterwegs waren. Biedere Mitläufer vielleicht, die die Konjunktur ausnutzten, so gut es eben ging. Porzellan, wenn es nicht gerade kostbares teures aus Meißen oder von Hutschenreuther war, sondern Dutzendware für Polterabende, also Zum-an-die-Wand-Schmeißen auch bei häuslichem Ehekrach, war gut verkäuflich, lief ja in dieser Zeit der unedlen Bedürfnisse und billigen Befriedigungen.

Max Vollmer hatte sich zu einem Jagdbesuch bei mir angemeldet.

Denn der Hof mit über 400 Morgen Land war ein Eigenjagdbezirk, was Jagdfreiheit für den Jäger bedeutete, uneingeschränkt und zu jeder Tages- und Nachtzeit. Die Jagd gehörte automatisch zu seinem Besitz. Er konnte, wenn er die Paragraphen des Jagdgesetzes nicht verletzte, nicht nur Schießer, sondern auch Heger war, schalten und walten nach Herzenslust. Die Jägerherzen hatten immer Lust auf Wildbret. Es lockte sie mehr, machte sie begehrlicher als »Kalbfleisch«. Unter »Kalbfleisch« verstand man seinerzeit das, was unsere Altvorderen, Eltern und Großeltern »Backfische« nannten. Das waren auch keine gebratenen Heringe.

Vollmer, der Vertreter für Porzellan, Durchschnittsware, im Dutzend billiger, kam zu Fuß mit umgehängter Kugelbüchse und im Jägerloden, zünftig, grüner Hut mit Gamsbart, Knotenstock, schwerem Siegelring am linken Zeigefinger, in der freien rechten Hand eine dicke Zigarre, Kutscherzigarre, alles preiswert wie die ganze Firma. Er blieb zuerst für mich eine Randerscheinung, kaum bemerkt. Ein ungebetener Gast, den ich schnell wieder zur Abreise veranlassen wollte. Ich besaß in diesem ersten Stadium meines Traumes, als noch keine Seifenblase geplatzt, der Traum noch nicht zum Trauma verkommen war, nicht das geringste Interesse an der Jagd, obwohl sie nun in meinen Besitz übergegangen war, automatisch mit dem Kauf der Hufen 10 und 11. Ich war Eigenjagdbesitzer geworden. Vollmers konnten im Höchstfall Pächter werden. Und darauf spekulierte wohl der Porzellan-Max im grünen Loden. Er hatte unterschätzt, nicht einkalkuliert — und sich somit verspekuliert —, was für ungeahnte Leidenschaften in mir schlummerten und zum Ausbruch drängten.

Max, der Jäger mit dem falschen Gamsbart am Hütle, darunter ein Kahlkopf getarnt war, den er preisgab, wenn er sich den Schweiß von der Glatze wischte und seinen Kopfschmuck mit einer Klammer an das Lodenjackett heftete — dieser kleine, aber schnelle und gerissene Mann verstand sein Waidwerk. Er wußte, wo und wann die Keiler aus den Schonungen von Cramon auf die abgeernteten Felder wechselten. Er war gekommen, um, wie er sagte, einen starken Keiler zu schießen, einen Einzelgänger, also mindestens einen vierjährigen oder noch älter.

Diese groben Keiler traten erst spät in der Nacht auf den Plan, auf das Blachfeld, die blutige Walstatt der Jägerei. Max, der schießende Porzellanvertreter, gab präzise und klar, seiner Sache sicher, seine Anweisungen. Ein leerer Kastenwagen mit einer Bank, einem Querbrett zum Sitzen, mußte an einem Punkt bereitgestellt werden, den er genau bezeichnete. Auf die Wagenwand, die den Blick auf das Feld zuließ, auf dem er seinen Keiler erwartete, wurde eine weiche Unterlage, ein Kissen, als Federung für die Büchse, gelegt, damit der Schuß nicht verrissen wurde, damit Max weich abkam. Geräuschlos töten war sein Prinzip. Klar. Seine Frage, an mich gerichtet, als die Dämmerung kam und unser Leitstern, der Abendstern, die Venus von Hallalit — unter der wir alle ein Volk von Sternenbrüdern waren — über den Buchen im Südwald aufglomm, seine Frage, die schicksalhaft mein Leben veränderte seit dieser Nacht im »Indian-Summer«, eine von Max wohl nur rhetorisch gestellte Frage, enthielt für ihn bereits das Urteil seiner Abberufung. Sie war sein Halali, sein Signal für »Jagd vorbei«. Denn nach dieser Frage fand Max, der Porzellanjäger, der sein eigenes Porzellan zerdepperte und sein Geschäft ruinierte, nie wieder eine Gelegenheit, nach Liepowo zu kommen und hier einen Keiler zu schießen. Er fragte mich

doch wirklich, geradezu in selbstmörderischer Ahnungslosigkeit: »Wollen Sie nicht mitkommen, Herr Glahn? Haben
Sie schon mal bei einer Ansitzjagd teilgenommen? Kommen Sie doch mit, ist nicht so langweilig, das Warten zu
zweit. Und so ein alter Keiler, der läßt sich Zeit, der geht
auf Nummer sicher, der kommt nicht vor Mitternacht . . .«
Nach einer Pause, in der ich mit meiner Müdigkeit und
meiner Neugierde rang, die eine mit der anderen konfron-
tierte und mich dann für die Neugierde, das Abenteuer,
entschied, fügte er besorgt hinzu: »Aber ziehen Sie sich
warm an, Pullover oder so etwas, diese späten Herbstnäch-
te« — es war ja mittlerweile Oktober geworden — »sind verdammt ungemütlich, wenn man sich totstellen muß. Kein
Glied rühren, kein Wort sprechen und schon gar keinen
Bierfurz lassen! Das nehmen diese alten Herren übel, und
dann sehen Sie den Burschen in den nächsten Wochen
nicht wieder.«
Starke hatte den Kastenwagen gut plaziert. Er stand nun
auf der Höhe gleich vor dem Landweg, der von der sogenannten Chaussee durch die Wälder nach Liepowo herunter ins Dorf führte. In der Nacht kam da niemand mehr,
weder zu Fuß noch mit dem Wagen. Die Hühner schliefen
schon. Die Hühnerhalter krochen in ihre dicken bunten
Bauernbetten.
»Na, dann los«, ermunterte mich Max, der Mann mit dem
Polterabendgeschirr, als ich kurz zugesagt hatte. Der Blick
von der Höhe über die gepolsterte Wagenwand ging weit
über die nachtdunklen Felder. Unten in der Mulde, in der
Ebene, die bis zum Nordwald reichte und dessen dunkler
Saum im Silberlicht der Mondnacht aufblitzte — dort unten lag der Hof, schimmerte das stumpfe Licht der Petroleumlampe in Lucys Schlafzimmer, das mich so sehr an
Prousts heimatliches Illiers erinnert, das in seiner »Suche
nach der verlorenen Zeit« Combrai heißt. Damals wußte
ich nichts von Proust. Ich befinde mich auf meiner eigenen
Schweißfährte zurück in die Pionierjahre. Ein unfreiwilli-

ger literarischer Witzbold nannte das berühmte Combrai irrtümlich Colombey. Das war nicht Prousts Traumstadt, sondern des toten Präsidenten Charles de Gaulle Wohnort im fernen Lothringen. Was für gespenstische Fata Morganen aus dem Unbewußten aufsteigen und den Menschen täuschen!

Nun denn, wir drückten uns aneinander, Wärme speichernd, die Nachtkälte bannend, und warteten. Max Vollmer hielt einen ganz schmal bemessenen Raum, wohl den, auf dem er seinen Keiler erwartete, fest im Visier, hob manchmal das Fernglas, um diesen Wechsel noch besser kontrollieren zu können. Und dann geschah etwas, das selbst diesen auf eine lange Geduldsprobe vorbereiteten Jäger — er galt als Meisterschütze — in Erregung versetzte. Er wurde unruhig. Denn hinter uns brach ein schwerer Tierkörper aus der Deckung, hatte es eilig, über das leere, deckungslose Gelände, eine noch nicht umgepflügte Roggenstoppel, zu kommen, und plötzlich — ich konnte den beweglichen dunklen Körper nicht als Keiler definieren — ertönte neben mir ein leiser Pfiff. Das durfte doch nicht wahr sein, daß Max, der König über allen Graus, in diesem Augenblick höchster Spannung zu pfeifen begann. Aber er wußte, was er tat. Der Keiler hielt an im Lauf, verharrte einen Augenblick, seine Todessekunde lang, auf der Stelle. Es war die Sekunde der Wahrheit. Denn schon donnerte der Schuß aus Vollmers Büchse und warf die dunkle Masse auf das mondbeschienene Feld. »Der liegt im Feuer«, hörte ich Max neben mir. »Jetzt kommt die Beruhigungszigarre«, fügte er hinzu. Sein Gesicht glänzte rot vor Beherrschung und Konzentration. Vielleicht hatte auch Maxens Blutdruck durch die Anspannung eine gefährliche Grenze erreicht. Er war ja eher ein Choleriker als Sanguiniker. Diese aufbrausenden Naturen, die unter selbstauferlegtem Zwang einer großen Geduldsprobe unterzogen werden, sind stets von einem unerwarteten Exitus bedroht, dessen Auslöser kaum faßbare Freude ebenso wie kaum erträglicher Zorn sein kann. Aber tiefe Zufriedenheit entspannte die feucht gewordene Haut meines nächtlichen Meisters der Jagd. Vollmer nahm seinen Gamshut vom kahlen dampfenden Schädel, wischte sich grunzend über die schweißnasse Glatze und sagte beschwichtigend, aber auch ahnungsvoll, daß es mich nun erwischt haben könnte, daß auch mich das Jagdfieber gepackt, daß die unstillbare Leidenschaft gezündet und ich Feuer gefangen haben könnte: »Na, mein lieber Herr Glahn, so schnell geht es nicht immer. Das ist eine Ausnahme. Aber Schwein muß der Mensch haben und wenn's nachts im Bette ist. Das Schwein haben wir nun.«

Wir waren in der Tat kaum eine Stunde auf dem Ansitz gewesen. Es mochte etwa 8 Uhr Wildwesternzeit sein. Vollmer rauchte nun gelassen, aber seine Hände zitterten heftig in einer Art Nachbeben nach der ungeheuren Anspannung kurz vor und während des Schusses. Dann sagte er befriedigt: »Der kommt nicht mehr auf die Läufe. Ich bin genau auf dem Blatt abgekommen. Gehen wir jetzt!«

Fünfzig Meter waren es etwa. Dort lag der starke, unvorsichtige, seiner Überlegenheit allzu sichere Keiler und zeigte seine runden, vom Alter tabakbraun verfärbten Waffen. Waffen: das ist Jägersprache und betrifft das Gebrech. Der Laie würde Hauer dazu sagen.

Max, der Jäger, ging nun zum Weg hoch und zupfte einen herbstbraunen Laubzweig von einem Busch. Dann steckte er ihn dem Keiler in das schaumige Gebrech, aber nicht bevor er den Zweig durch den Schweiß — so heißt das Blut des jagdbaren Tieres — auf dem perlenden Blatt gezogen hatte. Brauchtum ist heilig in dieser Zunft.

Dann lüftete mein maître de la chasse das schwere Tier an Ort und Stelle, damit es nicht verhitzen konnte. Kein Wildhändler, auch nicht der noble Roggenrecht in Waren, hätte ein Stück Wild abgenommen, das nicht sofort geöffnet beziehungsweise aufgebrochen worden war.

Im Morgengrauen holten Funke und Starke den Keiler ab

und zogen ihn mit Unterstützung Vollmers, der lediglich etwas nachschob, an der Tür zur Stellmacherei, Willys Revier, hoch, damit das Haupt des Fünfjährigen — Vollmer hatte sein Alter aufgrund der Braunfärbung der Waffen so geschätzt — frei hängen konnte und nicht entehrt die Erde schleifen mußte.

Dann präsentierte sich Porzellan-Max, mit sich und seiner Jagdbeute zufrieden, im Jägerloden zu einer Aufnahme, die ich mit meiner kleinen Agfa-Billy machte.

Das war auch das letzte Andenken, das ich von Max, seinem Keiler und der Prozedur des Aufhängens besitze: diese Aufnahme aus dem »Indian-Summer« 1935 und dann der noch nicht wieder benutzte Ansitzwagen auf dem weiten leeren Feld mit dem Hof und der Baumgrenze am Horizont. Am folgenden Morgen erlegte Max noch eine junge Bache, aber die interessierte ihn nur insofern, als sie immerhin ein Stück Wildbret für Roggenrechts Wild- und Feinkosthandlung war.

Dann kam ganz unvermittelt Maxens Frage und Angebot: »Ich behalte doch noch die Jagd? Sie werden sie wohl nicht selbst ausüben können, sind ja total überfordert mit diesem schwierigen Hof ...«

Ich hatte mich, ohne mich gegen diesen Wunsch ernsthaft wehren zu können, entschlossen, die Jagd selbst zu übernehmen. Das bedeutet natürlich zuerst die Jägerprüfung machen. Das ging auch nicht von heute auf morgen. Etwas Geduld mußte ich aufbringen, obwohl mich das Fieber schon ergriffen hatte. Max hatte mich angesteckt. Eine unbändige, nicht mehr zu zügelnde Lust zur Freiheit des Jagens im eigenen Revier hatte mich nach dieser Nacht im Silberlicht des Mondes über den kahlen Feldern gepackt. Ich schlug Vollmers, in seinen Augen generöses Angebot, mir sogar zweihundert Mark Jahrespacht — geradezu eine Provokation angesichts des Überangebots an Wild, auch an Schadwild, das die in der Reife stehenden Felder verwüstete — zu zahlen, ab. Ich unterbrach das lange Palaver des Polterabendporzellanvertreters brüsk: »Nein, ich werde die Jagd selbst ausüben.« Er war fast blau, so rot war er, als ich ihm damit klarmachte, daß er mich niemals hätte einladen dürfen, Zeuge zu sein, wie man einen Keiler erlegt. Er ging grußlos vom Hof. Hinter dem dicken Ringfinger steckte seine erkaltete Zigarre, die er vergessen hatte.

Fluch und Segen der Erde

Ich hatte wieder ein Etappenziel erreicht. Aber Liepowo war keine Etappe. Es war eher ein Partisanenkampf gegen eine fremde Macht, gegen die Unberechenbarkeit eines Sieggewohnten, der niemals seine Deckung verließ, sich nie eine Blöße gab, in die hinein man zustoßen konnte. Das Wetter bestimmte die Regeln dieses Kampfes, Faustregeln. Ein junger Enthusiast hatte alle Gegner herausgefordert, und unter den Hufenbauern, die nicht seine Feinde waren, aber sich zurückhielten, abwarteten, was der junge Mann, den sie nicht ganz ernst nahmen, anstellen würde, konnte er nicht mit Verbündeten rechnen. Denn er war keiner von ihnen, kein Landsmann. Er war ein Fremder unter Fremden.

Wo kam der überhaupt her? Auf den Hufen 10 und 11, dem ehemaligen Hoepker-Hof, saßen immer solche Berliner auf Abruf. Das waren alles keine richtigen Bauern, waren so komische Typen, Pseudolandwirte mit oder ohne Geld, das sowieso bald in der Klitsche verdampft war, die alles schluckte, was in sie investiert wurde, und nichts oder wenig jemals wieder hergab. Es blieb ein »heißes Eisen«, wie es der Oberinspektor des Grafen so treffend und unmißverständlich warnend formuliert hatte.

Ich ließ mich nicht irritieren. Ich ging unverdrossen und

ohne die geringsten Zweifel an meinem Erfolg an die Arbeit. Jeder Tag stellte mich vor neue Probleme. Jetzt mußte der Roggen in die Erde. Ich hatte etwa hundert Morgen dafür vorgesehen: das große Feld, das von einer schmalen Heckenzone begrenzt wurde, auf der wie ein Limes Steinwälle, Berge von Findlingsblöcken und kleinen faustgroßen Brocken, die von den Feldern im Lauf der Jahre abgetragen und hierhin gekarrt worden waren, die Grenze zu Hallalit markierten. Ich selbst nahm das Steinesammeln und Abfahren wieder auf. Denn die Erde gebar immer neue Generationen von Steinen aller Farben und Formen. Nur die ganz großen Klopse blieben für eine spätere Sprengung, die dann nie stattgefunden hat, in der Erde verankert.

Da mußten Zeichen gesetzt werden, sonst geriet das Gespann mit dem Pflug an so einen Findling, und dann riß das Pflugeisen, die Pflugschar ab, und aus war es für diesen Tag mit der Vorbereitung der Saatfurche. Gregor mußte aus der Schmiede herangeholt werden oder einer seiner Gehilfen. Vielleicht konnte er das zersplitterte Eisen nochmals scharfmachen. War es zu sehr beschädigt, blieb nur Zenker, bei dem per Telefon ein Satz neuer Eisen für den neuen Pflug bestellt werden mußte, den er mir ebenso prompt wie den Dieselmotor geliefert hatte. Der Diesel auf der Holzschleppe war in der Tat das Herz der ganzen Wirtschaft. Ohne ihn lief nichts mehr.

Ich verrichtete die Arbeiten meist mit großer Lust und großem Leiden selbst: Häckselschneiden, also Haferstroh für die Pferde zu Futter zerkleinern, Roggen, Gerste, Hafer in der Schrotmühle zu grobem Mehl zermahlen. Gleichzeitig wurde die Wasserpumpe über einen dritten Riemen betrieben und der riesige Eisenbehälter vollgepumpt bis zum Überlauf. Das leistete der Diesel in einem Arbeitsgang, drei verschiedene Arbeitsabläufe kombiniert. Da mußte ich aufpassen, daß nichts aus dem Ruder lief, daß der Motor immer genug Kühlwasser hatte, daß er mit Dieselöl versorgt war, daß kein Riemen riß und keine Walze heißlief. Die Anlage stand in der feuergefährdeten Heuscheune. Nur Holz, Pappe, Heu und oft sogar ein Fach voll ungedroschenem Hafer. Der Drusch war eine Arbeit für den Winter, wenn die Felder so tief im Schnee versunken waren, daß kein Mistwagen mehr auf den Acker kam, auch das Mistfahren eingestellt werden mußte. Dann wurde der vom Sommer übriggebliebene Rest, die Getreidereserve, ausgedroschen. Der Nachschub für die Pferde und Kühe mußte gesichert sein. Ich konnte ja nicht die ganze Ernte, außer dem Roggen auch noch den Hafer und die geringe Menge Gerste, die ich vorgefunden hatte, verkaufen. Wir konnten ja nicht im Winter in den Hungerstreik treten. Ich mußte vielmehr dem Winter den Krieg erklären. Es war ein anderer Kampf als der tägliche mühevolle Kleinkrieg auf den Feldern. Wir kämpften unter den Bedingungen des Partisanenkrieges.

Wir hatten oft alle Mächte des Himmels und der Erde gegen uns, und nur selten spürten wir den Segen der Erde. Das war eher etwas für Schwärmer, für Geschichtenerzähler, für Zeitflüchter und Menschenverächter, wie sie Hamsun, der Eremit auf Nörrholmen, oder Ernst Wiechert, der Försterssohn aus Kleinort in Masuren, oder gar der mecklenburgische Heimatdichter Friedrich Griese, hoch dekoriert, erfanden, Geschichten für Abende am Kamin. Aber ich hatte keinen Kamin und keine Traumfabrik. Ich hatte nicht einmal die Hände frei für das Notwendige, das Dringende, das Unaufschiebbare. Mir fehlten die Mittel. Ich erhielt keinen Nachschub von der Basis, von dem florierenden Medikamentenhandel, den mein begriffsstutziger, unheilvoll einseitiger und verblendeter Vater betrieb.

Ich stand vor der Wahl: aufgeben oder weitermachen. Vabanquespiel war es allemal, diesen Hof retten zu wollen, ihn über den Winter ohne Winternahrung in ein vielleicht freundlicheres Frühjahr und hinein in einen guten, reichen Sommer mit dem richtigen Verhältnis zwischen Sonne und Regen, zwischen Wachstum und Reife zu bringen. Die Ernte war immer die große Unbekannte.

Das Schiff war leck, aber nicht geborsten. Ich gab das Steuer nicht aus der Hand. Wollen doch mal sehen, ob wir den Widersachern ringsum nicht zeigen können, was eine Harke ist. Allem die Stirn bieten, sie hinhalten und jeden Schlag abwehren, von wem und aus welcher Richtung er auch immer kommen mochte. Dieser Hof war sowieso etwas völlig Außergewöhnliches, Irrationales. Er war ein magisches Phänomen. Hier konnte sich nur behaupten, wer nicht an den nächsten Tag dachte, wer die Furcht vor dem nächsten Tag verloren hatte, wer nur an das Heute, Hier und Jetzt glaubte.

Jetzt und heute war ein regenfreier Tag. Das Saatbett war trocken genug, so daß man mit der Drillmaschine — das war die Fachbezeichnung für Sämaschine; in Mecklenburg nannte man wie auch in Masuren Säen eben Drillen, und jeder wußte, was gemeint war — den Roggen in die Erde bringen konnte. Starke an das Steuer, Funke an die Pferde. Er nahm die beiden treuen Stuten Lotte und Liesch, die geduldige und die nervöse, an die lange Leine. Ich lief mit einem Haken hinterher, um die von Gras verstopften Tüllen, durch die das Saatgut rieselte und ohne Stockung — sonst gab es Kahlstellen in der Saat — in die vom Dorn gezogenen Rillen floß, offen zu halten. Wenn sich zuviel Unkraut, meist die zähe und nicht zu besiegende Quecke vor einer Saatröhre angesammelt hatte, mußte ich halten lassen und die Spur mit der Hand nachbessern, die der Dorn gezogen, aber nicht mehr mit Roggenkörnern versorgt hatte.

Aber wir hatten den großen Schlag vor dem ersten Oktoberfrost, der immer in der zweiten Monatswoche mit dem zunehmenden Mond das Land heimsuchte, bis zur letzten Krume zugesät.

Dieses Feld sollte das Aushängeschild für die ganze Wirtschaft werden, wenn das Frühjahr zeigte, was der Pseudobauer, der Zugereiste, der Spinner aus Berlin wirklich wert war. Ich war nicht aus Berlin. Aber wem sollte ich das erklären und beweisen können. Ich sprach denselben Dialekt wie der Hoepker und der Vollmer, und Platt konnte ich auch nicht, also war ich »ein Fremder unter Fremden« — wie es später mein sarmatischer Freund Johannes Bobrowski von sich wußte, als er nach Berlin verschlagen wurde und die Berliner keine Spur von ihrem Jargon bei ihm zu hören bekamen. Ich nannte Kartoffeln auch nicht Tüften und Ferkel nicht Fargen und die Mädchen nicht Deerns. Was wollte ich hier in diesem Reservat der neun Schafschwingler inmitten menschenleerer Wälder, in denen gerade eine alte Frau beim Pilzesuchen verlorengegangen und dann von Wildschweinen und Füchsen angeschnitten und zur Hälfte verzehrt und der Briefträger von einem brünstigen Rehbock vom Fahrrad gestoßen und erheblich ramponiert worden war? Summa summarum eine irre Gegend.

Ich war viel zu naiv, um mir damals die Fragen von heute zu stellen. Ich folgte meinem Instinkt. Ich kann das gar nicht anders nennen. Jeder halbwegs ökonomisch denkende und kalkulierende Landwirt, Bauer oder Gutsherr wäre vor diesem russischen Roulett davongelaufen, hätte ohne Nachschub kapituliert. Aber mein Herr Vater erwartete und verlangte Erfolgsmeldungen. Ich bitte dich, lieber Leser: Wie sollte ich die ohne sauschlechtes Gewissen, ohne Sauen, Zuchtsauen, ohne Schweinemastbetrieb liefern? Ich war doch kein Hitler, der wenige Jahre später, genau sieben Jahre nach meinem Abenteuer im »wilden Westen«, jede Niederlage als Sieg verkünden ließ. Mit so einem Propagandaapparat war ich nicht ausgerüstet. Ich konnte keine fälligen Zinszahlungen als Frontbegradigungen beziehungsweise strategisch notwendige Rückzüge deklarieren und dem Hoepker melden: Winterschlacht gewonnen, Herbstbestellung siegreich abgeschlossen, aber keinen Pfennig in der Kasse, Zinsen werden erst bei der Frühjahrsoffensive gezahlt. Hoepker hätte pfänden lassen. Leider gab es keine Autorität, die den Menschen opfernden Verschwender Hitler pfänden konnte.

Aber das gehört schon wieder nicht mehr zum Thema eins. Wir hatten es im November, mit einem Monat Verspätung, geschafft, hatten die Wintersaat in die Erde gebracht, bevor sie zugefroren war und vor dem Frühjahr 1936 auch nicht mehr aus dem Winterschlaf erwachen würde. Kurze Tauwetterperioden konnten diesen Rhythmus unterbrechen. Auch Bären bekommen im Winter manchmal Hunger. Hier waren es Dachse, die mitten im Halleluja des Weihnachtsfestes aus ihren Wohnhöhlen auftauchten und bald wieder in ihnen verschwanden.

Ich hätte gern dem tüchtigen Funke und dem ebenso tüchtigen, wenn auch meist unlustigen, unter Zwang handelnden Starke eine Prämie gezahlt für ihren wochenlangen Einsatz mit der defekten Drillmaschine. Funke war ein bescheidener stiller Mensch, der keine Sonderwünsche hatte, geschweige äußerte. Starke klaute, was er nicht bekam.

Die Steuerstange, die die Maschine auf der Spur halten mußte und die Starke mit großer Geduld dirigierte und immer wieder richtete, war gebrochen. Einige Tüllen mußten mit Stricken festgebunden werden. Vorher mußte der total verrostete und von Hühnermist zerfressene Deckel gereinigt werden. Denn diese Drillmaschine, eine der letzten Zeugen der Vollmerherrschaft und nun von mir noch einmal in der Ernteschlacht eingesetzt, war neben der Egge fast das einzige verwendungsfähige Gerät auf diesem Maschinenfriedhof.

Es kam der Winter, und der war nicht von Griese, auch nicht von Pappe, sondern eisenhart aus Schnee und Frost. Das war die Zeit des Mistfahrens. Es war ja ein Glück, daß wir hier kaum Wintergerste anbauen konnten, eben außer Roggen und Hafer kein Getreide, Weizen schon gar nicht. Weizen braucht Güteklasse 1 und nicht unser Schotterfeld, unsere Kiesberge und Sandgruben mit den kleinen Inseln guter Erde, die zusammen aber nicht einmal 10% der Gesamtfläche ausmachten.

Mistfahren! Die Kastenwagen zu Mistwagen umfunktionieren: das heißt ein Seitenbrett abmontieren, damit der Mist mit vierzinkigen Mistgabeln aufgeladen, gepackt werden konnte. Hier hatte ich einen Vorteil aus der Mißwirtschaft und Gleichgültigkeit der Jagdfanatiker Vollmer, die die Klitsche dem Hahnemann überlassen hatten, der sich einen Dreck um Mist und Kartoffeln kümmerte. Diese Hackfrüchte, also Kartoffeln, Rüben, Wruken, eben Kohlrüben, machten ja zuviel Arbeit. Lieber dem Karlchen sagen:

»Hau die Schweinebuchten kaputt, mach Kahlschlag — wir brauchen keine Schweine. Wir wollen unsere Ruhe haben und nicht das infernalische Geschrei dieser unersättlichen Biester, die meiner schwangeren Frau das Fürchten lehren. Die bekommt sonst ein Baby mit Ferkelschnauze und Schlappohren. Also weg mit dem Scheiß. Hau weg den Scheiß, Karlchen. Mach kaputt, was uns kaputt macht!«

Karlchen schlug die Buchten kurz und klein, zertrümmerte die Zementpfeiler, hob die Gitter aus den Buchten und warf sie mit den Trögen in die überlaufende Jauchegrube hinter dem Stall. Nun war Ruhe. Und der Mist blieb auf der Dungbucht, brauchte nicht auf den Acker. Wir bauen einfach keine Kartoffeln an.

Der Schwiegersohn und Schreibtischtäter war auf und davon und hatte die Tochter vom Vollmer, die er samt Hof geheiratet hatte, mit den Schulden seinem Schwiegervater als Morgengabe hinterlassen. Feierabend!

Aber nicht bei mir, nicht mit mir. Jetzt wurde im Wonnemonat Dezember, wenn die Lichtlein angehen, die Mistbucht geräumt. Das Fest der Feste war zu einem ewig Geschenke und Lobpreisungen spendenden menschlichen Flöz verkommen. Aber bei mir gab es drei Wochen Mistfahren. Weihnachtsferien bis ins neue Kampfjahr hinein. Den 25-Morgen-Schlag, den geeigneten Boden für die Kartoffeln im Frühjahr hatte ich ausgemessen mit dem Landvermesserzirkel. Nicht zu steinreich! Wir müssen an die Akkordbuddler denken, wenn es Herbst wird im kommenden Jahr 36, im Jahr drei des ersten Jahrtausends unter der Herrschaft des Volks- und Scheckbetrügers, der jeden Wechsel ausstellt, auch den auf das Leben. »Steinfrei in das Erntejahr 36« hieß meine Parole, und wir räumten die Mistbucht bis zur letzten Fuhre. Was war das für ein jahrealter brillanter und fetter Mist. Pferde- und Kuhmist. Je mehr du davon hast, um so kleiner fällt der Kunstdüngerwechsel aus. Breitner hätte es gern andersherum gehabt. Aber vielleicht, wenn mein Vater Pillendreher schon nichts mehr für Kunstdünger ausspucken will, komme ich mit 2000 Mark aus, und die bringe ich dann eventuell auch noch allein auf ohne Bettelbriefe, die nur über meine gute, aber schwache Mutter meinen Vater erreichten. Das Sparkonto meines Vaters, der seinen »Vatermörder« abgelegt hatte und ganz friedlich geworden war, wurde erst von Marschall Konjew im April 1945 für ungültig erklärt. Was hätte er damit für einen Musterhof finanzieren können! Aber Sense — wie die Berliner so treffend sagen und meinen damit keinen Mähdrescher, nicht einmal einen Garbenbinder der Firma Fahr oder Lanz oder McCormick.

Also im nächsten Sommer brauchte ich einen zweiten Binder, einen schweren sechs Fuß breiten Lanz von Meister Zenker. Nun ging es darum, die offenen Viehweiden, die 25 Morgen vom Hof bis zum kleinen See, der meine Grenze zum Dorf bildete, auf denen bisher Karlchen seinen stummen Dialog mit den neun dreckverkrusteten Vollmerkühen geführt hatte, einzuzäunen, das heißt, sie perfekt von einer Rostocker Spezialfirma in eine reißfeste Weide umwandeln und durch einen Knotengitterzaun absichern zu lassen. Dann konnte das Vieh, im Augenblick noch die vierzehn Kühe — aber es würde im nächsten Jahr Nachwuchs geben — ohne Aufsicht grasen. Ich konnte den

Hütejungen entbehren. Karlchen konnte mit Hahane-
mann nach Tolltollzin umziehen.

Die Kuhkälber wollte ich behalten, bis ich den Bestand auf
etwa zwanzig Stück Milchvieh gebracht hatte. Dann lohnte
sich die morgendliche Fahrt über Stock und Stein zur Molkerei des Grafen. Und Fräulein Kress, die Rendantin, die
ich mir immer noch nicht angesehen hatte, konnte ohne
Bedenken einen Vorschuß auf die 220 Liter zahlen, die ich
täglich liefern würde, wenn alles so lief, wie es laufen mußte, wenn ich nicht davonlaufen wollte, sollte und würde.
Letzten Endes kommt es aber auf die Erwartung an. Das
Ergebnis ist weniger interessant, es bleibt meist hinter den
Wunschvorstellungen zurück, überholt selten die gesteck-
ten Ziele.

Jedes Jahr und in jedem Jahr jeder Tag ist anders auf dem
Land, in diesem Kreislauf, den nicht wir bestimmen, sondern die Macht der Gestirne und der Gezeiten, denen wir
unterworfen sind und nach denen wir uns richten, uns
aus- und einrichten müssen. Der Rhythmus, der das Bild
entwirft und seine Farben bestimmt, wenn wir am Morgen
an unsere Arbeit gehen, dieses Ensemble aus Sonne, Licht
und Dunkelheit, verändert sich in jeder Situation, der wir
gegenüberstehen. Unser Tagesablauf, unsere Handlungen
und Unterlassungen, der richtig gewählte Augenblick für
den Einsatz einer Düngermischung oder eben das Ver-
säumnis, die glückliche Hand und das Gefühl für den entscheidenden Zeitpunkt, für unsere Sternstunde — und die
ist nicht willkürlich, nicht beliebig uns überlassen. Auch
da müssen wir kalkulieren, abwägen, die Sinne geschärft
halten. Wir müssen auf diese Stunde vorbereitet sein.

Der dümmste Ausspruch, der nicht auszurotten ist aus
den jeder Parole folgenden und sie nachäffenden Ignoran-
ten, ist der von dem dümmsten Bauer, der die größten Kartoffeln hat. Bevor es überhaupt zu einer Ernte kommt —
das gilt für Getreide wie für Hackfrucht, das gilt für jede Tätigkeit in diesem risikoreichen Beruf —, müssen alle Fähig-

keiten eingesetzt werden, die dieses Ergebnis, diese Leistung, diese dicksten Kartoffeln hervorbringen. Hier wird mit verschiedenen Sprachen gesprochen.

Die Landwirtschaft, wie wir sie damals betrieben, war ein Schützengraben, über dem ständig die Rauchwolke der Explosionen hing. Jeder Tag war Kampftag. Jede Stunde befanden wir uns im Alarmzustand. Ein Morgen auf dem Land war nicht anders als ein Morgen an der Front, an jeder Front, nicht an einer bestimmten, begrenzten, überschaubaren. Es war kein Ausnahmezustand, sondern die selbstverständliche Aufgabe, die uns gestellt wurde und die wir zu lösen hatten, wenn wir überleben und nicht vom Gerichtsvollzieher, von der Zwangsversteigerung bedroht werden wollten. Wir stiegen im Morgengrauen aus dem Schützengraben und gingen zum Angriff vor. Oft war es nach Regenwochen, in denen das Getreide in den Hocken faulte, auswuchs und die Körner grüne Keime bekamen, ein Gegenangriff. Es galt zu retten, was noch nicht verloren war. Die Hocken mußten auseinandergerissen werden wie im Krampf verstrickte Liebende, wenn die in der schwülen Gewitterhitze ineinander verwachsenen Triebe, eben Auswuchs genannt, sie zu einem Bündel kaum noch zu trennender Körper geradezu vernäht hatten. Ein vergeblicher Versuch oft, doch noch die mißratene Ernte zu bergen. Dann war die Landwirtschaft obszön wie der Krieg. Immer wieder mußten die Getreidepuppen umgesetzt, die faulende, oft schon schwarze Innenseite nach außen gedreht werden, um sie in der Sonne — falls sie wiederkam und dann auch blieb — trocknen zu lassen.

Was da an Hoffnung, an Widerstand, aber auch an Verzweiflung, Resignation und Fatalismus aufgeboten wurde, darüber wurden seinerzeit nicht viel Worte gemacht. Die Landwirtschaft, das Handwerk der Erde, ist die wortloseste aller menschlichen Tätigkeiten. Trotz, Verwegenheit und der Gleichmut des Spielers, der keinen Gesichtsmuskel zucken läßt, dem man nicht ansieht, daß er hinausgeht, von keinem Mitspieler beachtet, und die Pistole gegen sich richtet, diese dem Schicksal ergebene Haltung ist das Charakteristikum bäuerlichen Lebens. Nur der Spieler hat dem Landwirt voraus, daß er ja, wenn auch nicht mehr im Bewußtsein seiner freien Entscheidung, wenn auch wehrlos seiner Sucht ausgeliefert, sein Leben selbst entscheidet, auch noch in dem Stadium der Lähmung, der Erkenntnis, daß sein Spiel verloren ist. Der Bauer besitzt diese Freiheit nicht, diese letzte Chance für oder gegen sein Leben zu entscheiden, Leben oder Scheitern zu *wählen*.

Die Freiheit der Wahl besteht in dem Augenblick nicht mehr, in dem du das erste Saatkorn in die Erde gebracht hast, in dem du ausgeliefert bist bis zur Selbstaufgabe, wenn du erkennst, daß es sinnlos ist, weiter gegen die Übermacht zu kämpfen, die dich in die Knie zwingt oder dich mit ihrem Reichtum beschenkt. Das Stichwort »Segen der Erde« birgt alle Schrecken der möglichen Verweigerung dieses herbeigeflehten Segens. Bauern beten, aber es ist nicht nur Unruhe, nicht nur Geduld, nicht nur Ergebenheit in das Unabänderliche — »Der Herr hat es gegeben, der Herr wird es nehmen« — in ihrem Gebet. Und wenn es nicht Gebet ist, dann ist es Fluch. Es ist auch Trotz, Widerstand, Drohung und wildes Aufbegehren in diesen Gebeten der Bauern. Sie stehen im Dialog mit einer Macht, die nicht antwortet.

In der Taiga wurde ich Animist. Sie machte mich zum Animisten. Und ich bin es bis heute geblieben. Es gab Pan, vor allem in der Mittagsstunde, wenn das Schweigen regierte. Es gab den Wind- und Regengott, den Sonnenmagier, der die Hitzeräder wie Weiber über die Äcker tanzen ließ. Es gab den Gott der Geschichtenerzähler, den großen Proust, den Gartengott, der Äpfel und Birnen, alles Obst ins müde Herbstgras warf, der alle Blüten weckte und alle Früchte zur Reife brachte. Es gab dieses ungeheure, unauslotbare Universum der Fülle, und dann über allem Amor, den Herzensbrecher und Herzenstöter. Ihm war ich verfallen. Die anderen Götter respektierte ich. Aber es gab auch den Unheil stiftenden Donnerer, der die Scheunen in Brand steckte und die Taiga auflodern ließ bis an den Horizont. Aber der mächtigste war der Erntegott, dem man nicht trauen konnte, dem wir Opfer brachten vom Frühjahr bis zum Sommerausgang, wenn die letzte Garbe geborgen oder im Dauerregen verfault war. Denn er war mit dem Furcht erregenden Donnerer im Bunde. Sie waren Kumpel. Nimm dich vor Kumpels in acht! Sie legen dich rein. Jede Kumpanei ist eine dicke Tinte, in der du steckst und dich schwarz ärgern kannst. Hüte dich vor jeder Komplizenschaft mit deinen Göttern. Sie ist eine fatale Morgana und führt in deinen Untergang.

Mitten in einer Rekordernte stürzt die Sturmflut nicht enden wollender Gewitter wochenlang auf diese Felder, denen deine ganze letzte und größte Leidenschaft gilt, für die du jede andere Liebe aufgegeben und im Stich gelassen hast. Du hast auf diese Karte gesetzt.

Im Gegensatz zum Spieler, wie ihn Dostojewskij beschreibt, wie er selbst es war, besitzt der Bauer, der Landwirtschaft betreibende Mann und, mitverschworen, seine ganze Familie nur eine Karte. Wenn sie nicht sticht, ist das Spiel verloren. Eine zweite Chance gibt es nicht. Eine verregnete, verfaulte, schrecklich schwarz gewordene Getreideernte ist nicht in eine Rekordernte zu verwandeln. Da kommt kein milder Heiland und segnet das Verdorbene, Verfluchte, Verdammte. Die Ernte gehört auf den Misthaufen, in die Dungbucht. Sie wird zu Humus für die nächste Ernte, vielleicht für eine gute Kartoffel- oder Rübenernte, wenn es gelingt, noch vor der Versteigerung den laufenden, nicht mehr prolongierbaren Wechsel einzulösen. So verläuft der Grabenkrieg, die Partisanenschlacht. Jeder Tag ist Alarm. Du mußt immer die Handgranate unter dem Gürtel bereithalten für den Wurf ins Unabänderliche, auch wenn sie der Bumerang ist, der dich trifft.

So erfuhr ich, was für einen Beruf ich ausübte, wer ich war, was ich gewählt hatte. Aus dieser Partei kann man nicht austreten und eine andere wählen.

Der Blick an den Himmel morgens, der Blick zu den ersten Sternen hinter der die Augen beschattenden Hand: Das ist der Morgen- und Gutenachtgruß auf dem Lande.

Aber nun zu den Fakten, die hier die Phantasie ersetzen müssen. Phantasie war die Kunst des rechtzeitigen Vorausdenkens. Warum sollte ich es besser haben als die Schafschwingelbauern, die alles auf eine Karte setzten! Ein gutes Schafschwingeljahr garantierte Wohlstand und Schuldenfreiheit. Sie konnten selbst entscheiden, welchem Händler sie den kostbaren Samen verkauften und zu welchem Preis. Wer auf der Wechselbasis mit dem Getreidehändler Geschäfte machte, war an ihn gebunden wie ein Verurteilter an den Strick, der ihn hinter den Schergen herzieht. So war es, wenn das Verhältnis zwischen Bauer und Händler getrübt, gestört und unhaltbar geworden war, wenn der Wechsel platzte.

Hier wurde auch nicht mit gezinkten Karten gespielt. Denn die Karten waren einzusehen. Sie lagen auf dem Tisch. Breitner und Kessel und wie sie sonst noch hießen, mit denen ich zu tun bekam, schickten ihre Agenten, ihre Sendboten, ihre Schnüffler, Kompagnons genannt — und die hatten Adleraugen —, zur Erntezeit zu ihren Kunden. So genau inspizierten sie die Felder. Sie wußten dann fast bis auf den Zentner genau, was der Schuldner liefern konnte. Sie gingen vielleicht sogar noch einen Schritt in das reife Getreide hinein, bevor es der Binder erfaßte, und kalkulierten so Ernteertrag und Schuldenbetrag.

Ich hatte dem Hundert-Morgen-Schlag — ein Schlag, das ist ein Feld je nach der Morgen- oder Hektargröße des bestellten Ackers — alles mitgegeben, was ich hatte. Ich hatte ihm mehr gegeben. Denn mein Wechsel bei Breitner war ja nicht gedeckt. Ich setzte einfach auf eine gute Ernte im Sommer 36. Ich war ja ein Naiver. Einem Naiven mußt du Urlaub bis zum Wecken gewähren, ihm mußt du blind vertrauen, nein, mehr noch: Du mußt ihm glauben. Du mußt voraussetzen, daß er seine Sternstunde nicht versäumt, daß er seinen Einsatz nicht verfehlt, daß er weiß, wann seine Stunde schlägt. Er braucht nicht zu raten und zu rätseln, wer gemeint ist, wenn sie schlägt. Er ist der Glückliche, dem jede Stunde schlägt. Aber sein Glück hängt an dem seidenen Faden, den das Unsichtbare spinnt, das Netz, in dem er gefangen ist. Er ist der Gefangene der Erde, seiner Erde, seiner vierhundert Morgen, seiner Hoffnungen, Wünsche und Träume. Ist er jung, ist er 23 Jahre jung, dann führen die Träume ihn in seinen Erfolg oder seine Niederlage. So hat er denn das Scheitern im Auge. Aber das Auge, das eine sehende Auge, das ihm geblieben ist, wird von seinem Traum geblendet.

Er sagt: Das Feld ist bestellt. Er hat hundert Zentner Kali und hundert Zentner Thomasmehl der Saat mitgegeben, bevor der Roggen gedrillt wurde. Eine schmutzige Arbeit. Die Hände zerfressen von dem beizenden Dünger, die Lungen voll schwarzem Staub. Aber Chemie muß sein auf diesem ausgeplünderten Boden, der seit Hoepkers Zeiten keinen Stallmist mehr bekommen hat.

Er hat gerechnet: Auf jeden Morgen Saat je einen Zentner Kali und ebensoviel Thomasmehl. Er hat die rauhen, die Haut wund scheuernden Säcke schwer wie Steine über das weiche von den Eggen aufgelockerte Feld geschleppt und in den Düngerstreuer — auch von Zenker geliefert, auch neu; nichts war hier vorhanden, das nicht schrottreif war — gekippt.

Die Staubwolke des Thomasmehls legte sich auf seine brennende Haut, verstopfte Augen und Nase, verklebte das schweißnasse Haar. Er hatte seinem ersten eigenen Acker, den er bestellte, alles geboten, was er zu bieten hatte, und eben mehr als das: Er hatte ihm seine Schulden anvertraut. Nun muß die Saat gedeihen. Von wegen »Segen der Erde«! Scheiße. Latrinenparole. Das konnte nur ein von Romanen lebender Erzähler schreiben, der sich einen

Luxushof leistete, der keinen Händler im Nacken sitzen hatte, der ihm über die Schulter sah, ihm in die tränenden Augen hustete und dabei im Ledersessel seine Brasil rauchte, dem gehorsamen Kunden, der ihm die Partie Getreide lieferte, der gerade damit den Wechsel einlöste, gönnerhaft einen Asbach-Uralt einschenkte:

»Na, dann zum Wohl bis zum nächsten Geschäft! Apropos Geschäft: Die Gerste — mein Sohn war ja bei Ihnen und hat sie gesehen — ganz hervorragend, gesund und schweres Korn, Braugerste. Also die bekomme ich doch? Was brauchen Sie für die Herbstbestellung? Dreihundert Zentner Kali und Thomasmehl wie immer? Bekommen Sie. Prompt. Auf Breitner können Sie sich verlassen. Breitner ist immer für Sie zu sprechen. Lieferung direkt zum Hof, obwohl, na ja, das ist für meine Fahrer keine Ferienreise zu Ihnen hinter den sieben Bergen mit den sieben Zwergen. Haha! Sie sind nicht gemeint. Sie sind ja kein Anfänger, kein Siedler. Woher diese armen Teufel nur den Mut nehmen, eine eigene Landwirtschaft anzufangen, alles auf Kredit? Landarbeiter als Neubauern. Auch so eine Reise ohne Wiederkehr. Man könnte zum Philosophen werden, so eine Art Nietzsche. Na, davon versteh ich nichts. Aber mein Sohn, der sagt immer: Vater, Getreidehandel, das ist so eine Philosophie für sich. Hahaha, daß ich nicht lache. Also, ich habe heute noch einen Termin. Ich muß zum Landrat. Aber beim nächsten Besuch, hoffentlich recht bald, gehen wir zu Matthiesen einen heben. Breitner ist immer gut für einen guten Tropfen. Auf Baldwiedersehen, Herr Glahn. Handkuß an die Gattin. Pardon, Sie sind ja noch zu haben, noch Junggeselle. Aber nicht mehr lange, hoffe ich. Stich und Hieb und ein Lieb muß ein Landsknecht haben.«

Das war's denn auch wieder in Waren. Ich hatte gleich noch für das Frühjahr hundert Zentner Kalkammonsalpeter als Kopfdüngung für den noch jungen Roggen, der dann das dritte Blatt schiebt, der seine Blätter aus der Wurzel heraus teilt, bestellt und außerdem fünfzig Zentner

Ammoniak-Superphosphat für die Kartoffeln und Rüben, alles auf Wechsel comme il faut. Mein Herr Vater fragte nicht danach, woher ich, wie ich die Ernte finanzierte. Er hielt mich für eine Art Tischlein-deck-dich-Koch, der aus einem Tropfen Wasser eine Mockturtlesuppe zaubert. Ach, scheiß drauf! Ich las keine Romane. Ich hielt nichts von Romanen, damals noch nicht und später auch noch nicht, als ich den Endsieg mit erringen sollte im Sommer 42 im großen Wolgabogen vor Rschew.

Ich machte weiter. Aber morgen wollte ich zum Förster Reul des Grafen Tiele-Winkler, meinem mir wohlgesonnenen Nachbarn, und vorher sah ich mir dann die Rendantin an, von der es hieß, sie sei ein dummes Huhn und sähe auch so aus. Männer seien für sie Feindbilder, weil sie diese tüchtige gräfliche Rendantin bisher gemieden hätten. Die Ursache dieser männlichen Abstinenz wollte ich erforschen, wollte auf den Grund ihrer kranken Seele stoßen, mal den Staub aus ihrer kaputten Rüstung kratzen, ein bißchen Wirbel machen und schön tun und etwa sagen:

»Liebe Frau Rendantin, liebes Fräulein Kress. Sie sind gar nicht keß. Aber darf ich eine kesse Lippe riskieren und fünfhundert Mark Vorschuß für meine Milchlieferung kassieren? Meine Milch ist nämlich Güteklasse 1. Sie wissen, mit wem Sie zu tun haben. Ich bin der junge Mann mit dem heißen Eisen hinter dem Wald. Ihre Hirsche fressen meine Felder kahl. Aber im nächsten Jahr habe ich einen Jagdschein, und dann sind die Geweihten des Grafen dran. Dann hole ich mir meinen Anteil an der Beute. Halali, die Jagd geht auf!«

Und die Frau, die ein Fräulein ist, ein ewiges Fräulein sogar und längst über das Kinderkriegen hinaus — damals wollten Fräuleins immer mit Frau, möglichst noch mit dem Zusatz als Vorsatz »gnädige« angesprochen zu werden — würde mir runde Augen machen und in die Rentamtskasse greifen und mir fünf blanke Hunderter hinblättern.

So würde es sein. So sollte es laufen. Und dann mußte ich mit meiner immer noch nicht zu Schanden gefahrenen NSU aus Gumbinnen im fernen Pruzzenland direkt über die Grenze, an Hallalit vorbei — es gab ja keinen Weg dorthin — auf dem Waldweg nach Serrahn, das der Herzogin von Sachsen-Altenburg gehörte, zur Försterei des Grafen fahren. Sie lag versteckt in dieser schon winterlichen Taiga. Ich mußte Brennholz kaufen, soviel ich bekommen konnte, einen ganzen Wald voll Festmeter Buchenkloben. Wir heizten unsere Öfen nur mit Holz. Steinkohle hatte ich nur für die Lokomobile gehabt. Aber die hatte Zenker zum Ausschlachten abholen lassen. Die übriggebliebene Kohle hatte Starke geklaut.

Ich habe nie nachgesehen, warum unser Hofhund, eine Art Kreuzung von Hyäne und Tapir, schrecklich anzusehen, immer an der Kette, nachts so oft angeschlagen hat. Vielleicht hatte er etwas gegen den Mond. Mit Sicherheit ärgerten ihn die umherziehenden Hirschrudel und Wildschweinrotten. Am Morgen, vor allem, wenn feiner, dünner, erster Schnee gefallen war — eine »Neue« nannten das die Heger und Jäger, ich sollte ja einer werden mit oder ohne Fräulein Kress —, konnte ich die Fährten erkennen, die direkt über den Hof führten, aus dem Südwald von Süden her, aus dem entfernteren Nordwald vom Norden her, das eine Wild aus dem Staatsforst Cramon, das andere Wild aus dem Forst des Grafen. Die Hufen 10 und 11 waren Schnittpunkt dieser Verbindungslinien, Knotenpunkte und Äsungsflächen, aber auch Spielplatz für Schaukämpfe unter den Geweihträgern.

Na, die Jägerprüfung findet am 5. Mai 1936 im Revier des Oberforstmeisters Sternberg bei Waren statt. Dann wird Halali geblasen, ohne Jagdhorn. Ich brauchte keinen Totverblaser. Ich werde meine Beute mit Lotte, der braven und geduldigen Stute, heimbegleiten. Die geht nicht durch, wenn sie Schweiß riecht, Wild wittert. Die sensible Liesch würde in Panik geraten beim Dunst des ausgebluteten Wildes. Pferde können kein Blut riechen, nur die in der Arena stumpf gewordenen und abgebrühten alten Klepper, die die Stiere nach der Estocada, nach dem Todesstoß, aus der Arena schleifen müssen. Traurige Geschöpfe, Opfer der Willkür in der Sekunde der Wahrheit.

Holz duftet wie das Leben. Holz macht mich besoffen, wenn ich die Schnittfläche abtaste und mein Gesicht in die Späne und Poren drücke. Wenn ich den Atem der Wälder über mich hinwegstreichen spüre, kann ich von den Töchtern des Försters Reul fort in das Mosaik der Sonne, der Lichtreflexe zwischen den Stämmen der Taiga schauen und denken: Sie sind schön, diese beiden Mädchen, schwarz und blond, das eine 19, das andere 18 Jahre jung, grob geschätzt. Der steife, mißtrauische, mir feindlich gesinnte Förster — ich bedrohte ja das von ihm behütete Revier — hätte mir auf die plumpe Frage nach dem Alter seiner Töchter keine Antwort gegeben.

Sie sind schön, gewiß. Aber diese tiefen Wälder gehören nur mir und der Sonne. Ich kann meine Augen in sie tauchen, kann mich in ihnen versinken lassen, kann mich wegträumen auf dem Weg nach Serrahn, über den gerade eine tragende Hirschkuh zieht, gelassen. Sie ist die eigentliche Tochter des Waldes, sie hat nichts Menschliches, keine Hintergedanken, brütet keine Doppeldeutigkeiten aus. Man kann sie fragen: »Wie alt bist du, schöne junge Hirschin?« Es hat keine Folgen, ist keine plumpe Anbiederung, keine Dreistigkeit.

»Was bildet sich der junge Mann von dieser Hungerklitsche eigentlich ein?«

Das würde der arrogante Grafenförster, selbst schon fast ein Anwärter auf den hohen Titel, antworten. Es blieb beim Holzgeschäft. Ich kaufte alles, was geschlagen war. Dreißig Festmeter.

»Und wissen Sie«, sagte Reul noch, als ich mich so kühn wie möglich mit Imponiergehabe auf meine alte NSU schwang, »meine Töchter haben beide schon einen Kronenhirsch geschossen, jede einen Vierzehnender.«

Da war ich guter Zweiter. Ich hatte noch nicht einmal einen Jagdschein. Außer meiner Fähigkeit, mir die unerfüllbarsten Träume zu leisten, besaß ich nichts »Nennenswertes«, wie Brecht mein Vermögen einstufen würde, also nichts außer einem verschuldeten Hof, über den der Wintersturm die Pappfetzen meiner zerrissenen Dächer trieb und ins zugewehte Kranichbruch schleuderte.

Der Graf und sein Förster

Jahre waren vergangen. Es hatte Ernten und Mißernten, Feuersbrünste und Wehrmachtsmanöver, Herbstmanöver gegeben. Ich hatte Prozesse gegen Schnabel geführt, führen müssen, um ihn als Betrüger zu entlarven. Ich hatte verloren und gewonnen, zum Glück zuerst verloren und dann zu meinem guten und Schnabels schmählichem Ende gewonnen. Darüber wird noch zu berichten sein.
Der Spanische Bürgerkrieg fiel in diese turbulente Zeit von 1936 bis 1939, in der meine Freunde kämpften und starben, Kantorowicz schwer verwundet wurde, andere von den Agenten der GPU und dem Henker Marty gefoltert und ermordet wurden. Auch dieses Kapitel ist noch nicht abgeschlossen. Die Rechnung ist noch offen, noch immer nicht beglichen. Durruti und Beimler sind vor Madrid gefallen im Kampf gegen die Francodiktatur, gegen den in Europa vordringenden Faschismus. El Campesino, der eigentlich Gonzalez hieß und in der Schlacht um Teruel schon für tot erklärt worden war, hatte seine sowjetische Odyssee überlebt und ist nun alt und resigniert in Metz gestorben.
Die »Pasionaria« Dolores Ibarruri hat alles überlebt, Krieg, Flucht und Stalins Liquidierungswahn, die Hinrichtung ihrer Genossen. Sie hat es hingenommen und ließ sich,

90jährig nach Madrid in das monarchistische Spanien zurückgekehrt, feiern. Auch unsere Medien lieferten ihren Beitrag dazu, sparten nicht mit Lob und Bewunderung für die Symbolfigur des spanischen Kommunismus. Der markante Ausspruch dieser Bergarbeiterführerin aus Aragonien »Lieber stehend sterben, als auf den Knien leben« ist Zeitgeschichte, Menschengeschichte geworden. Sie selbst erstarrte zum eigenen Denkmal, ihre flammenden Augen, ihr leidenschaftliches Gesicht sind eingefroren. Sie treiben die Massen nicht mehr in den Kampf, in den Tod. Das Feuer der Revolution ist erloschen. Bei dem Gedanken an diese Überlebende einer alle Fronten umfassenden Vernichtungsstrategie vergißt der Zeitgenosse die Brutalität solcher Appelle der Pasionaria: »Besser hundert Unschuldige hinrichten, als einen Schuldigen laufen lassen!« Auch das ist eine Variante des Themas Bürgerkrieg. Nein, das ist nicht mein Thema, jedenfalls nicht heute und in diesem kritischen Augenblick.

Ich begegnete dem gräflichen Förster Reul nur noch einmal in den Jahren, als das alles geschah. Aber was heißt: Ich begegnete ihm? Ich lief auf ihn auf. »Nicht in die Arme«, wie der Volksmund so eine Überraschung, so ein unerwartetes Treffen zu umschreiben pflegt. Aber da waren keine ausgebreiteten Arme, in die ich mich werfen konnte. Ich stieß auf diesen Faschingskaiser wie gegen einen Rammbock. So hatte er sich in Pose gesetzt, als ich ihm auf einer Waldschneise plötzlich gegenüberstand. Ich stak wie festgebacken in diesem schmalen Waldpfad, der von Dschungel umgeben war. Ich hatte den Weg von Vollrathsruhe, wo ich in der Bahnhofswirtschaft beim kleinen blonden Gnomen Gerling — er war wirklich ein Zwerg — gesoffen hatte, zu meinem Hof abkürzen wollen, einfach quer durch den Wald des Grafen. Zuerst auf einer gewundenen Piste. Ich weiß noch: Der Roggen blühte. Es duftete betäubend nach den Pollen, die der Wind hochwirbelte und wie einen Schleier über die Wald- und Wiesenlandschaft breitete.

Das Bild und das Spektrum veränderten sich auf jedem Meter, auf dem ich in das Revier des Grafen eindrang. Hier übt Förster Reul die Befehlsgewalt aus. Ich hatte damals längst meine ersten geweihten Hirsche, meine diversen alten und jungen Keiler, zahllose Bachen und Überläufer erlegt. Überläufer: Das waren junge, noch nicht geschlechtsreife Sauen, die noch in der Rotte, im Familienverband lebten und zusammenhielten auf ihren nächtlichen Streifzügen zu den begehrten Futterplätzen, vor allem zum Mais, Hafer, zu Kartoffeln. Aber da waren es mehr die Würmer, die Drahtwürmer, die Engerlinge, die unter den Kartoffeln und in den Hackfrüchten steckten, die das Wild anlockten. Die Kartoffeln blieben meist, kaum angefressen, liegen und wurden grün vom Licht und von der Sonne. Unbedeckte Kartoffeln werden ungenießbar, bitter, giftig sogar.

Aber nun war ich mitten im Revier des mir wohlgesonnenen Grafen und seines mich mit geradezu wahnhaftem Haß verfolgenden Försters. Reul war überzeugt, daß ich es allein auf die Kronenhirsche des Grafen abgesehen hatte, daß ich der gefährlichste Wilderer rund um Hallalit und Vollrathsruhe war. Ich hatte vor dem Nordwald, nur etwa zweihundert Meter vor der Grenze und dem niedergebrochenen Schutzzaun, durch den die Wechsel des Wildes nun ungehindert führten, einen Hochsitz errichten lassen. Das Rotwild und die Sauen umgingen den Zaun einfach und erreichten mein Revier, ihre »Augenweide« von den Seiten her, von Hallalit oder über das Land meines Nachbarn Dobbertinsky. Der kaputte Zaun schützte nichts mehr. Er markierte symbolisch die Grenze. Dahinter begann die Taiga.

Dort postierte sich abends noch vor Anbruch der Nacht, im Zwielicht der Dämmerung Reul und beobachtete durch sein großformatiges und scharfes Glas, was auf meinen Feldern, in meinem kleinen übersichtlichen Revier vorging, was ich vorhatte, ob ich mit der Büchse unterwegs war. Er konnte natürlich nicht Tag und Nacht rund um die

Uhr Wache schieben. Er fuhr täglich seine Töchter nach Güstrow ins Gymnasium, obwohl sie längst das Schulalter hinter sich hatten. Sie streunten durch die Wälder, statt zu lernen. Frühreife Kinder des Waldes, vernarrt in seine unbegreifliche Schönheit, stille Mädchen aus einem anderen, untergegangenen Land. Sie waren mit den Göttern der Taiga im Bunde. Ich hätte so gern mit ihnen Vineta gesucht oder Ninive oder Troja: das Reich der Frauen, der Amazonen, das Matriarchat. Sie hatten ja Zeit. Niemand trieb sie an.

Reul hatte eine Lebensstellung. Er verteidigte das Revier des Grafen gegen solche hergelaufenen Typen wie mich oder den alten grauen Wolfsrüden Dobbertinsky, der hustend und schnaubend mehr Wild vergraulte und vergrämte als erlegte.

Und so hatte ich, um allem die Krone aufzusetzen, auf der kahlen Höhe, auf der sowieso nichts wuchs, dem Beobachtungsposten Reuls gegenüber, provozierend, einen Hochsitz, eine Jagdkanzel errichten lassen, die alles überragte und beherrschte. Dieses Meisterwerk brachten Willy und der bärenstarke Slowake Moravec — mein treuester Mitarbeiter — zustande. In der Junker- und Bauernsprache gab es keine Mitarbeiter. Da gab es damals nur Knechte und Mägde, Marjells wie im fernen Masuren.

Aber nun lief ich diesem Mann, der mir keinen Abschuß gönnte, direkt vor die Büchse. Zuerst glaubte ich, er sei allein, als er hinter dem Baum hervortrat, der ihm Deckung geboten hatte. Aber dann war da neben diesem wilhelminischen Denkmal mit den hochgedrehten Schnurrbartenden noch ein anderer, weitaus angenehmer aussehender Mann. Eine schlanke, Reul von oben herunter messende Gestalt, eine Reiterfigur, elegant, im Jagddreß. Teuer, teuer diese Klamotten. Reul wirkte daneben wie ein Aufseher einer Waldarbeiterkolonne, ein Vorarbeiter, ein gewöhnlicher Waldhüter. Ich hatte es nun auch noch mit dem Grafen zu tun. Der mir zugetane Graf Tiele-Winkler ermunterte mich mit seinem freundlichen Blick, der zu sagen schien: »Wir kennen uns ja. Ich weiß, was ich von Ihnen zu halten habe. Sie schießen meine Hirsche. Aber was heißt bei wechselndem Wild, das keine Besitzgrenzen respektiert, schon ›mein‹ und ›dein‹? Sonst sind Sie ganz in Ordnung.«

So etwa maß mich der Graf, der neben seinen Wildzuchtmeister und Anwärter auf die Kaiserkrone getreten war. Reul kam mir nun entgegen, verzichtete auf den Titel und die Anrede »Majestät« und verwies mich lediglich mit folgenden unmißverständlichen Worten vom Platz, herunter von der Schneise. Sollte ich etwa in den Sumpf springen, der ölig neben der Piste glänzte und Blasen warf? Also Reul röhrte wie ein brünstiger Platzhirsch, ein Achtzehnender:

»Was machen Sie hier im Revier des Grafen?« Er wußte ja genau, daß ich zu meinem Hof wollte. Ich war unbewaffnet. »Das ist Privateigentum, Privatwald, der Forst des Grafen. Ich bin hier der Revierverwalter. Gehen Sie zurück zur Straße und bleiben Sie auf den erlaubten Wegen. Hier haben Sie nichts zu suchen.«

Ich reagierte prompt, wies Reul scharf ab: »Ich suche nicht, ich finde.« Jahre später hat Picasso diesen historischen Ausspruch von mir übernommen in einer Weltminute von Waterloo, in einer Sternstunde der Malerei. »Ich bleibe hier auf diesem Weg und komme so direkt auf meine Feldmark ohne Umweg und Zeitverlust. Aber ich nehme Ihre Aufforderung ernst.«

Das war eine versteckte Warnung, eine neue Ankündigung, in dem von Reul verwalteten Revier zu jagen, zu wildern. In der Nacht, wenn der Teufel kommt in den unruhigen Träumen, den Alpträumen des Försters, der alle Hirsche des Grafen unter meinen Kugeln fallen sah. Seine Alpträume waren meine Träume. Nun fehlte zu dieser dramatischen Szene, diesem Superkitsch aus »Wild und Hund« noch die entsprechende Beleuchtung: ein Sonnenuntergang vor rosa Wölkchen, Windwolken, Cumuli. Morgen wird es regnen. Richtig, ein Hund war auch noch dabei. Reul ließ ihn hecheln, aber nicht auf mich los. Nicht in Gegenwart des Grafen, der noch kein Wort gesagt hatte, mich freundlich, mit einer gewissen spöttischen Heiterkeit, mit versteckter Ironie musterte, Kritik vielleicht an seinem übereifrigen Förster. Denn der Graf wußte, wer ich war. Er nickte Reul lässig zu und hob dann die ihm peinliche Situation auf, indem er Reul seine Hand auf die Schulter legte und entschied: »Gehen Sie nur nach Hause. Aber bleiben Sie in Zukunft auf dem öffentlichen Weg. Ich weiß, daß Sie keine Hintergedanken haben — na ja, hier so am hellichten Tag.«

Dieser Aktschluß war für Reul unbefriedigend, geradezu vernichtend. Denn sein eigener Herr stellte indirekt seine Autorität in Frage, indem er mich weitergehen ließ. Ich sagte: »Danke, Herr Graf« und schob mich an dem sabbernden Jagdhundrüden vorbei. Als ich am Waldrand über mein Revier hinweg meinen Hof in der Mulde hinter dem Kranichbruch sah, war ich froh, den Herrschaftsbereich der Junker verlassen zu können. Sie sollten zur Ader gelassen werden. Ich war entschlossen, meine nächtlichen Raubzüge unter dem Schutz der Alpträume des gräflichen Schnurrbartförsters intensiver fortzusetzen.

Reul hatte ja nicht gewußt, konnte nicht darauf gefaßt sein, daß ich wenige Wochen zuvor anläßlich meiner Besichtigung des Fräulein Kress ein kurzes Gespräch mit dem Grafen geführt hatte. Er war zufällig in seinem Rentamt und blätterte in Papieren, als ich das Fräulein — herrje war das eine Mumie, hatte die ein verwegenes, zerhauenes Narbengesicht — um einen Vorschuß bat.

»Können Sie haben. Wieviel denn?« zirpte sie werbend. Im Hintergrund erwachte der blätternde Graf, der kurz zuvor den Grafentitel von seinem verstorbenen Onkel, dem Land- und Steinkohlegrubenbesitzer in Oberschlesien, geerbt hatte. Als ich am 1. September 1935 den vergammelten Hof in Liepowo übernommen hatte, war Graf Tiele-

Winkler noch Freiherr wie sein verschuldeter, aber flotter Bruder, der Rennfahrer in Rothenmoor, dem auch das 4000-Morgen-Gut Dahmen gehörte. Ein Draufgänger und nicht so besonnen, kein kühl kalkulierender Rechner wie der ältere Graf. Er jagte anderes Wild, hochbeinig und schlank, grazil und leicht zu erlegen in den Salons des Adels, der immer noch seine fatalen Feste feierte, wie sie fielen. Sie fielen oft auf gepfändetem Boden, sie liefen auch auf Wechsel. Das war eine andere Spielart des russischen Rouletts, eine mecklenburgische Variante comme il faut.

Die spanische Fliege

Eine Frau ist etwas für eine Nacht, und wenn es schön war, noch für die nächste.« Das schrieb der Zyniker Gottfried Benn. Der Elegiker Rainer Maria Rilke erwiderte exaltiert: »Sterben! Sterben an Frauen, an der unsäglichen Blüte des Lächelns.« Zwischen diesen beiden ambivalenten Einstellungen zum Phänomen *Liebe* wurde ich hin- und hergerissen, haltlos. Mein Sexualleben war gestört. War es nur gestört oder überhaupt noch nicht entwickelt oder — und das traf aus der Perspektive des Psychiaters Gruen zu — fehlgeleitet?
Ich befand mich immer noch seit dem mißlungenen Aufenthalt in Masuren, seit meiner schon im Keim erstickten Liebe zu Doris Kucharski, der Abiturientin aus Lötzen, seit dem heillosen Abschied von der Kunststudentin Karin aus Berlin und unserer letzten gemeinsamen Motorradfahrt durch Ostpreußen — ich befand mich nach all diesen gescheiterten Versuchen, auf Frauen normal zu reagieren, das heißt eben wie ein Mann, der nimmt und gibt, der verführt und verführt wird, in einer tiefen Verwirrung. Mit beiden Weisungen, beiden oben zitierten Verhaltensmu-

stern konnte ich nichts anfangen. Ich konnte, kurz und bündig gesagt, mit Frauen nichts anfangen. Ich hielt sie für höhere Wesen. Ich konnte diese »Schlösser, die im Monde liegen«, nicht erobern. Man besang und bedichtete, bewunderte und beschimpfte Frauen, erhob sie zu Halbgöttinnen, erniedrigte sie zu Achtgroschennutten, umwarb sie und überschüttete sie mit Zoten. Ich fand mich in diesem Dschungel nicht zurecht. Ich verhielt mich weiterhin kindlich, naiv, gespalten und — wie ich glaubte — »abartig«, wie Georg Heym mein Verhalten im Gedicht punktgenau traf. Aber der war schon in meinem Alter unter dem Eis der Havel versunken, war ertrunken und konnte mir nicht mehr helfen. Niemand konnte mir helfen. Ich war ein Spätentwickelter, ein Zuspätgekommener. Ich quälte mich — und das ist wirklich unbeschreiblich, nicht darstellbar, nicht nachvollziehbar — in einer mönchischen Einsamkeit und handelte dabei nach dem Rezept von Georg Heym.

Mein Ideal, die Frau meiner Wünsche, meiner Wachträume, die nur für Stunden Erleichterung brachten, aber keine Befreiung, begegnete mir mit der »unsäglichen Blüte des Lächelns«. Ich aber trieb in einer vom verhinderten Sex besessenen Isolation dahin. Alle männlichen, vor allem älteren Gesprächspartner — und die damals gängigen Schlager, heute zu Evergreens veredelt — besangen die leichtlebige Frau, schwammen im Kielwasser des »Blauen Engels«, hielten es mit Hans Albers, sahen in allen Frauen käufliche Objekte, Mädchen von der Reeperbahn.

Wie konnte ich mich zwischen diesen Gegensätzen, diesen Extremen, die keine Brücke zu meinen verklemmten erotischen Gefühlen und sexuellen Wünschen schlugen, zurechtfinden? Ich fühlte mich allein gelassen und litt.

So hatte ich mich in dieser Hilflosigkeit bei dem kleinen Gerling in der von vielen Bauern, Gutsverwaltern und Schloßpersonal des Grafen besuchten Bahnhofswirtschaft von Vollrathsruhe ratlos in der Zirkuskuppel vollaufen lassen. Das Zeug — es war meist Cinzano oder Korn, wenig

Bier — schmeckte mir nicht. Ich soff, ich kippte meine Ration herunter, bis ich aus dem Ruder und die Brühe wieder aus dem Hosenbein herauslief, bis ich die Kontrolle über mich verloren hatte, aber dabei auch mein sexuelles Bedürfnis eindämmte. Es blieb unterschwellig ungestillt, forderte Befriedigung von mir. Aber ich hielt die Hände ruhig, ich klammerte sie ans Glas. In diesem Zustand der Heillosigkeit — ich vermeide das Codewort Schizophrenie, obwohl es genau dahin gehört — stellte ich jeden nur denkbaren und auch undenkbaren Blödsinn an.

Einmal provozierte ich — es war nicht so gemeint, war eine Folge meines Kontrollverlustes, eine Sehnsuchtsgeste — den wüsten Raufbold und als rücksichtslosen Schläger bekannten und gefürchteten Jungbauern Holldrio aus Hohen-Wangelin. Ich erinnerte mich zu spät an die Warnung »Aus Hohen-Wangelin mußt du fliehn!« Das galt wohl auch für die Menschen aus diesem tristen Dorf aus Lehm und Stroh, wo es aber dennoch einige Bewohner gab, die ich später schätzen lernte, und ein Mädchen, das ich sogar begehrte, natürlich wieder aus der Distanz von Kafkas »Schloß«, nämlich unerreichbar fern. Ich baute um mich herum viele solche uneinnehmbare Festungen. Kurz und schlecht: Ich war ziemlich voll und traf im schmalen Gang zwischen dem Bahnhof und dem Gitter, das das Gebäude mit der Gastwirtschaft von dem Bahnsteig trennte, diesen Bauern, von dem ich nicht wußte, ob er mich kannte oder mich für einen ganz beschissenen Angeber aus der Stadt hielt. Ich sagte mit heller Begeisterung: »Holldrio, wir wollen zusammen einen saufen.« Und schon hatte ich ein paar handfeste Ohrfeigen rechts und links, bevor ich überhaupt wahrnahm, was meiner Freundlichkeit da passierte. Dann packte der kräftige, gut durchtrainierte Bauernbursche mich und versuchte, mich auf die Gleise zu werfen, wo in diesem Augenblick der Schnellzug Rostock-Berlin durchfahren mußte. Zum Glück schaffte er es nicht, mich über das Gitter zu heben. Er versetzte mir noch einen Kinnhaken, daß ich hintenüber fiel, und ging ruhig davon, als ob er seine Pferde aus dem Stall holen wollte.

Ich hatte ein Veilchen, beziehungsweise vorerst ein dickes Auge — das Veilchen wuchs und blühte erst später — und blutete aus der Nase. So angeschlagen wandte ich mich Gerlings Tröstungen zu. Er sah mich mitfühlend an, sagte väterlich, wobei er sich aus dem Stand um einige Zentimeter hob — er wuchs wirklich über mich hinweg, empor zu den fernen Zielen meiner Sehnsucht, zu den »Schlössern, die im Monde liegen«: »Ja, ja, mit dem Holldrio ist nicht zu spaßen. Soll ich die Rechnung fertigmachen, Herr Glahn?« Ich war in diesem Augenblick meiner Schande und Niederlage vor den Augen des Kneipengnomen nicht zahlungswillig und antwortete schroff: »Heute nicht. Später. Anschreiben.«

»Geht in Ordnung, Herr Glahn«, und Gerling schrieb das Doppelte für meine Zeche an.

Niemals zuvor und danach wurde mir eine freundlich gemeinte Einladung so übel genommen. Aber ich hatte mir den falschen Ansprechpartner ausgesucht. Holldrio schiß auf meine Kumpanei.

Diese im Grunde unfreiwilligen Exzesse ereigneten sich immer in einer ruhigen, fast arbeitslosen Zeit, wenn mich keine Erntearbeiten oder andere dringende Geschäfte davon abhielten. Dann fuhr ich auch zur weiteren »Belustigung«, während Trauer, Einsamkeit und Verzweiflung den Pegel des Erträglichen überstiegen, nach Waren, setzte mich zuerst in die Hofkonditorei Garbe, noch stocknüchtern, wo ich mich nach Kontaktmöglichkeiten umsah. Aber die kamen nie zustande. Oder sollte ich etwa den Rittergutsbesitzer von Spundloch aus Rumpshagen ansprechen? Das tat man nicht in diesem spröden Land und damals schon gar nicht. Distanz, Zurückhaltung, steifer Kragen waren gefordert. Es war die Fortsetzung meines gescheiterten Masuren-Abenteuers mit anderen Mitteln.

Auch das Mädchen aus dem Friseurgeschäft, braunhaarig,

mit dem sinnlich weichen Gang, den lasziven Bewegungen, ließ sich nicht ansprechen. Ein Versuch wurde abgewiesen: »Lassen Sie mich in Ruhe!« Ebenso erging es mir mit einer blonden Bankangestellten, die ich auf der Straße ansprach, »anhaute«, so nannte man das, »anmachen« heißt es heute. Aber wahrscheinlich wird es bald abgelöst von einer anderen närrischen Bezeichnung. Die Sache änderte sich nicht. Der beschämende Vorgang blieb derselbe, ob man sich nun von einem Pferd treten ließ oder einen Laster küßte. Es kommt in der Sache, die man Liebe nennt, allein auf die Machart an.

Also lauter Fehlanzeigen. Ich schoß immer wieder nur »Fahrkarten«, während ich draußen auf meinen Feldern das Wild, das mir der Mondschein vor die Büchse trieb, fast immer mit Blatt- oder Halsschuß niederwarf.

Volltreffer auf der Jagd. »Fahrkarten« in der Liebe. Soll ich alle Versuche schildern, die mir mißlangen und mich in meiner Selbsteinschätzung immer tiefer ins Aus drückten, in die Verzweiflung trieben? Ich fand keine Liebespartner. Und wenn ich einer Frau begegnete, die sich bereit zeigte, auf mich einzugehen, verriß ich den Schuß ins Schwarze mit geradezu tödlicher Sicherheit.

Ich erinnere mich an den geradezu dramatischen Verlauf, den meine Begegnung mit der Sekretärin des Landrats nahm. Das war ein Eigentor, das ich da in meiner Taktlosigkeit beziehungsweise Tolpatschigkeit schoß. Ich war ein Meister im Eigentorschießen. Die gepflegte, sehr erotisch wirkende dunkelhaarige Dame — das schwarze Haar, leichter Blauschimmer, straff nach hinten gebürstet und in der Mitte wie mit dem Lineal sorgfältig gescheitelt, kein Härchen lag falsch, alles war an diesem etwa 22jährigen Wesen — weder Frau noch Fräulein paßt hier zur Charakterisierung, es war eine Taiganymphe — alles war perfekt.

Sie, die personifizierte Sinnlichkeit, hatte ein klares, ebenmäßiges und glattes Gesicht mit diesem exotischen Blauschimmer in ihrem »spanischen« Haar. Ein Reflex dieses

Haares im lächelnden, mir voll zugewandten Gesicht legte sich auf mein sprachloses Staunen. Es war im Vorzimmer des Landrats, das sie betreten hatte, um mich anzumelden. Ich wollte ihn, so erinnere ich mich, sprechen, um zu erreichen, daß eine Reihe der hohen alten Buchen auf seine Weisung gefällt wurden, weil sie zuviel Schatten auf meinen angrenzenden großen Schlag am Südwald warfen. Da wuchs kein Hälmchen mehr ... Was dann noch nach oben zum Licht gelangte, in dieses diffuse Zwielicht, ästen die Hirsche ab, die in den Cramoner Dickungen auf ihren Auftritt warteten.

Die Landratssekretärin schlängelte sich so körpernah an mir vorbei, daß der Geruch ihrer Haut mich wie eine Botschaft aus dem »Schloß« traf. Ich ließ diese Carmen nicht ein zweites Mal ungeschoren passieren. Ich sagte kühn — verzweifelte Helden sind immer Ordensträger, ich trug den Blutorden, aber nicht von den braunen Herren verliehen, sondern aus meinem eigenen Blut gespeist: »Mein sehr verehrtes Fräulein, deren Namen ich so gern erfahren hätte, darf ich Sie einladen, mit mir am kommenden Wochenende einen Spaziergang zu machen, vielleicht zum Fährhaus?«

Das war ein großer Familienkaffeegarten mit flirrendem Laubmuster auf den Tischen am See. Die immer noch Unbekannte — ich ahnte noch nicht, daß sie es bleiben würde — kam mir ohne Zögern entgegen: »Warum nicht? Gern.«

»Ja, das ist ja prima, einfach wunderbar. Also dann erwarte ich Sie um 3 Uhr vor der Hofkonditorei Garbe.«

Warum ging ich nicht gleich mit ihr dorthin? Wäre das zu intim gewesen? Fürchtete ich die Nachbarschaft des Herrn von Spundloch-Rumpshagen? Ich wagte jedenfalls nicht, diesen eleganteren Vorschlag zu machen. Aber wir trafen uns wirklich. Ich war entschlossen, das »Schloß« zu knacken, Kafka in die Pfanne zu hauen. Ran und rein! Die alten dummen Pennälersprüche fielen mir ein: »Reif werden und einen reinkriegen, das ist die höchste Lust auf Erden.« Aber gleichzeitig schämte ich mich, weil ich doch die »unsägliche Blüte des Lächelns« und den Duft dieser Blüte erfahren hatte mit dieser koketten Zusage »Warum nicht?«

Meine Landratsamts-Carmen kam pünktlich. Mein Herz klopfte neurotisch. Ich litt ja nicht an den »späten Neurosen« zeitgenössischer Erfolgsautoren. Ich wurde mit meiner frühen Neurose nicht fertig. Sie, deren Name ich nicht mehr kenne, lief schnellfüßig mit auffallend kurzen Trippelschritten neben mir her. Ihr Rock, kostbar, schleifte fast das sonntäglich saubere Pflaster vor dem Agrariercafé der alten Hofgesellschaft Garbe. Sie war erregt, ihr Atem ging schnell, ihre schönen ebenmäßigen und gut geformten Wangen — das waren wirklich Wangen, nicht Backen, es gab keine Backen in schönen Mädchengesichtern aus einer »Liebe von Glahn« — bekamen einen rosa Schimmer, einen Hauch von Goldglanz im Herbst.

Ich war ausgelassen und fröhlich, spielte den ungehemmten bel ami, den Kavalier d'amour, machte Konversation, die selbst der Skeptiker Benn, der Zyniker comme il faut, belächelt hätte. Meine hochschäftigen gelben Jagdstiefel knarrten wonnig. Sie kannten ja jede vergebliche Anstrengung, waren Zeuge, betroffene Zeugen meiner Amokläufe in der Sache, die man Liebe nennt.

Sie, die Namenlose, die Glattgestriegelte, die ich schon — und das beweist meine Hypertrophie, die jedes menschliche Maß verloren hatte — als Herrin auf dem Pappdeckelhof Liepowo neben mir die Schweine füttern sah, sie öffnete ihre Rose des Lächelns, die blaßrosa auf ihren sinnlichen Lippen wuchs und sich zu entblättern begann. Wir fanden einen Tisch unter dem Schirm, dem die Sonne abwehrenden Schutzschirm einer Buche. Ich bestellte, was meine Carmencita wünschte. Ich weiß es nicht mehr, aber es war ein heißer Sommertag. So wird es wohl ein alkoholfreier Longdrink oder ein Eis, mit Sahne natürlich, gewesen sein. Und dann sprach ich jenen unheilvollen Satz aus, der das Begonnene, das Fest wie von Monet gemalt und von Renoir signiert, dieses lichtvoll und strahlend gemalte Bild auslöschte, die Szene durcheinanderbrachte und einfach durchstrich, aus dem sonnenerglühten Visavis eine Estocada cinque tarde machte — es waren diese von mir ahnungslos und leichtfertig als Kompliment gemeinten Worte: »Sie kommen mir spanisch vor.«

Ich dachte in meiner Jubel-Trubel-Heiterkeit-Stimmung, in dieser wahnsinnigen Hoffnung, hier einen Liebespartner gefunden zu haben, nicht an den perfiden Hintersinn dieses geflügelten Spruches. Ich dachte an Carmenvivas blauschwarzes, glänzendes Haar und seine Spiegelung in ihrem frohen, entspannten, aber gleichzeitig sinnlich-erregten Gesicht. Einen Augenblick — es war die Sekunde der Wahrheit — verharrte diese von meinen Worten verwirrte junge Frau, und ich verstand nicht, was sie erstarren ließ, was so plötzlich dieses sanfte Gesicht wie von einem Blitz getroffen entstellte, was Feuer aus den tiefdunklen, etwas traurigen Augen brechen ließ und die Arena, das Fährhaus cinque tarde unter ihrer Asche begrub. Ich verstand gar nichts mehr. Ich wollte erklären, wie sehr ich dieses »Spanische« bewunderte, wie anbetungswürdig ich Viva-Carmens Estocada fand. Aber ich kam nicht mehr dazu. Hinab in den Staub mit dir, Peter Glahn!

Die El Cordobes-Carmen aus dem Landratsamt riß ihr Schlüsselbund an sich, das sie vor sich auf den Tisch gelegt hatte, ergriff ihre weißen ellenbogenlangen Tüllhandschuhe, die sie abgestreift hatte, um mir ihre makellosen Arme zu zeigen, erhob sich brüsk und schrie, gräßlich grell und mißtönend: »Danke, Herr Sowieso, ich habe genug, ich gehe.«

Schon war sie nur noch eine fatale Morgana. Ich blieb zurück, ein Toter mehr auf der Bühne, ein ohne Publikum Beerdigter, ausgepfiffen, von faulen Tomaten zugedeckt, am Auftritt gehindert. Denn ich kam nicht mehr dazu, meine Liebe zu Spanien meiner spanischen Liebe zu erklären. Sie hatte dieses Zitat, flügellahm, eben nicht als heiteres Wortspiel, als Motiv Renoirs, von Monet in den Staub der Arena gemalt, verstanden, sondern als »Mythos« aufgefaßt, als schwerste Diffamierung, eine Provokation. Spanisch war in ihren sanften Samtaugen gleichbedeutend mit Scheiße. Ich hätte sagen können: »So 'ne Scheiße, mit Ihnen hier zu sitzen, statt eine Nummer zu machen cinque tarde.« Es hätte nicht schlimmer kommen können. Ich hatte wieder ein Eigentor geschossen.

Was konnte ich danach anders tun, als saufen und kotzen? Ich schlich mich vorbei an der Hofkonditorei, wo hinter dem Blumenfenster der Kammerherr von Wülisch-Woldzegarten gerade eine schmale feingliedrige Damenhand an seine Champagnerlippen führte. Ich konnte nur wegsehen und saufen, den inneren Schweinehund begraben.

Irgendwann in der Nacht tastete ich mich durch die Urwälder heim zu meinem Pappenheim, während die Hirsche aus dem Roggen stoben und die Bachen drohend mit ihren Frischlingen neben mir herzogen. Verdreckt kroch ich in mein Bett. »Und lag mein Leib im Kofen, aus meinem Munde floß ein goldener Strom von Strophen«, hatte der ewig besoffene Villon gedichtet, war verkommen, untergegangen im Suff, irgendwann gehängt worden. Aus meinem Munde floß nur noch der saure Rest vom Fest, Bitterwasser; alles andere, was ich in mich hineingeschüttet hatte, trieb die Waldschneise hinunter in die Wochenbetten der Sauen.

Aber da war Lucy und wischte mir Blut, Schweiß und Dreck aus dem Gesicht, zog mir die stinkenden Klamotten vom Leib und bettete mich sauber, hielt mir ein Glas Wasser und eine Aspirintablette vor den Mund, bis ich sie schluckte. Stöhnend schlief ich bis zum Wecken. Dann war ich erneut vor mir selbst gerettet durch die Aufgaben, die mich am folgenden Tag wieder ganz beanspruchten, die mich ermahnten, niemals, auch nach dieser Niederlage nicht, aufzugeben. Ich traf die »Spanische Fliege« noch einmal, nun geheilt von meinem Liebeskummer ohne

Mimi, und was ich sah, hat mich so bestürzt, daß ich nicht glauben wollte, was ich sah. Der schöne vollkommene Oberkörper, dieses exotische Gesicht wuchs aus einem konfusen Beingestell, aus einem total verkrüppelten Beinpaar, das so im Mißverhältnis zu dem wohlgeformten Körper gewachsen war, daß nur daher, aus dem Bewußtsein dieses Gebrechens, das bis zur Erde reichende Kleid einen verständlichen Sinn bekam. Die Kleider mußten die verunstaltete Beinpartie verdecken. Ich hatte, fasziniert, nur das wohlproportionierte Gesicht, die elegante Büste auf dem verbogenen Sockel und den sehnsüchtig sinnlichen Mund bewundert. Auch die Trippelschritte hatten in dieser Mißbildung ihre Ursache.

Du lieber Pan, deswegen hätte ich mich fast zu Tode gesoffen. Es sind immer die falschen Argumente, die uns von der Erkenntnis trennen. Sie haben keinen Wirklichkeitsgehalt und keinen Wahrheitsanspruch.

Die »Spanierin« grüßte kühl zurück und schwebte davon, eilte zur Corrida. Ich war stehengeblieben, um zu sehen, wie sie mit ihren Beinen laufen konnte. Ich mußte ganz schnell etwas Kräftiges trinken, einen vor die Brust nehmen. Aber diesmal ging ich großkotzig — das Kotzen kommt ganz von selbst und etwas später — in die seriösen Weinstuben des alten Herrn Matthiesen. Dort verkehrten nur Großagrarier und Getreidehändler, Breitner zum Beispiel. Dort hatte er mir großzügig und geschäftstüchtig einen Schoppen Mosel spendiert nach unserem ersten Abschluß.

Ernüchtert und entsetzt ging ich hinein. Besoffen wie Dylan Thomas, meinetwegen auch Jack London, verließ ich den noblen Wirt, der jeden Gast wie einen König behandelte, bevor er ihn hinauswarf.

Ein Sonntag mit Lucy

Immer wenn es für ihn festlich wurde, und das geschah stets dann, wenn er sich entschlossen hatte, »etwas aufzuschreiben«, was ihn beschäftigte, bestürzte oder herausforderte, zog der alte Arbeiterschriftsteller Hans Marchwitza — wer kennt ihn noch? — seinen besten Anzug an, ein blütenweißes Hemd dazu, einen weißen Labormantel und ganz dünne weiße Handschuhe. Er schrieb seine Manuskripte aus dem Kohlenpott noch mit der schweren rechten Schwielenhand.

Ich ging in den Stall, nicht ohne die Decke des Speichers zu prüfen, die sich wieder gesenkt hatte — es war abzusehen, daß sie eines Tages meine Pferde unter sich begraben würde, aber mit Abstützen allein war dagegen nicht mehr anzukommen — und striegelte die dicke, geduldige, kraftvoll gesunde Stute Lotte, bis sie glänzte.

»Frisch rasiert, Lotte, und nun geht's los. Ein Sonntagsausflug. Ich werde dich zwar nicht in Trab bringen können, aber du wirst nie auf offener Strecke stehenbleiben und Befehlsverweigerung begehen. Du wirst mit mir bis ans Ende der Welt trotten, bis du die letzte Station, das Gnadenbrot erreicht hast, bis nach Astapowo, wo Tolstoj auf uns wartet. Auf denn! Lucy ist bereit. Sie steht schon vor der Veranda und ist auch frisch gebügelt, glänzt vor Erwartung und Sonntagsstimmung.«

Friede, Freude, Eierkuchen. Wir machen eine Spazierfahrt rund um die Taiga, die jetzt blüht und nur noch im Herbst strahlender und schöner ist, wenn das Laub lautlos zu fallen beginnt. Die ersten Blätter sind Vorboten des ersten Frosts. Dann müssen wir die Kartoffeln aus der Erde und in Mieten gut zugedeckt haben mit einer dicken Schicht Stroh und darüber mindestens zwei Handbreit Erde. Die genügen auf jeden Begrabenen, auf alles Begrabene, das nicht wieder erwachen und zum Licht zurückkehren darf. Wenn die Hirsche nachts nicht die Mieten aufschlagen, eben in einer Frostnacht, dann bleiben die Kartoffeln vom Winter unberührt, schön warm in ihrer letzten Wohnung vor dem Verbrauch.

Aber ich habe hier nicht eine Sonntagsbetrachtung über Kartoffeln anzustellen. Ich will mit Lucy eine Rundfahrt durch die Frühlingswälder unternehmen. Oder war es schon tiefer Sommer? Hatte der »Spanische Krieg« schon begonnen? Jedenfalls hatten wir beide keine anderen Pflichten an diesem Tag, die uns zurückhalten oder ablenken konnten. Wir konnten den Pollenflug genießen, sofern wir nicht allergisch reagierten und Heuschnupfen bekamen. So ging es mir erst Jahre danach, dafür aber um so heftiger. Die schönste Zeit, in der die Erde sich schmückt mit allem Glanz der Vergänglichkeit, die kurze Blütezeit unserer bunten, noch nicht von Unkrautvernichtungsmitteln sterilisierten Wiesen mußte ich dann in meinem häuslichen Helgoland verbringen. Wer Zeit und Geld hat, fährt nach Helgoland, auf die blütenlose Insel, oder an einen anderen entlegenen Ort, wo nichts mehr wächst und gedeiht.

Ich führte die frisch rasierte Lotte aus dem maroden Stall und spannte sie vor den kleinen Jagdwagen aus grünem Korbgeflecht, das auch schon arg verschlissen war und die Farbe von Algen anzunehmen begann. Aber es war das einzige Luxusgefährt, das mir geblieben war. Die ehemals herrschaftlichen Kutschen standen demoliert und ihrer völligen Auflösung überlassen in dem Wagenschuppen, den die Hühner besetzt hielten, als wäre es ein Massenquartier in Kreuzberg.

Damals beherrschte noch die SA die Kreuzberger Nächte, und ihre Widersacher und Todfeinde vom Roten Frontkämpferbund gingen in Sachsenhausen und Dachau zugrunde.

Da war Lucy Schröder. Wer war Lucy? Was wußte ich von ihr außer ein paar Fakten, die mir der alte Administrator beiläufig mitgeteilt und anvertraut hatte? Damals in dem Gutshaus in Görigk, als ich die alten Herrschaften kennenlernte, hatte sie sich still im Hintergrund gehalten. Es war überhaupt ihre Art, nicht da zu sein, im Stillen zu wirken, ihre Zurückhaltung als Schutzwall gegen jede Herausforderung zu behaupten. Sie nahm an dem Gespräch nicht teil. Aber sie dachte und wußte alles, was verhandelt wurde. Sie hätte uns zitieren können, wenn wir sie jemals gefragt hätten. Damals ging es um meinen Entschluß, möglichst in Mecklenburg einen Hof zu erwerben und ihren Vater als Berater zu gewinnen.

Was wußte ich damals von Frauen? Was verstand ich von ihrem oft so rätselhaften Verhalten? Es wird ihnen logisches Denken abgesprochen. Das ist ebenso unsinnig, wie den Wolf als Menschenfresser zu verteufeln. Und was heißt Logik? Es ist ein intellektueller Kultbegriff, mit dem der nicht wissende Mensch seine Ohnmacht tarnt. Logik umschreibt eine gedachte Frontlinie, hinter die sich der Ignorant zurückzieht, wenn er keine Beweise mehr vorlegen kann. Die Phantasie hat die Macht übernommen: Das ist die Realität, die Wirklichkeit, in der die Späh- und Stoßtrupps der Logiker steckenbleiben.

Ich fürchte, ich verstand damals so gut wie nichts von Frauen. Damals: Das gilt ebenso, wenn auch eingeschränkt, für heute. Sie sind ein Mysterium geblieben, unverständlich und fremd, aber von enormer Suggestivkraft. Ich konnte ihrem magischen Zauber nicht entrinnen. Sie waren die Wüste und der Dschungel, heiß und kalt, glühende Lava und eisiger Gletscher, eine unauflösbare Gleichung für Leben und Tod. Ich wußte, was ein Acker, ein Saatbett ist, aber das Bett, das ich mit einer Frau teilte, kannte ich nicht. Ich hatte es noch nie erfahren. Und wir wohnten seit drei Jahren in demselben Haus, durch dessen brüchiges Ziegeldach der Regen tropfte und schließlich rauschte, so daß die auf dem Hausboden gelagerten Lupinen zu schimmeln begannen und nicht mehr keimen konnten, als sie in die Erde gebracht wurden. Wir arbeiteten beide gleichermaßen, aber sicher anderen Motiven folgend, an demselben Wahnsinnsprojekt: dieses uns anvertraute Stück Erde vor dem völligen Zusammenbruch, vor dem Untergang zu bewahren. Wir wollten es nicht nur im status quo erhalten. Wir wollten es fruchtbar machen, ihm Ernten abgewinnen, es zu neuem Leben erwecken. Es war unsere Negev-Wüste, an der wir uns messen, unsere Reserven einsetzen und damit uns selbst bestätigen konnten, daß unser Einsatz — und das war unser Leben — nicht sinnlos gewesen war. Die Jahre durften nicht verstrichen sein, ohne Früchte getragen zu haben. Unsere Spur, die Fährte durch die Taigawälder, mußte sich eingegraben haben auf diesem vergessenen und verlassenen Land, tief und dauerhaft.

Wer war also Lucy? Ihre Eltern, ihr Bruder nannten sie Dutti. Ein Wort aus ihrer Kindersprache. So wie jedes Kind seiner Umgebung, dem Umfeld, in dem es mit Menschen, Tieren, Dingen seine Gespräche führt, spezifische, nur ihm verständliche Namen gibt. Ich nannte als Kind Schmetterlinge Meckerfinken und finde es nicht lächerlich. Denn der Ernst des Benannten ist jedem Kind bewußt. Es lebt mit der ihm umgebenden Umwelt in einer tiefen Solidarität, aus der es jeden Unernst ausschließt, verbannt und einfach ignoriert. Es gibt nichts zu lachen über diese Sprache. Sie ist vollkommen.

Lucy verhielt sich in ihrer Zurückhaltung, ihrer Tarnung wie eine Kindfrau. Aber sie war in der Mitte der dreißiger Jahre. Da hatte eine Musterfrau bereits alle Erfahrungen gemacht, die sie prägen. Konnte es so etwas geben, daß Lucy, die aus einem aufwendigen Milieu kam, immer unter Großgrundbesitzern gelebt hatte, stets von Adel umgeben, von den Kammerherren von Wülisch, von Bülow, den Fürsten zu Schaumburg-Lippe, den Grafen von Hahn, diesen alten mecklenburgischen Agrarierfamilien, denen Güter gehörten, die die ganze Fläche eines Kreises umfaßten, 10000, 20000 und mehr Morgen Land und Wald — daß Lucy *hier* Erfüllung suchte, die ihr *dort* nicht gewährt wurde? Ich kannte nicht die Gründe, nicht die Vorgeschichte. Damals noch nicht. *Dort* war ihr Vater aufgewachsen, der kleine untersetzte Mann mit dem kurznackigen Löwenkopf und dem Spitzbart, den wasserhellen, kritischen Augen, in denen es gelegentlich gewitterte. Auch das teilte Lucy mit dem alten Administrator und Güterdirektor Schröder, der Musterwirtschaften und Pleiteklitschen verwaltet hatte von der Jahrhundertwende bis in die dreißiger Jahre. Damals konnte er sich auf das Gut Görigk zurückziehen, dessen Besitzer von Schönfeld auf seinem Schloß Steinitz wohnte und Görigk den Schröders als Alterssitz überlassen hatte.

Dort erwarteten sie mich auf der Freitreppe, als ich 1935 zu meinem Taigaabenteuer aufbrach, Lucy, ihr runder, von einer Lockenflut geradezu überschwemmter Kopf halb verdeckt im Hintergrund. Ich mochte Locken nicht. Das war meine erste Reaktion. Der untersetzte, aber selbstsichere Güterdirektor im Ruhestand beherrschte die Szene. Er war auf dem Bild, das sich mir deutlicher und schärfer als jede Fotografie von dieser Begegnung eingeprägt hatte, der Mittelpunkt, das Zentrum, die Schaltstelle, um die sich seine Frau und Tochter sowie das Gutshaus wie eine Beilage zu einem aufwendig zubereiteten Menü gruppierten, etwa unter dem Titel: »Der du bist im Nebel.«

Aber Schröder stand immer im Licht. Dort postierte er sich und schob mir aus dieser Auffangstellung seine Hand — was heißt Hand? —, seine Pranke entgegen. Er streckte sie nicht nach mir aus, er schüttelte mir nicht die Hand zur ersten Begrüßung. Er riß sie an sich, zerquetschte sie zwischen seinen alten, hart und zäh gewordenen Lederhänden, von denen alle Macht ausging, früher, als er in Nassau an der Lahn die riesigen Besitzungen des Grafen Staritza verwaltete und dann die Güter des Kammerherrn von

Wülisch — der die Oper »Wally« geschrieben hatte — und zuletzt Kogel und Rogeez. Das waren Hände, von denen alle Entscheidungen ausgingen, Götz von Berlichingen-Hände.

Konnte es das geben, daß eine junge Frau unter diesen Bedingungen aufgewachsen war und nun, ohne auch nur ein winziges Anzeichen von Zweifel an ihrer Aufgabe zu äußern, eine Verdrossenheit spüren oder ahnen zu lassen, sich in dieses folgenschwere Abenteuer gestürzt hatte? Diese Kopie des wilden Westens in Mecklenburg anzunehmen und auf dieser Schmierenbühne die Rolle des weiblichen Helden zu spielen, tapfer und ohne Rückversicherung? War das eine Illusion? Wie sollte ich dieses opfervolle Verhalten, diesen Einsatz ohne Vorbehalt, ja sogar ohne Gegenleistung erklären?

Lucy nahm weder Gehalt noch Geschenke an. Sie fragte nicht danach, vermied jedes Thema, das in diese Richtung führte. Sie lebte wie ich. Sie aß, schlief, arbeitete, quälte sich wie ich. Meine Träume waren ihre Träume. Oder träumte ich das nur, bildete ich mir das nur ein?

Im Winter bereitete sie in der ungeheizten Speisekammer, an diesem Ort sibirischer Verbannung, bei Kältegraden bis zu 30 Grad minus 30 Paar Frühstücks- und Vesperbrote für Funke, Willy, und Martin, den tüchtigen schlesischen Melker, der auch eine Kreatur des Schröder-Teams war, vom Schröder-Sohn Fritz vermittelt.

Lucy zeigte mir nicht ihre Hände, diese grauenvoll mit Frostbeulen bedeckten, geschwollenen und aufgeplatzten Hände. Ich sah sie, ohne hinzuschauen, ohne zu fragen. Ich nahm sie nicht einmal in meine warmen schützenden Hände. Ich blieb teilnahmslos, unerreichbar, ein Ignorant, ein Egozentriker. Ich hielt Distanz. Ich war 23 Jahre jung und kein bißchen erwachsen. Lucy war die Frau, nah und fern zugleich, vertraut und fremd. Ich blieb das Kind, der pubertär verklemmte Herr über alle ihre Schmerzen. Lucys Hände verwandelten sich in aufgequollene, vom Frost zerfressene, von gefrorenem Blut verklebte Stummel. Sie waren nur noch Stümpfe, Amputationsstümpfe. Sie jammerte nicht, sie schrie nicht, sie versteckte ihre Schmerzen in trotzigem Schweigen. Aber ich war verantwortlich für all das, was sie ertragen mußte, was sie in blindem Fanatismus durchhielt, was sie entbehrte: die Geborgenheit in dem großen alten Gutshaus in Görigk, wo ihre Eltern weiterhin wohnten zwischen dem kostbaren antiken Mobiliar der Herrschaft von Schönfeld.

Ich habe nie auch nur eine Spur von Reue oder Heimweh oder gar Trauer bei ihr wahrgenommen, daß sie das alles ohne Zwang oder auf höherem Befehl aufgegeben hatte, um mit mir zusammen — mit einem unreifen jungen Mann, der sie als Frau gar nicht wahrnahm — Liepowo zu retten, es aus seiner Verkommenheit heraus ans Licht zu ziehen, es zu erwecken aus seinem Jahrhundertschlaf. Liepowo und die ungewohnte, ungeheure, Lucys Kräfte überfordernde Arbeit wirkte wie eine Droge. Ein Zauberspruch muß sie befähigt haben, das alles mitzutragen — und im Sommer, wenn niemand sie gerufen hatte, zwischen zwei Gewittern aufs Feld zu kommen, auf den Roggenschlag, um die umgestürzten Getreidehocken wieder aufzurichten, sie vor der Fäulnis zu bewahren. Und noch später in den Jahren, als die Sonne für die Hufen 10 und 11 bereits für immer untergegangen war und nach Martins Weggang zu einer besser bezahlten Stelle in einer Gruppe unter einem Melkermeister auf einem Großgut, ging sie ohne Weisung in den verwaisten Stall.

Ich hatte keine Befehlsgewalt über sie. Alles, was sie tat, geschah aus eigenem Antrieb. Sie hatte sich Melkschemel und Melkeimer geholt und alle Kühe gemolken. Das tat sie, bis eines Tages ein neuer Mann vom Arbeitsamt kam und sich als gelernter Melker ausgab. Er war zwar mal ein Melker gewesen, nun aber nur ein Säufer, Schläger, Halunke, der die Euter der ungemolkenen Kühe im Eiter erstickte, so daß sie notgeschlachtet werden mußten, jedenfalls einige von ihnen. Dieser Mann ging nicht zu einer Gruppe, ging nicht wegen der besseren Berufschancen davon. Diesen Mann jagte ich vom Hof und trat ihn vorher, mit der geladenen Mauserbüchse in der Hand, in den Hintern. Er war ein Meister des Augiasstalles. Er hatte Glück, nur von mir traktiert zu werden. Wäre er dem Landjäger in die Hände gefallen, wäre seine Endstation Sachsenhausen gewesen und zwar wegen Sabotage in der Ernährungsschlacht.

Lucy war gekommen, und sie war entschlossen, aus der verdreckten, rußschwarzen, geradezu abscheulichen Küche eine Oase zu machen.

Denn das war ja keine Küche mehr. Das war ein unbenutzter Wartesaal in einem verlassenen Bahnhof, für den es damals noch keine Käufer gab, der keine nostalgischen und versnobten Schwärmer anzog wie Tolstojs Astapowo vielleicht. Diese Küche, geräumig und mit einer immer offenstehenden zersplitterten Tür, aus der man unmittelbar in ein Roggenfeld untertauchen konnte, in dem die Füchse unsere weißen Leghornhennen zerrissen — sie brauchten sie nur zu packen —, war eine Ansammlung von Monstrositäten und paßte haargenau in die absurde Topographie dieses landwirtschaftlichen Anachronismus, der sich Hufe 10 und 11 nannte.

Diese Küche, im Winter ungeschützt den Stürmen ausgesetzt, ein Ort der Verbannung, ein Ort der Bewährung für barmherzige Schwestern, eine Herberge der Heilsarmee, ein graues Kloster. Jeden Augenblick konnte Dracula in dieses Verlies einbrechen und die letzte Spur Leben löschen, konnte Lucy auspusten. Ach, sie brannte ja selbst herunter wie ein Hindenburglicht in einem Bunker in Welikije Luki.

Sieben Jahre später traf ich mich in dieser anderen Küche wieder, als ich mich der erbarmungslosen Winterschlachtkälte ausgesetzt sah in diesem Bunker Knobelbecher. Aber da brachte kein gefälliger Willy einen Korb mit Buchenkloben und zauberte auf Lucys immer mausgraues Gesicht ein Lächeln, das ihr so selten gelang. Sie lächelte niemals mit den Augen, immer nur mit dem Mund, der schmal war und dessen Unterlippe sie leicht vorstülpte — »schürzte« hatte ein Jugendstilschreiber diese Reaktion genannt. Lucy trug keine Schürze, »schürzte« aber ihre üppige Unterlippe, als ich an diesem Vorsommernachmittag ganz unvermittelt sagte, und ich brauchte nicht zu fragen:

»Ich möchte heute mal eine kleine Rundfahrt mit dem Jagdwagen machen. Wollen Sie mitkommen? Wir fahren einfach über die Grenze nach Hallalit am Wald entlang« — es gab ja keinen Weg nach Hallalit — »wo ich damals das Holz abfahren ließ, und dann durch den Wald des Grafen, an der Försterei vom Reul vorbei, nach Serrahn und weiter über Kuchelmiß, Klaber, Langhagen, Großen-Luckow — also eine richtige Sternfahrt ins Blaue. So ein Tag wie heute kommt so bald nicht wieder.«

Lucys glanzlose Augen, die wie eine Kopie der Vateraugen keinen Gedanken preisgaben, flammten kurz auf. Sie war wortlos vor Freude. Sie suchte nach einem meinen Vorschlag bestätigenden Wort, das ihren inneren Jubel irgendwie bremsen sollte, und da bot sich ein Klischee an. Sie trällerte wirklich: »So schön wie heut war es noch nie.«

Nun beginnt sich das Bild, das ich von ihr entwerfe, zu verzerren. Aber ich habe nie wieder einen Menschen getroffen, der so hilflos, so sprachlos vor Freude war. Es war für mich ein Augenblick maßlosen Erstaunens.

Lucy hatte den unbeschreiblich chaotischen und verkommenen Haushalt übernommen. Aber sie war keine Wirtschafterin, keine Mamsell, nicht einmal eine Gesellschafterin für verwöhnte Adelsdamen, Kammerherrenwitwen. Sie hatte für alles, was sie nicht erklären konnte, dieses mir rätselhafte Lächeln, diese Verhaltenheit und niemals einen Kommentar, weder für ihre noch für meine Arbeit. Nur, was draußen vorging, konnte sie zu Bewunderung oder Ablehnung verleiten. Ich sah sie niemals im pathetischen

Wortsinn »hingerissen«. Sie blieb auf vorbehaltlose, aber völlig unemotionale Weise engagiert. Manchmal kam sie mir vor wie ein Kapitän, der sich auf einer Schiffsbrücke langweilt, weil das Meer allzu unbewegt und alltäglich ist, Wasser bis an den Horizont. Erst Jahre später erfuhr ich durch Zufall — was ist das für ein irreführendes Wort —, daß Lucy kurz zuvor eine turbulente Zeit als Hausdame bei der lesbischen Gräfin Rotunde von Rydz-Smigly verbracht hatte, an die sie aber nicht mehr erinnert werden wollte. Es war ein fatales Intermezzo, nicht mehr.

Lucys Arbeit kannte keinen Horizont, kein Ende, keinen geregelten Stundenablauf. Sie war rund um die Uhr präsent, erreichbar, einsatzbereit. Eine Haltung, wie ich sie von keiner Hausfrau jemals zuvor und selten danach erfahren und gekannt habe. Sie überschaute ihr verwüstetes Revier.

In ihren kleinen, weichen, runden Händen staute sich ihre beherrschte Leidenschaft. Geräuschlose Hände. Fließende Hände. Vorsicht, alles ist zerbrechlich, alles dröhnt, tobt und lärmt. Nur stillhalten, bereitsein, dasein, vorhandensein. Leidensbereitschaft — aber niemals einen anderen Menschen am Leiden teilhaben lassen —, ein seltenes Freudenfeuer, das sie entzündet hatte, von dem sie entzündet wurde, das ihre bescheidene, abwartende, nie fordernde Anwesenheit illuminieren konnte.

Wie kann ich das ermessen nach 50 Jahren? Wie kann ich dem gerecht werden? Gottfried Benn hätte vielleicht dafür eine lyrische Form gefunden, hätte Chopins Hände als Modell vorweisen können. Lucys einzige Erholung, Entspannung war es, abends über die reifenden Getreidefelder, durch die weiß und lila blühenden Kartoffeln, durch den Duft der blauen Lupinen zu gehen, langsam, wie schlafwandelnd, versunken und doch aufmerksam alles bemerkend, aufnehmend, aufsaugend geradezu. Dann und wann, wenn ich dabei war und nicht mit der Büchse unterwegs, äußerte sie ein vorsichtiges Wort der Zustimmung.

Lucy war, so wie ich sie damals mehr als 6 Jahre lang kannte, eine Figur aus einer Novelle von Hermann Bang. Er ließ seine Menschen wortlos untergehen. Er erlaubte ihnen nicht, einen Wunsch zu äußern. Es gab für sie keine Erfüllung.

Ja, es war Lucys einzige Freude, wenn ich dann mitging und auf das Gewachsene und Erreichte hinwies, ihren heimlichen, verschwiegenen Enthusiasmus teilte. Sie hatte ein feines Gehör für leise Töne, für Tonstufen, für das Summen der Bekassinen in der hellen Abendluft, für das Steigen und Fallen dieser Stimmen, für den Taumelflug der Kiebitze, das warnende Geschrei der aufgeregten Vögel über ihren Nestern, den Brutplätzen in dem hohen harten Gras, den Binsen des Kranichbruchs.

Wir fuhren los. Wir folgten den Stationen meines Programms. Ich fuhr Lucy Schröder durch ihren Garten Eden. So haben wir unsere Träume und wissen nichts von ihnen.

Keiner wird jemals den Traum des anderen erfahren oder gar deuten können. Träume kann man nicht teilen, nicht einmal mitteilen. Kein Traum hat jemals eine Leuchtspur im Schnee gezogen. Kein Lebender ist ihrer Wirklichkeit begegnet.

So wurde aus Lucys Zimmern, dem größeren Wohnraum und dem kleinen Schlafkabinett anschließend, Prousts Combrai, das lichtdurchflutete, in dem sich die Reflexe des Schattenspiels mit der verlorenen Zeit der Erinnerung in seiner Heimatstadt Illiers trafen. Lucy wußte nichts von Proust. Aber sie benutzte unbewußt sein Interieur. Denn hier war alles unberührt geblieben, was der Mathematiker und seine offensichtlich kunstbeflissene Frau hinterlassen hatten. Es war echter Jugendstil, Jahrhundertwende und die Zeit danach, aber nicht Palisander, kein Grodker Fabrikantenkitsch, keine Neureichenklamotten.

So vermittelte dieses Ensemble gerade durch die große Doppeltür aus ehemals weiß gestrichenem, jetzt von der

Sonne entfärbten Holz, die hinausführte auf die halb in den ehemaligen Garten versunkene Terrasse, die Aura alter Romane. Sie ermöglichte den Blick in die Intim-Geschichte der verschollenen Bewohner, die fortgezogen waren und die Erinnerung an Combrai den nachgeborenen überlassen hatten.

Lucy, die im Begriff war, diese Träume zu adaptieren, fand hier Sonne, wenn sie sich von dem ausgeglühten Hochofen der winterlich verwehten Küche zurückziehen konnte. Diese wenigen Stunden vor dem Schlaf, die zu knapp bemessenen Augenblicke der Ruhe, der Stille, das Bad im Licht, wenn sie im Frühling und an gewitterfreien Sommertagen den Wind auf ihrer grau gewordenen Haut spürte, den sanften Wahnsinn des Lebens in der Taiga.

Dann belebte sich ihr Gesicht, dessen Trauer mir so fremd war, weil Lucy sich niemandem anvertraute. Sie verschwieg, daß hier alle Sprache die Sprache der Taigagötter war, von ihnen inspiriert wurde. Was ich damals für Zurückhaltung, ja sogar für Unnahbarkeit, für Abweisung hielt, war ganz im Gegenteil ein Gespräch mit der Stille, ein Schweigen im Dialog, die einzige Mitteilungsform der Sprachlosen.

Es mußte eine unerklärliche Kraft, eine grenzenlose Sicherheit diese mir um dreizehn Jahre vorausgeeilte Frau für ihr tägliches Handwerk rüsten.

Sie war von Küchendunst umgeben, eingehüllt in diese Schwaden aus Dampf und kochendem, brodelndem Fleisch in den riesigen Kesseln. Alles, was auf dem Hof jemals eine Hand gerührt hatte, auch die Aushilfsarbeiter, die nur zum Dreschen kamen, die Waldarbeiter Bahles und Tschrapp, die Kartoffelgräber, heruntergekommen wie Goldsucher, wie der auf alten Autoschläuchen über den steinigen Acker rutschende aus Ungarn verbannte adlige Herr von Olszewski, alles, was hier jemals in den sechs gemeinsamen Jahren vorbeikam, durchzog, hängenblieb und wieder wort- und grußlos davonging, allein fünf Melker oder solche, die sich als Melker ausgaben und die Euter verdarben, die Herde ruinierten, dann die anderen, die sie wieder pflegten und mit Sorgfalt hüteten, alles, was wie ein Katarakt von Stimmen, unflätigen , zotigen, fordernden Stimmen über diesen Hof hereinbrach, geriet zuerst in Lucys Revier.

Alle dachten daran, zuerst ihren Hunger zu stillen, sich die Wampe vollzuhauen, sich durchzufressen, bevor sie unangemeldet wieder verschwanden. Es war ja der Ausschuß, das nicht mehr Registrierbare, das Ausgemusterte, das, was nicht einmal als Menschenmaterial für das heraufziehende, unabwendbare Inferno zu gebrauchen war. Es war ein Volk wandernder, umherziehender Gelegenheitsarbeiter, Nomaden, eine von dem Ordnungsprinzip der neuen Herren, der Machthaber mit dem Erfassungstick, noch nicht eingefangene diffuse Masse. Nur Arier durften diese Kontrolle ihrer Existenzberechtigung mit einem Stempel im Arbeitsbuch bestehen, durften passieren. Alle Mischtypen galten als halbseiden, fielen durch die Maschen des über das ganze Reich gespannten Netzes. Ein erbärmlicher, kein Erbarmen, keine Gnade gebender Fischzug. Nicht einmal der Laich, der Froschlaich, die noch augen-und flossenlosen Kaulquappen wurden von der Musterung ausgenommen.

Wer hier in Liepowo auf der Hufe 10 und 11 auf das rettende Ufer geworfen worden war, so weit die Füße trugen, war der menschliche Abfall, war die Kloake der großen Zisterne, die das Reinrassige vom Gemischten und Verdorbenen trennte, aussonderte und ausstieß. Es war ein konvulsivischer Prozeß, in dessen Verlauf alles Lebende gefiltert wurde. Es gab niemanden mehr, der nicht unter Anklage stand. Diesem Gerichtstag gehörte Lucy als Schöffin an, als in ihren gigantischen Kesseln rührende Zeugin, Mitwisserin und Ratgeberin. Denn sie alle, die Lucy durch ihre ungeheure Herberge, durch dieses Inferno aus Glut und Eis schleuste, wurden von ihrer von einer höheren Macht verliehenen Sprachlosigkeit getröstet. Und wenn sie die Not erkannte, in der sich der gierig auf seine Schüssel voll Sülze aus Wildschweinbauch stürzende Mann befand, dann durchbrach sie die Schweigepflicht:

»Herr von Olszewski, Ihre Hände sind ja ganz kaputt, sie bluten ja.«

»Das sind nur die Steine. Der Schlag dort oben ist hart wie Schotter. Da komme ich kaum noch mit der Hacke rein. Manche Steine sind spitz wie geschliffen. Ich kenne das, hatte auch mal mit Steinen zu tun, mit geschliffenen. Aber die sahen anders aus. In Budapest. Aber das ist lange her. Die Olszewskis gibt es nicht mehr. Jetzt buddle ich in richtigen Steinen, schweren Steinen. Auch blutende Hände können mich nicht davon abhalten. Ich habe dem Chef gesagt: Ich nehme den ganzen Schlag im Akkord. Ich mache ihn ganz allein fertig. Er soll mir keinen zweiten Mann oder gar eine Kolonne schicken. Ich schaffe es allein, und wenn es Weihnachten wird. Vom Himmel hoch. Hauptsache kein Dauerfrost. Die Nachtfröste machen mir nichts aus. Die können keinen Schaden anrichten.«

»Aber Ihren Händen schaden sie doch.«

Lucy, die ich damals noch respektvoll Fräulein Schröder nannte, die ich wie eine unverzichtbare Beraterin bei allen meinen Dummheiten, Fehlentscheidungen betrachtete, aber meist erst, wenn das Kind in den Brunnen gefallen war und ich wieder etwas ganz Kurioses angefangen hatte. Doch auch dann nahm sie dem Dorn die Spitze und brachte alles wieder ins Gleichgewicht.

»Ordnung schaffen in Ihrem armen kranken Kopf!« Das war ihr Kommentar zu meinen Exzessen. Ich besaß bei ihr ein Guthaben, einen unbefristeten Kredit, den ich ihrer mütterlichen, auch schwesterlichen Zuneigung verdankte.

Olszewski erbat sich ein paar Lumpen, Lappen, die er sich um seine wundgestoßenen Finger wickelte, und ging hinaus in den fressenden Nebel, der alles durchdrang und der ihn nicht einmal bemerken ließ, daß keine zwanzig Meter

vor ihm ein Kronenhirsch, ein junger Zehnender im Kartoffelkraut lag, den ich in der Nacht zuvor vom Kastenwagen herunter erlegt hatte. Er war als blasser Schatten im Nebel aufgetaucht, war aus dem Nordwald gekommen, aus dem Revier des Grafen. Es war mein erster Hirsch nach der Jägerprüfung am 5. Mai 1936, und jetzt war es später Oktober. Die Jagd auf Rotwild war frei. Er stand mir auf meinem Abschußplan zu, war vom Kreisjägermeister abgesegnet. Ich durfte *einen* geweihten Hirsch in dieser Jagdsaison erlegen, offiziell. Die inoffiziellen schoß ich unter der Hand. Schweigen, Schwamm drüber, keine Meldung machen. Ich blieb unverdächtig. Wer wollte mich schon im eigenen Revier denunzieren? Die durchziehenden Akkordbuddler wußten von diesen Vorschriften nichts. Sie drängten sich nach Lucys Fleischtöpfen, nach dem Wellfleisch der Herbstschlachtung. Immer ein Drei-Zentner-Schwein, ein fetter Brocken, Speck so dick wie meine ganze Hand. Sie hauten sich die Wampe voll, Lucy rührte und schob Buchenkloben nach, und Willy balancierte stolz den Korb auf seiner schiefen Schulter und stellte ihn mit einer devoten Verbeugung vor Lucy auf, die er bewunderte. Wer bewunderte sie nicht? Es gab niemals Protest oder Ärger wegen der Verpflegung. Die Satten schoben lärmend die Stühle zurück, hinterließen Sodom und Gomorrha auf dem mit Essensresten verklebten Wachstuch und sagten selten »danke schön, war ein prima Essen.« Herr von Olszewski sagte es. Er sagte noch mehr: »Der Chef ist in Ordnung. Aber vor dem toten Hirsch habe ich mich ehrlich erschrocken. So ein schönes Tier. Und das hat Ihr Chef einfach totgeschossen.«
Ich hatte mitten in den blassen Schatten gehalten und abgedrückt. Es konnte sich ja bei diesem Format nur um einen Hirsch handeln, einen jungen Einjährigen, einen Spießer also, aber vielleicht auch um eine alte Hirschkuh.
Am nächsten Morgen konnte Herr von Olszewski das schöne Tier noch vor mir bewundern, nachdem er bereits

seit der schwindenden Nacht über die Steine gekrochen, ihnen Staude um Staude entrissen und die Früchte in den Korb hinein abgestreift hatte. Er wurde erst gewahr, was sich unmittelbar vor ihm auf der Höhe in der Nacht ereignet hatte, als ich mit Lotte vor dem Wagen und dem Berserker Moravec, der nur die Hoden und das Gehirn, vielleicht noch etwas von den Innereien für sich erbat, die Beute abholte. Olszewski hatte sich aufgerichtet, hielt die Hacke wie zum Gruß, zum Ehrengruß für den Gefallenen, erhoben, und ich sah, daß nun auch seine Autoschläuche zerfetzt waren und er bereits auf der blanken Haut, auf den ungeschützten Knien über das Schotterfeld kroch. Da mußte sofort etwas geschehen. Aber erst mußte der Zehnender aufgehängt, aufgebrochen und mein Viehhändler-Freund Blech aus Malchow angerufen werden. Er konnte den Hirsch, das Wildbret des Waidmannes, der ich nun geworden war, abholen und verwerten nach seinem Ermessen.

Mein neurotisches Herz hatte sich beruhigt. Ich spürte immer noch den Schmerz, den dieser galoppierende Muskel verursacht hatte.

Hatte ich nach dem Schuß, der kurz vor Mitternacht gefallen war, schlafen können bis zum Morgengrauen? Ich weiß nichts mehr von meiner Reaktion. Aber ich sehe das dunkle, von Schmutz verkrustete Gesicht des ungarischen Grafen, seine offene, unkaschierte Abneigung vor dem Geschehenen.

»Dieses schöne Tier«, wiederholte er ganz ratlos, in einer geradezu infantilen Beharrlichkeit. Er hätte es nie für möglich gehalten, daß dieser Chef, der so eine ruhige und freundliche Gesprächsbereitschaft gezeigt hatte, dem er alles vom Zusammenbruch der Herrschaft von Olszewski anvertraut hatte, so ein »schönes Tier« töten könnte, einfach hingehen in der Nacht und es erschießen, als es ahnungslos an seinen Kartoffeln naschen wollte. Ich hatte mit diesem erloschenen Schatten auch das Licht in Olszewskis Augen ausgeblasen. Nun mußte er sich fragen, ob ich nicht auch so ein gnadenloser Henker war, der in Not geratene Junker von ihrem Besitz vertreiben konnte.

Ich sah ihn noch immer wie in Verzweiflung erstarrt mit der zum Gruß erhobenen Hacke auf dem nebelnassen Feld stehen. Seine Gestalt fiel hinter uns zurück, ein Neptun mit dem Dreizack. Aber diese Hacke hatte vier Zacken, mit denen man zuschlagen konnte. Akkordbuddler erschlugen sich gegenseitig oft mit ihren Hacken, wenn der Streit über die bessere Parzelle, die offenbar zu Unrecht einem anderen zugeteilt worden war, von dem Chef oder seinem Inspektor nicht anders geschlichtet werden konnte. Dann fielen sie übereinander her.

Alle diese riesigen Kartoffelschläge, wie sie im benachbarten Großgut, dem Brennereigut Linstow anzutreffen waren, das von dem erfolgreichen Kartoffelspezialisten Benckendorff gepachtet war, und wo mein immer noch von der Sommeschlacht im Weltkrieg I versehrter Onkel (er starb an einer Blutkrankheit, die ihn nach einem Gasangriff befallen und sein Blut vergiftet hatte) seine Keiler erlegte — alle diese zugeteilten Parzellen trugen ja unterschiedlich geratene Früchte. Lehmgruben wechselten mit Sandkuppen, steinfreie Schwarzerde mit kiesigem oder steinigem Boden. Auf jeder Parzelle spielten sich andere Tragödien des Überlebenskampfes ab, und da gab es dann den tödlichen Hieb mit der vierzackigen Hacke auf die Schädeldecke. Es gab ja keine Schutzhelme für Kartoffelbuddler.

Also, mein Herr von Olszewski, der seinen Platz am wachstuchbezogenen Küchentisch nie wie einen Saustall verließ, der alles so herrichtete, daß Lucy Respekt vor ihm behalten konnte, beziehungsweise bekam: Sie erwähnte ihn mit einer Bemerkung, die mich betroffen machte. Ich hielt mich nach der Arbeit — und das war immer erst in der Dunkelheit, wenn auch in den Ställen der Schlaf jede Wache überflüssig machte, außer ein Kalb wurde geboren oder eine Sau warf ihre Ferkel, dann gab es Nachtschicht für uns, da war Lucy stets neben mir und freute sich über jedes Ferkel, das die Sau auswarf — am Abend nach der Arbeit also hielt ich mich in Lucys Proustzimmer auf, von dem aus sie das Rehwild auf den Feldern bis an den Rand des Südwaldes beobachten konnte, mich gelegentlich auch auf einen Bock aufmerksam machte, den sie durch das Jagdglas ausgemacht hatte. Wir bestimmten dann gemeinsam sein Alter, die Form seines Gehörns, entschieden, ob es sich um einen Abschußbock oder einen guten Sechserbock handelte, dem wir noch eine Überlebenschance bis zur nächsten Jagdzeit ließen. Er konnte ja noch besser, noch stattlicher in der Vereckung, noch prächtiger in den Rosen werden — das waren die perlenden Ringe um die glatten Stangen, die hießen eben »Rosen«.

Also, da sagte Lucy: »Übrigens, ich hab den Olszewski gefragt: Was machen Sie denn mit dem Akkordlohn, wenn Sie hier fertig sind? Wissen Sie, Glahn, was er mir ohne Zögern geantwortet hat? Was soll ich schon mit der Knete machen? Ich bin ja allein, muß mit niemandem teilen. Alimente muß ich auch nicht zahlen. Ich bin ja nirgends gemeldet, bin vogelfrei... Ich werde, damit Sie es genau wissen, nach Berlin fahren und dort alles versaufen und vervögeln. Für den Winter reicht es. Und dann werden wir mal sehen, wie es weitergeht.«

Dazu sagte Lucy noch: »Er weiß gar nicht, daß es so nicht weitergehen kann. Welches Asyl wird ihn denn aufnehmen ohne Papiere, ohne Staatsangehörigkeit?«

Sie konnte damals noch nicht wissen, daß dafür dann nur noch die Arbeitslager und Konzentrationslager zuständig waren. Es war im Spätherbst 1936. Der Herr von Olszewski, der kein »Tier töten« konnte, hatte noch ein Chance, als »Moorsoldat« in Esterwegen zu überleben. Aber die war bei seiner zerrütteten Gesundheit gering. Er ging davon wie alle anderen. Aber er ging nicht grußlos. Er sagte wörtlich — und solche Worte aus der vergessenen Sprache unserer Taiga-Götter prägen sich ein:

»Es war eine gute Zeit, Chef. Aber Sie hätten das schöne Tier nicht töten sollen. Auch die Tiere haben ein Recht auf Leben, und das mehr als wir Untiere, die immer andere ihrer Art ruinieren müssen, um sich durchzuboxen. Ach, was für eine Scheiße! . . . Und vor Ihnen, liebe Frau Schröder, verneige ich mich. Ich würde Ihnen die Hand küssen, wie man es in meiner Jugend in Ungarn gelernt hat. Aber das kann ich Ihnen mit meiner dreckigen Schnauze nicht zumuten . . . Erinnern Sie sich mal an den armen Teufel von Olszewski.« Und er unterstrich das »von« in seiner Rede mit einem dicken, roten Strich. Dann tauchte er unter in der Nebelsuppe, die bis Weihnachten über den Feldern lag. Für viele war es ein Leichentuch.

Lucy hatte es sich bequem gemacht. Wir schaukelten über das Stoppelfeld von Hallalit an dem knorrig krummen Kieferngehölz vorbei, durch das das Wild in mein Revier wechselte. Diese Wechsel waren beständig wie die Rehe, die so standorttreu waren — und wo es sie noch gibt, sind sie es auch heute noch —, daß sie niemals ein anderes Revier suchten, solange sich in ihrem Heimatraum nicht grundlegende Veränderungen ergeben hatten. Das Wild hielt sich in den von ihm bevorzugten »ökologischen Nischen«. Dieser Raum bildete seinen Lebensradius, war das »Biotop«, in dem es die Voraussetzungen für sein Überleben fand.

Aber dann wollte ich Lotte zu einem kurzen Trab anspornen. Ich streichelte sie vorsichtig mit der Peitsche. Sie schüttelte ihr kluges, aber ganz ergebenes Gesicht. Dann fiel sie, nach einem Versuch zu traben, in ihren gemächlichen Schritt zurück. Sie war keine alte Dame, aber sie verhielt sich so. Ihre Trägheit war nicht zu überbieten. Lucys ernstes Gesicht mit der faltigen, hohen Stirn verzog sich zu einem genüßlichen Lächeln. Der Nachmittag strahlte Freundlichkeit aus. Es hing weder ein Gewitter, noch ein Streit, noch ein Krieg oder eine andere nicht vorstellbare Katastrophe in der Luft. Von Tschernobyl wußten wir nichts. Unsere Bedrohung kam von anderen Verursachern.

Das waren die Schurken in der braunen Uniform der Herrschenden, die wie Kakerlaken aus jedem Winkel krochen, in unserem Fall Schaufuß, der Ortsbauernführer, und Marinus, der dummdreiste Ortsgruppenführer der Partei, mit seinem spitzen Mausgesicht und den lauernden Augen, die alles überwachten.

War es doch bis dahin offiziell erlaubt, neben der Hakenkreuzfahne die schwarzweißrote zu zeigen. Schwarzweißrot war aber bereits eine Protestfahne. Wer damals rot war, zeigte schwarzweißrot, es war eine Provokation. Denn ein treuer Gefolgsmann des »Führers über allen Graus« verzichtete auf die bunte Marmelade, hißte die Fahne des Sieges mit dem schwarzen Henkerkreuz auf weißem Grund. Rot war nur der Rahmen für diese Vorstellung. Aber ich — obwohl seit dem Beginn des Spanischen Bürgerkrieges im Juli 1936 Anarchist und verschworen auf den legendären Anführer der katalanischen Anarchisten Durruti, leidenschaftlicher Anhänger der Interbrigaden und Anhänger des Ministerpräsidenten Largo Caballero, dessen einzigen Sohn die Francofaschisten erschossen hatten — ich hißte über der Hakenkreuzfahne, dem Symbol der Schande, das Marinus verhaßte und herausfordernde Schwarzweißrot. Die Fahne der ersten Republik, der abschätzig Weimarer Republik genannten Regierung von 1918—1933, war seit dem Tag des Unheils, des beschlossenen Holocausts, dem Tag der »Machtübernahme« — diese schwarzrotgoldene Fahne war ja verboten. Sie galt als Sinnbild jüdischen Untermenschentums und der Verräterrepublik von Versailles. Sie war das infame Bekenntnis der Kapitulation vor der Kriegsschuld.

Nun aber war ein Befehl ausgegangen in alle Lande, daß wir uns schänden lassen und dem Befehl unterwerfen sollten, nur noch Hakenkreuz am Strumpfband zu zeigen. Ich durfte auch meinen Fahnenmast nicht absägen, nicht unbeflaggt lassen. Ich mußte die Blutfahne aufziehen.

Marinus fuhr mit seinem Motorrad Kontrolle von Hof zu

Hof. Ihm unterstand ein Mini-Reich von zehn Bauernwirtschaften. Das waren höchstens hundert arme, dem »Führer« ausgelieferte Seelen. Aber diese Armen-Sünder-Seelen sollten vergiftet werden mit dem Haß auf alles, was nicht gehorchte, was nicht vor Marinus auf dem Bauch kroch.

Marinus: »Sie haben wohl den neuen Führererlaß nicht gelesen?«

»Was für einen Erlaß?«, heuchelte ich.

»Na, machen Sie doch keine Menkenke. Die Fahne da oben. Also, die holen Sie noch heute runter. Ich bin am Abend wieder hier.«

Er schob seine Pistole Parabellum oder 08/15 — ich kannte das Fabrikat der Sendboten des »Führers« nicht — im breiten Ledergürtel zurecht und schwang sich auf und davon. Ich zog beide Fahnen ein.

Am Abend war Marinus wieder zur Stelle. Sein Gesicht war angebläut, leicht angegeilt, ein Flämmchen vom Schnäpschen fachte es an:

»Sie haben die Fahne der Bewegung nicht am Mast. Sie lassen sie sofort wieder aufziehen.«

»Ja«, sagte ich, »aber erst muß der Dreck rausgewaschen werden. Merken Sie gar nicht, daß es stinkt, daß die Luft verpestet ist. Irgendein Mistkerl hat mir in die Fahne geschissen.«

Marinus wechselte die Farbe. Ich hätte so gern die schwarze Fahne aufgezogen, das Schwarz der Milizen aus Barcelona, die Fahne der Verschwörung und des Widerstandes, die Fahne des Todes. Aber Marinus wurstelte an seiner Parabellum herum und begann wie ein Geysir zu kochen. Er sprühte Funken aus seinen verschleimten Schlitzaugen und keifte, unfähig seine Worte zu kontrollieren oder zu artikulieren: »Das werden Sie noch bereuen, Sie Judenknecht.«

»Nein, ich bin Volljude, damit Sie es wissen, Marinus. Und Ihr Schafschwingel wird Sie auch nicht davor retten, daß

Sie eines Tages Pleite machen, abserviert werden, hopp-hopp, herunter von Ihrem Sattel, mit der Schnauze in den Dreck. Sie krepieren dann in der eigenen Scheiße.« Ich konnte das alles auskotzen. Wir hatten keine Zuhörer und Marinus konnte keine Zeugen aufbieten. Er konnte nur abwarten, bis der Augenblick gekommen war, wo er mich stellen konnte.

Warum mußte ich *daran* denken, während wir auf der Sommerreise durch die heile Welt der Taiga, der Hallalit-Wälder waren, Lucy mit ihrem glücklichen Lächeln in den wasserhellen Augen, stumm genießend? Atmen und leben. Die Taiga duftete. Sie überschüttete uns mit ihrem Überfluß, mit ihren nicht bestimmbaren Duftmischungen, Essenzen, die sie pausenlos verschenkte. Niemand außer uns war da, um sie in Empfang zu nehmen. Uns gehörte alles, was es hier gab. Und das waren die Bäume der Taiga, die Birken, die Kiefern und dazwischen ab und zu lichtgrüne Lärchen. Aber der Saum des Sandweges, in den gerade unsere Wagenspur paßte, so daß Lotte fast schlafend mit halb geschlossenen Lidern einfach vor sich hintrotten konnte, war mit Jahrhundertbirken geschmückt. Sie standen wie eine Mauer, wie die Schildwachen eines chinesischen Kaisers im Jahr 2000 vor der Geburt des als Fetisch mißbrauchten Rebellen, der besser im Mutterleib die Apokalypse erwartet hätte, um nicht Zeuge zu sein vom Untergang der Schöpfung. Wir lebten damals schon im Zeitalter des Präapokalyptikums, aber wir wußten es noch nicht, konnten es nicht ahnen.

Kniehohes Heidekraut, durchzogen von Millionen Spinnennetzen in jeder Größe, in jedem Format, runde, ovale, dichte und weitmaschige. Im Zentrum die Spinne in Feuerstellung, immer angriffsbereit, immer im Alarmzustand. Der Duft machte uns benommen. Taiga: Das ist Leben. Das ist wie die Jagd, von der Tania Blixen behauptet hatte »Die Jagd: Das ist ein Rausch der Liebe.«

Das andere Merkmal der Taiga besteht in ihrer Menschenferne. Sie besteht vor jeder Zeitrechnung, sie ignoriert die Menschenzeit. Ihre Stunden werden nicht mit unserem Maß gemessen. Die Taiga ist die Taiga und sonst nichts.

»Eine Taiga ist eine Taiga ist eine Taiga«, zitierte ich Gertrude Stein. Nein, ich wußte ja nichts von dieser Wortführerin der Moderne, dieser Meisterin der Sprache, die mit einem oft mißbrauchten Ausspruch die ganze Literatur veränderte, die Weltliteratur, wenn sie ihre uns simpel erscheinende Erkenntnis auf die eine Formel brachte: »Eine Rose ist eine Rose ist eine Rose.« Wie Lucy darüber lachen konnte. Mich machte es fröhlich, wenn sie so unbekümmert lachte.

Die Taiga ist nicht tot, kein sterbender Wald, von hilflosen Kommissionen besucht und besichtigt, von ebenso ratlosen Politikern als schwerkrankes Kind behandelt. Da helfen keine Pillen, keine Spritzen. Es gibt zwar Statistiken und Tabellen, aber keine Rezepte, nur vage Experimente, sein Leben zu verlängern, zu erhalten.

Die Taiga ist voll sichtbarem und verborgenem Leben. Aber nur, wer hinschaut, kann es bemerken, kann teilnehmen. Regungslos abwartend sichern die gescheckten, weißgefleckten Damschaufler im Unterholz. Ein Rothirschrudel flüchtet in die Tiefe des Waldes, wo sich die Dunkelheit ausbreitet und das Licht gebrochen ist. Eine Rotte Schwarzwild — es waren Überläufer, junge Tiere, noch nicht geschlechtsreif, da halten sie noch zusammen — kreuzte nur hundert Meter vor uns den Weg. Sie waren überrascht worden und flohen in wilder Hast in die dichte Heide, ihre Deckung.

Die Försterei lag wie unbewohnt in der Mittagsstille, die Pans Stunde ist. Pan, der bockshörnige Gott des Waldes, der hinter jedem Baum lauert, feist und geil, und die Pilzsucher heimsucht, die sich zu weit vorgewagt haben in sein magisches Reich. Vom Laub zugeweht, dem Laub vieler Jahre, das schwarz geworden ist in der Fäulnis, die alles, was fällt, in Humus verwandelt, den Kreislauf der Taiga in Takt hält — vom Laub zugeweht ein Tümpel, ein Teich, grünes Wasser, dicht mit Entenflott bedeckt, Frösche, Feuersalamander, Molche, Kammolche, Ringelnattern, Blindschleichen. Bussarde in der heißen Luft, die Arme und Kopf schwermacht wie in hypnotischem Zwang. Pans Stunde. In den Baumnestern verschlafen mit halb geschlossenen Augen die Ringeltauben, die kleinen schnellen grauen Türkentauben, die immer lärmenden und jagdbereiten Eichelhäher und Elstern, diese Zeit, in der überall die Arbeit ruht. Die Gespannführer zwischen den zwei Fütterungen, die sie den Pferden verabreichen müssen — so ist es vorgeschrieben überall auf den Höfen und Großgütern von Schleswig-Holstein bis Ostpreußen — dösen bei erloschener Pfeife vor sich hin, erschöpft auch sie. Aber sie wissen nicht, daß Pan auch durch ihre Stunde geht, sie berührt mit Schlaf und Traum, wenn der Hunger und Durst gestillt sind. Das Reißen der Pferde im Heu, das in den Raufen hängt und ihnen ins Maul wächst, das feucht ist vom Wasser. Es läuft durch die Krippen und vermischt sich mit dem Hafer, den die Männer aus dem Futtersack geschüttet haben. Pans Stunde.

Nur die Eichhörnchen jagen mit keckerndem Schrecklaut, von unserem unerwarteten Einbruch in die Stille und Lottes prustendem Schnauben aufgestört, an den rostrot leuchtenden Kiefern hoch, springen von Wipfel zu Wipfel; manche halten die eben gepflückte Frucht, einen Tannenzapfen, eine noch grüne Nuß fest im Maul, nehmen sie mit in ihr Versteck. Rotes Licht. Der Himmel wird weiß in der Glut des Sommernachmittags.

Wir sind früh losgefahren, gleich nach dem Essen, das wir damals mit den Pferdepflegern und den Wanderarbeitern gemeinsam auf der Diele einnahmen, wo wir den großen Küchentisch aufgestellt hatten. Lucy hatte nun mehr Bewegungsfreiheit in ihrer gespenstischen Unterwelt der Oberwelt.

So ist die Taiga. So wird sie nie mehr werden.

Damals schnürten in der ersten Dämmerung Dachs und

Fuchs durch das Unterholz. Das kniehohe Heidekraut deckte ihre Fährte, schützte ihren Rückzug. In den fast hundert Jahre alten Wegbirken baumten nach der Morgenbalz im Frühnebel auf den waldfreien Heideflächen die Birkhähne auf. Dann streifte ein erster Sonnenstrahl die im Vorfrühling kaum ergrünten Birken. Es war die Zeit für die zweite, die Nachbalz.

Wir waren in der sorbischen Taiga noch in der schon weichenden Nacht bis an den Rand des Kessels gekrochen, naß vom Tau, und hatten teilgenommen an der stürmischen Bodenbalz. Die Hähne kollerten — kollern heißt ihre Liebessprache — und sprangen wie Drahtpuppen aus dem dichten Heidekraut. Am Waldrand schauten die Hennen diesem Balztheater zu, wählten ihren Partner, es mußte ein Sieger sein, einer mit dem buntesten Federkleid.

Das erzählte ich Lucy, die sich niemals ein Wort entgehen ließ, wenn dieses Leben uns einholte, das wir für unvergänglich hielten in unserer Naivität, mit der wir an die Schöpfung glaubten und an diesem wahnsinnigen Glauben festhielten. Selten unterbrach sie mich durch eine Frage, die immer genau das Thema traf. Sie konnte alle ihre Gedanken auf einen Punkt konzentrieren. Das war ihre Stärke und gleichzeitig die Grenze, über die sie nicht hinausdenken konnte. Aber sie war die beste Zuhörerin dieser Jahre. Was ich Lucy anvertraut hatte, war so tief in sie eingedrungen, daß ich es noch nach Jahren abfragen konnte. Sie lebte auf Abruf, war immer verfügbar. Ich mußte sie nicht suchen. Ich wußte immer alles von ihr. So glaubte ich es wohl. Es war sicher die Idealisierung eines mir überlegenen Menschen, einer Frau, die allein durch ihr Frausein mehr wußte als ein so junger Mann, der auf vielen Hochzeiten tanzte, aber auf keiner eine Braut fand, immer nur als Statist für andere zur Stelle war.

In der Taiga wurden diese Unterschiede verwischt, aufgehoben, nivelliert, ja, sie waren überflüssig. Denn zwischen Lucy und mir gab es keine Divergenz, nur die alle Unterschiede der Geschlechter aufhebende Gemeinsamkeit dieses Erlebens. Pan kennt keine trennenden Merkmale, keine Feministinnen und keine Machos. In seinem grellen Licht tarnt sich die unsichtbare Allgegenwart der Liebe. Es gab keine Tollwut und keine Touristen.

Weiter Lotte, nicht müde werden, nicht einschlafen! Wir sind zwar gut parfümiert, aber diese Essenz aus unzählbaren Düften schläfert uns ein. Wir wollen noch zur Herzogin von Sachsen-Altenburg nach Serrahn und dabei der Lucy zeigen, wo ihr Vater vor einem halben Jahrhundert seine mühevollen Jahre als Gutseleve verbracht hat, bevor er, zum Volontär aufgestiegen, auf das Mustergut der alten Landwirtsfamilie Kranz nach Groß-Kelle bei Malchow wechselte. Dort wohnte und handelte mein neuer Intimus Blech, nachdem ich den Schnabel in mehreren Prozessen reingelegt hatte, weil er *mich* reinlegen wollte, als er mir zwei kranke Pferde als kerngesunde Zugpferde verkauft hatte. Lucys Vater, der Pferdekenner, fiel auch auf Schnabels Tricks herein. War das ein Gauner, konnte der seine Kunden in die Pfanne hauen, wenn es ums große Geld ging! Die armen Siedler, die dieser Schnabel mit dem »Regentröpfchen-Prélude«, den Regentröpfchen, die an sein Fenster klöpfchen, ruiniert hatte, nachdem er sie im »Knorrnpunkt« mit Bier und Schnaps gefügig gemacht hatte. Aber dieser Musterprozeß ist eine Messe, das heißt in diesem Fall: ein ganzes Kapitel wert.

Abwarten. Wir sind noch lange nicht so weit. Als wir angesichts der roten Ziegeldächer des Gutes Serrahn — und wir waren aus der Taiga wieder ins Freie gelangt, hatten sozusagen wieder den Anschluß an die Menschen gefunden — die Nordspitze des Krakower Sees erreicht hatten, gerieten wir in eine Moränenlandschaft, auf eine Art Hexentanzplatz. Die Erde war hier übersät mit glatt polierten Felsbrocken, keine Findlinge — Findlinge liegen auf dem Boden —, diese Steine waren wie Meteoriten halb in der Erde versunken und so glatt, daß Lotte den Gehorsam verweigerte, das heißt, sie blieb stehen und traute sich nicht über dieses Schlachtfeld der Vorzeit.

Ich mußte sie am Zügel nehmen — sie fuhr mir mit ihrer blauroten Zunge dankbar über die Hand — und über diese Halde lotsen, bis wir Anschluß an die Schotterstraße von Serrahn nach Kuchelmiß und weiter nach Klaber, Langhagen, Großen-Luckow und über Grubenhagen nach Vollrathsruhe zurück zu meiner Klitsche bekamen. Das war machbar.

Hinter uns stieg der Pollenflug der Taiga in einer sich drehenden Nebelwolke auf und fiel dann langsam wie ein Schleier über einem unbeweglichen Körper in sich zusammen, bedeckte das leere Land.

Ich habe nur noch drei vergleichbar intensive Landschaftserlebnisse erfahren, Erlebnisse, die heute den Bewohnern unseres vergasten Planeten nicht gewährt werden, weil alle Voraussetzungen dazu fehlen: die absolute Reinheit der Luft, die absolute Menschenferne, die absolute Abwesenheit der Schwerindustrie, der unabdingbare Verzicht auf neue Autobahnen und Schnellstraßen. Wir haben die dauernde Präsenz der Luftwaffe, der Düsenjäger, Jagdbomber, Jumbojets, der Raketenabschußrampen, der Panzerrudel, die totale Verseuchung in allen Bereichen und auf allen Ebenen des Lebens. Wir haben die komplette Autogesellschaft, das Präapokalyptikum, übermächtig, allmächtig, alles zerstörend.

Aber damals die Taiga: Das waren drei Grunderlebnisse, drei euphorische Augenblicke. Nichts ist vergänglicher, empfindlicher, flüchtiger als die Euphorie. Einmal spürte ich sie heftig und schmerzlich — das Herz zog sich zusammen —, als ich aus dem Spreetal langsam durch den Dünensand der Slamener Heide bis zur doppelgleisigen Bahnstrecke Berlin—Görlitz aufstieg. Es war eine kilometerlange Schneise durch die Taiga geschlagen, die Kronen des Waldes bildeten über mir einen Filter, durch den die Tautropfen in die Morgensonne sickerten und mich lautlos einhüllten, eine Röntgenaufnahme von mir machten, mein Herz bloßlegten.

Das war im sorbischen Wald, in der sorbischen Taiga und ereignete sich in den Jahren vor der »Machtübernahme«.

Ein anderes Mal war ich mit einem im Meer, im Feuermeer untergegangenen Schulgefährten in der Lüneburger Heide zwischen Undeloh, wo wir die Nacht verbracht hatten, und Wilsede. Uns umgab eine vollkommene Stille, so vollkommen war die Vollkommenheit. Das war das andere Grunderlebnis. Da vollzog sich die Vereinigung des Menschen mit seiner Umwelt in einem symbolischen Akt sprachloser Übereinstimmung. Es gab nur uns beide und die Birken im Sand, endlos bis an den Horizont, der wolkenfern hoch über uns stand, unbeweglich, weil die Luft, von Hitzewellen gebremst, jede Veränderung verhinderte, zum Stillstand brachte, einfach anhielt. Mühsam hob ich die Hand, zeigte in die vage Unendlichkeit: »Dort hinten liegt Celle.« Aber Celle oder Vineta: Es bestand kein Unterschied zwischen diesen utopisch gewordenen Vorstellungen. Damals blieb unsere innere Uhr in diesem Augenblick der Vereinigung stehen wie ein Herz, das aussetzt, aber dann heftig ausschlägt, weil es auf sein Ziel gerichtet wird — mit ärztlicher Hilfe oder aus eigener Kraft: das Überleben um jeden Preis.

Die Taiga hält dich fest und gibt dich nie wieder her, sie läßt dich niemals los. Du wirst bis zu deinem letzten Atemzug der Taiga gehören und nur ihr und niemandem sonst. Auch deine letzte Liebe, die du schon mit gebrochenem Auge, mit gestorbener Stimme wahrnimmst, wird ihren Stempel tragen, wird ihren Namen immer noch hörbar für dein schon verschlossenes Ohr nennen: Eine Taiga ist eine Taiga ist eine Taiga.

Lucy wußte von dem allen nichts. Aber ich bin sicher, daß in ihr dieses Wissen Wirklichkeit geworden war und ihr Verhalten bestimmte, ihre Handlungsweise erklärte: ihr

Aushalten auf diesem ganz und gar verlorenen Posten. Das war das Irrationale in Lucy Schröder.

Serrahn lag hinter der Landstraße. Sie war nicht besser und schlechter als alle Pisten in diesem Land, so voll tiefer Löcher, daß ich nur darauf achten konnte, daß uns Lotte nicht in diese Löcher kutschierte und umwarf, vielleicht noch mit gebrochenem Rad oder einem irreparablen Achsenbruch. Wir konnten von Serrahn nichts wahrnehmen außer seiner imponierenden Auffahrt, der Größe des ganzen Gutskomplexes, des Schlosses im Hintergrund, in dem der Legende zufolge eine 85jährige Herzogin residieren sollte. Na, meinetwegen. Es war nicht unsere Sache, das zu ermitteln. Wir hatten unser Ziel und unser Programm.

Die nächste Station hieß Kuchelmiß. Das war nach den Angaben des alten Herrn Schröder auch ein wunderbarer Besitz des Grafen Hahn. Diese Gutskomplexe beflügelten ja schon seit meiner masurischen Passion meine Phantasie. Ich bewunderte die perfekte Anlage, die Organisation, das Ensemble von Wirtschaftsgebäuden, also den Scheunen, Ställen, manchmal Spiritusbrennereien wie seinerzeit in Masuren, aber auch Molkereien, Wohnhäuser für die Verwalter, Administratoren, Rentmeister, Eleven, Chauffeure, Diener, Wirtschafterin, Hausdame, Mamsell, Küchenhilfen und Hausmädchen, ein Arrangement, in dem alles stimmte. Da gab es keinen graduellen Unterschied zwischen Serrahn und Kuchelmiß, zwischen Klaber und Großen-Luckow, zwischen Langhagen und Vollrathsruhe. Nur die wirtschaftliche Situation war sehr differenziert zwischen Wohlstand und Pleite, zwischen Reichtum und Zwangsversteigerung.

Mich faszinierten die Schicksale, die zu so gegensätzlichen Entwicklungen geführt hatten, zur Mißwirtschaft und Pleite, zur Musterwirtschaft und zum Wohlstand. Ich konnte mir zu jedem Großgrundbesitz eine passende Geschichte denken, konnte Liebe und Tod, Krankheit und Wahnsinn,

Betrug und Fälschung, List und Ohnmacht, Leidenschaft und Ahnungslosigkeit in dieses Ensemble aus Gebäuden und ihren Bewohnern, den Herren der Taiga, malen. Ich konnte mir vorstellen, wie die Besitzer dieser Großgüter, dieser Latifundien, alles auf eine Karte, auf eine Kugel setzten, die rollte, rollte, rollte und an der falschen Stelle stehenblieb in Baden-Baden, Knokke oder Monte Carlo. Ich hatte Dostojewskijs »Spieler« gelesen, er ging mir nicht aus dem Sinn.

Genau vor der Gutsschmiede in Kuchelmiß löste sich vom linken Hinterrad der eiserne Reifen. Das grüne Korbgeflecht unseres schon damals kuriosen Gefährts sank in den Sand der tief ausgefahrenen Wegspur. Auf den ersten Schreck — denn nun standen wir in der schattenlosen Sonnenglut des Juninachmittags und zwar am weitesten Zielpunkt unserer Rundfahrt, sozusagen auf dem Kulminationspunkt — reagierte ich mit übermütigem Gelächter.

»Jetzt«, sagte ich zu Lucy, »werden wir als Legionäre durch die Wüste marschieren direkt bis Tamanrasset.«

»Ja«, lachte sie und schürzte die Unterlippe — Zeichen höchsten Vergnügens und größter Zustimmung — »und unterwegs verdursten.«

»Aber vorher erleben wir, was eine Fata Morgana ist, sehen wir bizarre Städte mit goldenen Türmen und Brunnen voll kühlem Wasser.«

»Wein wäre mir jetzt lieber.«

Wir standen und überlegten, was zu tun war. Ich war ja ein scheuer Mensch damals. Ich weiß nicht, was ich heute bin. Ich weiß eigentlich nichts von mir. Andere, vertraute Freunde, vom gleichen Ungeist beseelte Skeptiker, Anarchisten ohne Lebenskonzept, Gefälluten an der ökologischen Front, die, wie ich, Unkraut als Wildwuchs deklarieren und seine Verbreitung als biogenetisches Ziel anstreben, Verwirklichungsfanatiker wissen vielleicht, wer ich bin. Manche sagen es mir. Andere verschweigen es. Aber hier hatte ich einfach Skrupel, Schiß und Hemmungen bis zum Geht-nicht-mehr, an die geschlossene Schmiede zu klopfen und nach dem Meister zu fragen.

»Da ist doch nichts dabei. Das kann doch jedem passieren«, ermunterte mich Lucy und zog ihre Unterlippe immer noch nicht ein.

»Ja, das schon, aber nicht gerade hier vor der Schmiede von Kuchelmiß. Wem gehört das Rittergut eigentlich?«

Ich wollte ablenken. Aber Lucy ging darauf ein. Sie war wie immer gut informiert von ihrem Administrator-Vater.

»Kuchelmiß«, und sie leckte genüßlich an dem seltsamen Namen, »gehört einem Grafen Hahn. Das sind ja viele Hahns. Es gibt die aus Basedow, die aus Liepen, die aus . . .«

»Nun mal Schluß, Lucy. Wir liegen hier auf der Strecke, zur Strecke gebracht auf der grünen Heid und können nicht weiter.«

Ich riß mich am Riemen. Lucy ließ mich zappeln, blieb im Wagen sitzen, etwas verschoben in der Perspektive, aber immer noch in bester Geberlaune. Ich stieg steif und mühsam aus, war ja, weil ich auf der abgerutschten Seite saß, fast am Boden, geradezu am Boden zerstört, ging hinüber zur verrammelten Schmiede und klopfte, zaghaft zuerst, an das Tor. Es rührte sich nichts. Woher auch? Der Blasebalg hatte Feiertag, das Schmiedefeuer war erloschen.

»Du mußt am Wohnhaus nebenan klopfen«, ermunterte mich Lucy. Meine verdammte Schüchternheit!

»Ich kann doch am Sonntag den Schmied nicht herausholen.«

»Na, dann müssen wir die Kiste hier mitten auf dem Weg stehenlassen und zum Grafen persönlich gehen und um Quartier bitten, zwei heimatlose Wanderer. Sein Diener wird uns abweisen oder einfach davonjagen, rausschmeißen, wenn wir überhaupt bis ins Schloß vordringen können und vorgelassen werden. Hier gibt es kein Taxi.«

Das war mir klar. Ich warf alle meine Münzen in meinen Mut und klopfte nun an der Haustür. Sie öffnete sich wie auf einen Zaubertrick. Spontanreaktion nennt man das wohl psychoanalytisch. Da stand ein großer, schwerer, schwarzer Mann aus einem Märchenbuch, das noch geschrieben werden mußte, das vielleicht Ilona Bodden geschrieben hätte, wenn sie der Lebensmut nicht verlassen, sie sich selbst aufgegeben hätte und nun nichts mehr schreiben konnte.

Ich zeigte auf mein im Sand versunkenes Gefährt: »Der Reifen ist ab.«

»Das sehe ich. Na, dann wollen wir ihn mal gleich wieder festmachen, Wenn die Herrschaften eine halbe Stunde warten können?«

Er hielt uns für ein adliges Paar, das mit einem alten Pirschwagen unterwegs war aus lauter Übermut und Langeweile. »Dann können Sie weiterfahren. Wohin soll's denn gehen, wenn ich fragen darf?« ergänzte er seine freundliche Rede. Er hatte Spaß an der Freud. Wir hatten ihn nicht gestört, sondern gaben ihm Anlaß, sich dienstbar zu zeigen, verkürzten ihm den langen ereignislosen Nachmittag, an dem die Schmiede kalt wurde, der Amboß nicht dröhnte, der Blasebalg nicht fauchte. Es war offensichtlich ein Schmied aus Berufung, nicht mit einem ungeliebten Beruf verheiratet wie unser Windhund Gregor in Kirch-Grubenhagen, der sicher wieder ein tolles Rennen fuhr mit seiner schweren BMW.

Der eiserne Reifen — es gab ja noch keine Gummireifen, das muß hier erwähnt werden, hervorgehoben werden sogar! — verschwand mit unserem Kuchelmißschmied in der Werkstatt, deren schräg in den Angeln hängendes Tor er aufwuchtete. Er kam mit den für die Löcher passenden Nägeln zurück, zog den Reifen wieder auf, schlug ein Dutzend Nägel in die dafür vorgesehenen Löcher und erklärte bereitwillig und mit der Heiterkeit des Vielwissenden:

»Sie haben unterwegs alle Nägel verloren. Die Räder sind ja total ausgetrocknet. Der Wagen stand sicher immer im Schuppen oder in der Sonne. Das Holz muß quellen, sonst können die Reifen nicht halten. Wenn Sie auf Ihrem Schloß wieder heil angekommen sind, fahren Sie den hübschen Wagen, das Wägelchen, das Großvaterwägelchen einfach in Ihren Haussee und lassen ihn ein paar Tage im Wasser stehen. Dann wird er wieder gesund. Keine Panne mehr. Meister Ochlast dankt für die Hilfe, die er Ihnen leisten konnte.«

Er gab der dösenden Lotte einen Klaps auf ihren dicken, jetzt total eingestaubten Hintern und verbeugte sich tief vor Lucy, der Dame aus altem Adelsgeschlecht, vielleicht eine Henne aus dem Hause Hahn. Na, ist auch egal.

Ich zog mein Portemonnaie aus der Tasche meiner Knickerbockers, hielt dem Meister Ochlast ein Fünf-Mark-Stück hin und sagte ganz unpassend: »Hier ein kleiner Dank für Ihre große Hilfe.«

Da war ich aber an den Falschen geraten. *Das* war ganz gegen sein gentlemanlife. Er schob meine Hand beiseite und verbeugte sich nochmals mit den Worten, die jeden Zweifel an seiner selbstlosen Hilfsbereitschaft ausschlossen: »Aber ich bitte, Herr Baron, es war mir eine Ehre, Ihnen zu Diensten sein zu können.«

Dann warf er sich förmlich auf seinen Hauslatschen herum und stürzte geradezu empört ins Haus, dessen Tür er aufriß. Er wendete uns noch einmal sein herzliches gutes Gesicht zu — ein Handwerker der aussterbenden Zunft — und rief uns zu, während ich Lotte aufweckte und vorsichtig mit der Peitsche antippte, damit sie nicht erschrak: »Gute Fahrt, die Herrschaften, und vergessen Sie niemals, Meister Ochlast ist immer zur Stelle und immer bereit.«

Das war's denn schon. Von diesem historischen Tag an kursierte unter uns der von Lucy erfundene Dauerbrenner für vergleichbare Fälle, vor allem für Versäumnisse und andere Unarten: »Du hast wohl ein Rad ab?« So ist dieser Spruch heute zur Volksweisheit geworden und unausrottbarer Bestandteil der Sammlung zeitloser Slogans.

Wir erreichten unsere Hufen in der Dämmerung, müde

wie Lotte, die sich auf die volle Raufe stürzte und zuerst einmal zwanzig Liter Wasser konsumierte. Wie die Nüstern schnauften! Wie sehr ich dieses treue Tier liebte! Liebe hat viele Ziele, viele Objekte. Sie kennt keine Regeln. Und der Sex, wie er zwischen Menschenpartnern betrieben wird, ist oft ein Zeichen für die Abwesenheit der Liebe.

So blieb denn diese Ausfahrt im kleinen ebenerdigen grünen Jagdwagen, dem Großvaterwägelchen, der einzige Ausflug dieser unwiederholbaren Art, ein Fest, das auch keine Fortsetzung kennt, kein Dakapo zuläßt. Ich bin nie wieder, weder mit Lucy noch allein, mit diesem Gefährt durch die Taiga gereist. Aber ich habe die Weisung des Schmieds aus Kuchelmiß befolgt und es ins Wasser meines Sees abgestellt — und dann vergessen.

Roppel aus Masuren — Die Jägerprüfung

D er erste Winter in Liepowo hatte keine Ergebnisse, keine konkreten Fortschritte gebracht, die ich als Erfolgsmeldungen an die »Zentrale«, an meinen Vater in Grodk, weitergeben konnte. Ich hatte die von Schnabel gekauften Kühe mit dem Erlös aus dem Roggen bezahlt. Aber wie sollte es nun weitergehen? Diese Jahreszeit war nicht geeignet, Zuwachsraten zu verzeichnen, geschweige eine Wende zu bringen. Es gab keine Reserven. Das Getreide war gedroschen. Der letzte Hafer würde nicht ausreichen, die abgemagerten Pferde bis ins Frühjahr zu versorgen. Der noch vorhandene Rest schrumpfte, von Mäusen zerschrotet, gegen die selbst die umherstreunenden Katzen machtlos waren, auf dem brüchigen Kornboden zu einem kaum nennenswerten Rest zusammen. Auch Brecht-Zitate schufen da keinen Rat, geschweige Abhilfe. Der vom anhaltenden Schnee verwehte Hof glich einem Mini-Atoll in der weißen Ebene, deren Konturen verwischt wurden und in der sich seltsame Lebewesen wie in der Schwerelosigkeit über Wasser zu halten suchten.

Ich wanderte — die Wege waren nur noch mit dem hochrädrigen Milchwagen zu passieren — in den Radspuren meines »Milchtransporters« immer öfter hinunter in Gerlings warme Bahnhofswirtschaft, die mir Geborgenheit, Zugehörigkeit, Gespräche verhieß, wenn auch meist leeres Alltagsgeschwätz und alberne politische Klischees, Redensarten wie »Der Führer wird es schon schaffen«. Aber er kam nicht nach Liepowo. Und Jesus war auch nur bis Eboli gekommen. Dort lehnte ich stundenlang am Tresen, witzelte mit dem immer devoten, gastfreundlichen und zwergenhaften Gerling oder seiner dicken schweißglänzenden Mami, die ihm oft hart zusetzte, wenn er larifari vergessen hatte, den Gästen die Rechnung zu präsentieren. Ich hatte kein Geld, aber Kredit bei ihm und ließ anschreiben. Ich wartete auf einen väterlichen Scheck, der mich retten würde. Gerling mahnte nie. Ich soff und sang, meinetwegen auch das »Horst-Wessel-Lied«. Es war egal, welchen Zuhälter man feierte. Es konnte gar nicht schlimm genug kommen. Hauptsache, wir kamen über die Runden. Das Frühjahr mußte die Wende bringen. »Wende« war damals noch nicht eine die Wirklichkeit kaschierende und verfälschende politische Phrase. Man sah über die Schulter und erkannte das eigene verzweifelte Gesicht im Leeren und drehte sich um, um sich selbst anspucken zu können. Das nannte *ich* die Wende oder auch die Platte putzen, abhauen, den Hof mit unbekanntem Ziel verlassen, in der Taiga untertauchen. Aber ich hatte keine Chance, einen derartigen Ausbruch aus dem selbstgewählten Gefängnis zu überleben.

Wenn ich nur erst das Bad erneuern lassen konnte, zwei Pferde hinzuerwerben, damit wir zwei komplette Gespan-

ne besaßen! Aber wo sollte ich den zweiten Gespannführer hernehmen? Pferdepfleger, die etwas taugten, verliefen sich nicht auf diese verlassene Klitsche. Und wenn sich einer den Stall und die demolierte Einrichtung ansah, verzichtete er auf jede Beschäftigung und machte sich so schnell aus dem Staub, daß ich nicht einmal mehr seine Hacken sehen konnte. Ich zog das Fazit, als eine Ansichtskarte aus Lötzen mich schmerzhaft an meine masurische Liebe erinnerte, die ich auch im Stich lassen mußte, weil ein Eleve keine Abiturientin entführen und ernähren konnte. Doris Kucharski, meine »Heimweh-Doris«, in deren Schoß ich meine Haltlosigkeit geborgen hatte, als mir damals mein eigenes Leben — und ein zweites hatte ich nicht — über den Kopf gewachsen war, diese immer noch an mir festhaltende Doris hatte in meine höllische Einsamkeit eine Karte geschrieben: »Am letzten Tag des alten Jahres bin ich in Gedanken bei Dir. Silvester 1935. Deine Doris.«
Dieser unerwartete Gruß riß mich aus meinem einsamen Dahinvegetieren, meinem ziellosen Brüten. Ich schaffte es nicht allein, aber ich mußte es schaffen. Die Karte von Doris zerkrümelte ich vor Kummer. Dann klopfte ich bei Lucy in Combrai an, wurde von ihr in ihrem Proustzimmer empfangen, aus dem man nicht mehr auf die Terrasse treten konnte, weil die große Doppeltür zugeschneit und mit Eiskristallen gespickt war. Lucy hatte Brikettfeuerung. Wir hatten leichtsinnig einige Zentner Briketts gekauft und von Waren hierherkommen lassen. Starke hatte die Ladung auf dem Güterbahnhof in Vollrathsruhe in Empfang genommen und abgeholt, nicht ohne im Cramoner Forst einen Sack voll für sich abzuzweigen. Starke war zum stillen Teilhaber geworden. Wir waren ohne mein Wissen längst eine Firma: Peter Glahn und Co. geworden. Aber auch das mußte im kommenden Jahr geändert werden. Es mußte Frontbegradigungen an allen Kampfabschnitten geben.
Ich sagte zu Lucy, die wie stets die Fahne der Hoffnung hochhielt und auf Sieg setzte: »Ich mache das nicht mehr

mit. Keinen Tag länger. Ich schreibe an meinen Freund und Lehrmeister Roppel nach Masuren. Er soll herkommen. Vielleicht ist er immer noch auf dem ruinierten Rittergut des Diplomlandwirts Dommasch und erinnert sich gern an unsere gemeinsame Zeit dort. Das war ja auch ein Vabanquespiel mit vielen Unbekannten im Köcher.«

»Tun Sie das«, ermunterte mich die muntere Lucy, und ganz allmählich, aber unsichtbar verdampfte der Schnaps aus meinem Hirn, den ich mit dem jungen Leistikow, dem Oberinspektor des Grafen, und dem alten Staatsförster Vogelsang, dem gemütlichen Grogtrinker, beim Gerling konsumiert hatte. Zu Hause, chez moi, soff ich nicht. Hier fielen zuviele dringliche Arbeiten über mich her, fielen mich an wie tolle Hunde, daß ich nur noch um mich schlagen konnte. Ich mußte immer das zweite zuerst und das Fernerlaufende gleich erledigen.

Ich schrieb einen Brief an meinen Vater, meinen sich verweigernden Zahlemann, in dem ich ihm die berühmte Pistole, in diesem Fall einen Trommelrevolver, den ich von Schröder gekauft hatte — einen Waffenschein bekam ich ohne Schwierigkeit, als ich dem zuständigen Polizeimeister die Lage meines Hofes beschrieben hatte —, auf die Vatermörderbrust setzte und unmißverständlich drohte:

»Wenn Du mir nicht schnell einige Tausender, sagen wir bescheiden fünf, auf mein Konto bei der Stadtsparkasse Waren überweist, muß ich den Hof wieder aufgeben, muß ich verkaufen. Das will ich aber nicht. Denn ich habe ganz klare Vorstellungen, was geschehen muß, damit wir die Krise überwinden und bis zu einem guten Erntejahr durchhalten können. Ich habe deswegen auch meinen Freund Roppel um Hilfe gebeten. Ich erwarte ihn noch in diesem Monat. Dann kann ich endlich die zwei Pferde kaufen, ohne die wir die Frühjahrsbestellung nicht schaffen. 440 Morgen kann kein Zauberkünstler mit sechs Pferden beackern. Bald ist es soweit. Jetzt wächst die Saat unter dem Schnee, Bergen von Schnee, aber eines Tages läßt sie unser grünes

Herz schlagen, wenn sie von Winterstürmen befreit und vom Wonnemond gewärmt wird. Dein treuer Sohn.«

Ich wußte, mein Vater hielt das alles für Blödsinn, für romantisches Kauderwelsch. Oder wollte ich ihn verscheißern? Aber er spürte nur so, auf diese Machart, daß es mir ernst war mit meiner Drohung, den Laden dichtzumachen und einfach davonzugehen, zu desertieren wie Hans im Unglück. Ich kitzelte ihn an seinen verwundbarsten Stellen. Ich kitzelte ihm in der Tat, geradezu stante pede, 3000 Mäuse aus der Tasche.

Und dann kam ein Telegramm aus Goldap, wo Roppels Familie in Gurnen bei Goldap, der Stadt der Krech-Biere, einen winzigen, aber gut bewirtschafteten Hof hatte.

»Ich komme, bin am Sonnabend in Vollrathsruhe. Du alter Kasanowitz.«

Die Uhrzeit war angegeben, und ich zockelte mit meinem Milchwagen rechtzeitig los, um vorher noch ein paar Cinzanos — auf die ich mich spezialisiert hatte — beim Gerling auf Kredit zu verlöten. Mut gehört zu jeder Mutprobe. Ich hatte Herzklopfen, als erwartete ich meine Liebste — ich hatte ja keine, das war die eigentliche, unheilbare Krise, da halfen keine Pillen, noch meines Torhüters Scheinchen — und draußen im Reisebus säße die eine, die meine, der ich ein buntes Fransentuch mitbringen wollte aus der fernen, versunkenen Stadt Vineta, wo der Holunder im Sand unentwegt blühte und weder Sommer noch Winter kannte, weil es immer Holunderzeit war.

Aber hier ging es nicht um die Einheit von Holunder und Sand — hier donnerte jetzt der Personenzug aus Waren auf Gleis 1 heran und stand und gab den Blick frei auf den einzigen Reisenden, der hier ausstieg, aussteigen mußte: Eduard Roppel aus Gurnen bei Goldap in Masuren, so wie ich ihn gekannt hatte, als meine Zeit gekommen war, dieses Zauberland zu verlassen.

Er hatte dieselbe grüne Joppe an, dieselbe Schildmütze, tief in die Stirn gezogen — keine hohe Stirne übrigens, eher eine breite Stierstirn zum Mauerdurchbrechen —, die Breeches und die hohen Schaftstiefel, alles sauber, auf zack gebracht. Da fehlte kein lausiger Knopf, denn die eifrige Anna aus Duneyken hätte ihm so etwas nicht durchgehen lassen. Solche fatalen Schlampereien duldeten weder er noch Anna, das flotte Küchenmädchen vom Dommasch und seiner Frau mit der schrägen rechten Schulter und dem Buckel darunter, auf den kein Kleid von der Stange paßte.

Aber da war Roppel, und wir konnten anfangen mit dem Anfang, konnten einen Plan machen, der alle Unkereien Brechts über den Haufen werfen würde, einen Plan, der »ging«. Roppels Pläne gingen immer. Nur wenn seine Chefs pleite waren, konnte er seine schönsten Pläne, seine heimlichsten Wünsche und Träume nicht erfüllen: Er war ja ein Spezialist für Neulandgewinnung. Kein Sumpf, keine sauer gewordene Wiese, kein liegengebliebenes Brachland war vor seinem Zugriff sicher.

Roppel machte sofort Inventur. Als wir am Schloß und Gut des Grafen vorbeifuhren, machte er runde Augen und sah zufrieden aus, strahlte geradezu Zufriedenheit aus. Das gefiel dem passionierten Landwirt. Das prahlte und sah nach guter Wirtschaft und viel Geld aus. Ich kommentierte Roppels Bewunderung für die Herrschaft Vollrathsruhe-Hallalit mit dem Hinweis: »Das gehört alles einem Grafen Regis von Breitingen, und hier rechts diese schmale Straße führt zu seinem Vorwerk Hallalit. Das können wir von unserem Hof aus sehen. Na, nicht das ganze Vorwerk, nur die bemoosten Strohdächer.«

Auch hier in Vollrathsruhe waren die Ställe noch mit Stroh gedeckt. Darüber wunderte sich Roppel ein wenig. Aber er war nicht irritiert, noch nicht.

»Der Graf ist jetzt zur Bärenjagd in der Tatra. Dann kommt sein flotter Bruder mit dem roten Rennwagen aus Rothenmoor und tröstet die junge Gräfin. Aber die haben alles an den Reichsbankpräsidenten verkauft, mußten verkaufen.«

Roppel war ein sehr verschwiegener Mensch, besonders dann, wenn eine Neuigkeit nur sehr langsam im Zeitlupentempo in sein Bewußtsein eindrang und dort aufgenommen bzw. verarbeitet wurde. An seinen großen staunenden Kinderaugen sah ich, wenn Roppels Denkapparat arbeitete, wenn er eine ihm fremde Situation zu erfassen versuchte. Es würde ein Vormarsch werden, dieses Jahr 1936, aber es würde ein langsamer Vormarsch sein, kein Blitzkriegstempo. Von Blitzkriegen sprach man damals noch nicht.

Nachdenklich hockte der schwere Mann, an dessen Freundschaft ich nicht vergeblich appelliert hatte, auf dem hohen Sitz des Milchwagens, der uns ohne Achsenbruch — ein paar Schrauben flogen immer ab — über die felsige Abfahrt von der Landstraße auf den Weg nach Liepowo brachte. Die Gegend kam ihm sicher unbelebt vor, etwas unheimlich. Es gab keine Güter mehr, nur Taiga, und Roppel, mein Intimus der masurischen Tage und Nächte, konnte nicht mit Kennermiene den Boden begutachten und wie noch in Vollrathsruhe so richtig stolz, als wäre es sein eigenes Land, feststellen: »Scheener Boden, fette Erde. Kasanowitz, hast du auch davon?«

Er nannte mich Kasanowitz, nachdem ich ihm einmal von einem gewissen Casanova erzählt hatte, der Glück bei den Frauen gehabt haben soll, wenn man seinen Memoiren glauben kann. Roppel hatte den Namen auf seine Art variiert. »So, der Kasanowitz hat die Weiber varrickt jemacht.« Ich war seitdem sein Freund »Kasanowitz«, aber mit dem Unterschied, daß ich Unglück bei den Frauen hatte.

Als wir die Waldlandschaft — Kiefern links und Buchen rechts vom sandigen Fahrweg — verlassen hatten und einbogen in den Privatweg, die schmale Piste zu meinem Hof, weiteten sich Roppels kritisch maßnehmende, glänzende Augen — diese seltsame Mischung von Naivität, fast Tölpelhaftigkeit und Gerissenheit, nein, eher Schlauheit, die ich so offen in keinen anderen Augen wieder bemerkt habe seit dem Intermezzo mit Roppel.

Kurz bevor wir den Hof erreicht hatten, der keine Illusionen über seinen Zustand erlaubte, sagte ich mit etwas belegter Stimme: »Weißt du, das Problem ist nur, daß ich kein Geld habe, um hier endlich aufzuräumen und aus der Klitsche etwas zu machen, das sich sehenlassen kann.«

Roppels Gesicht erstarrte in purem Erschrecken. Sein Tomatenkopf, immer rot und luftgekühlt, verfinsterte sich. Sein slawisches Temperament erlaubte ihm nicht, seine Reaktion auf mein fürchterliches Geständnis zu unterdrücken. Er fuhr mich an, stakkato, denn hier ging es um Musik: »Also, dann kann ich ja gleich wieder umkehren!« Das war schon alles, aber eben alles in einem Satz. Das Fazit seiner Ankunft im Stenogramm. Es bedurfte keiner weiteren Erklärungen oder Zusätze. Er hatte genug kaputte Höfe und Güter gesehen, hatte sie bewirtschaftet und aus dem Dreck gezogen, sie lebensfähig gemacht, und nun wird er hier von seinem jungen Freund mit einer derart niederschmetternden Botschaft begrüßt. Er stieg zögernd vom hohen Sitz und schickte sein wachsames Auge in die Runde, umkreiste einmal das ganze ihn umgebende und schon gefangennehmende Chaos. Dann folgte er mir ins Haus, wo Lucy uns erwartete in der Vorhalle aus buntem Glas und Wellblech. Roppel sprach den Schlußsatz über unsere Wiedersehensfreude:

»Ich seh schon, was hier los ist. Na, dann prost Mahlzeit!«

Wenige Tage nach diesem Fiasko mußte ich in Waren, genau im Revier des Forstmeisters Sternberg, meine Jägerprüfung ablegen. Es war der 5. Mai. Ich vergesse diesen denkwürdigen Tag, der mein Leben ändern sollte, nicht, weil er mein Geburtstag ist. Der Stier rüstete sich zur Corrida. Als ich völlig unvorbereitet in Vollrathsruhe in den Zug stieg, setzte sich ein Förster zu mir, den ich nicht kannte. Ein gutes bäurisches Gesicht, Obotritengesicht. Er gefiel mir gleich auf Anhieb. Er war die Freundlichkeit ohne Wenn und Aber. Er war das Prinzip der Freundlichkeit, ein Mensch, der guten Willens ist und wortlos Vertrauen ausstrahlt, es auf schlichte Weise vermittelt und überträgt. Ich muß dazu bemerken, daß ich nicht ein einziges jagdtheoretisches Buch, nicht eine Schrift zur Einführung in das komplizierte Jagdwesen gelesen hatte, daß ich mich völlig unvorbereitet in dieses Feuer stürzte in der für mein Verhalten typischen Sicherheit, die eher die Haltung eines Spielers ist: »Mir kann nichts passieren. Ich kann alles schaffen, was ich anpacke.«

Na, das hat man dann ja gesehen. Meine Parole hieß damals: »Ran an den Feind, es wird schon schiefgehen.« Eine Haltung, die man im Volksmund treffend mit dem Slogan »Den Kopf in den Sand stecken« und unter Politikern als »Vogel-Strauß-Taktik« bezeichnet. Dieser seltsame Vogel steckte bekanntlich den Kopf in den Sand, um die Jäger nicht sehen zu müssen, die hinter ihm standen und ihre Waffen auf ihn richteten.

Kurz vor Waren hatte der Förster mich lange genug angelächelt, er fragte mich: »Wollen Sie etwa auch zur Jägerprüfung?«

»Ja, ich komme aus Liepowo, habe dort den Hof zwischen dem Revier des Grafen und dem Staatsforst Cramon. Kolossaler Wildschaden.«

In den Augen des Försters mischte sich Erstaunen mit echter Sympathie. Er mußte diese Auskunft erst verarbeiten. Er war wohl ein Langsamdenker, ein Mann, der eine verblüffende Nachricht zuerst in Beziehung zu seiner Tätigkeit, seiner Funktion bringen mußte, ehe er sich dazu äußerte. Das galt sowohl im guten wie im schlimmen Sinn. Hier war es für ihn eine eindeutig schlimme Auskunft. Denn er reagierte nach einer Denkpause geradezu hektisch. Er war aufgeregt und besorgt, als er mich tadelte:

»Aber warum sind Sie nicht vorher zu mir gekommen? Ich bin Förster Polchow aus Kraatz, Ihr Hegeringleiter — wenn

Sie die Prüfung bestehen sollten. Haben Sie sich denn schon mit der Jagd beschäftigt?«

»Nein, ich habe keine Ahnung«, gestand ich, ohne schamrot zu werden. Aber ich erzählte ihm von meinem Erlebnis mit Vollmer und dessen Keiler. Vor allem wies ich nochmals auf den enormen Wildschaden hin. Eingekesselt von undurchdringlichen Wäldern, lebte ich in einer Festung. Die Jagderlaubnis wäre für den Hof die Rettung vor dem unvermeidbaren Zusammenbruch. Die Feldmark war zur Wildweide verkommen. Ich übertrieb.

Aber Polchow winkte ab. »Ich weiß, ich weiß«, bestätigte er mich. Ein etwas spöttisches Lächeln entlarvte meine phantastische Schilderung einer Festung, in der wir von Wildrudeln belagert wurden.

»Also an mir soll es nicht liegen, wenn Sie durchfallen. Ich werde für Sie sprechen, werde die Kommission auf die Wildschadensituation aufmerksam machen — mit Nachdruck«, schob er noch hinterher.

Dann sprachen wir nicht mehr davon. Ich erfuhr, daß er nebenbei wie fast alle einsam gelegenen Förstereien eine ertragreiche Landwirtschaft betrieb und 14 Kühe hielt. Er hätte im Notfall auch ohne Staatsförsterstelle überlebt. Hegeringleiter war ja ein Ehrenamt, das er aber gewissenhaft ausfüllte. Der kleine knochige und drahtige Mann flößte Vertrauen und Zuneigung ein. Er konnte sicher keinen Kandidaten zu Fall bringen.

Dann waren wir schon am Ziel, fuhren vom Bahnhof mit einem Bus — die anderen etwa 12 Kandidaten erwarteten uns schon — zum Staatsforst des Oberforstmeisters Sternberg, der die Kommission leitete. An der Waldgrenze der Güter Baumgarten und Marxhagen hatten sich die prüfenden Grünröcke und ihre Statisten versammelt. Ich kann die Zusammensetzung der Kommission nicht mehr im einzelnen namhaft machen, weiß aber, daß der umgängliche und korrekte Kreisjägermeister Bönisch, sein Stellvertreter und Restgutsbesitzer Dr. Wambach aus Klocksin, sämtliche Hegeringleiter und unvermeidlich einige Parteigrößen des Kreises, sogenannte »Goldfasanen«, in vollem Wichs zugegen waren. Wir mußten uns formieren und der Gruppe zur theoretischen Prüfung in den Wald folgen. Wir wanderten durch einen ungewöhnlich gepflegten Fichtenbestand in Richtung der Domäne Panschenhagen.

Auf einer Lichtung, einer Waldwiese — sie konnte auch als Futterplatz für das Wild angelegt worden sein —, fragte mich der Kreisjägermeister, und er wies dabei auf ein großes Trittsiegel in der weichen Erde hin:

»Können Sie mir sagen, Herr Kandidat Glahn, was hier für ein starkes Stück Wild herübergewechselt ist?«

Es war ein handgroßer Abdruck in der nach einem Regen feuchten Erde, in die sich jede Fährte tief einprägte. Ich wußte natürlich nichts. »Nischt Jenaues weeß man nich.« An diesen Pennälerspruch erinnerte ich mich und war überzeugt, tatsächlich das Trittsiegel eines starken Hirsches vor mir zu haben. So sagte ich fröhlich und unbekümmert: »Das muß ein starker Hirsch gewesen sein.«

Bönisch lachte. Die Kommission lachte. Die Kandidaten lachten nur gedämpft. Denn sie waren auch nicht viel schlauer als ich, wie sich bald herausstellte.

»Na, dann schießen Sie in Ihrem Revier auf Ihren Wiesen nicht alle Kühe tot, wenn Sie die Prüfung bestanden haben sollten«, spottete Bönisch. Polchow rang unsichtbar die Hände, die er ja hier nicht einfach in den Schoß legen konnte. In seinem guten, wettergebräunten Gesicht arbeitete es, es gewitterte geradezu. Noch einige solche Fangfragen und der Jagdschein ist im Eimer. Aber ich wurde nicht mehr gefragt. Ein anderer Anwärter konnte eine Fuchsfährte treffend bestimmen.

Dann kamen wir zu einem Schießplatz, auf dem alles für die Schießübungen, den praktischen Teil der Prüfung, vorbereitet war. Ich hatte zwar noch nie eine Waffe, auch kein Jagdgewehr, also eine Kugelbüchse für Hochwild, in der Hand gehabt. Es war verboten, Hochwild, auch Rehe, mit

Schrot zu schießen. Schrot durfte nur für Niederwild und Füchse und Dachse verwendet werden. Ich wußte kaum, wie man so eine Knarre in Anschlag bringen sollte, wie man sie laden mußte und wie der doppelte Abzug funktionierte. Denn diese Kugelbüchsen besaßen einen Stecher, den man abzieht, wenn man das Wild im Fernrohr oder über Korn und Kimme sicher im Schußfeld hat. Erst dann wurde der Abschußhahn leicht berührt, und der Schuß fiel. In meinem Fall sollte er auf eine laufende Wildschweinscheibe abgegeben werden, die von rechts auf einer Rolle in etwa hundert Meter Entfernung vorbeifuhr. Alle drei Schüsse, die jeder Anwärter abgeben mußte, gingen bei mir daneben und zwar so hoffnungslos daneben, daß hinter mir ein Mitglied der Kommission die treffende Bemerkung machte: »Genau von hinten durch die Brust ins Auge. Fahrkarte. Dreimal Fahrkarte.«

So, und dann folgte noch die Panne mit dem Tontaubenschießen. Der Jägermeister schoß die künstlichen Tauben in die Luft, aus der man sie mit Schrot herunterholen mußte. Meine Schrotladung war am Himmel überhaupt nicht zu erkennen. Sie hatte sicher die Strohdächer der Domäne Panschenhagen getroffen. Es war ein Todesschuß in die Ewigkeit.

Nach diesem Intermezzo war auch die praktische Prüfung beendet. Es gab noch einige Fragen zum Jagdrecht, also zum Abschußplan, zum Meldeverfahren, zur Wildverwertung. Jeder Jagdeigentümer oder Pächter hatte den Abschuß eines Stückes Wild binnen drei Tagen seinem Hegeringleiter zu melden. Polchow sah mich nicht mehr. Er hatte offensichtlich alle Hoffnung für mich aufgegeben. Auch zum Jagdrecht hatte ich nichts zu sagen. Nur eine Frage konnte ich mit absoluter Sicherheit beantworten, nämlich die Frage:

»Wissen Sie, Herr Kandidat, wer Ihr Hegeringleiter ist, zu welchem Hegering Ihr Revier gehört, falls Sie einen Jagdschein bekommen sollten?« Das konnte ich ohne Zögern beantworten. Polchow kommentierte meine Antwort mit einem betont lauten »Richtig«.

Dann traten wir am Rand der Chaussee am Ausgangspunkt unserer Prüfungswanderung zusammen, und Jägermeister Bönisch sprach zu uns über seinen Eindruck von diesem Verfahren. Er hielt ein Bündel Din-A4-Blätter in der Hand, die Urkunden mit dem Stempel der verschiedenen an dem Manöver beteiligten Ämter, also Kreisjägermeister, Partei, Landrat, Bauernführer, und was es in einem geordneten, von oben aus der Vogelperspektive regierten Staatswesen noch alles an Funktionären und Nutznießern gibt. Ein bunter Strauß hoher Tiere im Lokalbereich.

Bönisch sagte ungefähr folgendes und seine Ungehaltenheit über die mangelhaften Kenntnisse der versammelten Jagdscheinnovizen war nicht zu überhören: »Meine Herren, Ihre Kenntnisse, richtiger Ihre Unkenntnisse über unser edles Waidwerk haben mich erschüttert. Dennoch haben wir uns entschlossen, allen Kandidaten die Note ›Bestanden‹ zu erteilen und zwar aus Gründen, die eher zum Thema Volksernährung gehören. Viele von Ihnen haben unter einem nicht vertretbaren Wildschaden zu leiden. Wir wissen, in welchem Schicksalskampf die deutsche Landwirtschaft sich bewähren muß. Damit diese Bewährungsprobe bestanden wird, haben wir uns entschlossen, auch Ihnen dieses Prädikat zuzuerkennen. Ich hoffe aber und bitte Sie, an Ihrer Aufgabe, eine faire deutsche Jagd zu betreiben, unablässig zu arbeiten, damit Sie echte deutsche Waidmänner und keine Schießer, keine Wildtöter, keine Schlächter werden. In solchen Fällen werden Sie unverzüglich wegen Jagdunwürdigkeit aus unserem Verband ausgeschlossen und außerdem einem Gerichtsverfahren wegen Jagdfrevel unterworfen. Danke, meine Herren und auf Wiedersehen bei der nächsten Jagdausstellung mit hoffentlich guten Trophäen. Unserem von allen geliebten Reichsjägermeister Hermann Göring ein Waidmannsheil und Waidmannsdank für diese erhebende Stunde. Sieg Heil!«

Es gab für einen richtigen Abschuß einen grünen Punkt, für einen falschen, also einem von der Jury der Kreisjägerschaft nicht für gut befundenen Abschuß einen roten Punkt, also einen Strafpunkt auf der Bewertungsskala und auf das an den Hegeringleiter zur Ausstellung abgelieferte Geweih oder Gehörn. Das nannte man jagdliches Brauchtum, das mit größter Sorgfalt ausgeübt wurde. Ich hatte mir vorgenommen, mein eigenes Jagdrecht wahrzunehmen, ohne Rücksicht auf Verluste und den braven Hegeringleiter Polchow. Ich ernannte mich zum Ehrenwilddieb des tausendjährigen Reiches. Die Trophäen, die ich vorzeigte, wurden von mir zwar nach den Regeln des Jagdgesetzes ausgewählt, waren aber nicht identisch mit den erbeuteten. Doch davon später.

Ich hatte für die Jagd ohne Grenzen optiert, für die verbotene Jagd. Ich kannte nur ein Gesetz, nach dem ich handelte: Das Jagdfieber, das mich erfaßt hatte, die Leidenschaft, die tief in mein Leben der nächsten Jahre eingriff, die mich auch, und das ganz entscheidend, in meinen Lebensgewohnheiten, meinem Verhalten, ja, meinem Wesen veränderte.

»Du mußt dein Leben ändern«, hatte der Neoromantiker Rilke gefordert, angesichts des berühmten Torsos Apollos, den er in Griechenland bewundert hatte. Meine Zäsuren lagen vor meiner Tür. Ich war umgeben von apollinischen Sensationen, den Hirschen des Grafen, den Keilern des Staatsforstes Cramon. Was ich hier bei dieser Jägerprüfung erfahren hatte, war eine Farce, ein Schmierentheater, das für mich keinerlei Verbindlichkeit besaß, und über das ich mich lustig machte.

Ja, und da es mein Geburtstag war und die alten Schröders samt ihrer Tochter, dem guten Geist meines Hofes, mich am Nachmittag nach der Prüfung in dem von mir so ungemein gern besuchten Bahnhofshotel Puls — das war nicht die Bahnhofswirtschaft — zur Feier des Tages erwarteten, beeilte ich mich, dorthin zu kommen. Der Bus hielt wieder vor dem Bahnhof, und ich hatte nur wenige Schritte zu machen, um die versammelten Gratulanten bereits in bester Geberlaune auf der Glasveranda begrüßen zu können. Von dort hatte man den Ausblick auf die doppelgleisige D-Zug-Strecke Berlin—Neustrelitz—Waren—Güstrow—Rostock, die es unbegreiflicherweise nach dem Krieg nicht mehr gab. Die direkte Verbindung von Waren nach Berlin wurde abgeschnitten. Das konnte nur militärstrategische Gründe haben. In den riesigen Wäldern zwischen Waren und Neustrelitz mußten hochbrisante militärische Anlagen, Munitionsdepots, Raketenstellungen, Panzerdivisionen stationiert sein. Kein vernünftiger Verkehrsplaner schneidet einen so großen, landwirtschaftlich bedeutenden Kreis von allen Verkehrsverbindungen ab. Außerdem war Waren ein Zentrum des Tourismus für den großen Müritz-See.

Lucy, die sanfte, stille, aber zielbewußte, nicht zu irritierende Seele meines maroden Hofes, hatte es in der Tat fertiggebracht, mich davon zu überzeugen, daß ihre Eltern unser Leben hier in der Abgeschiedenheit der Wälder bereichern, erleichtern würden, daß ihr erfahrener Vater mir mit Rat, wenn auch nicht mehr mit der Tat — dafür war Roppel zur Hand — zur Seite stehen könnte. So hatte ich zugestimmt, ohne mir Gedanken darüber zu machen, daß zwischen Lucy und Roppel schon bald ein Spannungsverhältnis, eine Rivalität, entstehen würde, die dann am Ende der Roppel-Ära zum offenen Bruch führte. Aber bevor es dazu kam, schwelte der Konflikt über die Jahre hin, ohne jemals zu einem Zusammenstoß zu fuhren. Er war einfach kein Thema. Roppel und der alte Schröder tauschten Erfahrungen aus. Beide kannten ja die landwirtschaftlichen Verhältnisse in der Heimat des anderen nicht und waren so auch beruflich aneinander interessiert.

Roppel hatte schnell begriffen, daß seine Verwaltertätigkeit hier eher ein Himmelfahrtskommando war, daß er einer verlorenen Sache diente, daß er außerdem im Grunde auf den Anfangsstatus seines Lebens auf fremdem Land zurückgefallen war, nämlich als Landarbeiter tätig zu sein, allerdings mit Vollmachten, mit selbständigen Entscheidungsvollmachten sozusagen wie ein Prokurist, aber in einem erbärmlichen Betrieb, in dem der Prokurist, also der Stellvertreter des Chefs, selbst die Säcke schleppen und den Kunstdünger streuen mußte. Schröder ignorierte diese Position Roppels, indem er nur über die skandalöse Situation des Hofes und die enormen Schwierigkeiten, ihn über die Runden zu bringen, sprach.

Schröder war ja ein Besucher, bald ein Dauergast, und lebte mit seiner gütigen Frau, der Tochter des ehemaligen Domänenpächters von Mamerow bei Güstrow, hier unangefochten unter dem Schutzschirm von Lucy, ihrer Dutti, und mit meiner Zustimmung, die unumstritten war, als Rentnerehepaar, das mit großem Interesse und Verständnis die Entwicklung auf den Hufen 10 und 11 verfolgte. Für guten Zuspruch waren sie immer zu haben. Moralische und seelische Unterstützung fand ich bei ihnen in fast jeder schwierigen Lage. Das betraf sogar meine Sauftouren mit Schnabel und nach den Prozessen mit diesem Regentröpfchen-Roßtäuscher auch mit dem angenehmeren und weniger skrupellosen Blech aus Malchow, der nur einen gravierenden Fehler hatte: Er war SA-Sturmführer. Aber das sollte ihn erst 1945 das Leben kosten, als ihn eine Gruppe befreiter »Fremdarbeiter« erwischte und mit Knüppeln und Äxten totschlug. Seine stille dunkelhaarige Frau, eine etwas melancholische Schönheit — er war ja auch ein flotter Kavalier — ertränkte sich mit ihren drei Kindern im Malchower See, bevor die Sieger ihren Tribut von ihr fordern konnten.

Die Geburtstags- und Jagdscheinfeier in der Glasveranda wurde eine Sektorgie. Schröders hatten sich, der Bedeutung dieses Ereignisses in meinem 24jährigen Leben bewußt werdend, in Unkosten gestürzt, die ich nur durch meine unbegrenzte Gastfreundschaft wieder wettmachen konnte. Ich glaube, ich tat mein Bestes.

Solche Verandaturbulenzen gehörten zum Lebensstil der Leute vom Lande dort hinter den Bergen mit den sieben Zwergen. Selbst unser charmanter Wirt, der Hotelier Puls, wußte nicht, wo genau dieses Liepowo lag, aber seine Gäste kannte er um so besser. Wir hatten Kredit bis zur Wiederauferstehung am dritten Tag. Und das war dann die Stunde Null, als ich mich aus dem Staub machte und gen Ostland reiten mußte, als Rekrut in Lissa einrückte und im Winter 1942 mit einer Infanteriedivision Richtung Moskau reiste, allerdings nicht im Sibirienexpreß, sondern in Viehwaggons und mit 30 Grad minus unterm kalten Arsch. Passé.

In der Nacht fuhren wir vier Ausgenüchterten dann mit einem Taxi bis Vollrathsruhe. Die Weiterfahrt durch den Urwald und über die Felsen verweigerte der um sein noch mit Speichenrädern versehenes Auto bangende Fahrer. Wir stolperten durch die Finsternis und hielten uns gegenseitig durch Kalauer und flotte Sprüche aufrecht. Frau Schröder konnte bei solchen Sausen oft einfallsreiche und ergiebige Geschichten zum besten geben, zum Beispiel die von dem Gutsbesitzer Steinkopf aus Rahden bei Teterow, der nur trank, fraß und schlief und sozusagen sein ganzes 4000 Morgen-Rittergut ausgesoffen und leergefressen und dabei die fälligen Wechsel verschlafen hatte.

»Der Steinkopf hat kurz vor seinem Ende eine ganze Spickgans allein aufgegessen.« Frau Schröder war eine Dame. Sie nannte »fressen« eben »essen«. »Ja, der Steinkopf bestellte sich dann gleich noch eine Spickgans.«

Die alte Dame erzählte das natürlich in ihrem heimatlichen Platt, das unnachahmlich bleibt und daher von mir nicht verifiziert werden soll.

»Und als er sie gegessen hatte, stand er nicht mehr vom Tisch auf. Er saß im Sessel und war tot, hatte sich todgegessen, der Steinkopf, der im Winter immer die kleinen Vögelchen auf seiner Veranda zählte und sie auch im Sommer fütterte, wenn gar keine da waren. Er hatte einen Vogeltick.«

»Na ja, beruhige dich, Minna«, schnitt der alte Herr Administrator ihr die Rede ab, »einen Vogel haben wir alle.«

»Ja«, konterte sie, »zum Beispiel den, jetzt mit dir durch die schwarze Nacht zwischen Wildschweinen und anderen wilden Tieren unterwegs zu sein.«

So kamen wir frisch wie am jüngsten Tag in Liepowo an. Ich hatte immerhin den Weg auch im Dunkeln gefunden. Meine Schröders wären hier rettungslos verbiestert und nie angekommen. Vielleicht hätte sie am nächsten Morgen mein Milchfahrer für die heilige Familie gehalten und auf einem Findling schlafend angetroffen. Aber auch mir war es unheimlich, als mich unter dem Holunder am Waldrand der glutheiße Atem unseres nächtlichen Waldgottes Puschkaitis traf. Er streifte mich wie abgefackeltes Öl, das unaufhaltsam und unbezwingbar zum Himmel schlägt und die Ozonlöcher verstopft.

Der Pferdehandel

Roppel setzte sich vom ersten Tag seiner Anwesenheit für den schwer angeschlagenen Betrieb voll ein. Er gab sich ganz. Es war ein Einsatz wie eine echte Freundschaft, die auf Worte, Werbungen und Beteuerungen verzichten kann, weil schon das Aussprechen dieses mißbrauchten und mißhandelten Wortes »Freund« seine tiefe Wahrheit in Frage stellt. Aber Roppel ging, noch ohne gegessen und sich gewaschen oder gar ausgeruht zu haben, durch die demolierten Wirtschaftsgebäude. Er sagte zum Beispiel im zusammengesunkenen Kuhstall, dessen verfaultes Pappdach weder vor Sonne noch Regen einen Schutz bot:

»Wir haben nur noch Heu für eine Woche und einen Rest Haferstroh, kein Kraftfutter. Du mußt Palmkernkuchen bestellen. sofort! 50 Zentner zur Überbrückung, bis das Vieh in die Koppel getrieben werden kann und die Weide nachgewachsen ist. Das wird nicht vor dem 1. Juni sein. Wir haben jetzt 14 Kühe. Im Herbst werden wir 6 Kuhkälber dazubekommen, die wir aufziehen müssen. Da müssen wir den Hebel ansetzen. Weideland für den Nachwuchs. Wir können hier 20 Kühe und ebensoviel Jungvieh halten. Aber bestell auch noch 30 Zentner Kalkammonsalpeter auf Erntekredit, wenn du jetzt nicht zahlen kannst. Der Düngerschuppen ist leer. Mensch, Kasanowitz, du steckst ganz schön in der Scheiße.«

»Ja, ich habe den ganzen Kopfdünger dem Roggen und Hafer mitgegeben. Breitner will noch 30 Zentner Ammoniak-Superphosphat für die Kartoffeln liefern. Da kann ich den Kalkammon gleich mitkommen lassen. Mein Lieber, ich steh bei dem so in der Kreide. Da ist schon alles egal. Den Saathafer ›Lochower Goldsegen‹ und die Saatkartoffeln ›Industrie‹ als Speisekartoffeln und ›Parnassia‹ als Futterkartoffeln hat er auch geliefert. Der wird bald wieder seinen glattgebügelten Sohn zum Begutachten schicken. Erst wenn der sagt, ›Der Laden läuft, ist in Ordnung, Vater‹, liefert der alte Schlaumeier.«

Ich war nicht in Stimmung, Roppel ein Kurzporträt der beiden Breitners zu entwerfen, mit denen ich so gut gehandelt hatte bisher. Ihr Vertrauen schien ungebrochen zu sein. Sie wußten, an wen sie sich halten konnten, wenn ich zahlungsunfähig werden sollte. Da war ja noch der Apotheker-Vater in Grodk. Wo liegt das eigentlich? Na, immerhin in Deutschland. Trotzdem war ich fest entschlossen, sie bei nächster Gelegenheit auflaufen zu lassen.

Roppel ließ sich nicht aus dem Konzept und schon gar nicht aus der Ruhe bringen. Er stampfte schwergewichtig mit nachdenklich geneigtem Kopf, dem breiten slawischen Schädel, den aufgeworfenen, fleischigen Lippen, die er höchstens zu einem Grinsen verzog, wenn er mich mit »Mein lieber Kasanowitz« begrüßte, durch die Kulissen dieses Horrortheaters. Er sagte niemals »Heil und Sieg und dicke, fette Bäuche!«, auch nicht zu Marinus und Schaufuß, die gelegentlich hier herumstrichen und herumschnüffelten, ob sie den Berliner nicht bei einer volksschädigenden Sauerei erwischen konnten.

»Den Kalkammonsalpeter schmeißen wir noch vor dem Austrieb der Kühe auf die Koppel. Wenn wir Glück haben, regnet es vorher oder gleich hinterher, und das Gras und der Rotklee nehmen diese Hilfsspritze noch rechtzeitig auf. Die Weide sieht nicht schlecht aus. Stellenweise haben die Wildschweine die Grasnarbe umgewühlt und Würmer gesucht. Wir müssen da mit der schweren Egge rüber und die Soden zerkrümeln, die Weide wieder einebnen. Na, du hast ja jetzt einen Jagdschein. Wirst schon dazwischenhalten, wenn die Biester unsere Koppel versauen. Viel Schnee im Winter, viel Feuchtigkeit im Frühjahr: Du siehst, da wächst was.«

Roppel war ein wortkarger Mann. Seine ungetrübte Liebe galt der Erde, vor der er auch in die Knie ging, wenn der Ernst der Lage es erforderte. Es ging ihm wie den Waldmenschen mit den Bäumen. Man muß mit ihnen sprechen. Man muß auf Puschkaitis und Perkun vertrauen, ihre Götter, unsere Götter. Man muß mit dem Land reden, ganz ohne Beschwörungsformeln, nicht kulthaft besessen, nicht den Überlegenen spielen, nicht Autorität behaupten wollen. Wenn man sich der Erde anvertraut und sein Ohr an sie drückt, dann hört sie unser Herz schlagen, und es kommt zu einem Akt der Verbrüderung. Aber du mußt bereit sein, für diese Erde zu kämpfen, auch zu fallen, abzustürzen aus deinem ikarischen Übermut. Die Erde ist grenzenlos in ihrer Bereitschaft, dir alles zu geben, was sie besitzt. Aber du mußt sie streicheln können, mußt sie ganz ernst nehmen und ihr leise, aber ohne falsche Hoffnungen, zureden, ihr sagen, was du von ihr erwartest.

Roppel war so ruhig und seiner Sache sicher, weil er wußte, mit wem und worauf er sich da eingelassen hatte. »Wir machen das schon richtig, Kasanowitz. Wir werden deiner Klitsche so auf die Beine helfen, daß die Schafschwingel-Bauern staunen werden.« Ich hatte ihm erzählt, wie die 9 Hufenbauern Geld wie Heu machten. Die konnten sogar auf Heu verzichten, konnten Kraftfutter kaufen, jede Menge. Der Schafschwingel machte es möglich.

»Wir schaffen es auch ohne Schafschwingel.«

Roppel hatte noch einige Trümpfe in der Hand, die er erst nach mehreren Inspektionen, Bodenproben und Rundgängen über die Feldmark preisgab. Er mußte erst an den Erfolg glauben können, ehe er seine Reserven einsetzte. Er wohnte auf dem Dachboden in der einzigen Kammer, in die es nicht hineinregnete und die nicht unter Wasser stand. In den anderen Kammern schwammen die Eisenbetten auf einer schmierigen Schicht von Mist, der an den Stiefeln der jungen Gelegenheitsarbeiter klebte, die wie Treibsand vorüberzogen, einige Tage oder Wochen blieben und dann ohne Gruß wieder davongingen. Nur Martin, der tüchtige Melker, hielt sein Revier sauber.

Das waren meine Mannschaftsreserven, mit denen ich die Ernteschlacht schlagen und gewinnen wollte. Roppel übernahm gleich ein Gespann, das heißt, er praktizierte, was er als notwendig und dringlich erkannt hatte.

Der alte Herr Schröder kommentierte Roppels Aktivitäten aus der Perspektive eines Großagrariers. Außer in seiner Elevenzeit bei der Herzogin von Sachsen-Anhalt hatte er nie einen Pflug in den zähen, sich wehrenden Lehm oder den steinigen, die Pflugschar zerbeißenden Kies gesetzt. Er war ein Theoretiker, ein dozierender Kenner der Materie. Da machte ihm niemand etwas vor. Doch fiel er auf Schnabels hinterhältige Pferdetricks herein, auf den Kuhhandel mit den Pferden, die Schnabel uns anbot und aufschwatzte. Mußte der uns für Idioten gehalten haben! Aber noch war es nicht soweit.

Ich bin noch nicht fertig damit, Roppel vorzustellen, meinem Land zu sagen: »Sieh an, das ist jetzt dein Meister.

Der ist zwar nicht vom Himmel gefallen, aber aus Masuren, und das ist wie ein Spaziergang übers Meer. Man muß daran glauben, daß man nicht untergehen kann. Dann ist man schon gerettet.«

So ungefähr erklärte ich meinem frühjahrsgrünen Land die Anwesenheit dieses großen Pioniers. Der macht aus dem Wilden Westen eine Oase, läßt Palmen in der Taiga wachsen. Na, ich gerate unweigerlich ins Spinnen, wenn ich an dieses erste Frühjahr voll Hoffnungen, Krediten, laufenden Wechseln und kühnen Versuchen denke. Ich erinnere mich, daß jeder Tag eine neue Sensation brachte. Mein großer Roggenschlag, die 100 Morgen auf der Höhe nach Hallalit, dieser breite, behäbige, wie im Schlaf ausgebreitete Hügel mit den grasgrünen Flanken der üppigen Saat war das Gütezeichen meiner Wirtschaft. Ich konnte mich nicht sattsehen daran. Stolz war ich, als mir eines Tages der alte Dobbertinsky auf dem Pfad, der unsere Höfe miteinander verband, entgegenkam und mit seinem vom Priemsaft verschmierten Mund, seinen braunen, ruinösen Zähnen, diesen Dracula-Stummeln, versuchte, eine richtige Rede zu halten. Sie bestand aus einer Huldigung, die er wohl so noch nie ausgesprochen hatte. Er sagte — und seine Wilddiebsaugen, die immer entzündet waren, blutunterlaufen und krank, leuchteten auf: »Nabber, dihn Roggen, dos is ne wahre Pracht.«

Außer seinem trockenen, selbst die Krähenschwärme übertönenden Husten fehlte ihm nichts. Er war ein bißchen steif, aber ein bißchen nur. Ein schmutziges Halstuch flatterte ihm voran. Da drückte er auch seine stets tropfende Nase hinein, wenn er Luft brauchte, Atem holen mußte, um zu einer Rede anzusetzen.

Er sagte und schaute mich streng, aber liebevoll an wie einen Sohn — mit seinem eigenen Sohn stritt er in jeder Arbeitspause und mit seiner »Olschen« sprach er nur im Befehlston »Tu dies! Mach das! Zeit für die Kühe. Hast du schon gemolken? Warum sind die Schweinekartoffeln noch nicht gekocht? Du machst die Nacht zum Tag. Scheiße, hier wird man nie fertig.« Und nun zu mir gewandt, sang der Alte eine andere Arie: »Dieses Weibsstück bringt mich um mit ihrer Nölerei. Ist überhaupt kein Schwung mehr in dem ganzen Laden, seit sie das Wasser in den Beinen hat. Scheißverein! Nabber, wie schaffen Sie das nur so allein ohne Weib und Sohn? Die junge Frau, Ihre Lucy, ist ja eine Dame. Die können Sie hier doch nicht gebrauchen, Hier muß was Strammes her! Na, Sie müssen es ja wissen!«

Aber nun kam der alte liebenswerte Gauner — Gauner bedeutet in diesem Fall soviel wie ein Kerl aus gutem Holz, mit dem man Pferde stehlen kann — auf mich zu und sagte tatsächlich: »Nabber dihn Roggen da oben, der prahlt aber. Was hast du dem mitgegeben? Das kann eine Rekordernte werden.«

Dobbertinsky war ohne Übergang und ohne Erklärung ins vertrauliche Du übergegangen. Das hatte allein mit ihrem Gesang die Loreley getan oder war es die Nachtigall, die ihn betört hatte?

»Dihn Roggen prahlt!« Und damit war ich in seinen Augen ein richtiger Bauer geworden, einer, der es verstand, ein Roggenfeld so zu streicheln, eben zu bearbeiten, daß es »prahlen« konnte, grün leuchten mit einem fast blauen Schimmer der Sattheit in diesem gesunden Grün.

Ich sagte: »Aber dein Schafschwingel glänzt auch mit tausend Augen.«

»Mit dusend Augen? Was ist denn das?«

Er konnte nicht in Bildern sprechen. Jede Symbolik war ihm fremd. Ich hatte ihn auch noch nie im Gespräch mit Puschkaitis angetroffen. Dabei war sein Hof eine Holunderweide, und Perkun wohnte dort oben gleichzeitig in drei Jahrhunderteichen.

Dobbertinsky streckte sich etwas, richtete sich auf aus seiner fast ehrerbietigen Haltung und klopfte mir plötzlich mit seiner knochigen Lederhand auf die rechte Schulter:

»Ich hab gehört, du hast die Jägerprüfung gemacht. Nun wird die Ballerei ja bald losgehen hier. Die Sauen pflügen meine Tüften um, und die Hirsche trampeln den Roggen nieder. Da mußt du mal so richtig zwischenhalten, Nabber. Ich sag dir auch, wo die guten Böcke stehen an unserer Grenze hinten beim Grafen. Einer kommt jeden Abend durch meinen Sumpf. Der muß durch den alten kaputten Zaun wechseln, den der Reul nicht repariert. Weiß nicht, warum. Vielleicht fehlt dem Grafen das Geld für solche Schönheitsreparaturen.«

Er spuckte, hustete, drückte mir die Hand mit seiner knochigen Pranke, als wäre sie ein Schraubstock. Was für eine Urkraft steckte doch in diesem alten Mann wie eine Karikatur von einem Mann aus Goyas oder Daumiers Skizzenheft. Dann schwankte er davon. Nur seine speckige Schirmmütze blieb noch eine Weile hinter dem Hügel sichtbar, der den Blick von hier aus zu seinem auf der Höhe liegenden Hof verdeckte. Auch dieser Einödhof war ein ortloser Ort.

Als ich Breitner anrief, um die von Roppel vorgeschlagenen Bestellungen zu machen, etwas beklommen, weil ich nicht sicher war, ob mein Kredit nicht längst erschöpft war, wurde ich überrascht von der überaus freundlichen Stimme des alten Bismarck — wie ich den schnauzbärtigen Seniorchef nannte. Er sagte: »Können Sie alles haben. Kommt morgen schon mit LKW. Hoffentlich kommt der Fahrer durch. In Ordnung. Übrigens, was ich noch sagen wollte: Mein Sohn ist neulich in Liepowo bei den Schafschwingelbauern gewesen. Sie wissen, da darf man nicht lockerlassen, nicht müde werden, sonst ist der Kessel dran, und ich bin guter Zweiter, bekomme die Restposten, die Ausschußware. Also, mein Sohn erzählte mir: Er hat Ihren Roggen gesehen von dem Weg nach Liepowo aus« — es gab ja keinen anderen Weg — »Ihr Roggen ist ein Gedicht. Das hat er gesagt. Steht prima. Den bekomme ich doch? Na, sagen wir tausend Zentner. Dann ist Ihr Konto ausgeglichen, und wir riskieren nichts. Prima, weiter so! Und der Lochower? Wie geht es dem? Der brauchte ja etwas besseren Boden, milden Boden.«

»Dem geht es auch prima.«

Das konnte ich mit gutem Gewissen sagen. Auch die 30 Morgen Hafer standen tiefgrün im Schlag mit dem besten Boden, den ich dafür hatte. Nur hatte es mit ihm einen Haken, den ich erst im Fleisch stecken spürte, als er reif war. Er war golden, ein richtiger Goldjunge, dem die Sonne voll auf den Helm geschienen hatte. Das heißt, er war mannshoch im Stroh. Das glänzte seidig und glatt, war auch ein prima Futterstroh, aber die Rispen waren kurz geblieben, das Korn leicht wie eine Feder. Es floß, ein starker Strom, ohne Unterlaß aus der Dreschmaschine, aber es gab keine Säcke, die groß genug waren, um einen Zentner aufnehmen zu können. So leicht war das Korn. Es war leicht im Überfluß. Doch schon ein Windstoß konnte es davontragen wie eine Taubenfeder. So war der Ertrag mäßig. Der Lochower Saathafer war für meinen Boden ungeeignet und somit die falsche Wahl. Ich mußte eine anspruchslosere Sorte säen, wenn ich hohe Erträge erzielen wollte. Aber davon wußte ich noch nichts, als ich mit Roppel unseren Plan für eine Sanierung der Wirtschaft entwarf und wir uns nun zuerst auf die Kartoffeln konzentrierten, die schon hoch im Kraut standen. »Rin in die Kartoffeln, raus aus die Kartoffeln!« Das war das Motto unseres Chefs in Masuren gewesen, der ein Hackfruchtspezialist war. Schon seine Spiritusbrennerei hatte ihm da das Stichwort gegeben. Er mußte 125 000 Liter Spiritus in jeder Saison abliefern. Dieser erfolgreiche Großlandwirt hatte uns das richtige Fingerspitzengefühl im Umgang mit Kartoffeln gegeben, das Kartoffelgefühl. »Tüften« nannten die Bauern sie hier in der Taiga.

»Deine Tüften stehen auch gut im Kraut«, sagte Dobbertinsky, und der sagte nur, was er auch glaubte. Schleimscheißer gab es hier nicht. Nach einer ausgiebigen Flurbege-

hung — Roppel hatte sich mit größtem Interesse dem Kranichbruch zugewendet, ich konnte aus seinem angespann-
ten Gesicht förmlich ablesen, wie ein Projekt in ihm reifte,
dieses Gelände zu erschließen; das mußte von den im
Sommer trockenen Randgebieten her unternommen werden, er hatte offensichtlich sein Erfolgsprojekt in Masuren
vor Augen — nach dieser Flurbegehung konnten wir den
Bestellungsplan für das nächste Jahr aufstellen, zuerst für
den kommenden Herbst.

Dann nahmen wir beide je einen Häufelpflug und häufelten
die Kartoffeln an, die bald blühen würden. Roppel holte
sich die unruhige und etwas nervöse Liesch aus dem Stall,
die schon mal zubiß und schlug. Damit wurde er schnell fertig. Ich nahm meine friedliche und langsame, aber aus-
dauernde Lotte. Sie fand die Furche auch ohne Leine. Da
konnte ich hinterherlaufen und brauchte nur den Pflug zu
halten. Ich konnte die Internationale pfeifen oder La Paloma
singen, beides natürlich falsch. Ich war zwar ein Falschsin-
ger, aber kein Falschspieler — noch nicht.

Auf dem Hof erwartete uns Schröder, gestriegelt und gebürstet, in Administratorenwichs, einen grünen Filz auf
dem Löwenschädel ohne Mähne — Mähnenlöwen sind
Berber, eine aussterbende Rasse — und berichtete von einem Anruf Schnabels: »Er hat zwei wunderbare Pferde für
dich, starke Zugpferde, einen Belgier und einen, ich weiß
nicht, was er von dem sagte.«

»Wird wohl ein Flame oder Wallone sein«, witzelte ich.

»Er ist in einer Stunde hier und holt uns ab nach Röbel, will
uns dort in seinem Stall die Pferde zeigen und vorführen.
Klassepferde«, wiederholte er.

Und Schnabel kam mit DKW-Reichsklasse — andere Autos
gab es offenbar hier nicht, wenn man von dem roten
Sportwagen des Freiherren aus Rothenmoor absah, aber
der fuhr in einer entgegengesetzten Richtung. Schnabel
sah etwas verbeult aus und hatte ein Gesicht, als ob er gerade von einer Nutte gekommen wäre.

Also wir rollten vom Hof, machten einen raffinierten Schlenker rund um den steinernen Phallus, der die Einfahrt blockierte und nur für Kenner passierbar machte — auch er war zu Ehren unseres Gottes Perkun in die kiesige Erde eingelassen, er sollte den großen Donnerer gnädig stimmen und Gewitterstürme, Feuer von diesem vom Chaos heimgesuchten und gebeutelten Hof fernhalten —, und ab gings in die Wälder. Im tiefsten Waldesgrund mußten wir einen Abkürzungspfad zur Landstraße nach Malchow nehmen, um die Moränenhalde auf dem Weg zur Landstraße vermeiden zu können, auf der es Puschkaitis sich bequem gemacht hatte und niemanden vorbeiließ.

Es hatte in den Tagen zuvor heftige Maigewitter gegeben.

Der Administrator überlastete mit seinem Schwergewicht die tiefliegende Reichsklasse. Wir saßen fest. Raus aus der Blechkiste und Spaten, Säge , Axt samt Wagenheber unter dem Rücksitz hervorgeholt! Schnabel wurde blau und dampfte. Blau war er ja sowieso.

Schnabel — ich täuschte Mitmachen vor, scheute mich vor verschlammten Klamotten — sägte und baute einen Knüppeldamm, geradezu eine Pontonbrücke über die vollgelaufene Mulde. Das haben wir später alle noch lernen müssen à conto der Tauwetter- oder Schlammperiode, der Rasputitza, im schönen russischen Frühling bei der Heeresgruppe Mitte. Ganz genau auf die militärische Konstellation fixiert: bei der 9. Armee in den Sumpfwäldern vor Rschew.

Wir kamen wieder flott, brausten durch die Nossentiner Heide, auch eine Taiga, durchfuhren das bereits beschriebene Straßendorf Nossentiner Hütte. Da konnte Schnabel, der diesmal sein »Regentröpfchen« zu Hause gelassen hatte — war wohl eine heikle Sache, dieser Pferdekauf, und jede Zote sollte das Mädchen auch nicht mithören, von denen unserem erfolgssicheren Geschäftsfreund Herz und Mund überliefen ... aber da, beziehungsweise hier, als wir an Holldrios verräucherter Kneipe vorbeifuhren, konnte unser Schnabelowopski doch nicht sein Bedauern verhehlen, daß ich immer noch nicht eine passende Hausfrau mit 20 000 Mark in bar gefunden hatte und so allein vor mich hin versacken mußte. Lucy gab es in seiner Auflistung aller Möglichkeiten nicht. Er sagte übrigens »dahinvegetieren«, er war bessere Umgangsformen gewöhnt, war immerhin zu ihnen fähig, war auch in seinem Vokabular von Fall zu Fall variabel. Im Fond saß ja noch der hochgeschätzte Herr Administrator, vor dessen Pferdekenntnissen Schnabel in dieser dummen Stunde noch höllischen Respekt besaß und bekundete,

»Die Ornella vom Holldrio ist immer noch zu haben. Die hat es schwer mit dem verrückten Alten. Und immer nur Reibekuchen machen ist auch nicht das Richtige. Und die Ornella ist besonders scharf. Hat's an der Lunge.

Die von der Lunge sind ganz besonders wilde Hummeln. Die lassen ran. Ist ja auch verständlich. So'n kurzes Leben und nichts davon gehabt. Aber mein lieber Herr Gesangverein: 20 000 Mäuse, und wenn Ornella abkratzt, haben Sie das ganze Kapital für sich allein. Da können Sie manchen Sauser machen.«

Schröder fühlte sich moralisch provoziert und knurrte: »Schöne Ansichten sind das!«

Ich lachte, obwohl ich lieber gekotzt hätte. Aber ich wollte zwei starke Pferde kaufen, Zugpferde, Flamen oder Wallonen, auf jeden Fall Belgier. Wir erreichten Röbel, blickten zuvor noch einmal über die satten Felder der Musterdomäne Penkow und die weniger üppigen von Roez. Schnabel stimmte wieder die Lobeshymne auf den Pächter Rau an und bedachte das kleinere Roez mit der abschätzigen Bemerkung »Mißwirtschaft«. Wir mieden den »Knorrnpunkt«.

»Gesoffen wird erst nach dem Geschäft«, entschied Schnabel spartanisch. Ich sah, wie ihm das Steuer in Richtung »Knorrnpunkt« aus der Hand gleiten wollte. Aber er hielt durch, hielt die Richtung, hielt auch die Stellung. An Gotthun und der Abzweigung nach Groß-Kelle vorbei. Hier wurde Schröders administrativer Geist lebendig. Er fragte nach Kranz.

»Hat der immer noch Groß-Kelle? Phantastischer Landwirt. War mal mein Chef. Sitzt wohl jetzt der Sohn drauf? Das Bürschchen kenne ich noch. Da herrschte Zucht und Ordnung.«

Schnabel bejahte, hatte aber offensichtlich mit Kranz keine guten Erfahrungen gemacht.

»Schwieriger Mann, dieser junge Kranz. Nicht ranzukommen. Aber wir sind schon da.«

Röbel war eine winzige Landstadt. Hier lebte alles von der Landwirtschaft und vom Produktenhandel. Schnabel saß im Fett. Er hatte den gesamten Viehhandel im Griff, hatte ihn monopolisiert, eine Art Privileg erworben. Wer ihm da in den Weg kam, wurde ausgeschaltet, weggeputzt. Er spielte die besseren Karten und stets va banque. Er hatte mit mir ein faires Geschäft gemacht, einwandfreie, gute und gesunde Kühe geliefert. Jetzt mußte er mich reinlegen mit den Pferden. Das verlangte sozusagen seine Händlerehre. Da gab es keine Skrupel, Hemmungen oder gar Gewissenskonflikte.

Wir bekamen auch keinen Begrüßungsschnaps. Er stürmte uns voraus in den Hof zu den Ställen, wo sein Kutscher schon bereitstand. Ein blonder, bärenstarker Ostfriese, wie er uns stolz erklärte. »Ich gehöre nicht hierher«, verriet er uns in einer Pinkelpause Schnabels, »das sind hier alles Betrüger, Gauner, Halsabschneider. Passen Sie auf!« Wir paßten nicht auf. Unser Schnabelowopski führte uns in den Stall, zeigte auf die Pferde, die er entschlossen war, uns zu verkaufen, koste es, was es wolle. Der Preis war fest. Es gab kein Handeln und kein Feilschen.

»Schauen Sie sich die beiden Prachttiere an. Da zieht jeder so viel wie drei von der Sorte, die Sie da in Ihrem Stall haben.«

Schröder riß seine pferdekundigen Augen auf. Denn da stand wirklich ein gewaltiges Tier, ein trojanisches Pferd.

Es sollte tatsächlich später zu einem »trojanischen Krieg« kommen seinetwegen. Aber das ist dann das makabre Ende der Geschichte, das Finale, das bereits hier in diesem Augenblick begonnen hatte und sich über Jahre hinzog. Es gibt gar nicht soviel Papier, um alle Details dazu aufzuschreiben. Schnabelowopski bemerkte Schröders Erstaunen über das massige Tier und sagte wörtlich:

»Dieser Wallach ist Güteklasse 1. Der kostet ganze 1000 Mark, ist geschenkt. Ich bediene meine Kunden prompt und fair. Schnabel ist in Ordnung. Auf den können Sie sich verlassen, meine Herren. Oder etwa nicht?«

Mit dieser Frage drehte er sich nach mir um und bekam die gewünschte Antwort: »Ja, natürlich. Darauf können wir uns verlassen.«

Ich hätte vorsichtiger taktieren müssen und besser denken sollen: »Worauf du einen lassen kannst!«

Aber Schröder war ganz hingerissen von dem überlebensgroßen Wallonen oder Flamen aus Knokke. Jedenfalls sagte er leichtsinnig: »In der Tat ein starkes Pferd, imponierend«, worauf Schnabel schnell den neuen Preis machte:

»Den bekommen Sie als alte treue Kunden für 1500.«

Wir wendeten uns dem kleineren, etwas struppigen, sehnigen und ergrauten Wallach zu.

»Der ist ein Jahr älter, genau 7, aber ein enormer Arbeiter, ein Zugpferd wie aus dem Bilderbuch, nicht müde zu kriegen. Der zieht Ihnen ganz allein eine Mistfuhre aus der Dungbucht. Einfach vorn an der Deichsel anhängen. Den brauchen Sie gar nicht anspannen. Der fährt ab wie ein Dampfer. Ein geborener Einzelkämpfer. 1200 Vorzugspreis für meine besten Kunden.«

»So, Fritz, jetzt führst du den Pferdekennern die beiden Prachtkerle mal vor.« Fritz war der Andalusier aus Aurich im Emsland. Andalusien ist ein Pferdeland comme il faut. Wir waren hier bei Schnabel in Röbel mitten in Andalusien, im Heimatland der Rassepferde, aber auch der Picadores, der Corrida, der Pferde ohne Fehl und Tadel und der

alten Klepper, der Rosinanten, die nur noch Manegen-
dienst machen und die toten Toros aus dem blutigen
Schaum der Arena schleifen können.

»Nimm mal erst den großen Belgier«, wies Schnabel seinen
verräterischen Kutscher an. Aber wir paßten ja nicht auf.
Wir waren verblendet. Ich verließ mich auf Schröders
Blindheit. Er war der Pferdekenner, nicht ich. Das Riesenroß, das den trojanischen Krieg für die Belagerer der Festung entschieden hatte, hatte mit Sicherheit etwas Auf-
munterndes gespritzt bekommen. Denn es führte eine Ga-
loppade vor, die zu seiner schwerblütigen Mentalität gar
nicht paßte, also überhaupt nichts Belgisches war, die aber
nicht übersehen ließ, daß es lahmte, daß es das linke Hin-
terbein nachzog.

Schröder wurde plötzlich wach. Er zog die Augenbrauen
hoch und stellte kühl und zutreffend fest: »Der Belgier
lahmt.«

Die Eroberung Trojas wurde schlagartig in Frage gestellt.
Ich hatte nichts dergleichen bemerkt. Ich wollte die Pferde
haben. Ich brauchte sie. Ich mußte sie kaufen — wenn auch
nicht zu jedem Preis. Aber da war ja noch nicht das letzte
Wort gesprochen. Das wurde immer und bestimmt auch
hier bei Schnaps und Weibergeschichten besiegelt. Da war
der Schnabel einsame Spitze, nicht zu überbieten, nicht zu
ermüden.

»Ja, der lahmt etwas«, gab er Schröder recht. »Der Wallach
ist in einen Nagel getreten. Aber die Wunde ist fast ver-
heilt. Die müssen Sie natürlich noch etwas pflegen. Jod
pinseln und noch eine Schonfrist, gut versorgen, Futter
satt, und in zwei Wochen können Sie ihn voll einsetzen
und dafür drei andere Pferde anderweitig verwenden.«

Schröder sagte nicht zu Fritz: »Heben Sie doch mal den
Fuß hoch, damit ich mir das ansehen kann.«

Er nickte und war zufrieden. Schnabel war jetzt absolut davon überzeugt, es mit Idioten ohne jeden Pferdeverstand
zu tun zu haben, und wiederholte nochmals seine Preisfor-

derung: »Ja, Sie bekommen dieses erstklassige Zugpferd für nur 1500 Mark. Das ist geschenkt. Ich könnte, ohne mit der Wimper zu zucken, 3000 für das Paradestück, das Klassetier, verlangen.«

»Ist gut«, sagte er zu Fritz, der uns vergeblich zuzwinkerte. »Hol den anderen her!«

Der andere, angeblich Siebenjährige, der sich später, als es zu spät war und Schnabels Sonne im Sumpf der Korruption untergegangen war, als Dreizehnjähriger herausstellte, war in der Tat ein kräftiges und williges, geradezu übereifriges Zugpferd, direkt verrückt nach Arbeit, närrisch vor Vergnügen, sich zeigen zu dürfen, vorgeführt zu werden.

Fritz preschte mit ihm davon. Alles verlief nach Plan, so wie Schnabel es sich gedacht hatte.

»Den bekommen Sie ebenfalls für einen Vorzugspreis von 1200. Gehen wir ins Haus.«

Die Sache war gelaufen. Schröder hatte keine Beanstandungen. Er hatte sich nicht einmal das auf jung gefeilte Gebiß zeigen lassen. Auch so eine Masche der Roßtäuscher. Der Herr Administrator glaubte in seiner senilen Lebensfreude nach Jahren der Abstinenz als Rentner, wieder einmal einen großen Pferdekauf erfolgreich abgeschlossen zu haben. Ohne ihn als sachkundigen Berater — das schien hinter dieser Mammutstirn als falsche Erkenntnis zu wuchern — wäre es sicher nicht zu diesem »günstigen« Abschluß gekommen. Schnabel bewirtete uns mit diversen Schnäpsen und Wirtinnenversen.

»Kennen Sie den? Frau Wirtin hat auch einen Schlachter, wenn den die Lust mal packte, dann sprang er übern Ladentisch und fickte das Gehackte.« Er wieherte und prostete sich selbst zu. »Du sollst lange leben auf Erden und Wohlgefallen haben daran«, ergänzte er seine obszönen Dakapos.

»Ja, mit den beiden Belgiern haben Sie einen guten Fang gemacht. Ich verdiene nichts daran. Ich habe die beiden zum selben Preis gekauft, für den ich sie Ihnen anvertraue.

Treue Kunden muß man pflegen, vor allem solche wie Sie mit Pferdeverstand.«

Schnabel wieherte erneut. Fritz war nicht dabei, war zum Umtrunk nicht eingeladen worden. Schnabelowopskis Frau kam kurz herein, eine zerknitterte kleine Glucke, sah, daß wir soffen, sagte zu ihrem größten Roßtäuscher aller Zeiten: »Trink nicht zuviel, Alfons!« Er gab contra und wies sie aus dem Zimmer: »Hau ab, Alte! Vom Saufen verstehst du nichts! Und quatsch nicht von Sülze! Die Herrschaften sind Pferdenarren und vor allem Pferdekenner. Die haben die Belgier gekauft. Schade, ich gebe sie ungern weg für so einen Vorzugspreis ... Also, was hatten wir ausgemacht? Ja, für beide zusammen 2700.«

Damit schob er uns einen Wechsel zu, den wir, das heißt ich allein — Schröder war nicht zeichnungsberechtigt — bedenkenlos unterschrieb. Er hatte keine müde Mark mehr herunterhandeln lassen, obwohl er angesichts der angeblichen Nagelverletzung zuerst nur 1000 Mark für das trojanische Pferd aus Lüttich oder Knokke verlangt hatte. Aber nun war es ein Andalusier geworden, und die waren auch mit einem Nagel im Huf teurer und schon von der Abstammung her wertvoller. Wir waren nach der Unterschrift, die noch durch einen feuchten Händedruck besiegelt wurde, entlassen. Unser Schnabbi sagte noch: »Ich kann Sie leider nicht zurück nach Liepowo bringen. Ich habe einen Termin beim Landrat. Aber ich kann Ihnen ein Taxi bestellen, falls eins frei ist. Wir haben in Röbel nur ein Taxiunternehmen mit einem Wagen und manchmal auch keinen Fahrer, wenn der nämlich blau macht, und das leider oft. Fritz bringt die Pferde schon morgen zu Ihnen. Sie werden ihre Freude an den Tieren haben. Auf Wiedersehen, Herr Administrator, Auf Wiedersehen, Herr Liepowo — so nannte er mich wirklich — und vergessen Sie nicht die schöne Ornella und die Mitgift von 20000. Mensch, 20000 Eier für ein todkrankes Weib. Da gibt es doch nur eine Chance: zugreifen, sofort zugreifen. Der Holldrio erwartet Sie.«

Schnabbi hatte einen kräftigen Schluck aus der Pulle genommen auf diesen belgisch-andalusischen Kuhhandel mit den beiden ausgedienten Gäulen. Als wir über den Hof zum Auto gingen — das wir selbst bezahlen mußten, es waren immerhin 70 Kilometer, und das kostete auch damals keine Kleinigkeit —, trat Fritz auf uns zu und flüsterte uns hinter vorgehaltener Hand zu, was er sah, was er wußte, was wahr ist:

»Der Gauner hat Sie reingelegt. Der Belgier hat keine Nagelverletzung. Der hat Hufkrebs.«

Aber Geschäft ist Geschäft. Ein unterschriebener Wechsel bleibt ein Wechsel mit oder ohne Hufkrebs. Wir waren auf die dümmste Weise angeschmiert, angeschissen worden. Und das hat mit ihrem Gesang die Loreley getan. In diesem Fall waren es Schnabbis Flötentöne und Schröders Gutgläubigkeit und meine Unwissenheit. Ich hatte noch nie etwas von Hufkrebs gehört. Aber von diesem Tag an sollte ich ein Spezialist in Sachen Hufkrebs werden, und zwar für die nächsten drei Jahre. Doch da war unser trojanisches Pferd längst beim Pferdeschlachter zu Salami verarbeitet worden. Kann man aus Pferdefleisch harte Dauerwürste machen? Aus Prozessen wegen Hufkrebs werden jedenfalls Verfahren ohne Sinn und Ende. So die Prognose im Wonnemonat Mai 1936.

Wir ignorierten, beziehungsweise wollten immer noch nicht glauben, was Fritz uns verraten hatte. Unser Glauben an Schnabels Fairness war so unerschütterlich, daß wir Fritz für einen üblen Denunzianten hielten. Schröder, mein Berater mit Pferdeverstand, schloß befriedigt und gut bewirtet die Augen, blinzelte satt aus seiner Traumecke im Wagen und sagte mit seiner sonoren Stimme: »Nun hast du 8 Pferde, zwei komplette Gespanne. Nun kannst du wirtschaften und deinen Plan erfüllen. Herz, was willst du noch mehr?«

Der Knüppeldamm war noch intakt. Wir fuhren wie die Lottosieger auf den Hof, direkt vor Lucys rußgeschwärzte

Betriebskantine, aus der die Rauchschwaden des alten Herdes quollen und uns sofort an unsere schäbige Wirklichkeit erinnerten. Schröder begrüßte seine Tochter mit schnapsseligem Lächeln: »Wir haben jetzt zwei komplette Gespanne.« Dann ging jeder seinen Weg. Ich suchte Roppel, um ihm von unserem größten Geschäft aller Zeiten zu berichten. Er war so erschrocken, daß er sich die dicken Lippen leckte und keinen vernünftigen Kommentar dazu geben konnte:

»Kasanowitz, Kasanowitz, du machst Sachen. Die gibt es gar nicht. Mann, oh Mann, was soll nur aus uns werden . . .?!«

Die Schöne und der Vater

Die kleine, schwache, aber zähe Flamme Hoffnung: Wie wir sie mit unseren vom Kunstdünger zerbissenen, vom Frost geschwollenen Händen hüteten! Ich wartete immer noch auf mein Wunder an der Marne, auf die Umwertung aller Werte, auf eine Begegnung mit einer Frau, die meinem Alter angemessen war. Immer wieder zog es mich nach Waren — mit der Bahn oder mit meiner NSU, seltener nach Malchow oder gar Güstrow. Das waren lohnende Ziele, aber ich verfehlte immer wieder das eigentliche Ziel: das erotische Abenteuer. In meinem Western gab es keine Seeräuber-Jenny, er spielte unter Ausschluß der Öffentlichkeit. Ich war mein eigenes Publikum.

Doch einmal traf ich im Wagen auf der kurzen Fahrt von Waren nach Vollrathsruhe — und das dauerte nur 30 Minuten — die *Eine*. Ich poetisierte diese anonyme Reisegefährtin sofort zur Sexpartnerin. Ich gebe zu: Es war die erregendste Frau, der ich mich jemals ausgeliefert sah, das Sexidol, meine Marylin, meine Lou, meine Judy, meine Hannelore. Ich fixierte sie. Sie blinkte, mich abschätzend, aber nicht abweisend, sondern eher neugierig, fast lauernd — wie ich mir einbildete, du lieber Wahn! — zurück und bemerkte sofort meine Erregung.

Ich wußte in diesem Augen-Blick: Ich bin satisfaktionsfähig. Sie ist ohne Zögern bereit, auf das wortlose Spiel einzugehen. Sie nimmt die Herausforderung an und steigert meine Erwartung. Ein Schmerz durchfuhr mich, süß und quälend.

Sie war schon vor mir eingestiegen. Ich gewahrte sie zu spät, um mich gleich neben sie setzen zu können. So blieben uns für das amouröse Vorspiel, diesen Introitus, nur wenige Blickkontakte bis Grabowhöfe, der ersten Haltestelle, dem ehemaligen aufgesiedelten Rittergut der Herrschaft Schaumburg-Lippe. Sie blieb im Zug. Nun mußte ich bis Sophienhof, der nächsten Station, über den Blickkontakt auch den Sprachkontakt finden, wenn es zu einem Einvernehmen, zu einer Verabredung kommen sollte. Ich konnte mir nicht vorstellen, wie und wo das geschehen sollte. Das erkannte ich auch mit meinen ungeübten, aber wachen, immer auf Empfang gerichteten Augen. Ich suchte meine sinnliche Identität, mein Spiegelbild, die Bestätigung meiner Anwesenheit, den erotischen Effekt. Ich konnte diese Frau nicht einfach überrumpeln. Sie war weder eine Schlampe, noch für jeden zu haben. Sie wirkte rundum appetitlich, gepflegt, stand offensichtlich auf blonde Blauäugige.

Meine Augen malten kurze Bilder, Schnappschüsse, Slapsticks. Nach peinvollem Zögern ging ich durch den offenen Personenzugwagen — er glich unseren heutigen Nahverkehrsschnellzugabteilen: die Wörter werden immer länger, die Bilder kleiner — zu ihr hinüber, setzte mich ihr gegenüber. Mein tönendes Herz galoppierte mir davon. Ich konnte es nicht halten. Sie mußte es sehen, mußte den Hufschlag hören. Ein noch tieferer Schmerz zerschnitt mir fast die wenigen Worte, die ich hervorbrachte und zu chemischen Formeln zerhackte. Ich bemerkte sinnbetäubend den Geruch ihres erhitzten Körpers in diesen Fahrtminuten eines heftigen Sommers. Es war der Geruch nach Hyazinthen. Ich sagte und schämte mich nicht meiner Platitüden: »Ich möchte Sie gern kennenlernen. Sie sind schön!« Die fatale Masche des Anmachens war mir fremd. »So, bin ich das? Das sagt mein Mann auch immer.«

Ich verstummte. Draußen stand wie eine goldgelbe Wand der Weizen von Sophienhof. Wir hielten. Wieder blieb die Schönste im Wagen. Wir hatten noch »zwölf Minuten bis Buffalo«. Aber sie nahm das inhaltlose Gespräch, bisher als hitziger Monolog eines spätpubertär Unterernährten geführt, wieder auf. Sie setzte ein Zeichen, deutlich und so überraschend, daß ich immer verwirrter wurde. Sie nahm den Blick nicht zurück, entließ mich nicht aus der Gefangenschaft ihrer Augen, starrte mich, wie in Trance versetzt, unablässig an, spielte dabei mit ihren vollen, feuchten Lippen. Ich war in einen Stromkreis von Zwang und Leidenschaft gespannt, versank in einen hypnotischen Zustand.

»Ich werde in Sophienhof erwartet. Aber Sie können mich ja mal in Waren besuchen.« Das war ein irres Angebot. Ihr weicher sinnlicher Mund blieb halb geöffnet. Ich hing an den dezent geschminkten Lippen, suchte dann ihre tierbraunen Augen unter der glatten, reinen Stirn. Die Augen musterten mich gierig, mich verschlingend in einer Art besitzergreifenden Fraglosigkeit, die meine Antwort vorwegnahm. Alles schien vorbereitet zu sein für einen Liebesverkehr bis zur Erschöpfung vor Tagesanbruch. Aber dann würde es zu einem Duell im Morgengrauen kommen, wenn ihr Mann uns überraschte. »Aber Sie sind doch verheiratet. Wie soll ich da zu Ihnen kommen?«

»Sie kommen als mein Cousin. Das ist für die Nachbarn. Mein Mann ist selten zu Hause. Versicherungsagent. Immer auf Achse.«

Wir waren angekommen, nicht am Ziel meiner Träume,

aber an der Endstation aller Träume und Wünsche. Für mich führte der Weg direkt über die Gleise zu Gerling. Ich mußte mich besaufen, bis ich nicht mehr wußte, wie ich hieß, ob ich Männchen oder Weibchen war. Wir hatten nicht einmal unsere Namen getauscht. Ich kannte die Adresse der *Einen* nicht. Wir waren zurückgetaucht in die Fremde.

Ich sagte, mich nach ihr umwendend — und das war für diese erfahrene Liebhaberin eine Absage, eine Provokation, eine richtige Niederträchtigkeit angesichts ihres großzügigen Angebots:

»Aber ich bin doch nicht Ihr Cousin. Nein, nein, das kann ich nicht machen.« In diesem Augenblick zogen sich alle Marylins, Lous, Judys und Hannelores von mir zurück. Sie, diese *Eine*, drehte sich noch einmal kurz nach mir um, hatte schon die Hand am Türgriff und blitzte mich verächtlich, vernichtend an. Ich bemerkte ihre tiefe Enttäuschung. Ich sah auch mit Erschrecken, daß ihre tierbraunen Augen schlangengrün geworden waren. Sie hatte es mit einem hoffnungslosen Anfänger zu tun, einem notorischen Versager. Frauen haben einen untrüglichen Blick für die Wahrheit. Sie wittern die Wahrheit, sie riechen sie. Da kannst du keinen letzten Helden spielen. Du mußt ein Held *sein*.

Auf meiner schmalen Halbwüchsigenbrust würden keine Ritterkreuze wachsen, keine Todesblumen, keine Blumen des Bösen. Ich war schon gestorben für die schöne Namenlose, als ihr Duft noch in der Luft hing, nicht vergehen wollte, in mir schwelte, mich betäubte.

Nein, ich war kein Herzensbrecher, kein Casanova — und es war gar kein Witz, wenn der ahnungslose Roppel mich Kasanowitz nannte —, ich war auch kein Troubadour. Mein Minnegesang blieb mir im Halse stecken. Ich war mit Stummheit geschlagen, als es darauf ankam, das letzte entscheidende Wort zu finden. Was macht man mit so einem Blödmann, so einem Don Quijote? Man disqualifiziert ihn.

Ja, ich war Don Quijote, und ich war verlassener als jener letzte edle Ritter damals in seiner höfischen Zeit, im Umbruch dieser Zeit, als der Hof bereits zur Farce verkommen war. Denn ich hatte kein Gefolge, keinen treuen spanischen Schwejk, keinen Sancho, der den Buckel für mich hinhielt, wenn es sein mußte, der sich aber ebenso schnell in Sicherheit zu bringen wußte, wenn Gefahr im Verzug war.

Cervantes Meisterwerk — das mir als Schuljunge die erste Vorstellung einer phantastischen Existenz, eines Lebens als Traum, als Wunschtraum vermittelte — hatte mein Literaturverächter Vater als einzige Lektüre für mich jenseits von Gut und Böse gelten lassen. Er hatte wider Erwarten meinen edlen Ritter samt seiner Rosinante, seinem folgsamen Schatten Sancho und seiner hölzernen Kinderspielplatzlanze nicht dem Feuer ausgeliefert, nicht in den Wohnstubenofen geworfen und als Brikettanzünder verheizt. Ich erinnere mich mit einem zwiespältigen Gefühl von Lust und Grauen an dieses eine erlaubte Buch, das einen buntscheckigen Einband hatte wie »Das Füllhorn der Fee«, das Elternbuch, die Mutterlektüre. Daneben bestand nur noch der »Heideschulmeister Uwe Karsten« von einer Felicitas Rose (vielleicht produziert meine Erinnerung hier einen von der Realität abweichenden Titel und Namen), aber das waren die heiligen Kühe der Akademikerliteratur zwischen den großen Kriegen. Zur Zeit dominierte in diesem bunten Reigen ein dickleibiger Roman von einer Dame Agnes Günther »Die Heilige und ihr Narr.« Es herrschte das Prinzip der heiligen Einfalt.

Aber ich las nicht nur immer wieder diesen Cervantes-Roman. Ich lebte ihn, ich vollzog ihn nach, Phase für Phase, Niederlage nach Niederlage, eben in dieser Mischung aus Grauen und Lust. Die Schöne, namenlos Gebliebene zwang mich zurück in diese Jugenderfahrung, schob mir die Rolle des von Sehnsucht getriebenen und von ihr verzehrten »Ritters von der traurigen Gestalt« zu. Sie vergatterte mich, an seiner Stelle, stellvertretend für das Schicksal aller Verlassenen, den »Bauern von der traurigen Gestalt« zu spielen. Denn ich *war* Don Quijote mit allen meinen unrealisierbaren Projekten und Hoffnungen, meinen Träumen und Wünschen, aus der Teerpappenklitsche einen Musterhof zu machen mit einer ebenso wahnbesessenen Gefährtin an meiner Seite. Und diese letzte höfische Närrin der Hufen 10 und 11 in Liepowo konnte nur meine Dulcinea sein, nicht die des Cervantes aus Toboso, sondern die des Peter Glahn jenseits von Hallalit, meines nie betretenen Garten Eden hinter der Grenze des Grafen Tiele-Winkler.

Diese mollige Dame mit den hungrigen Augen und der dinarischen Nase, die mir so edel proportioniert vorkam, so griechisch-römisch, war meine unwiderstehliche Dulcinea von Toboso, für die ich bereit war, meine Lanze auszufahren, wenn sie mir eine Gelegenheit dazu bot. Aber ich hätte meinen Stoßdegen lieber zerbrochen und in mein eigenes Fleisch gestoßen, anstatt ihr Fleisch, ihre samtene Haut, ihren parfümierten Schweiß, alles, was meine Sinne erregte, anzufassen, zu befühlen, zu betasten. Ich war von diesem Anblick der Vollkommenheit gelähmt. Meine erotische Phantasie, meine blinde Verfallenheit, mein irrer Wunsch, in diesen Körper einzudringen, wurden zersetzt von meinen Skrupeln, von meinem alles Natürliche analysierenden Intellekt. Ich fand kein Wort, kein Wort der Hilfe, eben nicht einmal ein Hilfswort, das den ersten Kontakt hätte intensivieren können. Sprachlos erlag ich den gierigen Augen dieser Herzdame, meiner Dulcinea aus Toboso, und verharrte in der ungeheuren Distanz meines pubertären Versagens. Ich gab sie auf, bevor ich sie — und das bedeutete in diesem Fall *mich* — zu erlösen, anzuhören, zu gewinnen versuchte. Ich floh vor diesem vom Versagen gepeinigten Werber in ihre vermeintliche Unansprechbarkeit. Sie schlug mir auf die ausgestreckte Hand. Anfassen, Befühlen, Betasten war ein Akt unvorstellbarer Dreistigkeit. Es bestand das Verdikt der Jugendzeit in der väterlichen Apotheke: »Das Berühren der Figüren mit den Pfoten ist verboten!«

Adios, Dulcinea! wir fahren nach Toboso. Das hieß in ihrem Fall Sophienhof und gehörte dem hochedlen Freiherren von der Horst. Es breitete sich aus vor unseren einander abgewandten Augen in der glühenden Stille seiner Mohnfelder. So stieg die Abendröte über diese wogende Flut aus Feuer und Ferne. Nur in mir wühlte der Wahn. Dulcinea ging davon in wortloser Kälte, tauchte unter und war doch leibhaftig gewesen. Das Bild verschwamm vor meinen Augen, verschwand dann ganz im Mohn, der den Bahndamm säumte. Die Unbekannte war hinabgestiegen, war nur noch ein schwarzer Fleck, ein Nachtschatten in diesem brennenden Rot, in dieser Glut des flammenden Sommers über den reifen Feldern des Freiherren.

Ich sah die junge Frau Monate später einmal in inniger Umschlingung mit einem strohblonden Mann, einem Nichts von Mann. Er sah aus wie ein Versicherungsagent. Ich dachte an den Cousin, der sie nun zu Hause sicher schon erwartete, während dieser Mann davonfuhr, um irgendwo irgendwelche dubiosen Geschäfte zu machen. Aber ich war noch nüchtern genug, um an meine Mauserbüchse zu denken, die ich gerade bei dem dicken Büchsenmacher Seidelbast gekauft hatte, zu einem Sonderpreis von 150 Reichsmark mit einem aufgesetzten Zielfernrohr, vierfache Vergrößerung, der Firma Busch in Rathenow. Seidelbast wurde zu einer Schlüsselfigur meiner Jagdpassion, die für unbekannte Schöne keine Gedanken mehr übrig hatte. Dennoch verfolgten mich die gierigen Mohnaugen der jungen Schönen noch bis zu meiner Wiederbegegnung mit dem Waisenmädchen Eva aus Dresden im Winter dieses Jahres zwischen Verzweiflung und Hoffnung.

Mein Jahr 1936, mein 24. Lebensjahr, der Beginn des Spanischen Krieges.

Einmal stand ich der »Einen«, die »keine« geworden war, an

einer Straßenkreuzung vor dem Bahnhof plötzlich gegenüber. Sie hatte wohl gerade ihren faden Mann auf die Reise geschickt und war nun unterwegs nach Hause zu dem wartenden Cousin. Ich griff nach ihrer Hand, wollte sie mit mir fortziehen, wollte sie einfach mitnehmen, sagte mit belegter Stimme:

»Kommen Sie mit zu Matthiesens Weinstuben.«

Sie wand sich aus meinem Zugriff und sagte das von mir so oft gehörte und gehaßte Nimmermehr-Wort, für das ich keine poetischen Zitate einsetzen kann: »Lassen Sie mich los! Sie sind wohl verrückt, mich anzufassen!«

Ich war vertrieben aus dem Garten Eden, verjagt von allen Mohnfeldern der Erde, gestrichen von der Bewerberliste. Ich war das, was ich wirklich war: Nichts und niemand. Diesmal besoff ich mich schon im Bahnhofsrestaurant Waren. Ich war nicht allein. Breitners tüchtiger, trinkfreudiger und trinkfester Kompagnon Brinkmann war im Gästeraum für die 1. Klasse. Er schmiß einige Runden Bier und Steinhäger. Dann mußte ich raus und kotzen, direkt vor den einfahrenden Zug, der mich aus meiner Misere, meinem Liebesversagen in meine rettenden Taigawälder brachte. Als ich nach Hause kam, war es Nacht. Eine wütende Bache mit ihren Frischlingen war mir bis an den Waldrand, wo meine Feldmark begann, gefolgt, aber sie blieb in der Deckung.

Ich war keiner vorgesetzten Behörde Rechenschaft schuldig. Ich konnte jedem Sehnsuchtsseufzer, jedem Herzenswink, jedem Wunschtraum folgen. Dann lebte ich in einem ungeschriebenen Courths-Mahler-Roman, in einer völlig unrealisierbaren und kuriosen Vorstellungswelt, umgeben von Marylin, Lou, Judy und Hannelore. Es war pure Hilflosigkeit, wenn mir meine Einbildungskraft, die Zügellosigkeit meiner Phantasie, die Erfüllung meiner ungestillten erotischen und sexuellen Träume versprach. Ich erfuhr mit einer an Selbstzerstörung grenzenden Härte, daß sich Liebeserlebnisse nicht wie Wunder vollziehen, daß sie sich nicht sozusagen wie ein Phantom aus dem Nebel lösen und Gestalt annehmen, daß sie zum Greifen nahe sind, wenn nur das Begehren stark genug ist. Ich erfuhr beides, was ich während meiner ersten, noch kindlichen Zuneigung zu jungen Mädchen und jungen Frauen schmerzhaft erfahren hatte, was ich erkennen mußte, wovon ich mich aber nicht befreien konnte: zwei tiefe Wahrheiten, die alle Menschen meines Alters in den Mittzwanzigern mit Erschrecken verstehen lernen müssen, wenn sie nicht bereits ausgebrannt oder liebeleer geworden sind durch die Verhältnisse, die Gesellschaft, die jedes Gefühl für Liebe — und das heißt Hingabe ohne Rückversicherung — erstickt.

Die eine Wahrheit, die ich unverstellt von Illusionen in Dostojewskijs Romanwelt gefunden hatte, war, daß die Liebe eine unheilbare Krankheit ist — so wie es Franz Kafka, der vergeblich Liebende, in seinem Tagebuch geschrieben hat. Dann blieb mir ein Titel von Knut Hamsun, dem literarischen Vorbild meiner damaligen Verstörtheit, als zweite Wahrheit immer in meinen Gedanken lebendig, der Titel »Die Liebe ist hart«.

Mit diesem Wissen mußte ich leben. Ich war ein Psychopath, immer bereit, meine Wünsche exzessiv zu steigern und dann abzustürzen in die Leere, die Unerfüllbarkeit, das Scheitern. Wenn ich meine Tätigkeit als Landwirt, als Jäger — die meine ganze Aufmerksamkeit forderte — so intensiv und besessen betrieb, so war das auch Flucht in Ersatzbefriedigungen. Meine Seele war zerrissen vor Verlassenheit, sie war so fixiert auf das Unerreichbare, eben die Umarmung eines heißen Frauenkörpers, und floh gleichzeitig in geradezu panischer Angst vor einer möglichen Gewährung des Herbeigewünschten.

Die Sprache für diesen Zwiespalt hatte ich noch nicht erlernt. Ich mußte mit ihm leben lernen. Das wäre schon ein Sprung über das trennende Wasser, über den Festungsgraben gewesen. Frauen waren Festungen. Und ich fiel immer tief in diese Gräben, über die für mich damals keine Brücke, nicht einmal ein schmaler Laufsteg führte. Woher sollte ich mir für mein Eremitenleben eine geeignete Partnerin holen? Wo gab es eine altersmäßig zu mir passende Frau, die bereit gewesen wäre, mit mir in meiner vorgeschichtlichen Höhle unter solchen Verhältnissen — die Lucy aus welchen unerklärbaren Motiven heraus ertrug — zu leben, auszuhalten? Alle Liebespfade endeten in der Grenzenlosigkeit der Mohnfelder von Welikije Luki.

Ich war in einem so selbstherrlichen Maß Egozentriker, daß ich allen Ernstes glaubte, *alle* Frauen, die mir gefielen, die ich ansprach, denen ich oft nur im Vorübergehen zusah, die ich heiß und ohne je ihre Namen, ihren Wohnort zu erfahren, begehrte; alle diese Unbekannten meiner Wünsche, Hoffnungen, Träume, diese geradezu imaginären Wesen müßten sich nichts sehnlicher wünschen, als mit mir und für mich in meiner zerfallenen Westernkulisse zu leben.

Ich bildete mir im Ernst ein, es müßte das Ziel jeder Frau sein, eingeschlossen von undurchdringlichen Wäldern, dem gnadenlosen Sommer und dem schaurig lichtlosen Winter ausgeliefert zu sein und auf die Kraniche des Frühlings zu warten. Ich hatte mir in meiner glücklosen Jugend eine so exotische Vorstellung von den Eigenschaften einer Frau gebildet, daß sie zu einer echten Psychose ausreifte und in einer Vision erstarrte, die von Dostojewskij, Hamsun und Kafka genährt wurde und gewissermaßen zum Denkmal versteinerte.

Ich hielt jedes Mädchen für beneidenswert, das so leben und lieben durfte, was ich als höchsten Erfahrungswert besaß: die tiefen Empfindungen meiner Abwesenheit, meines Insidertums, meines Egozentrismus. Diese Wege in meinen mir damals absolut nicht bewußten Gedankengängen waren so tief eingegraben, daß sie bereits zur Narbenbildung geführt hatten. Das heißt, die pathologische Situation war offensichtlich nicht mehr auf einen vernünftigen normalen Zustand zurückzuschrauben. Ich war mit einem Wort nicht mehr wandlungsfähig, eingeschlossen in den Wahn meiner Selbstzerstörung. Ich suchte mit überwachen, wie von Pervitin aufgerissenen Augen den geeigneten Gegenstand — also ironisch aus der Perspektive des Therapeuten —, »das Objekt meiner Leidenschaft«, das auf den Ausschlag meines Herzens, auf den Impuls, der von diesem Ausschlagwinkel ausging, mit gleicher Spannung reagierte.

Aber ich rief in einen Wald, aus dem kein Echo kam. Diese Frau, dieser meinem Herzen nahe Mensch hörte das Stichwort nicht für seinen Auftritt. Die Bühne blieb leer. Ich fuhr ziellos umher an den Tagen, an denen mich keine dringende Feldarbeit zum Wegdenken zwang, an denen ich erlöst wurde von der schlimmsten der sieben Plagen, die den Vereinsamten treffen können, als der ich mich »ausgesetzt« fühlte »auf den Bergen des Herzens«.

Da mischte sich wieder ein Bildungsklischee ein: Die ersten Studiensemester Germanistik bei Max Kommerell und Martin Sommerfeld in Frankfurt ließen sich nicht verleugnen und verdarben mir mit Wortspielen, mit denen ich für Frauen interessant erscheinen wollte, jede Chance, überhaupt wahr- geschweige denn ernstgenommen zu werden. Ich sprach selbst, wenn ich meine chronische Berührungsangst überwand, mit einer fremden Sprache. Ich war in ihren Augen ein Spinner. Solche Szenen warfen mich immer wieder auf mich selbst zurück, aber sie erzwangen auch immer wieder die Konzentration auf meine Arbeit. Das war die Schokoladenseite meiner selbstverschuldet gescheiterten Liebesaffären.

Liebe war damals immer nur eine Affäre, die mich selbst betraf. Die eigentlich davon Betroffenen, die sozusagen in das Bezugssystem meiner gestörten inneren Proportionen geraten waren, wußten gar nichts von der Rolle, die sie spielten, die ich ihnen zugedacht hatte. Sie nahmen von der Affäre keine Kenntnis. Sie blieben davon verschont, mir auch nur zuzuhören. Sie tauchten weg, bevor ich mich ihnen zu erkennen geben konnte. Sie spielten exklusiv für mich »Die spanische Fliege«. Dieser Reinfall mit der Sekretärin des Landrats hatte mich nicht klüger gemacht, nicht einmal kritisch mir selbst gegenüber werden lassen. Ich konnte mit keiner Frau umgehen, weil ich mit mir selbst nicht umgehen konnte.

So erwartete ich ein Ende dieser verworrenen Situation von einer Wiederbegegnung mit dem fragilen blonden Waisenmädchen, das bei seinen Pflegeeltern, steif-korrekten Pädagogen, in Dresden aufgewachsen war. Es war die Tochter einer früh verstorbenen Freundin meiner Mutter aus dem Sächsischen. Diese während meiner letzten Schul- und ersten Studentenjahre oft bei uns zu Besuch weilende Eva wurde nun zum fernen Traumziel hochstilisiert und bereits in meine Pläne einbezogen. Es fehlte wiederum alle realistischen Voraussetzungen für einen glücklichen Ausgang dieser »Affäre« im Alleingang. Ich spielte in der Sache, die man Liebe nennt, immer solo. Aber das sollte erst im Herbst nach allen Ernten in meiner Heimatstadt, sozusagen von langer Hand vorbereitet, stattfinden.

Meine Mutter bereitete diese Eva inzwischen auf das Abenteuer vor, das ihr bevorstand. Bis dahin mußte ich Erfolge vorweisen können. Erfolge an allen Fronten. Wir befanden uns ja in der »Ernährungsschlacht«. Ich stand jedenfalls bis zum Hals in der dicksten Brühe.

Ich wollte nun die Schweinezucht aufbauen, wollte mit allen Mitteln — und das waren Mittel, über die ich nicht verfügte — aus der reinen Feldwirtschaft, das heißt von der extensiven Landwirtschaft zur intensiven, also zum Mastbetrieb, übergehen. Der ruinöse Schweinestall, dieses antike Gräberfeld zerschlagener Buchten und Tröge, mußte instandgesetzt werden. Dazu bedurfte es eines einigermaßen fähigen Maurers. Auf einen Tip hin erschienen eines Tages zwei Männer, die sich als Vater und Sohn ausgaben, es in der Karikatur auch wohl waren. Der Vater erklärte, daß er die Schwerarbeit — er meinte *jede* Arbeit, denn für ihn war Arbeit an sich bereits zu schwer und eine Zumutung — seinem Sohn überlassen müßte. Dieser schien seinem völlig ausgebrannten und nahezu bis auf die Knochen abgenagten Vater alles Fleisch und Fett vom klapperdürren Leib gerissen zu haben. Er stand fett und müde vor sich hindösend hinter ihm und nickte zustimmend zu dem, was sein angeblicher Vater erzählte.

Der angebliche Maurer Mahnert überließ seinen angeblichen Sohn seinem ungewissen Schicksal, das schon in diesem Augenblick gewiß war, mit den mahnenden Worten: »Sei schön fleißig, Karlchen!« Karlchen nickte zum zweitenmal, und Mahnert machte sich auf die Socken — fünf Stunden Fußmarsch zurück nach Malchow, von wo das Pärchen hergekommen war.

Damals kannte ich für den Sohn noch nicht das Schlüsselwort mongoloid. Ich nannte sein Verhalten in meiner jugendlichen Ignoranz verständnislos: »Dieser Sohn ist ein blöder Kerl, ein Vollidiot und keinen Pfennig wert. Der wird sich hier vollfressen, morgens die Sahne von den Milchkannen schöpfen, bevor sie zur Molkerei gefahren werden, wird den Tag im Stall totschlagen, vielleicht mit diversen Flachmännern versorgt, und nur unter Aufsicht einen Finger rühren. Die neun anderen wird er schonen, bis er in die Wüste geschickt wird.«

Das dachte ich so, und das kam so. Er verstand sein Handwerk nicht, konnte nicht die richtige Mörtelmischung für die Pfeiler der Buchten zusammenrühren, setzte sie zwar auf, aber sie rutschten unter seinen Händen wieder zusammen, fielen auseinander. Ich sagte zu ihm: »Sie sind jetzt drei Tage am Mischen, aber bisher haben Sie lediglich die Trümmer verteilt und um einige Glanzstücke vermehrt. Das Ruinenfeld wird immer interessanter. Sie sind gar kein Maurer, sondern Bäcker. Ein Lehmbäcker. Sie kneten Lehm mit Wasser und spielen ›backe, backe Kuchen, die Mutter hat gerufen‹. Ich bin nicht Ihre Mutter, falls Sie jemals eine hatten und Sie nicht der Esel im Galopp verloren hat, also, nehmen Sie Ihr Bündel und ziehen Sie Leine Richtung Malchow, zu Papa. Der weiß schon, daß Sie kommen. Der freut sich schon auf Sie. Ab, dalli! Die Kost war frei. Sie brauchen für unsere Sanatoriumsverpflegung nicht einmal zu bezahlen.«

Der Vogel schwirrte ohne Protest davon. Die Zeit des Kuckucks, der sich in fremde Nester setzt, war vorbei. Am nächsten Tag machte sich Roppel — ich diente ihm als Handlanger —, der Alleskönner, an die Errichtung der Buchten. In zwei Tagen stand der ganze lange Gang mit den Einzelställen für die Sauen und den großen Buchten für die Läufer und Mastschweine wie zur Abnahme vom Brigadier bezugsfertig. Er mußte nur noch austrocknen. Dann konnte die Schweinerei beginnen. Aber inzwischen mußte ich ein Ereignis verkraften, das mich für einige Tage voll in Anspruch nahm, vor dem es kein Ausweichen gab, weder in Gerlings trostreiche Arme — immer noch auf Kredit — noch durch eine Flucht nach vorn, die immer in Waren bei Matthiesen oder in weniger aufwendig gastfreien Stuben endete. Das dicke Ende kam dann immer erst auf der Heimfahrt. Ich fuhr nur selten mit dem Motorrad aus Liebeskummer Kneipenrunden. Ich verließ mich lieber auf die Deutsche Reichsbahn, und dann zu Fuß durch die Wälder. »Über den Fluß und durch die Wälder«, schon wieder ein Titel und eine literarische Bezugsperson. Hemingway im Blut. Aber lassen wir diese nervösen Ausreden, Ausflüchte. Es sind ja alles Eigentore.

Als die Kartoffeln blühten, meldete sich mein Vater zu einem Kurzbesuch an. Ihr milder Duft überströmte mich, überschüttete mich wie seinerzeit die blühenden Linden der Bockenheimer Landstraße in Frankfurt, allmorgendlich auf dem Weg zur Universität. Solche Vergleiche sind kühn, aber sie stellen sich automatisch ein.

Du mußt nur ein wenig tiefer graben als bis zu den Wurzeln, tiefer ins Bodenlose, dann merkst du ohne Mühe: Solche Assoziationen stimmen, sie nehmen dich ernst und führen dich fort von den Spielwiesen des Alltäglichen. Du spürst einen Duft, er streift dich, er heftet sich an deine Schritte, deine Haut, füllt deine Augen mit Welt, mit Glanz, mit Freude, mit Tränen, ja auch mit Tränen. Denn du denkst an Verlorenes, weinst über unwiederbringlich Vergangenes. Und dann weißt du wieder, wo und wann dich dieser Duft, dieser Geruch ohne Namen, dieser Reiz überfallen und getroffen hat mitten in der Herzlosigkeit, der du dich erwehrst, indem du zugibst: So ist die Liebe. An diesem bis zum Horizont weiß blühenden Kartoffel-feld, das du geschaffen hast, diesen 30 Morgen, hängt dein Herz. Hier ist das Grab deiner Liebe und ihre blinde Dauer, ihre unzerstörbare Körperlosigkeit. *Diese* Liebe ent-gleitet dir nicht, stempelt dich nicht zum Spinner, jagt dich nicht davon, läßt dich nicht im Regen stehen und wendet sich nicht ab mit dem rüden Verschmähen »Lassen Sie mich in Ruhe! Quatschen Sie mich nicht an!« Du mußt ein-mal in deinem Leben den Kartoffeln beim Blühen zuge-schaut haben, um zu wissen, wie schön die Liebe ist, die nichts fordert, keinen Schmuck und keine Zinsen...

Aber wenn ich dieser Spur weiter folge, gerate ich unwei-gerlich ins Idealisieren einer ganz realistischen Situation. Romantik ist hier nicht am Platz, gäbe auch ein verzerrtes Bild meiner, unserer Wirklichkeit wieder. Denn wir waren — wie es der Maklerprospekt ausgewiesen hatte — »Deva-stierte«. Ich war Besitzer eines »devastierten« Hofes. Aber diese Zerstörung betraf ja nicht die Landschaft. Damals konnte man, ohne sich zu schämen, noch von heiler Land-schaft, heiler Natur sprechen.

Die Kartoffeln blühten nicht aus lauter Dankbarkeit für Schmuck und Zinsen, sondern weil sie Stallmist und Kunstdünger, also Ammoniak-Superphosphat mit ihren Keimen aufgenommen hatten.

Mein Vater war also unterwegs zu mir. Ich hatte Willy den Auftrag gegeben, den kleinen grünen Jagdwagen zu säu-

bern, das heißt hier vom Hühnerkot zu reinigen, ihn abzu-
kratzen, wobei die grüne Politur gleich mit weggeputzt
wurde. Dann begab ich mich nicht ganz leichten Herzens
auf die Fahrt zum Bahnhof, den ich auch erreichen würde,
wenn alle vier Reifen hielten und ich auf dem Schotterberg
mit den glatten Findlingen, auf denen Puschkaitis hockte
und lauerte, nicht alle Schrauben verlieren würde. Schröders waren für einige Wochen zu ihrem Sohn Fritz, einem
tüchtigen Landwirt in der sorbischen Lausitz und Verwalter des Gutes Muckrow der Anhaltinischen Kohlenwerke
gefahren.

Mein Vater, der Mitverantwortliche für meine Misere, konnte also untergebracht werden. Er würde in dem nur mit einem Bett ausgestatteten Hinterzimmer mit dem faszinie-
renden Blick auf die das Hinterland überschwemmende,
immer noch nicht geräumte Jauchegrube wohnen, sich
dort auch zum Schlaf aufhalten. Denn was sollte er sonst
in diesem Terroristenversteck anfangen?

Es war kurz vor Ausbruch des Spanischen Bürgerkrieges,
an dem ich dann so brennend Anteil nahm und Partei ergriff, als er im Juli 1936 über das gequälte Land hereinbrach. Ich versuche meine private Existenz mit dem historischen Geschehen in Konsens zu bringen, beide als Einheit zu betrachten, die Gegensätze zu überbrücken, das
Getrennte zu verbinden, zu versöhnen. Ich versuche,
mein Leben als eine absolut nicht einzigartige Variante des
Lebens aller zu begreifen. Ich bin und war auch damals vor
einem halben Jahrhundert ein Kind meiner Zeit, wenn
auch sicher ein etwas ungehorsames Kind, das die Scharf-
macher der öffentlichen Meinung, die Polit-Moralisten als
»entartetes« Kind verurteilt hätten, wenn sie darüber zu
Gericht gesessen hätten. Denn ich war ein Kind, das seine
Eltern nicht liebte.

So fuhr ich mit liebeleerem Herzen und einem maroden
Wägelchen ohne Fransentuch zum Bahnhof. Es war nicht
Markttag in Rasainen, sondern Empfangstag für den

Mann, dessen Erscheinen über mein wirtschaftliches, aber auch menschliches Überleben zu entscheiden hatte. Denn es kam darauf an, was er mitbrachte. Auf die »dicke Marie« kam es an, die Scheinchen für die Schweinchen. Hoffentlich hatte er, falls er nicht aus der Brieftasche heraus flüssig war, nicht auch noch sein Scheckheft vergessen. Was würde er nur zu dem Trümmerhaufen sagen, in dem ich hauste und arbeitete? Sollte ich ihm beim geringsten Anschein von Kritik, von Naserümpfen, meine zerrissenen Hände unter die Augen halten und sagen: »Sieh hier, Vater, so ein Schlemmerleben führt dein Sohn«? Oder sollte ich es passender »Hundeleben« nennen? Fragen, die einen kühlen Kopf erhitzt hätten. Mein Kopf wartete wie ein Haut-den-Lukas auf den Hammerschlag.

Ich beschloß, eine Clownsmaske aufzusetzen, mich undurchsichtig zu machen, als Phantom aufzutreten. Da noch etwas Zeit war — ich hatte Lotte vorgespannt und mich ihrem Schrittempo angepaßt, mich darauf eingerichtet —, ließ ich mir von Gerlings Martinis Mut machen. Ich würde meinem Vater mit dem »Vatermörder« ruhig begegnen — er trug diese Manschette erhobenen Hauptes: er trug nicht Kopf, er trug Haupt wie eine ehrenvolle Auszeichnung. Es war das Ritterkreuz seiner Akademikerwürde. Ich war an einer ganz entlegenen Stelle meines krumm geschalteten Körpers erwartungsvoll gerührt. Meine Vorliebe für melodramatische Szenen setzte sich gegen meine Entschlossenheit, Flagge zu zeigen, durch. Alkohol lähmt in solchen Augenblicken des Wiedersehens, das mit ungelösten Fragen vorbelastet ist, jede Widerstandskraft.

Die großen Zeitgenossen, die ihre Sternstunden versäumten, ihre Zäsuren nicht wahrnahmen, müssen besoffen gewesen sein, leicht angesoffen wie ich, als der Personenzug einlief und ich nun bereit war, Flagge zu zeigen. Ich hatte sie ja bereits eingezogen gehabt. Dann entstieg als einziger Fernreisender — die anderen waren Ortsansässige oder Bauern der Umgebung, die in Waren etwas Geschäftliches zu erledigen hatten — dem einzigen Polsterklasseabteil ein hochgewachsener 50er, der mein Vater sein mußte.

Ich ging ihm einige Schritte entgegen — so schrieb es das Protokoll vor —, nachdem ich die Schanktür hinter mir zugeworfen hatte. Klein-Gerling stand Spalier, und ich sagte dümmlich: »Da bist du ja.«

Da stand er nun, der große Zampano, und hielt mir seine Reisetasche hin, nein, Kafkas Reisetasche, die sich der todkranke Dichter von seinem Landarzt ausgeliehen hatte, einzig zu dem Zweck, um damit nach Vollrathsruhe zu reisen und dort in ein wackliges Wägelchen wie aus einer Erzählung von Isaak Babel zu steigen. Die Tasche war sehr leicht. Sie barg keinen Nibelungenschatz, eher einen Niegelungenschatz, konnte auch nicht voll Scheinchen sein. Aber das Scheckheft würde mein wirklicher Vater ja sowieso vor jedem Zugriff geschützt in der Herztasche, also links, wo auch die Orden hingehörten, die Ritterkreuze, Apothekerverdienstkreuze und Goldenen Verwundetenabzeichen, tragen. Über dem anderen Arm hing sein leichter »Paletot«, wie er seinen Sommermantel nannte.

»Da bist du ja«, wiederholte ich, und ein Dunst von süßem Martini hüllte meinen stinknüchternen Vater ein. »Na, dann woll'n wir mal«, war die nächste Leuchtrakete, die ich abschoß, nachdem ich mich schon etwas an den hier absolut ungewöhnlichen Anblick des hochgewachsenen Mannes gewöhnt hatte. Ich stellte fest, daß er sich so angezogen hatte wie täglich, wenn er die zweihundert Meter von seiner Apotheke zum Postamt ging, immer genau um 6 Uhr abends, wenn er die Tagespost aufgab, die Bestellungen an die Hageda (Handelsgesellschaft deutscher Apotheker), die den Nachschub an Aspirin und anderen Allheilmitteln sicherte.

Ich kannte nur Aspirin und Brausepulver, nein, Süßstoff. Denn um Süßstoff tobten 1918—19 heftige Straßenkämpfe vor der mit einer Eisenstange gesicherten Holztür der Apotheke. Süßstoff war damals die Überlebensparole. Für Süßstoff kämpfte und litt die ausgehungerte Industriearbeiterschaft. Willy Birgel reitet für Süßstoff: Das war die Parole, die alles beherrschte, was sich noch nicht unterworfen hatte. Auch der Arbeiter- und Soldatenrat und die Roten Matrosen brauchten Süßstoff. Aber jetzt waren friedliche Zeiten, in denen der Krieg vorbereitet wurde. Unser von der Vorsehung geschickter Führer regierte mit der weisen Erkenntnis »Willst du den Krieg, so rüste zum Frieden!« Er wollte ja nicht den Frieden. Krieg war sein Element. Da konnte man ruhmvoll erblinden, wie er selbst damals, als es noch um den Kaiser ging.

Wir fuhren über das Kopfsteinpflaster bergauf vis-à-vis des weiß leuchtenden Schlosses des Grafen Regis von Breitingen. Ich plauderte nun ein wenig über diesen letzten echten Edelmann. Mein Vater lebte sichtlich auf. Wenn so die Nachbarn seines Sorgensohnes beschaffen waren, konnte es ja nicht so schlimm sein mit dessen Sorgen. Er war — ich deutete es schon an — bekleidet wie am Montag Nachmittag cinque tarde auf dem kurzen Weg zum Postamt. Sein Anzug war maßgeschneidert. Er trug nichts von der Stange, nicht einmal seine Trauer. Der Anzug saß wie angeleimt. Dazu paßten die dunklen, glänzenden Halbschuhe, auch für Parkett zugeschnitten. Der stählerne Ring um den langen sehnigen Hals, der »Vatermörder«, bedarf keiner zusätzlichen Erwähnung mehr. Aber der schmale Kopf, das Gesicht grau von den Dämpfen der Rezeptur — damals wurden die Medikamente von den Apothekern noch selbst angerührt, gemixt und verabreicht, je nachdem, was auf den Zettelchen, den Rezepten der Ärzte für eine Mischung empfohlen, beziehungsweise verordnet wurde — dieser Kopf, der aus dem Halseisen herauswuchs, war bedeckt von einem Halbzylinder, einer sogenannten »Bombe«, die außer ihm in meiner Heimatstadt nur noch der Superintendent Scharlach und der Rechtsanwalt Pocke trugen.

Die Begrüßungsrituale waren festgelegt und variierten nur

um Millimeterbreite, das heißt im Einzelfall. Dieses Standesverhalten wurde je nach dem gesellschaftlichen Rang des Entgegenkommenden — nach einem Entwurf von Paul Klee — respektiert. Nur Vollakademiker wurden mit einer Entblößung des Kopfes — Haar oder Spielwiese: das war hier keine Frage — begrüßt. Hutschwenken galt nur Ebenbürtigen. Das waren in unserer Industriestadt mit 100 Fabrikschloten auf 15000 Einwohner kaum mehr als ein Dutzend. Die anderen Figuren, also Handwerker, Geschäftsleute, wurden mit einem angedeuteten Lüften der Kopfbedeckung gewürdigt. Sie empfingen die apostolische Gnade. Das Fußvolk ging grußlos aus. Im äußersten Fall des Wohlwollens tippten Scharlach und Pocke — auch mein Vater hielt sich an dieses Ritual — an die steife, glänzend aufgestülpte Krempe ihrer »Bombe«. Sie tippten mit einem Finger blicklos an diese Krempe, von deren seifigem Filz ein obszöner Schauder ausging und den so Begrüßten berieselte.

So reiste mein Vater, mein armer ahnungsloser Vater, mit oder ohne Scheckheft in die Taiga, der Apotheker unterwegs zur Apo, in den wilden Westen, wo er am wildesten war. Was hatte er sich nun dabei gedacht? Als wir die felsige Abfahrt von der Landstraße 12. Ordnung zu dem Sandweg nach Liepowo erreichten, sagte ich — und wieder war ich an einer entlegenen, nicht topographierbaren Stelle meines Körpers gerührt von so viel Ahnungslosigkeit:

»Halt dich jetzt fest. Wir können umkippen. Es geht jetzt per aspera ad astra.«

Mein Vater war ja ein guter Lateiner kraft seiner Tätigkeit. Also, ich sagte es noch einmal auf deutsch: »Es geht jetzt über Stock und Stein.« Aber mein armer, heimgesuchter Vater hielt mit der einen freien Hand seine »Bombe« mit dem obszön glänzenden Rand fest, mit der anderen klammerte er sich lemurenhaft an seinen Spazierstock mit dem Elfenbeingriff. Sein Gesicht bekam ein trotziges Aussehen.

Er ähnelte in diesem Augenblick im Profil dem tapferen Lord Nelson bei Trafalgar.

Wir haben doch gesiegt, und Nelson mußte sterben! Nun stand mir noch die schwere Aufgabe bevor, meinen in Pillen und ihren Wirkungen denkenden Vater auf eine mögliche Begegnung mit unserem Waldgott Puschkaitis vorzubereiten. Wie würde er sich verhalten, wenn wir uns auf den glatten, von Regen und Reifen polierten Findlingen auf den Bauch werfen und zu Tal robben mußten, weil es Puschkaitis so wollte? Aber er zeigte sich nicht. Er ließ den Bombenträger und Tucholskytöter passieren, ohne sich beim Anblick des faltigen Halses in der weißen Rosette zu empören.

Wir kamen unten an. Der Schwung der Abfahrt, von Lotte mit ihren breiten Arschbacken mutig abgebremst, verlor sich im Mahlsand des Heideweges. Die Taiga hatte uns wieder. Nun blieben wir auf der Ebene, die wir erreicht hatten. Rechts das hohe Buchenaltholz, links die den Horizont verdüsternden Kieferndickungen des Cramoner Staatsforsts, in der der Gauleiter Hildebrandt, der ehemalige Landarbeiter aus Oertzenhof, sein fahrbares Jagdhaus stehen hatte. Wir erreichten den Hof ohne Zwischenfall. Es gab keine Kirschenallee, deren reife Früchte meinem Vater in den Mund wachsen konnten, so daß er an ihren Kernen ersticken würde wie Niels Lyhnes kleiner Sohn in Jacobsens unvergeßlichem Roman.

Starke kam gerade über den Hof mit dem alten Hengst Opa und dem langbeinigen Braunen, so eine Art nachgemachter Trakehner, und fuhr mit dem Grasmäher zu den nahen Wiesen, die das Kranichbruch umgaben und längst schnittreif waren. Aber infolge des chronischen Mangels an Arbeitskräften waren wir gut zwei Wochen im Rückstand. Ich hörte, wie der beste Mann in meinem Stall, der im Klauen ebenso tüchtig war wie in der Arbeit, zu Willy in die Behelfswerkstatt hineinrief: »Guck mal, das is dem Wittkopp sin Vadder!« Der »Wittkopp« (Weißkopf) war ich.

Ich hatte damals tatsächlich weißblondes Haar, eine sogenannte »Tolle«, und sah aus wie der leibhaftige Klare aus dem Norden.

Mein Vater bedachte Starke und Willy mit keinem Blick. Er sah Arbeiter, gleich welche Tätigkeit sie ausübten, grundsätzlich nicht, außer sie kamen ihm so nahe, daß ihre schmutzigen Mützen seine Nase berührten. Dann reagierte er kurz und abweisend. Nun sagte er — es sollte wohlwollend klingen, sollte Zufriedenheit ausdrücken: »Na, hier wird ja gearbeitet.«

»Ja, wir müssen nun ganz schnell die Wiesen mähen. Das Gras wird schon hart, ist längst abgeblüht. Dann verliert das Heu an Qualität.«

»Das weiß ich, weiß ich alles«, bestätigte mein Vater, der Alleswisser, der sich beeilte, von dem unbequemen staubaufwirbelnden Gefährt ins Haus zu kommen, wo Lucy ihn erwartete und mit ihrem verhaltenem Lächeln begrüßte. Sie wußte tatsächlich *fast* alles. Mit einem Blick hatte sie diese in der Taiga komisch wirkende Figur in ihr Personenschema registriert und eingeordnet. Die Szene wirkte in ihren Augen so grotesk, die äußere Erscheinung, die Bekleidung meines armen ahnungslosen Vaters so unpassend, als erschiene der Bundeskanzler zum Besuch beim König von Tonga im Trainingsanzug.

Aber nun mal rein in die einzige gute Stube! Mein Vater, der städtische, eben seine eigenen Wohnverhältnisse im bürgerlich hergerichteten Geschäftshaus in Grodk als Maßstab nahm, war zuerst erschüttert, dann bedrückt von der Leere der Räume, von den seit Jahrzehnten nicht mehr erneuerten Tapeten, von den verschmutzten Wänden und Decken, von der Köhlerwerkstatt, dem immer blühenden Meiler der Küche, in der Lucys Töpfe brodelten. Dann stellte er händereibend fest — und das nun mit dem Gewicht einer ganz großen Entrüstung:

»Der Kleiderschrank hier, der gehört doch nicht ins Wohnzimmer!«

Mir war das vollkommen egal, wo der hingehörte. Hauptsache, es stand überhaupt etwas da. Ich schlief ja auch hier, wenn Schröders da waren. Nun übernachtete mein Vater in dem sonst vom alten Herrn Administrator okkupierten Hinterzimmer. Ich öffnete die Flügeltür und zeigte ihm sein Schlafgemach. Die verbotene Jauchepumpe ragte vor den fliegenbeschissenen Fenstern auf und griff wie eine Fieberhand mit ihrer zerfransten Tülle in den farblos gewordenen Spätjunihimmel. Das demolierte Bad ließ ich in der Hausbegehung vorerst aus. Denn mein Vater wollte nun gleich den Hof, die Ställe besichtigen, während Lucy Schweinesülze für ihn vorbereitete. Nach den Gebäuden sollte dann anschließend ohne Mittagspause eine Flurbegehung stattfinden.

Lucy nahm mich kurz beiseite und teilte mir mit, daß das Arbeitsamt angerufen hatte: »Morgen kommen zwei Ehepaare aus Jugoslawien, Donauschwaben aus der Batschka, also ehemals Ungarndeutsche.«

Dieser Teil Ungarns war nach dem ersten »großen Krieg der weißen Männer« an Jugoslawien verlorengegangen. Im Gebiet des Zusammenflusses von Donau und Theiß im Raum um die Stadt Neusatz, jetzt Novi Sad, lebten diese tüchtigen Bauern und Landarbeiter, deren Sprache auch in Ulm verstanden wurde, diese Donauschwaben. Ich war in diesem Augenblick nicht auf ein Wunder gefaßt. Ich mußte meinen Vater verkraften, ihn durch unsere Ruinenlandschaft führen und dann vorsichtig nach einem Scheck oder einer anderen Rettungsaktion fragen.

»Auch das noch und gerade jetzt. Wohin denn mit den lieben Leuten?«

Lucy ging sofort auf meine Ratlosigkeit ein: »Lassen Sie mich nur machen. Mir wird schon etwas einfallen. Das ist doch prima, gerade jetzt vor der Heuernte. Dann müssen die Rüben verzogen, die Wruken (Kohlrüben) durchgehackt werden. Das ist ja ein Geschenk des Himmels.«

Sie war ganz erfüllt von dieser neuen Aufgabe.

»Ja, wir sollen sie abholen. Sie kommen mit dem Zug, mit dem Ihr Herr Vater vorhin eingetroffen ist.«

»Womit soll ich vier Donauschwaben mit ihrem gesamten Gepäck abholen?«

Ich fragte *mich* und nicht Lucy. Sie war schon wieder zu ihren dampfenden Kesseln zurückgekehrt und rührte heftig in der Sülze. Aber für mich war in diesem Augenblick alles Sülze. Ich mußte meinen alten Herrn, den Mann mit der »Bombe«, so schnell wie möglich über die Felder führen, ihn jagen und müde machen, ihn mit unserer Misere konfrontieren, daß ihm der Hut hochging und die »Bombe« platzte, und er sich dann meinen Argumenten für eine sofortige Finanzspritze nicht länger verschließen konnte. Sollte es schiefgehen, sollte der Ernstfall eintreten, konnte ich ihn immer noch in mein grünes Wägelchen setzen, Lotte einen Klaps auf ihren dicken Arsch geben und ihr ins Ohr flüstern: »Los, Alte, bring den Vater dahin, wo er hergekommen ist!«

Aber das waren Hirngespinste, Fata Morganen, die ausgelöst wurden von der eben unlösbaren Tatsache, daß ich morgen vier Donauschwaben unterbringen mußte. Die schönste Katastrophe taugt nichts, ebensowenig wie ein Vater ohne Scheckheft. Ich schlich mit ihm, mutlos gemacht durch seinen Kleiderschranktick, zu den Ställen hinüber, in denen wenigstens die Schweinebuchten wieder aufgerichtet waren, dank Roppel, der sich verdrückt hatte, als er die »Bombe« an dem Riesenphallus der Hofeinfahrt vorbeischwanken sah, tief in dem grünen Wagen. Roppel, der ebenfalls Anlaß zu einer kritischen Bemerkung meines »Vadders« werden sollte.

Aber nun zum Kuhstall. Wir wurden eingehüllt von dem warmen Milchdunst der kleinen Herde. Mein eifriger Melker Martin aus Muckrow, der sich nur wohlfühlte, wenn ihm bei der Arbeit der Schweiß von der Stirn spritzte und die blaßrote Bluse am Leib klebte, war gerade beim Aus-

misten. Es gab ja noch keine elektrisch betriebenen Förder-
bänder für den Transport des Dungs. Martin karrte den
Mist auf die Dungbucht, von der drei Jahre später die Katastrophe ihren Anfang nahm, die mir wirtschaftlich das
Kreuz brach und alles bis dahin Geschaffene zunichte
machte.

Mein Vater sah empor in das verfaulte, eingebrochene
Dachgebälk, diese Sparren ohne Halt, die jetzt die heiße
Junisonne durchließen und auf die dampfenden Rücken
der Kühe filterten. Es war hell geworden draußen und
drinnen, wo die Dachpappe losgerissen und davongeweht
war. Der tiefblaue Himmel war offen für das prüfende Auge. Mein Vater kommentierte dieses ihn erschreckende
Bild der Auflösung mit einem Appell, der ins Leere traf
und nichts bewirken konnte:

»Das mußt du aber bald reparieren lassen! Der Stall bricht
ja zusammen.«

Er hielt mich für diesen ruinösen Zustand verantwortlich,
obwohl er wissen mußte, unter welchen Bedingungen und
Voraussetzungen wir den Hof übernommen hatten.

Hier war nichts mehr zu reparieren. Das Dach war nicht zu
retten. Hier mußte ein Neubau her. Das dachte ich, aber
das sagte ich nicht. Denn dann hätte ich sagen müssen:
»Wer soll das bezahlen? Wer hat soviel Geld?«

Ich hätte, was ich in Briefen so oft vergeblich mahnend,
warnend, flehend und selbstverleugnend zu erklären versuchte, nochmals aufzählen müssen.

Ich mußte bis zum Jahresende 8000 Mark aufbringen, wofür es keine Deckung gab, keine auch nur nennenswerten
Einnahmen zu erwarten waren. Ich mußte Wechsel einlösen für Kunstdünger, Saatgut, Maschinenkauf und Repara-
turen des Garbenbinders und Grasmähers sowie des Ab-
legers — der Maschine, mit der man leicht ausfallende
Früchte mähte wie zum Beispiel Lupinen —, und Weihnachten rechnete Hoepker in Berlin mit den Zinsen für die
40 000 Mark-Hypothek. Also hier war mit einem treffen-

den Berliner Slogan einfach »Sense«. Das heißt, es war nichts mehr zu erwarten.

Das hätte ich alles hier vor Ort sagen sollen, hätte nicht den gehorsamen Sohn spielen dürfen. So wurde meine Antwort zur Farce: »Ja, das muß schnell gemacht werden.« Statt dreist und begründet zurückzufragen: »Wovon soll das alles gemacht werden, etwa von Lausebeene!?«

Das war auch ein singulärer heimatlicher Begriff, ein Codewort, ein Wort, das mein Vater nicht kannte, da er Heimat nie mit mir geteilt hatte, wir überhaupt niemals davon gehört hatten. »Heimat« blieb ein Fremdwort und kam nur in Märchen und bei Courths-Mahler, meinem Pubertätsidol, vor. Später machte ich einen Todessprung ohne Netz von Courths-Mahler zu Dostojewskij. In der Übergangszeit lief ich Amok.

»Ja, das muß gemacht werden«, wiederholte ich leise und atmete kaum hörbar schwer. Mein Vater hatte für mein Atmen kein Ohr. Und für Martin, meinen tüchtigen Helfer, der jeden Tag 200 Liter Milch nach Vollrathsruhe lieferte, fand er kein Begrüßungswort. Er fand überhaupt nie Worte, wenn man es von ihm erwartete, wenn es notwendig war. Er igelte sich ein und mied das Bad in der Menge. Er konnte nie Schützenkönig werden, ging auch nicht zu den glanzvollen Festen der Schützen mit der Abschlußfeier auf dem von Raketen und Leuchtfeuern überschütteten nächtlichen Marktplatz. Er machte nie die Nacht zum Tage. Er folgte auch nicht wie andere Honoratioren — »Patrizier« nannten sie sich, »Kaprizier« hießen sie bei unserem Nachbarn Kunitzke, einem vermögenden Schuhgeschäftsinhaber, der sich auch zu den Honoratioren zählte — in der Suite mit Frack und Zylinder, marschierte nicht mit den grünen Jägern und blauen Grenadieren zum Schützenhaus Parma. Er haßte das Marschlied, mit dem sie auszogen und gegen 10 Uhr abends wieder in die Stadt einrückten, den Marsch, in dem es, für ihn unerträglich, hieß: »Ich bin ein Preuße, will eine Preuße sein.

Kennt ihr meine Farben?« Er war Hannoveraner und Welfe und wartete auf den 1866 in der Schlacht bei Langensalza geschlagenen und nach England geflohenen guten König Georg von Hannover.

Alle Häuser waren erleuchtet, und aus den Fenstern schwefelten die Fackeln. Das geschmolzene Wachs tropfte auf die Mäntel und Blusen der Menschen, die sich auf dem Bürgersteig drängten und den Schützenzug mit dem bekränzten, meist sinnlos besoffenen König voran begleiteten oder ihm untergehakt in langen Reihen singend folgten: »Ich bin ein Preuße, will ein Preuße sein!«

Bei uns war alles dunkel; sogar die schweren Vorhänge waren vor die Tüllgardinen gezogen, damit kein Lichtschein in unseren Welfenwahnsinn fiel und meines Vaters Traum vom Königreich Hannover in Rauch auflöste.

Ja, aber nun standen wir hier, Vater und Sohn, und hatten uns wie immer in unserem, von mir erst begonnenen Leben nichts zu sagen. Es war ein echter Dachschaden. Mein Vater wollte nach dem Schock, den er hier erlitten, direkt vor Ort erlitten hatte, die anderen heruntergekommenen Gebäude nicht mehr sehen. Er fürchtete wohl noch schlimmere Überraschungen. So gab ich Martin ein Zeichen zum Weitermachen und führte meinen graugesichtigen Welfen ins Freie, vorbei an dem großen unbearbeiteten und unbebauten Garten mit dem eingestürzten Maschendrahtzaun, in dem der Wildwuchs wucherte — damals nannte man das noch »Unkraut« —, aber immerhin einige alte Obstbäume junge Früchte trugen. Mein Vater sah schweigend in diese archaische Landschaft, die seinen Ordnungssinn provozierte.

Ich führte ihn zu etwas Schönem, Hoffnungsvollem, Strahlendem, Duftendem: zu meinem Kartoffelfeld, das sich abseits des Weges bis an die Grenze des Waldes von Hallalit hinzog. Es lagerte sich hin. Es badete sich unter der Sonne in dem weißen Licht der Blütenfülle. Das mußte doch das Herz meines Vaters — er war doch ein Bauernsohn — höher schlagen lassen. Und es schlug. Denn als wir uns dem 25-Morgen-Feld näherten, fand er seine verlorene Stimme wieder und erkannte tatsächlich, daß er ein Kartoffelfeld vor sich hatte.

»Die Kartoffeln stehen ja prächtig, Junge«, sagte er. Er sagte wirklich »Junge«. Und wenn meine Rührung nicht an einer so abgelegenen Stelle in meinem Körper unauffindbar geworden wäre, hätte sie sich jetzt zeigen können, zeigen müssen. Aber es kam zu keiner Offenbarung. Denn das glückliche Wiedererkennen der Kartoffelblüte aus meines Vaters Kindheit — seitdem hatte er keine mehr gesehen — ging wie ein Schauer über sein eingefrorenes Gesicht. Er war zu kurz, um es auftauen zu können.Statt dessen zog mein letzter Welfe sofort Bilanz, machte eine imaginäre Rechnung auf.

»Wieviel Morgen sind das, sagtest du eben? 25? Na, wie die blühen und im Kraut stehen, kannst du mindestens 2500 Zentner ernten. Was bekommt ihr jetzt für den Zentner Speisekartoffeln?«

»Es sind Futterkartoffeln, Vater«, wagte ich seine Begeisterung zu bremsen. »Ich beginne noch im Winter mit der Schweinezucht, Mastschweine, Ferkelverkauf. Ich muß zuerst Zuchtsauen kaufen, mindestens vier für den Anfang. Die kosten auch schon etwa 1000 Mark. Und nur die weißblühenden sind Speisekartoffeln, aber die anderen mit dem lila Schimmer sind Parnassia, die muß ich selbst behalten, sind reine Futterkartoffeln.«

Mein Vater mußte sich damit abfinden, daß auch diese Rechnung nicht aufging. Ich fügte noch hinzu:

»Und dann weiß ich auch noch nicht, was die Hirsche des Grafen und die Wildschweine unseres Gauleiters davon übriglassen. Ich habe jetzt zwar den Jagdschein. Aber ich kann natürlich nicht jede Nacht Wache schieben. Und zum Schuß komme ich auch nur bei klarem Nachthimmel und Mondlicht dazu. Das ist nicht oft der Fall bis zur Ernte im Oktober.«

»Willst du noch den Roggen, den Hafer, den kleinen Schlag Gerste sehen? Dann müssen wir zurück zum Hof und zum Nordwald gehen. Das Gelände steigt etwas an. Kannst du noch, oder hast du Migräne?«, fragte ich meinen Vater, der immer Migräne bekam, wenn etwas schiefgelaufen war, wenn er enttäuscht wurde von den Preußen oder eben von seinem Sorgensohn.

Mein Vater wollte nicht mehr. Er hatte wohl erkannt, daß ihn die Kartoffeln auch nicht davor bewahren würden, noch einmal in dieses »Faß ohne Boden« — wie er unseren Hof nannte — zu investieren. Mit dem Roggen und dem anderen Getreide würde ich auch nicht über die Runden kommen. Ich brauchte ihm nun die Rechnung nicht noch einmal im Detail zu präsentieren.

Ich beendete die kurze Hofbesichtigung und noch kürzere Flurbegehung mit dem Vorschlag:

»So laß uns zu Fräulein Schröders Sülze gehen. Sie wird auf uns warten.«

Es war in der Tat eine ungewöhnliche Essenszeit. Es war bereits Vesperzeit für Starke, Funke und Roppel. Ein Zusammentreffen zwischen meinem masurischen Riesen und meinem Vater, der eine leichte Migräne, eine Migräne im Anfangsstadium, angekündigt hatte, war unvermeidlich.

Noch ein Ärger und noch eine Enttäuschung, und er fuhr voll auf diese peinigende Krankheit ab, wurde kalkweiß. »Das Blau in den Flöten des Enzian« erlosch dann auch für ihn, der sich so über die Kartoffeln gefreut und dessen Kalkulation über eine mögliche Rekorternte für ihn so wenig Hoffnung gebracht hatte. Meine Gegenrechnung ließ keine Hoffnung zu.

Meine Hoffnung war, keine Hoffnung zu haben. Sie war so wie unsere Zukunft, für die die weise Erkenntnis galt: Die Lage ist hoffnungslos, aber nicht ernst. Mein armer Vater war todernst. Er zitierte nicht die Parole Wellingtons bei Waterloo: »Ich wünschte, es würde Nacht oder die Preußen kämen.« Nur die Hannoveraner hätten Napoleon retten können. Sie und seine Welfen wären rechtzeitig gekommen, um den Kaiser heraushauen zu können, als seine Garde starb. Na ja, wenn mein Vater Migräne bekam, hatte er keinen Appetit, durfte er nichts essen. Sülze war allein schon als Wille und Vorstellung eine Herausforderung an seinen verkrampften Magen, der Ursache für seine Migräneanfälle war.

Aber nun begrüßte ihn Roppel mit seiner schweren Pranke. Alles an ihm war breit, mächtig, wuchtig, kolossal und faunisch. Roppel grinste meinen aschgrauen Vater freundlich und gewinnend an, lockte aber kein Lächeln auf seine erstarrten Züge. Sein Gesicht starb ab, welkte, fror. Und dann verschlang Roppel nach einem Teller voll Sülze, die eine ganze Familie sattgemacht hätte, noch ein daumendickes Stück von Lucys selbstgebackenem Brot mit Leberwurst, auch hausgemacht, und unter die Leberwurst, ebenfalls fingerdick aufgetragen, strich er noch eine Grundierung mit Butter aus der Molkerei Vollrathsruhe. Er wünschte es sich mit Nachdruck von Lucy. Er kam aus dem Rübenfeld, war seit 7 Uhr unterwegs, hatte die Rüben durchgehackt, hatte dem faulen Dudek Beine gemacht und nun einen Bärenhunger. Wir lieferten die Vollmilch. Die Molkerei lieferte dafür die Magermilch und Butter, soviel wir kaufen wollten. Das wurde dann am Monatsende verrechnet.

Mein Vater sagte in diesem unpassendsten aller Augenblick — seine Migräne gab ihm wohl einen Grund zu solcher Ungeschicklichkeit:

»Wissen Sie, Herr Roppel, Sie schmieren da noch Butter unter die Leberwurst. Das ist doch nicht nötig. Ich halte das für Verschwendung. Das hat es bei uns nicht gegeben und ist auch heute noch nicht üblich.«

Roppel stand auf mit dem angebissenen Brot in der Hand, nahm das Weckglas mit der eingemachten Leberwurst und sagte: »Ich esse, wenn ich Hunger habe und was mir schmeckt, Herr Apotheker. Und jetzt habe ich einen gottverfluchten Kohldampf. Mahlzeit!«

Er ging in die Küche und aß dort am ruinierten Wachstuch-
tisch sein Brot mit der größten Gelassenheit weiter.

Als mein Vater dann weggefahren war — ich brachte ihn
nach einer für ihn schlaflosen Nacht wieder im grün gewe-
senen Jagdwagen am abwesenden Puschkaitis vorbei zum
Bahnhof, es gab keinen Abschied, der ein Neubeginn hätte
sein können, Gerling hatte bereits den Martini für mich auf
den Schanktisch gestellt, es gab keine Barhocker, man soff
stehend freihändig — als ich das alles hinter mir hatte und
die Donauschwaben kamen, sagte Roppel zu mir:
»Weißt du, Kasanowitz, du hast einen dämlichen Vater.«

Ich hatte einen Vater, der nun glaubte, alles gesehen zu haben, alles zu wissen über das, was er gesehen und nicht gesehen hatte.

Die Koordinaten dieses Denksystems, dieses Erkenntnis-
prozesses reichten von dem falsch geparkten Kleiderschrank über die Trümmerlandschaft des Kuhstalles, dieses Baalbek in der mecklenburgischen Taiga, weiter über
den Farbtupfer der Kartoffeln, die ich an meine Schweine
verfüttern wollte, statt sie zu verkaufen und meine Schulden dadurch zu verringern, bis hin zu Lucys fetter Sülze,
die meinem schon angewiderten Vater den Magen umdreh-
te, und Roppels skandalösem Leberwurstbrot mit Butter-
aufstrich.

Das war aber noch lange nicht das Ende einer nie erfahre-
nen Liebe. Das war erst der Anfang. Die ganz große Scheiße, in die ich geraten war, war noch gar nicht vorauszuse-
hen. Ich nenne hier nur, weil bis dahin noch etwas Zeit vergehen muß mit ganz anderen Sensationen — mein Vater
spielte darin nicht einmal mehr eine Statistenrolle —, das
Stichwort: das *Entschuldungsverfahren* und was daraus für
schlimme Konsequenzen für mein Überleben, das identisch war mit dem Überleben der Hufen 10 und 11, entstehen sollten.

Heute bis hierher und nicht weiter. Ich mußte die Donauschwaben abholen und unterbringen. Mein Vater war auf und davon. Er mußte ihnen begegnet sein. Aber er wird für gehäkelte und grellbunte Schultertücher keinen Blick gehabt haben im Vorüberfahren oder beim Umsteigen auf dem Bahnhof in Waren, wo keiner den anderen übersehen konnte. Mein Vater trat ganz allein und ohne eine seine schmerzende Stirn liebkosende Hand die Reise ins Innere an.

Die Donauschwaben kommen

Gerlings Martinis, diese trostreichen Drinks, mußten diesmal in der Flasche bleiben. Ich mußte mit Lotte, die auf keinen Fall in Trab zu bringen war, zurückzockeln. Eine gute Stunde brauchten wir, bis wir aus der Taiga herausgefunden hatten und vor uns unsere zerbombten Hufen lagen. Auf dieser besinnlichen Reise, während der ich meinen davongefahrenen Vater bereits vergessen hatte und seine Mahnungen vom Wind der Zeit verweht waren, mußte ich eine Lösung für die Unterbringung der Schwaben von der schönen blauen Donau finden. Es war ja nicht nur ein Arbeitsessen, zu dem ich sie erwartete. Es gab vielmehr Arbeit für die beiden Ehepaare bis zum Umfallen. Es war ja soviel Dringendes liegengeblieben, anderes vernachlässigt oder zu spät begonnen worden. Wenn ich allein an die Wiesen dachte, die Starke nun heute abgemäht haben würde, reichte es schon für ein volles Programm. Aber das Essen mußten sie sich selbst besorgen. Es waren »Gastarbeiter«, oder nannte man sie damals schon »Fremdarbeiter«? Nein, niemand hatte sie mit vorgehaltener Maschinenpistole gezwungen, ins »Reich« zu fahren und hier ihre Arbeitskraft zu verkaufen. Man hatte sie mit faulen Tricks und Versprechungen angeworben. Na, die werden Heimweh bekommen, Heimweh nach der Batschka.

Ich konnte mir von dem Stromland zwischen Donau und Theiß keine Vorstellung machen. Das hatten wir nicht gelernt, oder ich hatte nicht aufgepaßt damals im Geographieunterricht.

Also, ich war ziemlich ratlos. Ich war ein Ignorant. Ich hatte keine Unterbringung zu bieten, die man als menschenwürdig bezeichnen konnte. Aber vielleicht waren es auch nur halbzivilisierte Barbaren, die auf Heu und auf Stroh schliefen, in einem Schuppen hausten und mit allem zufrieden waren, was ihr Herr oder Chef oder Boss — die Namen verändern sich mit den Zeiten, nur das Land wahrt und behält sein Gesicht — ihnen zumutete oder befahl. »Führer befiehl, wir folgen«, sollte wohl auch für sie, die Heimgeholten deutsch, beziehungsweise schwäbisch sprechenden Deutschen von der schönen blauen Donau die Parole werden. Ich wußte nicht einmal, ob sie dort unten noch blau oder schon aufgewühlt war von den Schlammassen, die jeder große Strom mit sich führt, je mehr er sich seinem Delta nähert.

Ein Schlamassel würde es auf jeden Fall geben, wenn meine vier Schwaben erst einmal an Ort und Stelle waren. Dann konnte und würde es — so wie die Zeichen der Zeit vermuten ließen — eine handfeste Schlammschlacht geben. So kam ich mit einem fest verschnürten Paket ungelöster Fragen heim zu meinen zwei kaputten Hufen. Der dritte kranke Huf stand im Stall und hatte Schmerzen, Krebsschmerzen: Mein trojanisches Pferd, dessen Bein schwärte und stank wie eine ganze Miete voll erfrorener Kartoffeln. Denn Käse ist ein unpassender und unzureichender Vergleich mit dieser faulenden Verwüstung.

Aber dieser unglückliche Flame oder Wallone, dieses belgische Riesenroß, tat noch seine Pflicht, verrichtete seine Arbeit bis zur Selbstverleugnung und Selbstaufgabe. Ich pinselte ihm das faustgroße Geschwür, diese aufgeweichte eitrige Masse eines ehemaligen Pferdehufes, täglich zweimal mit Jod ein. Mein letzter Trojaner zuckte zwar mit allen Wimpern, aber er ließ es geschehen, hielt tapfer aus. Er langweilte sich nicht bei der Prozedur. Aber er machte das unbeteiligte Gesicht eines gelernten Stoikers, als wäre er durch die hohe Schule eines Religionsphilosophen gegangen und abgeklärt worden.

Und nun kam ich als Quartiermacher für meine Schwaben von Theiß und Donau zurück. Lucy wußte auch keine Lösung. Es war schrecklich, zermürbend. Denn wenn sie keine Einfälle hatte, gab es überhaupt keine Einfälle mehr. Lösungen von der Art, wie wir sie hier brauchten, wurden wie Musterehen nur im Himmel geschlossen. Die Erlösung aus dieser Misere kam von Willy. Wir brauchten die Schwaben. Wir mußten sie haben. Wenn das Gras trocken und zu Heu geworden war, mußten sie einsatzbereit sein. Willy war zufällig so im Vorbeigehen Mitwisser unserer Probleme geworden und half uns mit einem Vorschlag, einem Satz aus dem Engpaß heraus. Er sagte ganz beiläufig: »Chef, wenn Sie einverstanden sind, schlafe ich bei den Pferden.«

Das war die rettende Idee. Hinter dem Stall befand sich eine mit Lumpen, zerrissenen Leinen, zerfetzten Sätteln und Gerät aller Art vollgestopfte Geschirrkammer. Wir konnten sie ausräumen und ein Feldbett hineinstellen. Willy war alles recht. Er kannte keinen privaten Luxus, hatte nie eine sogenannte »gute Stube« gesehen, in Muckrow nicht und eben hier auch nicht. Die einzige nicht unter Wasser stehende Kammer im Dachgeschoß konnte für eine Familie hergerichtet werden. Die andere sollte dann in dem sogenannten Arbeiterhaus, das auch eher einer untergehenden Barkasse im Niemandslandmeer glich, untergebracht werden. Wir würden schon eine trockene Ecke für das Bett reservieren, das dort ungenutzt vor sich hinschimmelte. Also drauf und dran! Stich und Hieb und ein Lieb muß ein Landsknecht haben!

Ich schickte Funke mit einem schnell gesäuberten Kastenwagen mit Liesch und Lotte zum Bahnhof. Ich selbst fuhr mit dem Motorrad etwas später los. So warteten wir dann auf den Zug aus Waren und die uns zugeteilten Schwaben, deren Dreitage- und Dreinächtefahrt hier ihr Ende hatte. Alles verlief planmäßig. Ich stand mit Funke — Starke mähte inzwischen noch immer die Randwiesen — empfangsbereit vor der Schanktür, durch die ich mich schon so oft nüchtern oder blau, aber stets von einem nebulösen Ziel angezogen oder getrieben, gedreht hatte.

Dann waren sie da. Wie soll ich beschreiben, was ich sah, was ich mit angehaltenem Atem oder auch im Traum wahrnahm und zuerst einfach nicht glauben, nicht verkraften konnte? Diese Menschen, die auf mich zukamen, fröhlich und unbeschwert, aber beladen mit Gepäck für einen langen Arbeitsurlaub, waren keine »Gastarbeiter«. Das waren wirklich Gäste. Alle vier waren gepflegt gekleidet, wenn auch auf ihre heimatliche Art ländlich, aber nicht wie Landarbeiter, nicht zerlumpt und heruntergekommen wie ihre deutschen Arbeitskollegen, das Treibgut, das sich von Arbeitsamt zu Arbeitsamt durchschlug, registriert oder nicht registriert, Stadtflüchtige, Gescheiterte, Alkoholiker, aus Gefängnissen Entlassene, alles Sand in den Mühlen des neuen Ordnungsstaates, allesamt Verwehte ohne Ausweis, ohne Heimatanschrift, ohne festen Wohnsitz, nicht einmal in eine Zigeunerfamilie integriert. Denn das hätte ja Heimatboden unter den Füßen bedeutet.

Nein, diese hier waren wohlhabende, gut gekleidete Landleute. Und nun mußte ich diesen Kastenwagen als Reisegefährt zu ihrem deutschen Herren anbieten. Was mag man ihnen dort unten alles erzählt haben, daß sie diese Reise ins Ungewisse freiwillig angetreten hatten? Sicher Spitzenlöhne, phantastische Arbeitsmöglichkeiten, vergoldete Freizeit, kurz Potemkinsche Dörfer und nicht dieses leckgeschlagene und sinkende Unterseeboot, auf das sie abkommandiert worden waren, diesen Seelenverkäufer, auf

den sie nun angemustert hatten. Das eine Paar paßte eben-
sogut zueinander wie das andere: Das eine Paar war behä-
big, gutmütig, langsam, aber absolut bereit, diesen skandalösen Empfang hinzunehmen. Das zweite Paar war kleiner, schlanker, die junge Frau fast zierlich, aber voll höfli-
cher Distanz angesichts der ungewöhnlichen Situation.
Schon hier bei der Aufforderung, über die Deichsel und
die Kastenwand den hohen Wagen zu erklettern — er war
ja für 50 Zentner Kartoffeln eingerichtet mit seinen dicken
Eisenreifen, mit denen er dröhnend über das Kopfsteinpflaster zum Schloß und Gut Vollrathsruhe hinaufholperte
— spätestens in diesem Augenblick muß meinen Schwaben der Gedanke gekommen sein, daß es ein Fehler war,
nicht schon in Novi Sad eine Rückfahrkarte gelöst zu haben. Nun waren sie Gefangene der Bounty.
Die rundliche, behäbige Bäuerin sagte denn auch:
»Was, auf diesen Wagen hier sollen wir klettern? Damit sollen wir fahren? Da werden bei uns in der Batschka nur die
Schweinekartoffeln verladen.«
Ich hätte am liebsten gestanden: »Bei uns hier auch. Hier
ist es genauso, aber alle anderen Wagen, eben die Kutsche,
die für Sie bestimmt war, stehen mit zerbrochenen Rädern
im Schuppen. Das sind jetzt die Nachtquartiere der Hühner, die sich auf diesen für sie bequemen Unterkünften
niedergelassen haben.«
Ich sagte nichts und wartete, bis die vier einander die Hände reichten, saubere, noch nach so langer Reise ins Ungewisse saubere Hände. Bei dem Umsteigeaufenthalt in Waren mußten sich alle vier gewaschen haben. In Liepowo
auf den Hufen 10 und 11, wo das Wasser so knapp war und
oft nur gerade für das Vieh reichte, wenn die Pumpe ver-
sagte, hatte niemand gewaschene Hände, außer natürlich
unsere Dame aus Combrai, aus dem lichtdurchfluteten
Proustzimmer mit dem Blick auf den Dschungel und die
fernen Felder, die Grenze zum Staatsforst. Ich sehnte mich
in diesem Augenblick nach der Geborgenheit dieses Zim-

mers mit den grazilen Barockmöbeln des bankrotten Mathematikers.

Wir rollten, stuckerten und klapperten über die Kopfsteine bergauf. Lotte und Liesch furzten mit allen Pferdekräften. Das machen Pferde so, wenn sie sich anstrengen müssen, wenn es bergauf geht. Ich fuhr mit meiner NSU aus Gumbinnen zuerst im Schrittempo hinterher, dann zog ich vorbei, brauste davon, um Lucy auf die Katastrophe vorzubereiten. Die Ehepaare konnten wenigstens zusammenbleiben. Ich brauchte keinen in der Waschküche, direkt neben der großen Kochküche, Lucys Sauna, unterzubringen. Denn auch das war erwogen worden. Die beiden Bäuerinnen aus der Batschka, die die Liebenswürdigkeit besaßen, den bewunderten Reichsdeutschen in ihrer »Ernährungsschlacht« zu helfen, trugen tatsächlich weite bunte selbstgehäkelte Schultertücher und bauschige farbige Röcke. Sie wirkten wie lebendige umherwandernde Blumensträuße in unserer Tristesse.

»Bonjour tristesse«, sagte ich zu der hübschen, kleinen, schmalen, die so gut roch. Ich mußte diese jungen Frauen ja mit ihren Nachnamen ansprechen. Hier war Distanz, vornehme Zurückhaltung die einzig mögliche Verhaltensweise. Ich bot allen Charme auf, zu dem ich nach Augenzeugenberichten fähig war, um wenigstens als Chef einen guten Eindruck zu machen. Dann führte ich sie in ihre Quartiere, die sie so sprachlos machten, daß sie zögerten, sie zu betreten. Alle vier schienen gleichzeitig einen Wadenkrampf erlitten zu haben. Es war wieder die Rundliche, offensichtlich Wortführerin der Reisegruppe, die die ganz überflüssige Frage stellte:

»Was denn, hier sollen wir wohnen? Unsere Schweineställe sind sauberer und größer. Na, das kann ja gut werden, Herr.«

Ich fand die dümmste Ausrede, die mir in dieser »Sekunde der Wahrheit« einfallen konnte, ich sagte: »Ja, hier ist es etwas beengt, aber ich werde ein neues Haus für meine Mitarbeiter bauen.«

Ich sagte nicht »ein neues Arbeiterhaus«. Denn ich sprach ja mit wohlhabenden Schwaben aus dem fruchtbaren Niederungsland zwischen Theiß und Donau. Sie waren in das ihnen versprochene Paradies, das Reich der größten Prachtentfaltung gekommen, und nun sollte ich ihnen in diesem Traumland der Führerbauten den Reisescheck der Arbeitsfront einlösen, sollte ihre Wünsche erfüllen. Das war in meiner Situation eine Gigantomanie.

Ich sagte: »Meine Herrschaften, richten Sie sich erst einmal ein, besorgen Sie sich etwas zum Essen. Hier gibt es nichts. Auch im Dorf gibt es kein Geschäft. Zum nächsten Kolonialwarenladen ist es 6 Kilometer. Aber da bekommen Sie alles, was Sie brauchen.«

Das Arbeitsamt hatte sie als Selbstversorger vermittelt. Der nächste Kramladen war Sieghart Fischers Kneipe in Kirch-Grubenhagen.

»Ja«, fragte der kleine, drahtige, dunkelhaarige Mann der hübschen Frau mit dem offenen blauen Kinderblick, »ist denn hier kein Metzger, kein Bäcker, kein Wäschegeschäft?«

»Nein«, gab ich offen zu, »hier gibt es nichts außer uns, den kaputten Hof, die Wälder bis in die Unendlichkeit, die Taiga und Rehe, Hirsche, Wildschweine en gros et en detail.«

Ich dachte an Fischers Planwagen, an den verschimmelten Käse, der nach Petroleum stank, und an alles in dem Chaos seines Warenangebots, das auf der Fahrt über die Puschkaitis-Felsen durcheinandergeraten war und sich vermischt hatte: die Bonbons mit der Stiefelwichse, das Nähgarn mit der Margarine.

Ja, und dann der Planwagen des Metzgers Eichholz aus Krakow am See. Er kam nur einmal im Monat, und die Wurst und das Fleisch waren auch schon ebenso alt, aber voll wimmelndem Leben.

Diese Möglichkeiten eines perfekten Warenangebots behielt ich für mich. Ich sagte jedoch und war sehr froh, sehr erleichtert, das sagen zu können, um auch dieses Kapitel, diese erste Phase des Arbeitsbesuches der sauberen Schwaben abschließen zu können:

»Alles, was Sie sonst dringend brauchen, meine Herrschaften, kommt direkt hierher auf den Hof. Wir gehen oder fahren nicht zum Einkaufen. Die Waren werden uns frei Haus geliefert. Und dann können Sie noch täglich Ihre Wünsche dem Milchfahrer, dem Funke auftragen, der besorgt alles, und mittags haben Sie dann alles, was Ihr Herz begehrt, frisch aus der Speisekammer auf den Tisch.«

»Danke schön, Herr«, sagte die junge Frau und leuchtete mich an. Dann war ich mit Lucy allein im Proustzimmer und blickte versonnen und getröstet über die Ebene von Combrai in die Ferne der Ile de France. Wir befanden uns jenseits von Gut und Böse. Dieser einzige Raum voll Leben mit den Resten von Pompeji, Herkulaneum und Stabiae, mit dieser herrlich in den Traum hinein zerfallenden Terrasse, war unser Garten Eden. Hier sagten wir uns die Wahrheit. Hier war sie unteilbar.

»Schöne Scheiße«, sagte ich, »die hauen bald wieder ab.«

»Nun warten Sie doch erst einmal, wie diese braven Leute mit ihrer unerwarteten Situation, mit diesem Reinfall fertigwerden.«

»Sie haben recht, Lucy. Die Hälfte seines Lebens wartet der Soldat vergebens. Also warten wir ab. Morgen schicke ich sie erst einmal ins Heu. Dann haben wir den Starke, Funke, die Dudeks und Roppel für die Feldarbeiten frei. Roppel wird das organisieren. Wenn ich mit dieser Besetzung auf lange Sicht rechnen kann, schaffen wir es, brauchen wir kein Stück Land unbestellt lassen im Herbst, keine Brache.«

Lucys Eltern waren aus Muckrow zurückgekommen. Die Donauschwaben hatten mehr gegeben, mehr geleistet, als ich jemals erwartet hatte, erwarten *konnte* nach diesem peinlichen Empfang und dieser primitiven Aufnahme. Sie

waren arbeitswillig, verstanden ihr Handwerk, diese Feldarbeit, zuerst den Umgang mit dem Heu, kannten sich auf
den zu Leiterwagen umgebauten Kastenwagen aus, mit
denen das Heu in die dafür bestimmte Scheune mit dem
angebauten Sarkophag, dem Wasserturm, mit der nur
noch teilweise schwarzen Wandverkleidung gefahren wurde. Sie verrichteten jede Arbeit prompt, mit Geschick, fast
elegant. Jeder Handgriff saß. Und sie bewahrten ihre Würde. Diese Eigenschaft irritierte Starke und vor allem die faulen und dabei unterwürfigen Dudeks über alle Maßen.
Starke konnte offensichtlich nicht verstehen, daß sie nicht
so routiniert klauten wie er — und wenn es Eier waren, die
die Leghornhennen und die kleinen bunten Italiener überall ins Heu, ins Stroh, in jede sich ihnen bietende Zuflucht
legten.
Die kleine hübsche Donauschwäbin lieferte jedes so gefun-
dene Ei bei Lucy in der Bunkerhöhle der Küche ab. Nein,
reichsdeutsche Maßstäbe griffen hier nicht. Diese Gäste
waren den verrotteten Verhältnissen in unserem vom
Sendebewußtsein total besessenen Land in jeder Weise
gewachsen, ja sogar überlegen. Ich meine nicht das ganze
Volk. Es gab den Widerstand. Es gab schon bald in wenigen
Wochen die tapferen Männer, oft noch halbe Kinder, die
mit den Interbrigaden nach Spanien gingen, um der faschi-
stischen Hydra den Kopf abzuschlagen, ohne zu wissen,
daß Hydraköpfe automatisch nachwachsen wie die
Schwänze der Echsen. Es gab das alles. Aber es gab keine
Lebenskultur mehr. Die war seit 1933 für immer verlorengegangen. Ein »Führer« über ein Volk von Gläubigen, der
seine Mitkämpfer und Freunde ermorden ließ, eine von
ihm vergiftete Meute, die über alle herfiel, die sich nicht unterwerfen wollten, die einen Namen hatten, der nicht wie
Killer oder Müller, Meier oder Goebbels klang, die Menschen erschlug und folterte, skalpierte und ihnen die Nägel ausriß, konnte kein Kulturvolk sein. Dieses verlorene
Volk hatte nie eine wirkliche Kultur, eine Lebenskultur be-

sessen. Es hatte nur das Maul aufgerissen und sich zum Sprecher des Abendlandes per Zuruf selbst ernannt.

Es gab keine höhere Instanz, die ihm die Befugnis dazu gegeben hätte. Es war ein Volk von Untertanen und Denunzianten. Es war kulturlos, es war geistlos, es war seelenlos, es war humorlos, es war würdelos. Es besaß keine Existenzberechtigung. Diese Gesellschaft hatte sich ohne Lizenz etabliert.

Die Träger einer alten Kultur, die Vermittler, die nicht einmal den Anspruch darauf erhoben, mit Hochachtung behandelt zu werden, wohnten hier auf dieser kaputten Klitsche in Kammern mit feuchten, verschimmelten Wänden und schwiegen, weil sie wußten, was Würde ist. Von Starke und den Dudeks wurden sie als Feinde, als Eindringlinge betrachtet. Später in dem Rachefeldzug der Minderwertigen gegen die Würdevollen wurden diese jenseits der Reichsgrenzen Geborenen und Aufgewachsenen, die nicht im Chaos der Anarchie Lebenden als »Beutedeutsche« diffamiert.

Am Nachmittag um fünf Uhr

Als ich die Dudeks eines schönen Morgens schlafend auf dem Rübenfeld antraf, das sie durchhacken, also reinigen sollten von dem wuchernden Unkraut — besonders lästig und zäh wuchsen die Quecken —, entließ ich sie ohne Kündigung, schickte sie ohne weitere Begründung in die Wüste. Der kleine Tellermützenmann versuchte, sich mit seiner stereotypen Einleitungsformel für lange Reden zu rechtfertigen: »Also, wolln wir mal sagen, das ist so: Meiner Frau war schlecht geworden. Wissen Sie, Chef, immer die Sonne auf der Birne, das hält sie eben nicht aus.«

»Und da haben Sie sich eben einfach dazugelegt. Das nenne ich solidarisch. Aber nun, ab geht die Post, Bündel geschnürt und flott gesungen: Wozu ist die Straße da? Zum Marschieren! Also schmieren Sie ab!«

Als Dudek noch Luft holte, um zu protestieren und was von Lohn faselte, der ihm noch zustand, schnitt ich ihm die Rede ab: »Sie brauchen mir keinen Schadenersatz für die durchpennten Tage zu leisten. Was Sie mit Ihren Nächten machen, geht mich nichts an. Aber am Tag wird nicht gepennt, bei mir nicht. Vielleicht finden Sie einen Daueraufenthalt für Berufspenner. Gute Reise!«

Ich ging zurück, holte die Arbeitsbücher der beiden, die sie bei Arbeitsbeginn abgeliefert hatten — so war es Vorschrift —, gab sie ihnen und dazu keinen Pfennig zum Glück. Sie zogen ab, stumm gewordene Zeugen ihres eigenen Versagens.

Nun hatte ich eine Mannschaft zusammen, mit der ich die kommende Erntesaison gut bestehen konnte. Außerdem standen mir die beiden Waldarbeiter Bahles und Tschrapp im Notfall zur Verfügung. Allerdings beanspruchten diese tüchtigen Männer Sonderzuteilungen: eine Fuhre Roggenstroh und das Recht, die sauren Kranichwiesen abzuernten, sofern sie trocken genug waren, daß sie mit dem Leiterwagen das nicht gerade eiweißreiche, harte Heu abfahren konnten. Es mußte eine lange Trockenperiode kommen. In diesem Sommer wurde sie zur Dürre. Schröder hatte im Wildgarten vor der Terrasse einen Regenmesser aufgestellt. Wir hatten im sonst regenreichen Juni bisher nur 5 Millimeter auf den Quadratmeter gehabt. Da begann das reifende Getreide zu kümmern, und die Hackfrüchte ließen die welken Blätter hängen, waren aber noch zu retten, wenn bald Gewitter aufzogen und eine Regenzeit einleiteten, in der Perkun uns gewogen war.

»Die Jagd: Das ist ein Rausch der Liebe«, hatte Tania Brixen geschrieben. Aber die afrikanische Großwildjagd ist ganz anders, ist ein echtes, gefährliches Abenteuer verglichen mit unserer Hochwildjagd, obwohl sich auch da mancher Jäger selbst erlegte. Kenia ist großräumig, verschafft dem Jagenden ein enormes Selbstgefühl, versetzt ihn in einen Taumel grenzenloser Überbewertung seiner Möglichkeiten, in ein Fieber, das ihn bis zur Selbstvergessenheit seiner Leidenschaft ausliefert. Er verliert die Kontrolle über seine Fähigkeiten. Er wird selbst zum Gejagten. Er befindet sich in der Großwildsteppe wie in einer Arena. Diese Besessenheit ignoriert die schmale Grenze zwischen Leben und Tod, und oft genug wählt sie den Tod.

Ich hatte keine Zeit für die Liebe. Ich hatte vor fast zwei Monaten die Prüfung gemacht und noch keine Chance bekommen, meinem Wunsch zu folgen und meine Mauserbüchse auszuprobieren, zum Schuß zu kommen, einen Bock zu erlegen. Denn seit dem Juni war die Bockjagd offen. Ich hatte dem Abschußplan zufolge einen jagdbaren Bock und zwei geringe Abschußböcke frei. Jagdbar: Das war die Krone der Jagd, das höchste Prädikat, das war die Vollkommenheit. Abschußböcke waren entweder verkümmerte, kranke Tiere, die ein entsprechend miserables Gehörn geschoben hatten, sogenannte Korkzieher oder ewige Spießer oder Gabelböcke, die nicht die Kraft hatten, jemals ein starkes Sechsergehörn mit dicken perlenden Rosen zu schieben.

Das hatte ich inzwischen auf Förster Polchows Rat alles gelernt. Er hatte versprochen, mich bald zu besuchen. Meine Kenntnisse ergänzte ich durch die regelmäßige Lektüre der Zeitschriften »Wild und Hund« und »Die deutsche Jagd«, die ich abonniert hatte.

Nun war meine Sternstunde gekommen. Der Betrieb lief. Martin hatte die Herde auf die Weide mit dem neuen Knotengitterzaun getrieben. Im zeitigen Frühjahr hatte es Regen gegeben und im Winter viel Schnee. Das Gras war dicht und üppig. Der Rotklee reichte mir bis zu den Waden. Meine Mannschaft war von den Störenfrieden befreit. Sie leistete unter Roppels Anleitung, was von ihr erwartet wurde. Er selbst hatte damit begonnen, die trockenen Randgebiete des Kranichbruches umzubrechen, tief umzupflügen. Dann wollten wir dort im nächsten Frühjahr Hafer säen.

Jetzt begann meine aufregendste Zeit in diesen Taigajahren, mein wirkliches Abenteuer: die Tagjagd auf den Bock und die Nachtjagd auf das Schwarzwild und die Geweihten. Diese hatten aber noch Schonzeit bis zum Spätherbst.

Die Hirsche des Grafen hatten ihre Geweihe noch nicht voll entwickelt. Sie standen noch im Bast, schoben noch immer ihre mächtigen Stangen.

Die Jagd bedeutete für mich die letzte Möglichkeit, Freiheit noch als elementares Lebensgefühl wahrzunehmen, ein Vakuum zu füllen, ein Ventil zu öffnen, Dampf abzulassen. Ich war seit Monaten fast an allen Sonn- und Feiertagen, so auch Ostern, Pfingsten und Himmelfahrt, mit den Pferden auf den Feldern, vierspännig, mit den schweren schottischen Eggen, mit dem Gruber, dessen nach vorn gebogene Eisenzinken die hart gewordene, von Unkraut durchwachsene Erde aufrissen, den Boden lockerten, so daß dann die Eggen das von der Krume losgerissene überflüssige Gras, die Quecken, den Hederich, die Disteln, alles, was das Land verunkrautete und die Saat behinderte, zerkleinern konnten. Es lag dann wie ausgerissenes Haar lose auf dem Acker, wurde der Sonne und dem Wind ausgesetzt, verdorrte.

Das ganze Unternehmen war eine Reinigungsaktion, bevor der Pflug die Schollen kippte und die Erde saatfertig machte. Und die jahrelang vernachlässigten Felder waren ein Eldorado für Wildwuchs aller Art. Damals gediehen ja auch noch Kornblumen und Wegwarte, wilder Mohn und wilde Kamille auf den unbearbeiteten Feldern und breiteten sich unaufhaltsam aus.

An einem Frühlingssonntag war ich mit dem neuen Düngerstreuer von Zenker unterwegs auf dem Rübenfeld dicht am Hofe unmittelbar am Weg, der vom Wald zum Gehöft führte. Ich gab Kalkammonsalpeter, sogenannten Kopfdünger, auf die jungen Pflanzen, die nicht recht vorwärtskommen wollten. Ich hatte wie immer, wenn ich nur ein Pferd brauchte, die dicke, gehorsame Lotte angespannt. So zogen wir über das Feld. Tau und Regenschauer sollten in den folgenden Tagen den blaukörnigen Kunstdünger auflösen und den Pflanzen zuführen. Es dauerte gut zwei Wochen, bevor die chemische Düngung wirksam wurde, die Pflanzen eine gesunde Farbe bekamen, eingrünten. An diesem Nachmittag hatte Meister Zenker in Waren wohl einen Einfall, eine Art Eingebung zu falscher Zeit, seiner Frau einen seiner besten Kunden vorzuführen. Er ließ seinen Monteur Brauer kommen und gab die Parole aus: »Wir fahren zum Kaffee nach Liepowo zu Herrn Glahn.«

Schön und gut, eine freundliche, liebenswerte Absicht, Kontakt über das Geschäftliche hinaus zu pflegen. Aber sie kam zur Unzeit. Zenker konnte allerdings nicht ahnen, daß sein Vorzugskunde mit dem unbeschränkten Kredit diesen Sonntag zum Arbeitstag erklärt hatte. Meine Mannschaft war ja noch nicht komplett. Wir hinkten hinter der Jahreszeit wie lahme Krieger her, waren zwei Wochen im Rückstand. Ich hatte erst im April den Hafer in die Erde bringen können. Die Rüben hätten bereits handhoch stehen müssen. Und da hinein platzte Zenker mit seiner urkomischen, fast haarlosen Frau, die nur unzusammenhängende Sätze sprechen konnte. Sie war absolut kein Krankheits- oder Pflegefall. Sie war nur unbeschreiblich gleichgültig, larifari. Sie wird einfach Zenkers Parole »Auf nach Liepowo« gefolgt sein wie ein Kind seinem mächtigen Vater.

Da standen sie nun, und Brauer zog den Kopf ein, als ich sagte: »Ich muß Dünger streuen, Kopfdünger. Ich habe keine Zeit mehr zu verlieren. Es drängt.«

»Heute ist Sonntag«, entgegnete Zenker, und seine dritten Zähne lachten einladend, aber auch locker. Seine Prothese hing schief in dem halb offenen Mund, den er ihretwegen nicht schließen konnte. Zenker klapperte mit dem verrutschten Gebiß und sagte mit größter Bestimmtheit, gegen die es kein Veto geben durfte: »Wir wollen bei Ihnen Kaffee trinken und ein schönes Stuck Kuchen essen — mit Sahne natürlich«, ergänzte er seine Selbsteinladung. Erst jetzt bemerkte ich das Schild aus weißer Pappe, das er um den Hals gebunden hatte, mit der schwarzen Aufschrift »Off Limit!«

Ich dachte an Lucy, die sich erschöpft hingelegt hatte. Ihr Arbeitstag begann um 5 Uhr morgens. Außerdem gab es bei uns keinen Kuchen. Kaffee wurde aus Gerste gekocht, sogenannter Schnittbohnenmokka. Selten gab es bei Sieghart Fischer im Allzweckladen Kaffee Hag. Also, ich mußte Widerstand leisten bis zum bitteren Ende, bis Zenkers auf ihren Besuch verzichteten und Brauer das Signal zur Heimfahrt gab. Es befand sich rundum kein Restaurant, geschweige denn Gartenlokal mit Kuchen und Sahne.

Ich wendete den Düngerstreuer, riß Lotte aus ihren Pferdeträumen, gab ihr vorsichtig, nicht roh, einen Peitschenhieb. Die sanfte Berührung der Peitschenspitze war lediglich eine symbolische Aufforderung zur Arbeit. Zenker war verlegen geworden. Seine Frau mit den wirren Haarsträhnen bekam rote Flecken im Gesicht und sah gekränkt, tief gedemütigt aus.

Zenkers zweitbester Kunde ließ seinen großherzigen Kreditgeber nicht vor, schickte ihn weg wie einen Telegrammboten, wie einen Penner, Penner mit Auto. Wie waren die nur über die Schlaglöcher und durch den Treibsand des Taigaweges, dieser autofeindlichen Piste, gekommen? Das schafften ja sonst nur Borjaks und Klinkes Opel und auch nicht immer, nicht bei Regen, Schnee und Eis, aber ebenso nicht, wenn der Mahlsand die Räder blockierte. Brauer war ein mutiger Fahrer, ein Vollblutmonteur. Er brachte Zenkers noble Kiste durch jede Untiefe.

Aber wie konnte der wachsame Puschkaitis sie nur über

die glattgeschliffenen Findlinge passieren lassen, dieser aufmerksamste und strengste unserer zahllosen hauptamtlichen Taiga-Götter? Puschkaitis mit seinem Stachelbart aus Kiefernnadeln und seinem Haarfilz aus Birkenlaub, das sein göttliches Antlitz verhüllte, ihn bis zum Bauchnabel bedeckte, an dem der Laubkranz mit einer Sicherheitsnadel befestigt war. Das galt für den Winter ebenso wie für den Sommer. Unvergängliches Laub. Ewiger Nabel der Welt. Puschkaitis.

Mein »Nabber« Dobbertinsky, der Starenjäger, der ein besonders vertrauliches Verhältnis zu unserem Waldgott hatte und ihm öfter begegnet ist als wir alle, erzählte allerdings, daß er Puschkaitis auf den Findlingsblöcken hockend und dann umherspringend beobachtet hätte, bockshörnig und splitternackt. Er hätte — so behauptete unser Starentöter — eine saatgrüne Haut gehabt, um den behaarten Hals eine faustgroße Kartoffel, durch die er eine riesige, bis zum wolligen Schamhaar reichende Krawatte gezogen hatte, die er wie ein Medaillon auf der Brust trug.

»Die Kartoffel schimmerte unter dem Laubdach der hohen Buchen des Grafen von Schaumburg-Lippe wie pures Gold.«

»Was für eine Kartoffel?« fragte ich spontan und glaubte meinem »Nabber« nichts. Aber er stampfte vor Ungeduld mit dem Jagdstiefel auf und konnte auch darauf eine plausible Auskunft geben: »Eine Parnassia natürlich.«

Mag auch vieles Legende sein, was damals von Puschkaitis berichtet wurde. Aber es besteht kein Zweifel: Er war unser erster Grüner, unser grüner Taiga-Gott.

Nun aber ließ Brauers empörter Chef doch etwas Luft ab. Er sagte: »Ich hatte geglaubt, Sie sind ein freundlicher Mensch, Herr Glahn, ein Kavalier der alten Schule, ein großzügiger Gastgeber. Haben Sie nicht erst vor zwei Monaten bei mir Graupen gegessen, so daß wir uns alle bei der Mahlzeit einschränken mußten? Die Rüben haben noch Zeit bis morgen. Spannen Sie aus und kommen Sie. Wir fahren schon mal auf den Hof.«

Brauer wußte, daß es keine Einladung und kein Dakapo geben würde. Er sagte zu seinem Chef: »Herr Zenker, Sie sehen doch, da ist nichts zu machen. Wir müssen heim, uns reicht's.«

»Wenn Sie meinen, Brauer, dann ab nach Hause. Wir werden schon noch etwas finden für unseren Durst. Überlegen Sie mal!«

Zenkers fuhren davon, vorbei am Riesenphallus, der die Einfahrt versperrte, wendeten zwischen abgestellten Wagen und Maschinentrümmern und glitten mit ihrem teuren Schlitten an mir vorbei, ohne mich noch eines Blickes, nicht einmal eines Bedauern ausdrückenden Blickes zu würdigen. Nur Brauer lächelte etwas infam. Denn er hatte die Panne kommen sehen und seinen Meister gewarnt vor dieser Fahrt ins Blaue. Er hat es mir später erzählt. Er rieb sich dabei die öligen Monteurhände. Er hatte Zenker diese Absage gegönnt. Denn Zenker war nicht der Herrgott und auch nicht die Welt. Er tat nur so. Er war der dumme August seiner zänkischen, ungeduldigen, etwas verschrobenen Frau und der Sklave ihrer unberechenbaren Einfälle. Er war ihr ausführendes Organ.

Aber auch dieser mißglückte Sonntagsbesuch änderte nichts an unseren intensiven Geschäftsverbindungen. Ich hatte meinen Kredit nicht verloren, sondern dazugewonnen.

Denn ein Landwirt, der sonntags arbeitet, ist die beste Garantie dafür, daß er fristgemäß und ohne Mahnung seine Schulden bezahlt.

Die Nachbarn, alle, die von dem Höhenweg meine Felder überblicken konnten, respektierten meine Arbeitswut, meine Besessenheit. Sie erkannten, daß ich es anders nicht schaffen konnte. Mein zahnloser Mitwisser und Zuträger, der Jagdbeobachter und Starenkönig Dobbertinsky auf dem Eichenhügel, kam regelmäßig quer über die Felder und lieh sich meinen neuen Düngerstreuer aus:

»Nabber, läßt du mir dihn Düngermaschin? Bring sie sauber zurück!«

Das war klar, ebenso wenn der lange, schmale, schwarze Riese mit den Mafioso-Augen, Konrad Kowalz, lässig und wortkarg anfragte: »Kann ich mal Ihren Düngerstreuer haben?« Es war eine selbstverständliche Geste der Mitverschworenheit. Denn wir saßen hier alle auf demselben Dampfer, eingekreist von unermeßlichen Wäldern, belagert von Wildrudeln. Wir lebten mit dem Wild in einem Verhältnis 1 zu 10 für die Belagerer. Wir mußten uns gegen ihren Ansturm wehren. Die Jagd geriet in ein Stadium der Selbstverteidigung. So gab es keine etwa religiös bedingten Kontroversen wegen meiner Sonntagsarbeit. Es war meine Art, den Feiertag zu begehen.

Diese 9 Hufenbauern waren keine Frömmler, keine Kirchendiener, keine Gesundbeter mit krummem Rücken. Sie waren eher die ersten Partisanen, die ich kennenlernte. Sie taten alles gern, was den Behörden, den Mächtigen, den Herren in Regierung und Kirche mißfiel. Nur über den jungen Pfarrer in Hohen-Wangelin schimpften sie, ihn verachteten sie sogar, weil er den Bauern dort beim Mistfahren half. »Ein Pfarrer ist ein Pfarrer ist ein Pfarrer«, schrieb schon Gertrude Stein. Und ist er auch noch so ein großer Heuchler: Er gehört auf die Kanzel, zur Kindstaufe, zur Konfirmation, zur Hochzeit und ans Grab. Sie waren alle protestantisch. Sie protestierten gegen alles. Ein freies Volk.

Jetzt wollte ich die Früchte meiner Enthaltsamkeit ernten. Zwei Monate nach der Jägerprüfung fieberte ich meinem ersten Jagderlebnis entgegen. Ich wollte nun Waidmannsheil haben, koste es, was es wolle. Und ich würde mich einen Scheiß um die für mein kleines Revier genehmigte Abschußliste kümmern. Jeder Bock, jede Sau, ob Keiler oder Bache, abgesehen von einer führenden Bache, das heißt, einer Bache mit Frischlingen —, würde fallen müssen, wenn ich sie schußgerecht vor meine Mauserbüchse Kaliber 8 × 57 bekam.

Von Schröder hatte ich das Jagdglas der Firma Busch-Rathenow erworben, ein gutes Glas, mit dem man ohne Zweifel einen Sechserbock von einem Spießer unterscheiden konnte. Die alten Spießer waren Mörderböcke. Mit ihrem dolchartigen Gehörn forkelten, das heißt töteten sie die schwächeren heranwachsenden Jungböcke, die einjährigen. Diese Kümmerlinge mit den schraubenförmig verdrehten Spießen galten als Abschußböcke.

Das waren keine jungen Spießböcke, Kitzböcke, einjährig. Das waren oft alte heimliche und schlaue Einzelgänger, die man nur in ihrer sogenannten »dummen Stunde«, das bedeutet in der heißesten Zeit des Tages, in der Mittagsstille, erwischte oder abends spät in der fortgeschrittenen Dämmerung, wenn sie vorsichtig am Rand des Waldes, am Rand der Deckung ästen, um sofort beim ersten Anzeichen von Gefahr in der Schonung, im Dschungel, untertauchen zu können, immer aufmerksam, immer absprungbereit.

Mir war es ganz gleichgültig, ob mein erster Bock ein »jagdbarer« war, also ein gut verreckter älterer Sechser, der die Reife erreicht hatte, nach der in den folgenden Jahren das Gehörn sich langsam wieder zurückentwickelte und schwächer wurde, oder ob meine erste Jagdtrophäe ein Mörderbock war, ein zurückgesetzter Sechser, der seinen Höhepunkt längst überschritten hatte und altersgrau und unvorsichtig dazu geworden war.

Endlich zum Schuß kommen! Endlich Schröders Spott entkräften »Du kommst nie zum Schuß, wenn du so weitermachst!«

Ich brauchte kein Zielwasser. Ich brauchte eine ruhige Hand. Ich mußte das Zittern der Hände, das vor Erregung bebende und bis zum Hals schlagende Herz beruhigen.

Ich mußte im Augenblick des Schusses kaltes Blut bewahren und nach dem Treffer geduldig die Beruhigungszigarette rauchen, ehe ich auf die erlegte Beute zuging. Denn wenn ich nicht in das Leben des gefallenen Bockes oder Keilers getroffen hatte, konnte das schweißwunde Tier noch einmal auf die Läufe kommen und mit einem verzweifelten Todessprung über die Grenze zum Grafen oder in den Staatsforst entkommen, um dort zu verenden, nicht unter den Kugeln des Schützen, dessen mörderische Nähe es im Todeskampf spürte.

Ich schob das mit sechs Patronen gefüllte Magazin in die Mauserbüchse und entschloß mich, an diesem Sommerabend den Zwangswechsel durch das große Loch im Maschendraht des gräflichen Reviers am Nordwald aufzusuchen. Ich begab mich, von Schröders »Waidmannsheil« begleitet, auf meine erste Pirsch. Denn einen Ansitz, eine Deckung außer der Bodenwelle, der natürlichen Deckung, die mich bis auf etwa 120 Meter an den Wechsel herankommen ließ, gab es auf der freien Fläche nicht. Es handelte sich um den Sechserbock, den »Nabber« Dobbertinsky mir verraten hatte, der treue Kumpel mit den Wilddiebsaugen, der auch ohne Jagdschein nachts umherstreifte und das Wild aufspürte, wo er die Fährten, die verräterischen Trittsiegel entdeckt hatte. Er wußte genau, wann die Stunde geschlagen hatte, wann ihm diese Stunde die Beute zutrieb, auf die er wartete, seinen hohlen Husten, der ihn verraten würde, hinter dem schmutzigen Halstuch verbergend. Seltsam und doch bezeichnend für die Energie und den Fanatismus eines Menschen, den das Jagdfieber gepackt hatte. Er mußte nicht husten, wenn es darauf ankam, mit allen Sinnen wach zu sein und den Körper zu beherrschen.

Dann vergißt jeder echte Jäger alles, was ihn ablenken oder aufhalten könnte, sein Ziel zu erreichen. Nur der Instinkt ist wach. Er muß dem Vorteil der Witterung, den das Wild uns voraus hat, gewachsen sein. Er muß diesen Vorteil ausgleichen. Die Klugheit des Jägers siegt über die Sensibilität des Opfers. Aber gerade diese Sensibilität, dieses Wissen um die Gefahr, um die Bedrohung, gibt dem gejagten Wild eine Chance, der der Jäger sich oft nicht gewachsen sieht. Im entscheidenden Augenblick — er hat den Stecher schon gezogen, hat das Wild im Visier, er muß nur noch den Abzugshahn leicht mit der Fingerkuppe berühren, und schon fällt der Schuß — in diesem Bruchteil einer Sekunde springt der Bock, springt jedes gejagte Wild ab, wenn es Witterung bekommt, wenn es in dieser Sekunde nicht unaufmerksam ist. Ist dieser Jäger ein guter Schütze, hat er eine ruhige Hand behalten, liegt das Wild im Feuer, auf das Blatt oder durch den Hals getroffen.

Das waren die Voraussetzungen und Unwägbarkeiten des Erfolges. Das mußte jeder Jäger einkalkulieren, den die Passion ergriffen hatte. Mit diesen Gedanken stieg ich langsam, gedeckt von dem hohen reifenden Roggen links und rechts des Pirschpfades, den Hügel empor und schob mich zuletzt Schritt für Schritt, oft in die Knie sinkend, allmählich an den Punkt heran, von dem aus ich ungesehen, von dem Grenzzaun mit dem großen Loch, durch das der Wechsel führte, die Stelle erreichen mußte, wo der Bock zu erwarten war, wenn er in der anbrechenden Dämmerung von unten aus den Bruchwiesen kam oder aus dem Mischwald der Taiga zu dem Wasserloch, das schon zu Dobbertinskys Land gehörte, gelangen wollte.

Ich entsicherte meine Büchse, machte sie schußfertig und wartete geduldig, aber von Mücken zerstochen — keine Bewegung jetzt — auf den Sechserbock. Ich brauchte nicht zu warten. Er war schon gekommen. Er war schon unterwegs auf der Rückfährte durch das Loch im Gatter hinein in den schützenden Wald. Er äugte noch einmal herüber, sicherte mit erhobenem Haupt. Seine Lichter glänzten. Er hatte nur diese Sekunde Zeit abzuspringen oder abzuwarten. Er wartete ab.

Ich hatte die Büchse entsichert, den Stecher gezogen, berührte ganz vorsichtig — ein Abtasten nur — den Abzugshahn, und der Donner der großkalibrigen Büchse zerriß die Stille des Abends, der vom Duft des Getreides, des reifenden Roggens, schwer und erfüllt war.

Der Bock lag im Feuer. Er versuchte nicht, noch einmal auf

die Läufe zu kommen. Ich hatte ihn ins Leben getroffen. Ich brauchte nicht abzuwarten, bis die Beruhigungszigarette verglühte. Meine Hände begannen erst jetzt zu zittern, und mein Herz hämmerte wie eine Trommel gegen meine Brust, auf die ein unsichtbarer Trommelbube schlug.

Ich stieg in die Mulde hinab und dann wieder hoch zum Zaun, vor dem der junge Sechser verendet war, zu jung, um schon zu fallen, wie wir später am Gehörn feststellten. Aber er war mein erster Bock, mein erstes Wild überhaupt. Ich hing ihn mir um die Schulter, das Haupt erhoben mit einem grünen Bruch im Gebiß. Er hatte nicht gelitten. Der Blitz hatte ihn erschlagen. Perkun selbst hatte ihn getötet. Es war ein perfekter Halsdurchschuß, ein Meisterschuß. Nichts im Inneren war zerfetzt von dem großkalibrigen Geschoß, wie es sonst bei Blattschüssen so oft passiert, wenn Lunge, Leber, Nieren — der sogenannte Jägeranteil — getroffen werden und sich die Galle in die edlen Teile ergießt, sie mit ihrem bitteren Gift ungenießbar macht.

Dieser Bock war mein erster Triumph. Er entschädigte mich für die Monate der Abstinenz und des haltlosen Suffs in Gerlings Gaststube für Vorzugstrinker. Ich legte die Beute behutsam vor die Küchentür und rief Lucy und Schröders zum Begutachten. Sie drückten mir die Hände.

»Dein erster Bock, das erste Halali, das erste ›Jagd vorbei‹. Das müßte eigentlich verblasen werden«, beglückwünschte mich Schröder, und er war in diesem Augenblick ganz jung, so jung wie ich. Ich hatte die Wende vollzogen. Förster Polchow hatte nun keinen Grund mehr, den Kopf zu schütteln und mich zu belächeln. Ich war rehabilitiert.

»Du mußt dein Leben ändern«, fordert der Dichter im Anblick des Torsos Apollos. Ich glaubte mich in der gleichen Situation zu befinden. In dieser Nacht schlief ich nicht. Ich hatte meinen Traum verwirklicht. Es gab bisher nur unerfüllbare Träume. Dieser Traum war Realität geworden. Makellos lag der Bock im Gras vor der Tür zur Hölle. Seine feuchten Nüstern glänzten und seine glasig erstarrten Lichter waren nicht gebrochen, sie waren erfüllt von einem Blick in das Unbegreifliche des Todes.

Wenn man dem jagdlichen Brauchtum folgt, dem Ritual der Waidmänner huldigt, so gehört das sogenannte »Tottrinken« nach einem Abschuß zur unverzichtbaren Regel. Ich habe meinen ersten Bock nicht »totgetrunken«, habe meinen Erfolg nicht gefeiert. Auch in diesem Punkt tanzte ich aus der Reihe, gehorchte meiner anarchischen Grundkonzeption, die alle festgefügten Ordnungen ablehnte.

Die Jagd in Liepowo — das galt auch für die 9 Hufenbauern, die in den Jahren nach 1936 gemeinsam das Gemeindejagdrevier gepachtet hatten, um ihrerseits den Wildschaden auf den Feldern in Grenzen halten zu können — war kein Luxus der Grafen und Barone, gar nicht gentlemanlike, hatte nichts mit dem teuren Zeitvertreib zu tun, wie ihn Jagdpächter aus der Stadt betrieben, wie auch Laien es sich vorstellen.

Hier ging es in erster Linie um eine Existenzfrage, um ein Überlebensproblem, zu dem gar keine Passion gehörte, jedenfalls nicht als Voraussetzung. Es besteht aber kein Zweifel, daß jeder Mensch, der einmal das Waidwerk ausgeübt hat oder mit ihm in Berührung gekommen ist, von dieser seltsam archaischen Leidenschaft erfaßt und mitgerissen wird, und zwar mitgerissen bis zur Besessenheit. Er opfert zuletzt Beruf, Familie, die Nachtruhe und den häuslichen Frieden dafür, verweigert sich den Konventionen, den Lebensgewohnheiten seiner Mitmenschen, ignoriert schließlich, was seiner Leidenschaft hinderlich ist, was ihn in seiner Passion nicht bestätigt.

Ich selbst war nicht zum Jäger geboren wie Förster Reuls schöne Töchter. Es war ein zuerst für mich absolut ungewöhnlicher Vorgang, mich für eine Sache so zu engagieren, daß sie *mich* beherrschte und *ich* nicht sie. Das Jagdfieber, dieser Zwang, am Abend, in jeder freien Stunde, vor allem nachts, die Büchse umzuhängen und stundenlang bei jedem Wetter über die Felder zu streifen, auf den Hochsitzen vergeblich auf die Gelegenheit zu warten, ein Stück Wild zu erlegen, ergriff mich erst in der Nacht, als Vollmer so mühelos seinen letzten Keiler schoß, den er in Liepowo vor die Büchse bekam. Das erste und das letzte Büchsenlicht wurden zu Maßstäben meiner Tageseinteilung, bestimmten mein Verhalten nach dem Tag, präzise nach der Sommerschwüle dieses Abends, als die Dämmerung anbrach und der Sechserbock an der gräflichen Grenze mir sein Gehörn vorführte und damit prahlte. Noch war er jung, stolz und frei.

»Von niemandem weiß ich soviel wie vom Tod, und nichts, Liebe, von dir...«, schrieb der argentinische Dichter Ricardo Molinari. Er meinte das Leben, diese unbändig mutige und todesverachtende Demonstration des Lebens im Augenblick seines Erlöschens.

Diese Haltung ergänzt den Ausspruch von Tania Blixen, den ich erst verstehen lernte, als mich selbst die Passion gepackt hatte, und ich begriff, was es bedeutet, wenn man sagen kann: »Die Jagd: Das ist ein Rausch der Liebe.«

Und erst seitdem verstehe ich, was Federico Garcia Lorca, der Dichter des »Zigeuner-Romanzero«, meinte, der die wunderbare Klage um Ignacio Sánchez Mejías, den Freund und Matador, geschrieben hatte, der in der Arena, vom unbesiegten Toro gespießt, getötet wurde — was dieser junge und hinreißende Dichter Spaniens damit meinte, wenn er darauf bestand, daß der Matador den Stier liebt, den er tötet, den er in einem Ballett des Todes in der »Sekunde der Wahrheit« töten muß.

> Am Nachmittag um fünf Uhr
> Am Nachmittag war es um fünf Uhr genau:
> Ein Knabe brachte das weiße Leintuch
> am Nachmittag um fünf Uhr.
> Ein Korb mit Kalk stand längst bereit
> am Nachmittag um fünf Uhr.
> Alles andere war Tod und nur Tod
> am Nachmittag um fünf Uhr.

»Ein Rausch der Liebe«: Ich weiß, daß ich damit Widerspruch provoziere, daß ich auf Unverständnis, sogar auf Ablehnung stoße. Eine alte Lyrikerin empörte sich flammend über mein Plädoyer für den spanischen Stierkampf, der alles andere als ein blindwütiges Abschlachten einer wehrlosen, vom Beginn des Kampfes zum Tode verurteilten Kreatur bedeutet. Jeder Matador, der nicht nur ein auf Sieg setzender, von vergoldetem Ruhm besessener Vabanquespieler, ein Hasardeur ist, liebt seinen Gegner, der demselben mörderischen Ritual unterworfen ist und sich mit *seinen* Mitteln gegen den Angreifer oder Herausforderer wehrt. Die Lose fallen völlig ohne Mitwirkung einer dritten Kraft. Es ist auch nicht wahr, daß das Motto des in diesen Tagen des Sommers 1936 ausgebrochenen Bürgerkrieges in Spanien zwischen Faschisten und Republikanern »Viva la muerte« (»Es lebe der Tod«) eine nur dort im Lande des traditionellen Stierkampfes, der Fiesta, die Hemingway zu seinem besten Roman inspiriert hatte, als er in Pamplona zum erstenmal Zeuge des Dramas in der Arena wurde — daß dieses Motto dort im blutigen Staub der Fiesta geboren wurde, daß es von dort seine tiefe, unerbittliche Wahrheit empfanden hat. Jeder intensiv lebende Mensch weiß, daß Liebe und Tod die Gegenpole des gleichen inneren Kontinents sind, daß sie eine Einheit bilden, daß wir unlösbar eingebunden sind in diese Wahrheit, in diese Sekunde, die dem Geliebten den Tod bringt.

Ich liebte die Schönheit und Grazie des erlegten jagdbaren Bockes. Ich durfte in diesem Jahr nur diesen einen schießen. Ich hatte nur diesen einen *frei*. Ich weinte, als sich meine Hände beruhigt hatten, mein Herz nicht mehr wie ein Hammer gegen meine Rippen schlug, mein Blut nicht mehr tobte beim Anblick dieses in seiner unbeschwerten Jugend ahnungslos gefällten Tieres, mit dem mich nun das Wissen von der Liebe zum Tod verband.

Ich habe die Sitte des »Tottrinkens«, des Besaufens nach dem Erfolg, nicht respektiert. Ich habe das Brauchtum nicht beachtet, ich habe es verachtet. Ich sah in der Sitte die Unsitte, etwas Stilles im Lärm zu ertränken, die leise fragende und bohrende Stimme nach dieser Handlung, die ja auch eine Untat sein konnte, zu ersticken, sie nicht zu Wort kommen zu lassen. Ich hatte nur eine Antwort, wenn auch keine Rechtfertigung — und das gab der Jagd in unserem ungleichen Kampf 10 gegen 1, zehnmal mehr Wild als Menschen, die sich behaupten müssen — ihre tiefe Berechtigung: Ich mußte meine Felder schützen, meine Ernten sichern. Wer einmal die Wochenbetten der Sauen in einem Roggenfeld gesehen hat, weiß, daß nicht der blanke Wunsch des Tötens, der Fanatismus eines mörderischen Triebes den Bauern zum Jäger werden läßt, sondern der Zwang zur Selbsterhaltung, der nackte Überlebenswille.

Wenn sich mehrere Wildsauen in einem Roggenfeld ihr Bett bauen, kommt keine Mähmaschine mehr durch diese gewaltigen Burgen aus zusammengetragenem, aufgehäuftem und natürlich total verfaultem Stroh. Der Fahrer muß absteigen. Die Spur muß freigemacht werden, damit der Garbenbinder, heute in der modernen Landwirtschaft der Mähdrescher, weiterfahren kann. Er sitzt fest in einem zehn Quadratmeter großen Misthaufen. Das ist vom Roggen übriggeblieben. Das haben die natürlich längst flüchtigen Sauen mit ihren Frischlingen zurückgelassen. Der Bauer, der dieses Feld mäht, kann zehn Prozent der Ernte abbuchen, auf die Verlustliste setzen. Wir mußten überleben!

Der Zwang zur Jagd gab mir die Mauserbüchse in die Hand. Das war nicht das Sporterlebnis der zahlungskräftigen Pächter, die für den Wildschaden gern oder auch erst nach Prozessen aufkommen, wenn sie nur ihr Hobby ungestört pflegen können. Ich würde dort bei diesen oft gedankenlosen und gnadenlos schießwütigen Sonntagsjägern die Kritik ansetzen. Ich jagte wie ein Matador, aber nicht vom Ruhm, vom Ehrgeiz, vom Todesmut getrieben. Denn ich riskierte nichts, vielleicht oder höchstens den Tod durch Unachtsamkeit, wie der hervorragende Forstmeister und Jagdschriftsteller Frevert, der mit ungesicherter Büchse stürzte, so daß ein Schuß sich löste und ihn auf der Stelle tötete.

Ich jagte, weil ich *liebte*. Ich hatte schon wenige Tage nach diesem ersten Erlebnis eine zweite erregende und ungewöhnliche, ja unglaubwürdige Begegnung mit einem jagdbaren Wild, einem ausgewachsenen, starken, etwa vier- bis fünfjährigen Keiler. Dies ist eine andere Geschichte.

Ich erzähle sie gleich.

Am folgenden Morgen forderte meine kranke, wenn auch nicht mehr todkranke Wirtschaft ihren Tribut. Kein Traum überlebt die »Sekunde der Wahrheit« länger als eben diese eine Sekunde.

Tod in der Vollmondnacht

Am nächsten Morgen hatte Lucy Schröder in einem ihrer größten Kessel das abgesägte Gehörn gekocht, so daß sich Fell und Fleisch vom Knochen wie von selbst lösten, jedenfalls mühelos abschälen ließen. Dann konnte das Gehörn präpariert werden. Ich konnte es dem Büchsenmacher, Meister Seidelbast in Waren, als erste Trophäe zum Aufsetzen auf eine passende Holzplatte bringen. Darauf wurde Ort und Datum des erlegten Bockes mit nicht abwaschbarer schwarzer Farbe aufgetragen. Das war notwendig und obligatorisch, weil alle Gehörne, Geweihe und Keilerwaffen — Waffen nennt der Jäger die »Hauer« des Keilers; sie verraten alles Wissenswerte über das Tier, vor allem das anzunehmende Alter; sie sind sozusagen ein Ausweis der Erbmasse; nur gesundes Wild trägt starke Waffen; nur gesunde Böcke schieben ein Sechsergehörn — auf der jährlichen Kreisjagdausstellung vorgelegt und bewertet werden mußten. Falsche Abschüsse erhielten einen roten Punkt auf dem Gehörn oder Geweih. Vorschriftsmäßig erlegte Tiere erhielten einen grünen Punkt. Nur bei Schwarzwild, also bei Keilern, unterblieb diese Beurteilung nach Punkten. Denn Schwarzwild war immer frei. Nur tragende Bachen oder junge Bachen mit Frischlingen waren geschützt.

Der Küche, dieser immer brodelnden, dampfenden, feuchten und von den verschmutzten Wänden schimmlig-schwitzenden Oberwelt der Unterwelt, entströmte ein scharfer Wildgeruch, der allem Tierischen anhaftet, das aus der freien Wildbahn stammt.

Ich war unterwegs zu den Randwiesen, wo wir mit zwei Gespannen, jedes mit vier Pferden, das ohne Regenguß trocken gewordene sehr eiweißhaltige Heu einbringen wollten. Auch hier fuhr man vierspännig wie in Masuren, wie im ganzen Osten. Nur in der mageren brandenburgischen Sandbüchse, in der sorbischen Lausitz, meinem armen Heimatland, dessen Sprache von den dort herrschenden Hitlerpreußen verboten, dessen Schriftsteller, Gelehrte, Pfarrer und die gesamte Intelligenz verfolgt, gefoltert und ermordet wurden, nur dort in diesem armen Hinterhaus der Provinz Brandenburg reichte es nur für zwei Pferde je Gespann.

Aber da überraschte mich ein fremder Besuch. Einem DKW entstieg ein runder, rosiger, fast kahlköpfiger, noch junger Mann, der mir auf Anhieb sympathisch war. Er hatte ein gutes, nicht unbedingt kluges, aber offenes Gesicht, und er sah mich nicht von unten an. Das war kein Gauner, kein Betrüger, kein Bauernfänger, auch kein Terrorist, falls es diese heute weit verbreitete Spielart des homo anthropofugalos damals schon gegeben hätte.

Das war der Viehhändler Blech aus Malchow und SA-Sturmführer dazu. Aber das sagte er nicht bei dieser Begrüßung unserer ersten Begegnung. Das erfuhr ich so per links als Bonbon aus der Wundertüte. Er trug übrigens kein Bonbon, wie man allgemein das Parteiabzeichen der Nazis damals nannte. Der Volksmund sagt immer die Wahrheit, hat immer recht. Das brachte manchem geschwätzigen Sprücheklopfer mit Witzen über die Prominenz die Todesstrafe ein.

Also dieser Mittdreißiger stellte sich vor, sagte ohne Umschweife: »Ich bin der Blech aus Malchow, Viehhändler. Jedes Kind kennt mich hier im Land. Ich weiß, Sie haben mit dem Schnabel aus Röbel Geschäfte gemacht, hoffentlich gute Geschäfte. Aber jetzt könnten Sie mal Geschäfte mit mir machen. Ich hab etwas für Sie. Ich liefere viel an die Bauern im Dorf, kaufe Mastschweine, Ferkel, Läufer und was sich sonst noch so bietet. Um es kurz zu machen: Ich habe vier hochtragende Sauen für Sie. Kreuzung zwischen deutschem Edelschwein und Cornwall, also schwarzbunte. Prima Mischung! Die Ferkel sollten Sie mal sehen, erstklassig, schnellwüchsig, widerstandsfähig. Soll ich Ihnen die Sauen mal zeigen? Dann rein in die Kiste und nichts wie hin. Sie sind verteilt an mehreren Orten. Die Besitzer der Höfe sind im Druck, müssen verkaufen. Hier heißt es nichts wie zupacken. Ich hab von Ihrem Nachbarn dort oben gehört,« — Blech wies auf Dobbertinskys Hügel — »daß Sie noch keine Schweinezucht haben, neu hier sind, erst anfangen. Toll heruntergekommen, der Hof, war mal hier bei einem Dr. Vollmer. Hatte keine Ahnung, der Mann, traurig, daß so einer so einen prima Hof zugrunde richtete. Ja ja, wer sich heutzutage alles Bauer nennt! Na, dem ging es wohl in erster Linie um die Knallerei. Aber getroffen soll er auch nicht viel haben. Der Bruder von ihm war immer ein richtiger Jäger.«

»Ja, das war er«, unterbrach ich Blechs fröhlichen Redeschwall. Er hatte eine Fahne im Anfangsstadium, so etwa zwei Bier und zwei Klare.

»Aber nun bin *ich* hier, und außer mir schießt hier niemand mehr Böcke und zentnerschwere Keiler.«

»Und zentnerschwere Weiber auch nicht, was?«, wieherte Blech. Er hatte eine ganz hohe Falsettstimme, wenn er lachte. Er gluckste zwischen den Lachsalven, die er verschoß. Am liebsten lachte er über seine faulen Witze. Ich bereitete mich auf die Fortsetzung der Wirtinnenverse des Ruinenbaumeisters Schnabel vor.

»Sagen Sie mal«, fragte mich Blech, »was ist das eigentlich für ein enormer Belgier, der dort drüben auf der Koppel auf drei Beinen steht? Er hat doch vier Beine.«

»Ja, er hat vier, kann aber nur drei verwenden. Das rechte Vorderbein ist kaputt. Er ist in einen Nagel getreten, und die Wunde heilt nicht.«

»Soll ich Ihnen etwas dazu sagen? Den haben Sie von Schnabel. Kann ich mir den noch schnell mal ansehen, ehe wir auf Saujagd fahren? Sie haben vielleicht noch Anweisungen zu geben. Es wird spät, bis wir zurückkommen. Ich muß zu Hause noch den Anhänger holen. Warum habe ich den eigentlich nicht gleich mitgebracht?«

Blech begab sich auf die Viehweide, die ja gleich hinter dem Wildgarten lag, und während ich Schröders, Lucy und Roppel Bescheid sagte, daß ich mit einem Händler Zuchtsauen anschauen und eventuell kaufen würde — falls er mir einen Wechsel gab, Barkasse war nicht drin —, besichtigte er das »trojanische Pferd«, das wir Wotan getauft hatten.

Als er zurückkam und ich schon wieder bei der Reichsklasse auf ihn wartete, sagte er, jeden Zweifel ausschließend: »Also, das Pferd hat Hufkrebs und zwar bereits in einem Stadium, daß ich es lieber heute als morgen dem Roßschlächter verkaufen würde. Echt Schnabel! Daran erkennen Sie seine Marke. Sicher hat er Ihnen vorher gutes Vieh geliefert.«

»Ja«, bestätigte ich, »meine ganze kleine Herde — 14 Kühe — ist von Schnabel.«

»Das ist doch der letzte Gauner, den ich kenne. Das ist sein

Trick. Zuerst Kumpel und dann Kronzeuge. Der legt jeden rein. Hier um Malchow kann er sich nicht mehr sehen lassen. Aber sobald er einen Neuling wittert, ist er da und am Ball, bis er zuschlagen kann und sein schmutziges Geschäft macht. Ich warte nur darauf, daß er mal seinen Meister findet, der *ihn* reinlegt und zwar so, daß er die Hosen ausziehen und die Taschen umdrehen muß. Der gehört in den Knast.«

Blech hatte sich erschöpft.

»Nun aber los. Heute geht es um echte Edelsauen aus Cornwall und umliegenden Ortschaften. Wir fahren zuerst nach Klocksin.«

Es wurde eine fröhliche Rundfahrt durch den Kreis Waren. Ich sah so musterhaft bewirtschaftete Güter wie Klink, wo Frau von Schnitzler den Betrieb fest in der Hand hatte, dann das liebliche kleine Ave, das große Rittergut Torgelow der Herrschaft von Behr-Negendanck, das schwierige, stark verschuldete Riesengut Möllenhagen, wo die Familie von Strachwitz mit dem Entschuldungsverfahren über die Runden zu kommen hoffte, die blühenden Güter des Freiherren von Malzahn in Großen-Luckow, dann Zierzow und wieder Penkow und die Neusiedler in Grüssow, wo wir zwei junge, gut genährte Sauen kauften, und zuletzt das Luxusgut Blücherhof des Professors König vom Museum König in Bonn, des Begründers dieses interessanten Baues an der Koblenzer Chaussee. Die Viehställe waren selbst wie Museen eingerichtet, wie Konzerthäuser, nicht ganz so imponierend wie die Frankfurter Oper, aber im Opernstil erbaut, ganz paradox inmitten dieser ungestörten Ländlichkeit. Gleich hinter dem Gutshof begann das Wildgatter für Professor Königs Mufflons, die er hier eingeführt hatte.

Wir kauften noch je eine Sau bei den Gutsarbeitern von Blücherhof und Sophienhof, wo der Freiherr von der Horst einen Musterbetrieb besaß. Dann ging es heim und nicht wie damals mit Schnabel nach Zwischenstation im »Knorrnpunkt«, sondern Missa sine nomine direkt durch die Nossentiner Heide nach Hause zu meiner Heuernte. Die Sauen durften nicht so lange der schwülen Julisonne ausgesetzt werden. Tragende Zuchtsauen sind empfindlich.

Ich ließ sie sofort aus dem Anhänger, den Blech mitführte, in die neuen Buchten treiben.

Martin sagte: »Ich mach das schon.«

»Tüchtigen Melker haben Sie«, lobte Blech und drückte Martin eine Reichsmark in die ausgestreckte Begrüßungshand.

»Ja, der ist in Ordnung.«

Ich entschied mich, selbst Schweinemeister zu werden, die Aufzucht der Ferkel, die Mast der Schlachtschweine selbst zu übernehmen. Noch ein Hobby! Noch eine Last! Je mehr Pflichten, um so wohler war mir. Am Tage der Betrieb, in der Nacht die Jagd. Herz, was willst du noch mehr?!

Blech fuhr sofort wieder nach Malchow, heim zu Weib und Kind. Er hatte eine noch junge Familie. Davon wird noch die Rede sein. Ich hatte vier Zuchtsauen, ein buntes Völkchen, schwarz wie die Mohren und rosig wie die Pfirsiche im Schatten junger Mädchenblüte. Ich konnte mit etwa 40 Ferkeln rechnen. Mein Fernziel waren 16 Zuchtsauen, jeweils 50 Läufer und Mastschweine, je nach der Zahl der geworfenen Ferkel, und außerdem einen regelmäßigen Ferkelbestand von etwa 100 Stück, die ich zum Verkauf anbieten konnte. Im Augenblick lag der Preis pro Stück zwischen 15 und 20 Mark. Das Kastrieren, das »Fargensniden«, wie es platt hieß — wofür es sogar einen berufsmäßigen »Fargensnider« gab —, wollte ich selbst ausführen. Die jungen Eberferkel mußten geschnitten werden, ehe sie für die Mast präpariert werden konnten. Ich hatte das gelernt.

Nun hatte ich vier tragende Zuchtsauen und mußte in wenigen Wochen, wenn nichts dazwischen kam, mit etwa 40 Ferkeln rechnen, vorausgesetzt, die eine oder andere Mutter fraß ihre Kinder nicht selbst auf, wie es bei Revolutionen die Regel ist. Was tun? Ich mußte bis zur Kartoffelernte, die erst in drei Monaten zu erwarten war, das Existenzminimum für die Tiere sichern. Schrot und Magermilch waren ausreichend vorhanden. Aber der Magenfüller Kartoffel fehlte. Da schuf Blech Rat und vermittelte das kleine Geschäft. In Sophienhof wollte eine Deputatfamilie — in Ostpreußen hießen Gutsarbeiter Instleute, hier Deputanten — ihren vom Gut gelieferten Anteil aus der vorjährigen Ernte, die sie noch nicht verbraucht hatte, verkaufen, sehr billig, 1,30 Mark pro Zentner. 80 Zentner konnte ich dort abholen. Ich schickte beide Gespanne, also alle 6 Pferde, mit Starke und Funke nach Sophienhof.

Ich fuhr mit dem Motorrad etwas später nach. Es gab auch hier keine gepflasterten Wege, und es war eher eine Rallye als eine Routinefahrt. Als ich ankam, waren die Kastenwagen schon beladen. Meine Leute warteten, weil die freundliche Frau und deren energische Tochter sie nicht weglassen wollten, bevor die Ware bezahlt war. Da konnte ja jeder kommen und ihr Deputat wegholen. Aber dann gewann ich die Sympathie der hübschen, frechen, auffallend gepflegten Tochter. Sogar das Haar duftete nach Friseur. Und das Kleid war auch nicht auf dem Jahrmarkt gekauft worden, sondern stammte aus einem Spezialgeschäft für »feine Damenbekleidung«, wie man diese Salons damals nannte. Ein äußerlich anziehendes Wesen mit einer allerdings etwas rauchig verwahrlosten Stimme und allzu annäherungsbereit. Mein Eindruck, der mich ernüchterte, obwohl ich sie gern gefragt hätte: »Möchten Sie mal mit mir nach Waren fahren, vielleicht in die Hofkonditorei Garbe und hinterher zu einem guten Glas Wein bei Matthiesen?«

Mein Resümee: Fliegerbraut! Finger davon lassen! Die ist schon vergeben und zwar an alle Waffengattungen. Ich zahlte, dankte und gab Gas. So, die Zuchtsauen waren versorgt. So baute ich Stein auf Stein und Schicht um Schicht meine Wirtschaft aus. Ich baute mir eine Heimat in der Taiga. Und wenn ich meinen vertrauten compañero Roppel, der täglich mahnend und warnend sagte: »Wenn das man gutgeht, Kasanowitz!« nicht auf jeder Seite erwähne, dann nur, weil er immer präsent war, immer erreichbar, ansprechbar und vor allem dort, wo er gebraucht wurde, immer in Aktion.

Nach dem Umbruch der unbenutzten Randwiesen, zum Teil schöne schwarze Moorerde, zum Teil kiesiger Treibsand, warf er sich mit allen Reserven in die Vorbereitung der Ernteschlacht. Die Maschinen mußten nachgesehen werden. Zenker schickte seinen besten Monteur, um meinen alten sechs Fuß breiten Binder der Firma »Fahr« flottzumachen. Die dicken Leinentücher für die Rollen mußten zum Sattler und die Risse vernäht werden.

Bei Breitner bestellte ich einen Zentner Bindegarn.

Staufferfett zum Schmieren der Buchsen mußte angeschafft werden. Denn die Kurbelwellen wurden nicht geölt. Ein System von etwa 20 Schmierbuchsen, in die das rote Schmierfett gedrückt wurde, versorgte die komplizierte Maschinerie. Lief eine Welle heiß, war Feierabend. Ehe das Ersatzteil ankam, war die Ernte vorbei und verloren. Alles mußte überdacht und geprüft werden.

Griephahn, der tüchtige, zuerst brummige, dann immer aufgeschlossener werdende Monteur, mit dem ich manches Gespräch über die so wichtigen Alltäglichkeiten hatte, prüfte jedes Gewinde, zog jede Schraube an, hatte einen ganzen Kasten voll passender Muttern dabei und stellte am Ende seines Besuches fest: »So, nun kann's losgehen. Auf in den Kampf!«

Den vollen Operntext kannte er nicht. Woher auch? In Waren gab es keine Oper. Ich ergänzte das fehlende Wort, das dem Zitat erst seinen Sinn gab: »Torero«.

»Wer ist denn das?«, fragte der biedere Werkzeugmann, und ich erzählte ihm von Spanien und der einzigen von Nietzsche bewunderten Oper »Carmen« von Bizet. Aber ich erzählte das natürlich nicht so, als ob ich damit meine Bildung vorzeigen wollte. Scheiß auf Bildung! Griephahn war mir wichtiger und stand mir näher als Nietzsche und Bizet und alle Professoren, die die Musik dazu machen, ich meine: die Sekundärliteratur dazu schrieben. Ich erklärte dem treuherzigen, mir gewogenen Mann lediglich den Sinn des Evergreens: »Auf in den Kampf, die Schwiegermutter naht!«

Das verstand er. Darüber lachte er. Und da ich frohen Mutes angesichts meines so sorgsam gepflegten und behutsam behandelten, geradezu gestreichelten Fahrbinders war, kam ich ins Kalauern. Calau war übrigens meine sorbische Nachbarstadt von Grodk und wird auch heute noch mit C geschrieben.

Ich fragte Griephahn, der sich besonders über die Schwiegermutter freute, weil das ja nur eine böse Nummer sein konnte, dem Lied zufolge, ob er das »Waschblusenlied« kenne.

»Nein, das auch nicht«, sagte er erwartungsvoll. Ich zitierte unseren Biologielehrer Studienrat Martin, der sich gern mit seinem Spitznamen »Mampe« nennen ließ. Er war ein ausgezeichneter Naturkenner, der heute bestimmt ein neues Biotop geschaffen hätte, wenn ihm dazu die Gelegenheit und die Mittel geboten worden wären.

»Also, das ›Waschblusenlied‹ geht so: ›Wasch blusen die Trompeten? Husaren heraus!‹«

Das quittierte Griephahn mit einem mitleidigen Lächeln.

Er gab auch einen Kalauer zum besten, einen mecklenburgischen.

»Kennen Sie den Gutsbesitzer Steinkopf in Zahren?«

Nein, den kannte ich nicht. Zahren lag weit weg bei Schwerin, war auch ein schöner klangvoller Name.

»Also, der Steinkopf hatte einen Leibkutscher, der fragte seinen Herren, der oft nach Parchim in die Weinstuben oder in den Ratskeller fuhr: ›Wo fahren wir heute hin, gnädiger Herr? Nach Barchent oder Flanell?‹«

Eins zu null für Griephahn.

»Und nun muß ich mich auf die Socken machen. Da steht

noch allerlei Leipziger Allerlei auf meiner Kundenliste. Heute läuft ja nichts mehr. Aber morgen muß ich zu der jungen Bentin nach Hohen-Wangelin. Da liegt auch immer genug Kleinholz an.«

»Grüßen Sie sie mal von mir, ist ein tapferes Mädchen!«

»Ja, die schmeißt den Laden, den ihr versoffener Vater in Grund und Boden gewirtschaftet hat. Verrückt. Der Kerl stirbt am Suff, und das gleich in der Kneipe. Die Alte versteht nischt, heult den ganzen Tag. Aber das Mädchen fährt wie ein Kerl vierelang und bringt die lahmen Vögel auf Trab. Hut ab!«

Dann war Griephahn weg, und ich ahnte noch nicht, was diese Nacht, so eine richtige schwüle Sommernacht, die das Wild aus der Deckung lockt, um sich vor den Mücken zu retten, was diese Nacht der Erfüllung mir noch bringen würde. Es roch nach Sensationen. Die Luft hing voll Nachricht. Etwas wird kommen, aber es gibt noch keinen Namen dafür. Wir achten viel zu wenig auf die rätselhaften Zeichen, die Chiffren aus dem Imaginären. Besäßen wir die Fähigkeit einiger noch nicht assimilierter Naturvölker, die mit der parasitären westlichen Zivilisation noch nicht in Berührung gekommen sind, würden wir diese Zeichen deuten können. Aber unsere Sinne sind stumpf, unsere Antennen registrieren außer dem »Heiteren Beruferaten« nichts Rätselhaftes, nur Vermutungen, vage Botschaften aus dem All, denen unsere Ahnungslosigkeit Bedeutung beimißt und für die sie Erklärungen findet, die ebenso kindisch und unsensibel sind wie die Platitüden der Science-fiction-Romane. Wir hören nicht die Stimmen aus dem All, aus den Wurzeln des Holunders, die Stimme von Puschkaitis, Perkun und unseren wirklichen Göttern. Wir vermögen nicht die Blinkzeichen zu lesen, die uns der Wind zuträgt, die Botschaften des Windes, das Rauschen der Bäume. Wenn wir zuhören könnten, lauschen und wahrnehmen mit allen unseren Sinnen, würden wir das Wachsen, die Sprache der Bäume, die leisen Töne der Taiga vernehmen und deuten können.

Sprich mit den Bäumen, und du wirst Antwort bekommen. Aber nur Naive besitzen diese Gabe. Ein Wort der alten Völker, ein Satz aus dem »Popol Vuh«, dem heiligen Buch der Maya und Quiché aus Guatemala und Venezuela, enthält mehr Weisheit und Erfahrung, vermittelt mehr Wahrheiten und Kenntnisse als alle unsere spitzfindigen Apokalyptiker unter den Warnern.

Was für eine Fernsicht dieser Abend bietet! Der Horizont ist erleuchtet von aufziehenden Gewittern. Aber die Nacht bleibt klar. »Lumière d'été: Licht des Sommers« heißt in der bildhaften französischen Sprache unser »Wetterleuchten«. Es wetterleuchtet rundum. Der Horizont brennt wie wenige Jahre später 1942 in der Sommerschlacht um die Wolgafestung Rschew. Da lebte ich in der Erinnerung an diese Taiganacht wie in einem magischen Traum. Und selbst heute noch bewahre ich die Eintrittskarte für die Sonntagsmatinee der Gangolflichtspiele in Bonn auf, als ich dort 1955 auf dem Sitz 605 allein neben einer jungen Frau saß, die ich nicht anzusprechen oder gar zu berühren wagte, obwohl wir die einzigen Gäste in dem großen Saal waren, und sah diesen Film »Lumière d'été« mit Pierre Brasseur in der Hauptrolle.

Fern über der Taiga rollte der Donner. Perkun sprach mit uns. Und vielleicht fürchtete man in Serrahn, Kuchelmiß und Klaber um die strohgedeckten Ställe und Scheunen.

Rechts über mir entzündete sich wie ein Leuchtzeichen für einen gestrandeten Matrosen der Abendstern.

Ich wollte jetzt etwas essen. Lucy erwartete mich. Und dann noch ein wenig warten, bis das Wild sicher war, sich sicher genug fühlte, um über das freie Feld in die reifenden Getreidefelder zu wechseln. Ich hatte hinter dem Weg nach Liepowo noch ein kleines Stück Land, sieben Morgen, mit dünnem Roggen bestellt. Es war eine reine Sandhöhe, eine Art Düne, die von Lindners Schafschwingel begrenzt wurde und dreiecksförmig in die unermeßlichen Kiefernschonungen des Staatsforstes Cramon hineinragte.

Wenn dort ein Waldbrand ausbrach, war nichts zu retten. Diese Monokulturen provozierten geradezu die Katastrophen, aus diesen Dickungen zog sich ein breiter Wechsel bis zu meiner Knotengitterweide, auf der satt die Kühe ruhten. Aber auf einer Bodenerhebung war diese fruchtbare Weide umgebrochen wie von einem Tiefpflug. Wir hatten die fast handgroße Fährte, die aus dem Staatsforst hierher führte, ganz frisch wie plastisch in den weichen Boden gedrückt, übereinstimmend als die eines starken Keilers bestimmt.

Fährtenlesen ist die zweite Kunst des Jägers, die Fährten des Wildes kennen, das Wild »ansprechen« können, gehört zum sicheren Schuß, zur ruhigen Hand, zu den unverzichtbaren Eigenschaften des Jägers. Ich hatte solche Pseudojäger zu Besuch in den folgenden Jahren, die nie zu Schuß kamen, die nie ein Stück Wild in diesem Überangebot gesehen haben, die durch das Revier trampelten wie eine Schulklasse und beinahe noch gesungen hätten: »Das Wandern ist des Müllers Lust« oder »Lebt denn der alte Bäckermeister noch?« Ich habe ihnen vergeblich anhand der zahllosen Wildfährten, die meine Felder kreuzten, zeigen wollen, wie wildreich diese menschenleere Landschaft war. Sie haben nichts begriffen, sie blieben dabei: »Was Sie uns erzählen, ist alles Jägerlatein, Aufschneiderei, Angabe.«

Genau um 10 Uhr nachts, als nach meiner Berechnung die Sauen und unter ihnen der Einzelgänger, der Keiler mit den beiden wie in die Erde gestochenen Hinterzehen, aus den Dickungen brachen und alle Vorsicht vergaßen, weil die Futterplätze lockten und der Hunger nach Würmern und Engerlingen, diesen Leckerbissen, sie unachtsam ins Freie trieb, nahm ich meine Mauser und sagte: »Ihr könnt schon schlafengehen. Es kann bis gegen Morgen dauern, ehe ich zurück bin. Ich gehe zuerst zur Koppel, möchte doch mal wissen, ob der Keiler mutig genug ist, auch in dieser Mondnacht eine Mahlzeit auszugraben und sich auf meiner Weide einen guten Tag, beziehungsweise eine gute Nacht zu machen.«

Ich hatte bis zum Zaun nur etwa 30 Meter um den Wildgarten herum zu pirschen und hatte dann schon die ganze ebene Fläche, mein ebenes Land, vor Augen. Wenn ich das Glas hob und diesen Raum absuchte, hätte ich sogar die Nachtschwalbe, den Ziegenmelker, auf mehr als 100 Metern ausmachen können, der immer am Boden hockt, der erst auffliegt, wenn du ihn mit der Stiefelspitze berührst.

Meine Kühe waren zum Glück aufgestanden und hatten sich auf der ganzen Weide verteilt. Ich kam im richtigen Augenblick. Es war für mich wieder eine Sternstunde. Für einen Stier fallen die Sterne immer dann, wenn er sich innerlich im Einklang befindet mit der ihn umgebenden Aura, mit seinem Land. Stiermenschen sind Liebende um der Liebe willen. Sie lieben alles, was sie tun, oder sie unterlassen es, geben es auf, weil ihnen die Liebe abhanden gekommen ist in der Stunde Null.

Ich suchte das offen unter dem Mond liegende Land ab. Ich brauchte nicht zu raten, was ich sah. Ich sah, grob geschätzt, etwa 120 Meter vor mir, auf der Bodenwelle, so daß der schwere Körper sich dunkel abhob vor dem glänzenden Hintergrund, vor dem Silberlicht des vollen Mondes, ein Stück Schwarzwild. Es war der Größe und dem Bau nach der vermutete Keiler. Er warf Grassoden, Brocken von Erde, Steine und Wurzelwerk hoch. Er pflügte sein Revier nach Würmern und anderen Delikatessen um. Ich trieb vorsichtig geräuschlos eine Kuh als Deckung vor mir her, schob sie in die Richtung des Keilers, den ich nun schmatzend seine Beute verzehren hörte. Ich kam auf etwa 80 Meter heran. Da mußte er etwas Verdächtiges bemerkt haben. Er hielt inne, wühlte nicht mehr in der feuchten Erde, hob das schwere Haupt für eine Sekunde, seine Todessekunde, meine »Sekunde der Wahrheit«. Im Knall meines Schusses, der die Nacht durchbrach, rutschte er lautlos nach vorn und rührte sich nicht mehr. Ich mußte das Blatt, den Hals, den Kopf getroffen haben, aber so genau auf die tödlichste Stelle, daß das schwere Tier keinen verzweifelten Widerstand gegen den Tod in der Vollmondnacht mehr leisten konnte.

Diesmal wartete ich länger als eine Zigarettenpause. Meine Hände waren seltsam ruhig geblieben. Das Herz schlug heftig, aber mein erster Bock hatte mich mehr mitgenommen. Diesmal wurde ich überrascht von der Anwesenheit des Keilers, wenn man bedenkt, daß auch gute routinierte Jäger oft Monate, ja Jahre hinter einer bestimmten Beute unterwegs sind, viele vergebliche Nächte bei Gewitter, Dauerregen, Eis, Schneesturm und suppendicker Dunkelheit, überrollt von Wolkenbergen, die sich vor das verräterische Mondlicht schieben und die Nacht in eine gespenstische Kellerkulisse verwandeln — wenn ich das alles bedenke, dann war hier ein magischer Zauber im Spiel.

Ich hatte die ganz unerklärliche Witterung gehabt: In dieser Nacht geschieht etwas Ungewöhnliches. Es lag in der Luft. Ich konnte die Zeichen deuten. Ich war im Besitz des Wissens von diesen Zeichen. Ich war im Sinn des »Popol Vuh« einer, der aus dem Wind liest, der den Mond befragt, dem die Sonne Antwort gibt, der mit den Bäumen spricht, der die Bäume wachsen läßt, wenn sie ringsherum absterben, vom »sauren Regen« getroffen und verseucht. Ich war ein Waldmensch, ein Sohn der Taiga. Ich konnte Birken zum Blühen bringen. Ich konnte Wälder aus dem Beton treiben lassen, konnte sie den Beton sprengen lassen, konnte ganze umweltzerstörende Industriewerke lahmlegen und zerstören.

Ich hieß Peter Glahn. Ich kannte den Gromack-Effekt. Ich war Gromacks gelehrigster und eifrigster Schüler und Verfechter seiner Theorien, seiner Philosophie der Menschenflucht, des Anthropofugalismus. Ich handelte danach. Denn ich war ein Mensch der Zukunft, ein Apokalyptiker, einer, der den letzten Appell vorweggenommen hatte und wußte, wann der große Keiler kam, um von ihm die Todeskugel zu empfangen. Ich ließ ihn dort bei seinem letzten Mahl verweilen und ging ohne jede Hast, eher bestürzt als beglückt, zurück, um Schröders zu wecken und vor allem dem ungläubigen alten Herrn zu sagen: »Der Keiler liegt schon.«

Schröder fuhr fast aus der Haut. Er zog sich nur seinen Mantel über den Schlafanzug. Dann holten wir Lotte, die ihre Mähne, ihren Pony, der bis in ihre guten Augen hing, schüttelte, aus dem warmen Stall, hingen sie mit einer Wacht — das ist ein Holz mit Haken, an das man die Kettenglieder des Pferdegeschirrs, auch Kummet genannt, hängt — vor die Schleppe, mit der man auf kurzen Strecken alles transportieren kann, was nicht verladen werden mußte, und zogen so zu zweit los. Ich glaube aber, auch Roppel war dabei. Neugierig war er allemal. Es war eine kindliche Eigenart dieses klotzigen Ostmenschen. Er mußte immer alles wissen, was geschah, auch wenn er nicht selbst unmittelbar daran beteiligt war. Er glaubte nicht, daß ich jemals etwas schießen beziehungsweise treffen würde, schon gar keinen Jahrhundertkeiler.

Der Keiler hatte noch Erde im Gebrech. Seine Waffen waren lang und tief gebräunt. Er war bestimmt vier, wenn nicht fünf Jahre alt, und als wir ihn auf die Schleppe schleiften, waren wir sicher, daß er mehr als drei Zentner wog. Er war stärker, älter, schwerer als Vollmers letzter Keiler, der mir zur Zäsur wurde, den Beginn meiner Jagdjahre bedeutete.

Es war nicht nur hier, daß ich die Jagd als Überlebenstraining betrieb. Es wurde meine letzte Chance in den meterhoch verschneiten Wäldern, in den Bunkern unter der Erde der vordersten Verteidigungslinie vor Tereschkowo im Wolgabogen von Rschew nach der vernichtenden Niederlage der deutschen Wehrmacht vor Moskau. Dort hatten wir uns eingegraben, und ich schrieb bei einem flackernden »Hindenburglicht«, dieser erbärmlichen Tag- und Nachtbeleuchtung, ganz schmucklos und ohne dabei Details zu berücksichtigen meine Tagebuch-Chronik über die Jagd in

Liepowo. Es war das einzige Erinnerungsstück, das ich aus dem Krieg rettete und wie ein kostbares Souvenir mit nach Hause brachte.

Mein erster Keiler war mein stärkster und blieb es auch. Alles, was danach kam und fiel, waren die Kinder und Enkel dieses Urviechs, das ich am Morgen von Blech, den ich anrief, aufbrechen ließ und dann mit dem Milchwagen zum Bahnhof und von dort nach Waren zur Wild- und Feinkosthandlung Roggenrecht schickte. Roggenrecht rief mich an und sagte: »So einen Bengel von Keiler habe ich lange nicht mehr gesehen. Er hängt vor der Tür zum Geschäft und läßt grüßen. Nein, Roggenrecht läßt grüßen. Kommen sie vorbei zur Abrechnung. Er hat genau 3 Zentner und 35 Pfund gewogen, schöner Brocken. Bald wieder, ja? Sie wissen, Roggenrecht kauft jedes sauber geschossene Wild.«

»Ich komme vorbei. Danke auch.« Und dann fuhr ich nach Waren und ging zuerst zu dem Wildhändler und bewunderte seine flotte Tochter, die den Laden schmiß, die die Seele der Feinkosthandlung war, ohne ein Seelchen zu sein. Sie wirkte eher wie ein Schwarzer Jäger Johanna aus Schills letztem Aufgebot. Aber sie würde nicht in Stralsund den Soldatentod sterben müssen, allhie auf grüner Heid. Na, ich habe mich mal wieder festlich und fürstlich besoffen. Am Bahnhof lief ich Breitners Kompagnon in die Arme, dem Freikorpsführer.

Erntesommer

Roppel und ich gingen am nächsten Morgen sofort daran, die von dem Keiler verwüstete und umgepflügte Weide wieder zu planieren. Danach mußte sich ja herausstellen, ob es außer ihm noch andere Sauen gab, die dort

ihr Nachtmahl hielten. Aber erwachsene Keiler sind Einzel-
gänger. Es war anzunehmen, daß die Weide sich nun erho-
len konnte. Ich säte Klee und Grassamen auf die kahlen
Stellen. Dann zog ich das ganze unebene Gelände mit der
Saategge zu, und Roppel kam mit Wotan, unserem »trojanischen Pferd«, und einer schweren Glattwalze hinterher.
Diese sechs Fuß breite Eisenwalze konnte nur der Koloß
Wotan allein ziehen. Nun war das Weideland wieder eine
Viehkoppel und keine Kraterlandschaft mehr.
Es war eine gute Zeit kurz vor der Getreideernte. Die Som-
mergerste, der Hafer und der Roggen konnten fast gleichzeitig gemäht werden. Es hatte im Juli nicht mehr geregnet,
jedenfalls nicht nennenswert. Sogar das Kranichbruch war
fast ausgetrocknet. Es standen immer Rehe dort, die aus
dem buschbewachsenen Erlenbruch des Grafen in das
freiere Gelände zu mir herüberwechselten, um nicht zu
sehr den Mücken und Bremsen ausgesetzt zu sein. Vor allem die Bremsen, diese großen grauen Fliegen mit den
dicken Knopfaugen, stachen bis aufs Blut. Sie konnten
dann gar nicht mehr rechtzeitig wegfliegen. Wenn sie sich
vollsaugten, konnte man sie einfach totschlagen.
Ich wollte dort im Bruch immer eine Ricke schießen. Denn
ich mußte neben den Böcken natürlich auch weibliches
Rehwild erlegen, sonst wurde das Gleichgewicht gestört.
Die Ricken waren sowieso schon in der Überzahl. Die meisten Jäger, denen es nur um die Trophäe, um das Gehörn
oder Geweih geht, schießen eben nur männliches Wild.
Außerdem brachte ein Wildbraten immer etwas Abwechs-
lung in die nicht sehr variationsreiche Verpflegung.
Im Herbst wollte ich von Blech ein Dreizentnerschwein kau-
fen und schlachten lassen, etwas einpökeln und vor allem
Schinken und Würste räuchern.
Einmal kam eine Wildente mit ihren Jungen, sechs gelben
Federbällchen, aus dem Bruch und verirrte sich in den
Pferdestall. Ich geleitete sie vorsichtig wieder ins Freie und
trieb sie zurück in die verschilften Wiesen, wo immer ein

einsamer Graureiher stand und vergeblich nach Beute Ausschau hielt. An einem anderen Morgen purzelte eine Eichhörnchenfamilie, Mutter mit vier handgroßen Jungen, aus dem Küchenschrank, als Lucy ihn öffnete, um das Frühstück für Roppel, Martin und Willy vorzubereiten. Alle anderen Mitarbeiter verköstigten sich ja selbst. Nur Funke aß auch zu Mittag hier. Starke blieb auf dem Hof, wurde aber von seiner Frau versorgt. Bald würde sich diese Gruppe auflösen. Denn die Donauschwaben hatten Heimweh nach der Batschka, wo es so haarsträubende Verhältnisse wie auf meiner kaputten Klitsche nicht gab. Aber sie versprachen mir immerhin, die Getreideernte noch hier auszuhalten. Dann wollten sie zum Akkord während der Hackfruchternte auf ein Großgut gehen, wahrscheinlich nach Linstow, dem Brennereigut, dessen riesige Kartoffelfelder an Hohen-Wangelin grenzten. Der Pächter Benckendorff — es war eine Staatsdomäne — war einer der erfolgreichsten Landwirte des ganzen Malchower und Krakower Raumes zwischen den beiden nach diesen Landstädten benannten Seen.

Mein in der Sommeschlacht durch einen Gasangriff schwer blutkranker Onkel Rehberg aus Güstrow übte dort die Jagd aus und suchte und fand schon bald Kontakt zu mir. Er kam dann mehrmals nach Liepowo, aber ohne jemals Jagdglück zu haben. Er verbrachte manche Nacht vergeblich im Gewittersturm auf der Kanzel oder hinter einem Deckungsschirm am Waldrand. Ich hatte mir mehrere solche provisorische Ansitze auf ebener Erde angelegt. Denn die Pirsch im offen Gelände, das wenig Deckung bot, kann nur Erfolg versprechen, solange der sich anpirschende Jäger hohes Getreide als Schutz benutzen kann, ohne vorzeitig vom Wild erspäht zu werden. Sind die Felder abgeerntet, hat er keine Chance mehr, unbemerkt an das Wild heranzukommen oder es durch einen Überraschungseffekt zu überlisten. Dann muß er sich von Mulde zu Mulde vorarbeiten und jede Bodenwelle nutzen, um das Ziel auf Schußnähe zu erreichen. Das gelang mir dann später mehrfach. Ich lernte das beim Kommiß in der Rekrutenausbildung bis zum Vergasen geübte Robben — ein Kommando, das mir noch immer in den Ohren dröhnt — bereits freiwillig und ausdauernd auf meinen herbstleeren und winterkalten Feldern.

Wir lebten nun auf die Getreideernte zu. Es hatte nur noch einmal 3 Millimeter pro Quadratmeter geregnet, ein kleiner Schauer, der den Staub von den Wegen wischte. Der Zustand des Roggens war zufriedenstellend, aber er »prahlte« nicht mehr. Es gab infolge der anhaltenden Trockenheit einige Brandstellen, das heißt, die Halme waren gelb und verdorrt, hatten keine Ähre entwickelt. Der Ertrag würde hinter den Erwartungen zurückbleiben. Der Landwirt muß zweimal rechnen, und er muß seine Rechnungen immer wieder revidieren, dem neuesten Stand der Entwicklung anpassen. Der Hafer hielt sich besser. Er wuchs auch auf besserem Boden. Die Gerste, nur ein kleines Versuchsfeld, würde halten, was sie versprach.

In diesen Tagen fand ein Ereignis statt, von dem wir damals in der Abgeschiedenheit der Taiga zuerst keine Notiz nahmen. Was sollten wir auch damit anfangen? Wir lasen keine Zeitung, stellten das Radio in Lucys Proustzimmer mit dem Blick auf den Garten von Combrai nur selten an.

Ich war bis zum Abendessen, oft erst um 8 Uhr, draußen, fütterte die vier Zuchtsauen, mußte vorher die Kartoffeln aus dem Dämpfer kippen. Dieser moderne Kartoffeldämpfer der Firma Gotthardt und Kühne ersetzte den alten durchgerosteten, den ich vorgefunden hatte. Er wurde wie jede Maschine, alles technische Inventar, vom Meister Zenker geliefert, prompt und auf Kredit bis zum Geht-nicht-mehr.

»Ich weiß schon«, sagte Zenker mit unverhohlener Ironie, aber auch Verständnis, am Telefon, »gezahlt wird nach der Ernte, ist schon gut.«

Also, dann konnte es vorkommen, daß Lucy etwas Musik

hören wollte, sie schwärmte für Opern. Und wir hörten gemeinsam unsere Bohème ohne Mimi, damals mit Tino Pattiera und Maria Ivogün der Dresdner Staatsoper.

Aber diese besinnlichen Abende in Lucys Barockzimmer — das schon etwas mitgenommen und verschlissen war vom Zahn der Zeit, der die Hufen 10 und 11 zernagt hatte — waren selten und niemals vor oder während der großen Feld- und Erntearbeiten. So kam es, daß wir nicht erfuhren, was damals die sogenannte »Welt« bewegte, nämlich daß am 1. August 1936 Adolf Nero in Berlin die »Olympischen Spiele« eröffnet hatte. Es war noch vor der Zeit, als der letzte Kaiser Berlin, seine Machtmetropole, brennen sehen wollte. Schröders war das eh wurscht. Roppel wußte nicht, was das bedeutete. Er kannte nur Brot und Spiele. Den anderen ging es ebenso. Ich wußte nur soviel, wußte es, ohne es wissen zu können, ahnte es, und diese Ahnung, dieses untrügliche Vorwissen, war ein tieferes Wissen als die verbreitete sogenannte öffentliche Wahrheit. Ich wußte — und es war mein Instinkt, der mir später recht gab, der mich damals in jeder Situation leitete und dem ich mich anvertrauen konnte —, daß diese »Spiele« bitterer Ernst und eine Verhöhnung der Menschen in allen Ländern waren und für das eigene gleichgeschaltete Volk, das blind dem »Führerbefehl« folgte, ein gigantisches Ablenkungsmanöver, eine infame Täuschung, eine millionenschwere Schau, ein Betrug und eine Schizophrenie dazu.

Denn hier stellten sich die Henker, die Metzger der späteren Endlösung — was heißt später? Sie war ja schon im Gang —, die Kannibalen als Biedermänner und Friedensfreunde vor. Sie exkulpierten ihren sport in life. Es war eine pure und kalte Demonstration der Macht und Größe, ein Einschüchterungsversuch und ein niederträchtiger Mißbrauch der Begeisterungsfähigkeit der Menschen für sportliche Leistungen.

Es war das Vorspiel zur großen Oper, Neros Auftritt mit der Harfe, der Prolog zum totalen Massaker, der mit ungeheurem Aufwand geprobte und vorgeführte Schritt durch das Tor in die Hölle des Todes für 50 Millionen Menschen.

Aber wir hier auf dem kaputten Hof, für den sich keine Bombe mehr lohnen würde, wenn es jemals zum Autodafé, zur letzten Verbrennungsorgie, kommen sollte, hatten kein Ohr und kein Auge — die Augen konnten wir sowieso zumachen, in ihre Lidtasche stecken, es gab noch keine Glotzen — für die Vorgänge rund um die »Olympiade«, was das auch immer sein mochte.

Roppel fragte mich diesmal nicht nach »Toska 4711«, auch nicht nach »Kasanowitz«, er sagte nur: »Was ist denn das nun wieder für ein Kukulores?«

»Ja«, erwiderte ich und sagte es allen, die es hören wollten, »in Berlin wird geturnt, und der Führer, der größte Nero aller Zeiten, hat den Startschuß dazu gegeben.«

»Na, dann laß sie turnen, wenn ihnen nichts Besseres einfällt. Morgen müssen wir die Gerste mähen. Ich schick den Starke zum Anmähen, damit der Binder anfahren kann, Kasanowitz.«

Angemäht: Das heißt, ein Sensenschnitt mußte rund um jedes Getreidefeld gemacht werden, sonst konnte das Messer der sechs Fuß breiten Maschine nicht die Halme bis auf die Stoppeln herunterschneiden, konnte sie nicht erfassen. Es wäre mit den rasierklingenscharfen Zähnen in die Erde, in die Steine gefahren und hätte sich dabei die Zähne ausgebrochen. Das Anmähen war in Masuren ein feierliches Vorspiel der Ernte und wurde festlich begangen, ebenso wie die letzte Garbe, die vom Feld in die Scheune oder gleich in die Dreschmaschine gefahren wurde. Hier »an der vordersten Front der Ernährungsschlacht« — wie die Bauernführer-Funktionäre die Ernte in ihrem verhunzten Propaganda-Deutsch nannten — ging alles prosaischer, unpathetischer und weniger verlogen zu.

Also nix »Olympia«! Hier ging es um Brot und nicht um Spiele. Wir waren hier doch nicht im alten Rom. Wir waren keine Gladiatoren, und *ich* war kein Befehlsempfänger des letzten Cäsars, unseres obersten aller Gefreiten, des Gefreiten Nero, der Berlin brennen sehen wollte.

Im nächsten Jahr wollte und würde ich mit zwei Bindern auf die erweiterten Getreidefelder fahren. Denn Roppel hatte Neuland unter den Pflug genommen. Zenker wollte dann einen Katalog vorlegen. Ich würde den stabilsten, widerstandsfähigsten Binder kaufen, dem mein schwieriges, steinreiches Gelände weniger Schaden zufügen konnte.

Funke hatte auch den großen, gar nicht mehr »prahlenden« Hundertmorgen-Schlag Roggen angemäht. Starke nahm sich den Hafer vor. Wenn es trocken blieb, wurde es die leichteste und verlustloseste Ernte, die man sich wünschen konnte, ohne Regen und Gewitter und auch ohne Pannen beim Mähen. Ich setzte auf alle Kräfte, die ich aufbieten konnte. Während Starke den Binder mit vier Pferden lang vom Sattel dirigierte, saß ich auf dem Beifahrersitz, mit einer langen Stange versehen, um dem Roggen, wenn er zu dicht stand und die Rollen der Leinentücher die Halme nicht so schnell nachschieben konnten, daß der Bindeapparat sie packen und den Knoten um die Garbe schlingen konnte, beim Weitertransport der Halme helfen zu können. Ich rief Starke ein lautes »Halt!« zu, wenn der Faden riß und das Getreide lose auf das Feld fiel. Beim Klappern der Maschine war der Zuruf oft nicht zu hören. Ich brüllte »Halt, halt, halt!« Aber dann lag schon ein Streifen ungebunden neben der Fahrspur, und der Roggen mußte später per Hand aufgebunden werden. Eine mühsame Arbeit. Meine vier Schwaben von Donau, Drau und Theiß folgten uns und stellten die Getreidehocken auf, sehr ordentlich und sachgemäß. Sie waren unersetzlich. Willy war auf dem Feld eine Niete und bastelte in seiner Werkstatt Gabelstiele und Holzrechen. Roppel war bei den Schwaben und hielt seine schwere masurische Bauernhand wie ein Schutzpatron über unsere »Ernährungsschlacht«.

Ab und zu fegte, je mehr sich der Ring um die Deckung

schloß, je kleiner der noch zu mähende Rest des Roggen-
schlages wurde, ein Fuchs oder Reh, einmal sogar eine Rotte Sauen, Überläufer, also Jungtiere, aus ihren Verstecken.
Die Dachse hatten sich schon in der Nacht zuvor davon-
gemacht. Die Bachen blieben grundsätzlich nicht im Getreide, sobald sie das verräterische Klappern der Garbenbinder hörten. Dann zogen sie um, wechselten in die Tausende Morgen großen Schonungen des Staatsforstes Cramon. Das war auch noch unentdecktes Land für mich.

Es war an einem dieser Abende, als ich mich völlig ver-
staubt und erschöpft nach zehn Stunden Fahrt auf dem
Binder ungewaschen hingelegt hatte. Ich warf mich dann
einfach, wie ich ging und stand, auf mein Lager und penn-
te erst einmal einige Stunden, bevor ich mich säubern und
essen konnte. Lucy hatte das Radio eingeschaltet und wohl
an der Skala gedreht, bis sie eine Stimme hörte, die sie er-
schreckt und alarmiert hatte. Sie hatte meinen ersten Er-
schöpfungsschlaf abgewartet und stellte dann gegen 10
Uhr nachts das Essen bereit. Dann sagte sie etwas ganz Un-
faßbares, berichtete von einem Ereignis, das mich aufwühl-
te und bestürzte.

Lucy sprach mit ihrer festen, entschiedenen, niemals aufgeregten oder gar hektischen Stimme:

»Ich habe vorhin einen Sender aus Madrid gehabt. Da wurde deutsch gesprochen. Wissen Sie, was der Sprecher sagte — ich weiß ja auch nicht, was da los ist. Er rief geradezu
beschwörend: ›Die Faschisten sind in Madrid eingedrungen. Wir kämpfen um die Universität. Die Republik. Sie
werden nicht durchkommen!‹ Und dann schrie er noch
was auf spanisch, etwas wie einen Befehl. Dann sprach
eine Frau mit von Tränen fast erstickter Stimme: ›Die Faschisten haben in Granada den größten Dichter Spaniens
ermordet. Sie haben das Herz Spaniens durchbohrt. Sie
haben Federico Garcia Lorca in die Felsenschlucht bei Viznar geschleppt und dort mit 150 anderen Republikanern erschossen. Spanien spricht zu euch, Völker der Welt, mit ei-

ner gewürgten Gurgel. Wir fordern alle freiheitsliebenden Menschen Europas und aller Kontinente auf, uns in unserem Kampf auf Leben und Tod zu helfen. Kommt und helft, compañeros!« Wir versuchten beide, den Sender, aus dem Lucy das Maschinengewehrfeuer gehört hatte, an diesem Abend noch einmal zu empfangen. Aber die Stimme schwieg. Madrid war weit weg. Es war unerreichbar geworden. Nacht lag über der Stadt des Todes. Es war nicht unsere Heimat, aber für viele meiner Freunde sollte es Heimat und Grab zugleich werden.

Am nächsten Tag hatte ich den wogenden Roggen wie einen Schleier vor meinen Augen. Der Blick war getrübt. Ich sah den Dichter vom »tiefinneren Sang«, den andalusischen Vergil, mit durchschossener Brust auf den Felsen der Schlucht von Viznar liegen, bleich und ausgeblutet in der Glut des spanischen Sommers. Ich fuhr und drehte mit Starke, der vom Sattel herunter die Peitsche schwang, Runde um Runde, mechanisch, blind, geblendet von ohnmächtigem Haß auf die Henker. Starke mit Lotte unter dem Sattel und Liesch, die feinnervige, nervöse Stute als Handpferd daneben, vorn den langbeinigen Braunen und den kleinen vorwärtsdrängenden Wallach von Schnabel mit dem wippenden, dichten und krausen Haar, das ihm in die Stirn hing. Ich sah sie und sah sie nicht. Ich sah etwas anderes auf uns zukommen: die Hydra des Faschismus.

In der Ernte war ich in Klausur. Das hieß: Ich ließ mich von niemandem besuchen und nur aus der Distanz vom Beifahrersitz des Binders sprechen. Eine Ausnahme galt für Blech, der immer etwas Neues zu bieten hatte. Einmal in diesen Tagen meiner »Lähmung«, als die ich meinen Zustand nach dem Ausbruch des Spanischen Krieges empfand — es war ja mehr als »nur« ein Bürgerkrieg zwischen Schwarz und Rot (die Vertreter der Republik wurden in Bausch und Bogen als »Rote« verteufelt; so sollen denn die Faschisten als »Schwarze« gelten, sie trugen ja auch schwarze Hemden, Schwarzhemden nannten sich die italienischen Faschisten, die Franco, Varela, Mola, Yague und anderen Armeeführern zu Hilfe eilten. Mussolini hatte den General Ruotta mit einer Elitedivision geschickt): Es war eine Manöverübung des nach dem Ende dieses Bürgerkrieges beginnenden europäisch-amerikanischen Weltkrieges, des Völkermordens, des Holocausts.

Da kam der runde, rosige, inzwischen als SA-Sturmführer auftretende Blech über das von sengender Sonne blühende Stoppelfeld gestampft und bot mir zwei tragende Färsen — »Starken« nannte man diese jungen Tiere vor dem ersten Kalben — an, ein Gelegenheitskauf, wieder von einem Siedler im Druck. Das witterte Blech bis über die Kreisgrenzen hinweg. Ich sollte mal herunterkommen von meinem Olymp und mitfahren, die Jungtiere anschauen. Ich winkte Roppel heran und ließ ihn die Runden bis zum Abend drehen.

Wieder hatte Blech hervorragende Vorarbeit geleistet. Die beiden Färsen, etwa zwei Monate vor dem Kalben, waren starke gesunde Tiere, erste Wahl, beste Zucht. Der Preis war so bemessen, daß Blechs Verdienstspanne niedrig bleiben mußte.

Ich sagte zu und hatte wieder einen Schritt vorwärts gewagt, in eine Zukunft, die ich nicht bereuen würde. Aber ich hatte dabei allzu hoffnungsvoll taktiert, hatte den Erfolg festgeschrieben, hatte nicht zweimal gerechnet. Es gab Unwägbarkeiten. Eine davon traf mich kurz nach der Ernte, als Martin kündigte, als er mir ein Ultimatum stellte.

»Ich kann in einer großen Mannschaft mit fünf Melkern und zweihundert Kühen auf einem Großgut anfangen. Als zweiter Melker nach dem Meister bekomme ich dort zweihundert Mark Anfangslohn«, sagte er mir. »Ich würde bleiben, wenn Sie mir 250 zahlen könnten.«

Und das konnte ich nicht. Ich mußte diesen zuverlässigen Mann gehenlassen. Was nach ihm kam, war der Absturz ins Bodenlose. Zuerst schickte das Arbeitsamt noch Melker, die ihre Arbeit wenigstens verstanden, Kuhverstand hatten.

Aber in weniger als drei Jahren hatte ich vier Melker »verbraucht«, richtiger, sie hatten *mich* »verbraucht«, hatten die Herde ruiniert. Von einem zum anderen, der kam und ging, fuhr mein Argonautenfloß den Bach hinunter. Es war schon eine Art antike Tragödie, ein klassisches Stück, was hier gespielt wurde, und endete mit dem Verlust der ganzen Herde, die ich auf 16 Stück gebracht hatte, dazu ebensoviel Stück Jungvieh und einen starken Zuchtbullen. Aber diese Geschichte steht auf einem anderen Blatt.

Ich hatte ja noch nicht einmal die mittelmäßige, aber in der Qualität des Korns gute Ernte 36 geborgen. Ich hatte den Roggen gemäht. Mein Binder und Starke und mein Vierergespann hatten das geleistet. Ich hatte ihn mähen *lassen*. Den Hafer nahmen wir uns ohne Atempause hinterher vor. Er stand wie eine Mauer, eine Mauer aus Inkagold, so schlank und gerade gewachsen und glänzend.

Der findige Roppel kam auf den Arbeit und Zeit sparenden Gedanken, die Hafergarben einfach auf der trockenen Stoppel liegen zu lassen, eben keine Hocken aufzusetzen, und ihn nach drei heißen Sonnentagen von der Erde weg einzufahren. Das war nicht ohne Risiko. Denn sollte es nicht trocken bleiben, ein plötzliches Gewitter aufziehen und eine längere Regenperiode einleiten, war der am Boden liegende Hafer gefährdet. Die Nachbarn, vor allem mein neugieriger Mitwisser aller dem offiziellen Programm feindlichen Aktionen, der Starentöter Dobbertinsky, besah sich diese Leichtsinnigkeit und unkte: »Wenn dat man gut geiht, Nabber. Hafer nicht upsetzen, dat giht es doch gar nicht.«

Es gab es, und es klappte tadellos. Das Hoch war stabil, wir fuhren mit beiden Gespannen innerhalb von zwei Tagen den Goldhafer ins Fach. Dann nahmen wir uns den inzwischen auch nachgereiften Roggen vor und jagten die Ernte des großen Schlages, also des Hundert-Morgen-Feldes, das im Frühjahr so »geprahlt« hatte, zum größten Teil gleich durch die Dreschmaschine. Mein Diesel lief ohne

Panne. Der Treibriemen, dick wie ein Daumen, riß zwar einige Mal. Aber Starke packte ihn mit seinen eisernen Fäusten und verschraubte die Rißstellen mit dicken Klammern. Nun konnte auch keine Eule, kein Waldkauz mehr verhindern, daß die Arbeit voranging.

Als wir noch mit der Lokomobile dreschen mußten, war nämlich ein lebensmüder Waldkauz, der sich nachts ausgerechnet auf dem Schornstein zum Schlaf niedergelassen hatte, in das lange Kesselrohr gefallen und war so auf dem Rost liegengeblieben. Starke, der den Kessel bereits zwei Stunden vor Arbeitsbeginn anheizen mußte, bekam keinen Dampf drauf. Der Schornstein, blockiert von der toten oder gefangenen Eule, zog nicht. Der verstörte, ratlose Mann konnte soviel Kohle, wie zur Verfügung war, in die Feuerungsklappe schieben, nachschieben und darin herumstochern: Der Dampf reichte nicht, um den großen Dreschsatz in Schwung und auf Fahrt zu bringen. Wir wußten keinen Rat. Es gab keine realistische, keine vernünftige Erklärung, warum die Lokomobile nicht den zum Anlaufen der Maschine notwendigen Dampfdruck erzeugte.

Die Männer im Fach mußten warten, waren stundenlang unbeschäftigt. Ich brauchte damals für den alten Lanz mit Strohpresse wenigstens 8 Mann Bedienung. Ein teures Vergnügen, wenn die im Stroh lagen und pennten oder Witze rissen. Schließlich sagte ich zu dem verzweifelten Starke, der schwarz von Ruß und schwitzend umherrannte — er war sogar in die Lokomobile, in den schwarzen Bauch des Molochs gekrochen: »Drehen Sie doch mal den Schornstein runter. Da muß doch etwas mit der Feuerung los sein. Der Atmosphärendruck müßte bei diesem Feuer doch das Schwungrad antreiben können.« Aber der Druck war eben Fehlanzeige. Nun erst sahen wir, was beziehungsweise wer uns am Dreschen hinderte. Starke griff mit einer Korngabel — das sind die zweizinkigen langen Gabeln (in Masuren Forken genannt), mit denen die Garben aufgestakt und auf die Erntewagen zu den Laderinnen hochgereicht wurden — nach etwas, das aussah wie ein verkohltes Woll-knäuel. Wir konnten es zuerst gar nicht identifizieren, bis ich sagte: »Das ist ja eine Eule, ein Kauz.«

Sofort nach diesem seltsamen Zwischenfall, der sicher kein Präzedenzfall war, lief die Lokomobile auf vollen Touren.

Aber die versäumte Zeit konnten wir nicht einholen. Wir schafften die Tagesmenge nicht mehr. Die Waldarbeiter Bahles und Tschrapp wurden so noch teurer, wenn ich die unfreiwilligen Feierstunden auf Konto des toten Kauzes dazurechnete. Und ich mußte mit jeder, auch der geringsten Einbuße kalkulieren.

Diesmal bot der kleine, fast noch neuwertige, jedenfalls noch unter Garantie stehende Dieselmotor die Gewähr, daß nicht überirdische Unwesen, fliegende Untertassen und falsch geparkte Eulen die Arbeit blockieren konnten. Ich ließ etwa 600 Zentner Roggen verkaufsfertig in von Breitner gelieferte, noch nicht von Mäusen angenagte Säcke laufen, wog ab, jeweils 1,50 Zentner pro Sack, band zu und rief dann die Firma an. Breitner schickte einen schweren Lastzug, dessen Fahrer Gift und Galle spuckte über die Anfahrt durch die Taiga. Nur im Schrittempo hatte sich der schwere Wagen mit Anhänger durch den Sand des Landwegs von der Schlaglochchaussee über die Pusch-kaitis-Findlinge hierher gequält. Da half auch keine Zigarre, kein Wasserglas voll Klarem und begütigende Worte, die ich im Übermaß aufbot, um die beiden zu beruhigen.

»Ich weiß, ich weiß. Alles Scheiße, Deine Elli. Hier sind wir am Arsch der Welt.«

Da half kein Jammern und kein Zähneknirschen: Aufgeladen mußte werden. Ein Stück hartes Holz unter die Säcke geschoben und angefaßt, »hau ruck« rauf auf die Laster. Nach vier Dreschtagen und einem Verladetag hatten wir die Tenne wieder frei. Der Dreschsatz mußte solange im Freiem übernachten. Wieder hatten wir mehr Schwein als Verstand. Es blieb ja das Restrisiko eines nächtlichen Gewitters, und eine so sensible Maschinerie verträgt kein Bad. Da werden die Innereien krank, erkälten sich, rosten oder faulen weg. Als wir die Tenne geräumt hatten und die beiden gut getankten Fahrer — Lucy brachte noch einen Korb voll Schinkenbrote — mühsam die Piste zum Nordwald davonfahren sahen, sprach ich ein mecklenburgisches Dankgebet: »God save Breitner und Ko. Wir treten beim Beten.«

Der Hafer machte uns keine Mühe. Er wurde ins Fach gefahren und je nach Bedarf gedroschen. Dafür war im Spätherbst und Winter Zeit en masse und en detail. Die goldgelben Garben rauschten, als wir sie von der Stoppel pickten. Es war ein herrlicher Hafer. Es war der beste Hafer meiner ländlichen Jahre. Er war besser als alles, was nachher kam, und noch besser als der masurische und der sorbische, den ich vorher ohne innere Beteiligung betrachtet hatte.

Es war ja nicht mein Hafer gewesen. Nur das selbst Geschaffene, Gewonnene, Erreichte, das Geliebte rauscht und glänzt hautnackt. So glücklich konnte ich sein, als ich 24 Jahre jung gegen Windmühlenflügel kämpfte. Denn das dicke Ende kam nach.

Der Kampf um die Hufen 10 und 11 sollte erst beginnen. Immerhin hatte ich die vier Donau- und Theißschwaben, die deutsch wie in Ulm sprachen, überreden können, wenigstens bis nach der Kartoffelernte zu bleiben. Ich mußte sie überzeugen, daß das für *sie* selbst die beste Lösung sei. Und das gelang mir durch einen einfachen Trick, der fast immer wirkt. Ich hatte mich bei Leistikow, dem jungen Sohn vom Vater, dem Oberinspektor ohne Daumen, bei einem gastfreien Glas in Gerlings »Herberge zur Heimatlosigkeit« — jedenfalls traf diese Bezeichnung auf meinen hoffnungslosen, aber nicht ernsten Fall zu — danach erkundigt, was das Rentamt des Grafen für Akkordlöhne beim Kartoffelbuddeln per Hand zahlte, und ich zog daraus die unkollegiale, aber unvermeidbare Konsequenz,

2 Pfennig mehr pro Korb zuzulegen. Ich war mir selbst der Nächste. Es war ein Überlebenskampf. Ich konnte keine falsche Sentimentalität, keine Hochgefühle, keinen selbstmörderischen Edelmut aufbringen. Ich war nicht der Kumpel des Grafen. Er war auf jeden Fall der König über allen Graus. Also sagte ich zu dem Wortführer der vier heimwehkranken Heimkehrer aus der Batschka: »Bei mir bekommen Sie nicht 12, bei mir bekommen Sie 14 Pfennig je Korb« — jeder Korb enthielt 60 Pfund —, »in Linstow gibt es nur 12. Stimmt's, oder habe ich recht?«

Ich hatte recht. Sie blieben. Wir bargen auch die Kartoffeln in kürzester Frist trocken und ohne Aufenthalt. Es war ein Jahr für Götter. Auch die Kartoffelernte war gut, bis auf einige Verluste durch Wildschaden. Die Hirsche des Grafen hatten einige Reihen total ausgegraben und kahlgefressen. Die Sauen suchten ja nur nach Würmern. Sie liebten über alles den Drahtwurm, der wiederum kartoffelsüchtig ist. Sie wühlten die Früchte nur aus der Erde. Wenn sie keinen Wurm in ihnen fanden, ließen sie sie unberührt liegen. Aber dann wurden sie grün und giftig. Bei so einer geringen Menge von Kartoffeln, die aus der Erde gerissen waren, spielte das keine Rolle, jedenfalls nicht bei Futterkartoffeln. Ich hatte ja vorwiegend für meine angelaufene Schweinezucht Parnassia, eine bekannte Futterkartoffel, angebaut. Ich konnte davon fast 2000 Zentner einmieten lassen. Die Mieten deckte Starke mit einer dicken Roggenstrohschicht ein und schaufelte dann einen halben Meter Erde drauf. So waren sie winterfest.

Wir hatten auch mit dem Wetter ganz großes Glück. Es gab keine verheerenden Nachtfröste, die hierzulande in der Taiga meist in der ersten Oktoberhälfte vorkommen. Nachher wird es bis tief in den November hinein wieder mild. Wir konnten manchmal noch im Dezember Kartoffeln und Rüben ernten, wenn vorher Dauerregen die Arbeit auf den Feldern unmöglich gemacht hatte. Etwa 500 Zentner Speisekartoffeln lagerte ich für Haus und Betrieb. Von den 2000

Zentnern Futterkartoffeln konnte ich, ohne mich zu bestehlen, 600 Zentner, das waren zwei Eisenbahnwaggons, verkaufen. Sie wurden in Vollrathsruhe verladen. Abnehmer natürlich Breitner.

So konnte ich nach dem Verkauf von 600 Zentner Roggen und 600 Zentner Parnassia alle Wechsel einlösen, und es fiel sogar etwas für Zenker ab. Aber dann war ich wieder blank. Mit weiteren Einnahmen war kaum zu rechnen. Ich konnte im Notfall die Haferration für die Pferde kürzen und im Winter noch 300 Zentner Hafer liefern. Die Gerste von dem kleinen Feld war nicht der Rede wert. Ich brauchte sie für die Schrotmischung aus Roggen-Gerste-Hafer, das sogenannte Gemenge, das ich in meiner Schrotmühle vermahlen und als Kraftfutter für die Sauen und Jungschweine, aber auch für Pferde und Kühe einsetzte.

Im nächsten Jahr wollte ich — auch das war eine Anregung meines guten Geistes Roppel — eine große Fläche gleich mit Gemenge, also Mischgetreide, bestellen. Dafür mußte ich das Saatgut zurückhalten, konnte nicht alles verfüttern. Das war mein Plan, an dem ich festhielt. So war der Sommer ohne Sensation vergangen.

Ich hatte an einem Abend, der mich nicht bis zur Dunkelheit auf dem Feld festhielt, noch einen Überläufer geschossen. Ich hatte mich hinter eine Getreidehocke gesetzt. Die Hocken boten am Waldrand die beste Deckung. Ich ließ sie dort bis zuletzt stehen, um noch etwas schießen zu können aus dieser natürlichen Deckung heraus. Der Überläufer — er wog etwas über einen Zentner — kam aus den Schonungen des Staatsforstes, aus dem Südwald, durchquerte eilig den lichten Buchenhochwald und bekam die Kugel, als er gerade über den Grenzgraben gesprungen war und sofort auf dem abgeernteten Feld nach Würmern stach.

Von der Jagdkanzel, die unmittelbar am Wegrand nach dem Dorf Liepowo stand und an der die Piste zu meinem Hof vorüberführte, schoß ich einen Mörderbock mit langen, spitzen, fast weißen, total verdrehten Stangen. Es war ein alter Bursche, ein eisgrauer. Hirsche zogen häufig über die Felder und durch das Kranichbruch vom Südwald in den Nordwald. Aber sie waren ja noch tabu. Einmal, als wir beim Dreschen waren, sahen wir ein ganzes Rudel aus dem Staatsforst hervorbrechen und wie Lützows wilde verwegene Jagd durch meinen Hafer auf der Höhe zum Dorf flüchten. Wer oder was mag sie am Tag aus ihren Einständen gedrückt haben? Es war ja keine Treibjagd im Staatsforst. Und der Gauleiter Hildebrandt durchkämmte bestimmt nicht die dichten Schonungen, diese sperrigen Kiefern-Monokulturen.

Der Gauleiter blieb tagsüber selbst in Deckung. Diese Prestigejäger waren ängstlich auf ihre Sicherheit bedacht, fühlten sich immer vom Volk bedroht. Hildebrandt fuhr nur mit seinem Wohnmobil durch sein Revier. Dann schoß er aus dem Fenster auf das äsende Wild. Zu diesem Zweck waren eigene Futterplätze eingerichtet mit leckeren lockenden Mahlzeiten für Hirsch und Sau. Aber es konnte auch geschehen, daß dieser Jäger nachts an meiner Grenze entlangpirschte und meine Feldmark mit dem Glas absuchte. So begegneten wir uns, standen uns wortlos gegenüber. Es war wie eine Sekunde, in der sich zwei Schatten decken. Ich spürte die Berührung nicht. Ich wußte nicht, wie dieses Gesicht aussah und wußte doch, daß ich die Gelegenheit verpassen würde, hier und in dieser »Sekunde der Wahrheit« eine Kugel loszuwerden. Ich wäre der schnellere in diesem Match gewesen. Denn Hildebrandt, eine der willfährigsten und gnadenlosesten Kreaturen aus dem Schattenreich, hätte nicht mehr reagieren können. Wer in solchem Augenblick die schnellere Reaktion besitzt, den ersten Entschluß faßt und den ersten Schuß wagt, bleibt Sieger in solchem wortlosen Duell. Ich hätte den Gauleiter auslöschen, wegwischen können. Ich hätte diesen Hund begraben irgendwo in der Taiga ohne Weg und Steg oder einfach in die Dickung schleifen können.

Die Sauen und Füchse hätten ihn gefressen, samt Bonbon und Blutorden. Das versilberte Gewehr, den kostbaren Drilling, hätte ich ohne Absender an die Gauleitung nach Schwerin geschickt. Was für ein schöner, unerfüllt gebliebener Traum! Ich weiß ja nicht einmal, wie und wo dieser Schinder gestorben, gefallen und eingescharrt ist. Vielleicht hat er sich selbst weggepustet. Das war so Gauleiterroulett. Das spielten diese Herren bis zur letzten Patrone mit Perfektion. Das machte ihnen keiner nach. Verweht und vergessen. Die Spuren sind gelöscht. Ich streue Kalk auf die Erinnerung, Löschkalk.

Der Name Hildebrandt wird aber unvermeidlich noch einmal mit einer anderen Begegnung, mit einer Katastrophe genannt werden müssen, die sich genau ein Jahr später in Vollrathsruhe ereignete und ein junges Fliegerleben in den Freitod trieb. Aber ich bin noch im Aufbaujahr 1936 im Winter, in der Zeit der Jahreswende, wenn anderswo die Raketen in den Eis- oder Schneehimmel gejagt werden. Wieder ein Jahr vorbei. Wieder eine Chance vertan, wieder ein Leben vergeudet. Das ist die Summe aller Jahre unter dem Bild des Henkers an allen Wänden.

In diesem Winter, der eine unvorhergesehene Wende in mein mönchisches Säufer- und Arbeitsleben bringen sollte, faßte ich den unrevidierbaren Entschluß, mir eine Gefährtin für die Liebe zu suchen. Wer konnte das wohl sein? Dabei half mir ein Wink, ein leiser Zuspruch meiner Mutter, die sich vor einer Verbindung ihres jungen, unschuldigen Sohnes mit der mütterlichen — in ihren Augen raffinierten — Lucy Schröder fürchtete.

Eine Liebe in Dresden

Das wahre Kunststück entsteht erst, wenn Proust und Mussolini auf den Hufen 10 und 11 in Liepowo mit Peter Glahn Kaffee trinken. Für solche Gäste hätte ich sogar meinen Düngerstreuer in den Schuppen gefahren. Was Zenker vorenthalten wurde, hätte ich diesen elitären Geistern gewährt. Lucy hätte ihnen Palmkernkuchen serviert und einen Extra-Gersten-Verschnitt von meinem Kornboden gekocht. Aber mit Kunstwerken konnte ich mich nicht abgeben, nicht von ihnen aufhalten lassen. Auch die Attraktivität solcher exklusiven Gäste konnte und durfte mich nicht von der Herbstbestellung abhalten. Die heimwehkranken Schwaben waren nun für immer hinter dem letzten Hügel von Liepowo verschwunden, unterwegs nach Linstow, wo sie weiterbuddeln wollten.

Auf Kartoffeln folgt Roggen. Das weiß ein Pferd mit 'nem Holzkopp. So will es die Fruchtfolge. Diesmal wurden die Felder am Südwald mit Roggen bestellt, und Rotklee wurde gleich mit eingesät. So wollte es Roppel. Er sagte, ganz entschlossen, kein anderes Konzept zu dulden:

»Laß mich man machen, Kasanowitz! Und den guten Boden links und rechts von der Koppel heben wir uns für das Frühjahr auf. Da säen wir Mais und Sonnenblumen und pflanzen Markstammkohl an.«

Die Rüben und Wruken wurden nebenbei eingebracht. Das war kein Problem, Roppel, Funke und Starke schälten, pflügten, eggten und rissen einen stark verunkrauteten Acker vorher noch mit dem Grubber auf.

Bleibende Sorgen bereitete der Zustand unseres Wotan. Er hätte nicht mehr nach Troja eingeschmuggelt werden können, den Bauch voll wilder Krieger. Er stank vor sich hin, und ich diskutierte stundenlang mit Roppel und dem alten Schröder, was wir tun sollten. Jedenfalls mußte ein Tierarzt zu Rate gezogen werden. Blech kam auch vorbei und sagte:

»Die Sache ist doch sonnenklar. Der Kerl hat Sie beschissen. Soll ich Ihnen einen guten Anwalt besorgen? Ich kenne da in Melchow einen; der haut den Schnabel in die Pfanne.«

Aber wir wollten noch abwarten. Wir dispensierten Wotan von allen Feldarbeiten und schickten ihn in unser Sanatorium auf die Koppel bis zum Dauerfrost.

Ich hatte jetzt alle Hände voll zu tun und meinen Sauen beim Ferkeln beizustehen. Nachts schob ich mit der Stallaterne Wache. Lucy löste mich ab. Auch Roppel assistierte, war jedenfalls jederzeit bereit, Hilfe zu leisten. Die ersten Ferkel einer kurz gebauten, spitzohrigen Mischlingssau, Marke Cornwall plus deutsches Edelschwein, also eine echte Metökin, kamen am Tage und schwupp, eines nach dem anderen. Beim zwölften hielt die Gebärtrommel an, stand still. Der Wurf war ohne Panne und ohne trübes Flackerlicht in einen Sonnenstrahl hineingeboren worden, der durch die verdreckten Scheiben brach. Ich nabelte die Ferkel ab. Die Mutter verzehrte gierig die Nachgeburt. In vierzehn Tagen konnte ich die kleinen Eber kastrieren. Das wollte ich selbst versuchen und mir den Ruf eines routinierten Ferkelschneiders sichern.

Der Buchenhochwald brannte im Feuer der späten Herbstsonne. Das goldene Licht, der große Glanz aus Innen, flammte rot zwischen den gilbenden Blättern. Ein unvorstellbarer Geruch entströmte der Erde, satt und müde vom langen heißen Sommer, nicht mehr beschreibbar, weil nicht mehr erlebbar. Es war ja alles Erde, was uns umgab. Da gab es nirgendwo ein Industriewerk, keine Kloake, keine schwelende Mülldeponie. Das Land war rein und frei. Kein Autostau vergaste diese welke, müde Herbstluft. Das abgestorbene Kraut der Rüben und Wruken wurde unter-gepflügt. Der ehemalige Kartoffelschlag war nun schon wieder ein Roggenfeld. Die rostroten Spitzen der Keimlinge brachen bereits aus dem ebenen Saatbett. Hirsche und Sauen steckten ihre Nüstern und Rüssel in die Erde auf der Suche nach letzten vergessenen Früchten.

Ich war erleichtert, daß der Binder ausgehalten hatte, daß die alte große Lanz-Dreschmaschine immer noch standhielt, daß die Schwaben mich nicht im Stich gelassen hatten.

Das Arbeitsamt hatte einen neuen Melker geschickt, der einen recht verläßlichen und arbeitsamen, an seiner Arbeit interessierten Eindruck machte. Ich richtete mich auf Abwarten, Beobachten und dann erst Urteilen ein. Roppel sagte: »Nun kannst du dir ein Mädchen für's Herz suchen, Kasanowitz. Ich weiß ja, was dir fehlt. Aber nimm eine mit Pferdeverstand, keine dumme Kuh aus der Stadt. Die kannst du hier nicht brauchen. Die haut wieder ab, wenn sie merkt, daß hier keine goldenen Eier gelegt werden.«

Apropos Eier! Da muß ich von Hühnern sprechen. Die Verluste durch die Füchse waren enorm, auf die Dauer gar nicht zu verkraften. Auch Habichte holten sich ihren Anteil. Sie kamen bis in den Obstgarten, den ich in eine Sauenkoppel verwandeln wollte — auch nach Roppels Plan. Ich kam gerade zurecht, wie ein alter Habicht auf einer Leghornhenne saß und sie auf der Erde kröpfen wollte. Sie war zu schwer, er konnte sie nicht davontragen und mit ihr abstreichen.

Eines Morgens — ich war gerade aufgestanden — saß ein Fuchs vor der Klappe des Hühnerstalles und war wohl ganz benommen von dem Geruch nach frischem Hühnerfleisch. Denn er ließ sich nicht stören, als ich vorsichtig ein Fenster öffnete und ihm durch den Spalt eine Kugel ins feuchte Fell brannte. Er sank um und rührte sich nicht mehr. Starke zog ihm das Fell ab, und da ich sowieso nach Waren wollte, nahm ich es mit zum Kürschner, der es aller-

dings nicht abnahm, weil zuviel Fleischreste haften geblieben waren. Starke war eben auch kein Fachmann in Fellen
und Pelzen. »Der stinkt ja schon«, sagte der biedere
Kürschnermeister, der es wissen mußte. »Vielleicht ein an-
dermal«, vertröstete er mich. Nun, es gab genug Füchse.
Aber die Felle taugen nur im Winter etwas. Das Sommerfell
läßt sich nicht verarbeiten. Die beste Zeit für den Schuß auf
Füchse war zwischen Oktober und März. Also, ich lernte
immer noch. Ich wollte und würde nicht aufhören zu lernen.

Eines Tages fuhr jemand, den ich zuerst gar nicht erkannte,
mit etwas Weiblichem auf einem Motorrad auf den Hof,
stieg ab und streckte sich wie nach einer langen Winterrei-
se. Dann erkannte ich diese schlanke, dunkelhaarige,
schmalgesichtige Figur wieder. Es war mein Schulgefährte
Alfred Mettke, offensichtlich mit Frau.

Sie schauten sich um, ob nicht ein Bläserchor oder Gesangverein sie begrüßte.

Ich rief ihnen zu: »Mann, Leute, wo kommt ihr denn her?«

Ich fragte mich, was sie hier wollten, was sie so vorwitzig
in den wilden Westen gelockt haben könnte. Ich wußte seit
der Schulzeit — wir hatten zusammen Abitur gemacht:
Mettke war ein links außen polemisierender Sozialist. Sein
Vater, ein Frührentner, ehemaliger Glasbläser der Os-
ram-Glühbirnenwerke in der Nachbarstadt Bela Woda,
war sogar ein führender Funktionär der städtischen Par-
teiorganisation, die Mutter früh an Tbc gestorben. Eine echte dem Klassenkampf verschworene Proletarierfamilie, wie
es sie damals noch gab.

Schon nach wenigen Sätzen erkannte ich, daß mein ehemaliger Schulgefährte kein Freund mehr war, mit dem ich
einst, 16 Jahre jung, wochenlang durch die Lüneburger
Heide getrampt war, ein Hunger- und Gewaltmarsch von
Nachtlager zu Futterplatz, von Scheune zu Strohmiete,
durch Herbstregen und Altweibersommer im Oktober
1928.

Alfred hatte Pädagogik studiert, seine Frau ebenfalls. Sie waren ein Lehrerehepaar aus Leipzig geworden und hundertundeins Prozent für »Führer, Volk und Vaterland«. Der rote Alfred mit dem Parteibonbon!

»Na, kommt nur rein«, sagte ich. Ich war schon stehend freihändig mit ihrer Mission bekannt gemacht worden, mich zur wahren Lehre ihres neuen Heilkönigs zu bekehren. Alfred neigte früher schon zum Dozieren. Hier hielt er mir eine Rede. Proust und Mussolini in Combrai: Na, Lucy wird sich freuen. Der alte Administrator wird sich, Flüche in seinen fleckigen Spitzbart brummend, verdrücken. Ich bekam Polit-Unterricht. Noch schlimmer war der seelische Zustand der beiden Neupädagogen, die auf das »Reich« des großen Karl beziehungsweise des kleinen Adolf gesetzt hatten: das heilige Reich deutscher Nation.

Ich führte meine braun gewordenen Freunde in den Schweinestall und begann vor ihren Augen die Eberferkel zu kastrieren. Das war ganz einfach: ein Schnitt mit der Rasierklinge, die vorher natürlich in kochendem Wasser steril gemacht werden mußte. Die kleinen Eierchen herausgedrückt zwischen Daumen und Zeigefinger, dann den Samenstrang durchtrennt, auf die blutende Wunde, die höchstens drei Zentimeter lang war, Jod gestrichen, reichlich. Das brannte zwar. Die kleinen Kerle quietschten, krochen mit dem Hintern durch das Stroh zur Mutter, gingen an die Zitzen, und vergessen war der ganze Jammer dieser Ferkelwelt. Kurz, eine schlichte Ferkelei.

Alfred und seine alles wissende, alles besserwissende Frau, dieses Hauptschullexikon mit Haaren, wendeten sich angeekelt und entsetzt von der blutigen — nach ihrem pädagogischen Ermessen brutalen — Szene ab. Sie konnten das für sie vorbereitete Mittagsmahl nicht genießen, nicht einmal verzehren oder sagen wir treffender: herunterwürgen. Es war Lucys wunderbar aromatische Sülze, gewürzt mit den Kräutern der Taiga. Ich glaube, sie hatte Erikablüten dazugetan. Sie blinzelte mir zu, etwas sparsam

mit der Soße umzugehen. Aber unsere Gäste aus dem
»Führerhauptquartier«, in diesem Fall der Leipziger Filiale,
waren schon vom Sehen satt, satter ging es nicht. Es kam
ihnen vom bloßen Anblick. Sie blieben still und wortlos
meditierend, bis Lucy den nicht gegessenen Rest — und
das war alles — wieder abräumte.

Dann standen wir uns noch eine Weile stumm gegenüber.
Puschkaitis war abgetaucht zu den Wurzeln des Lebens
und kümmerte sich in dieser Stunde der Entscheidung
nicht um die Außenwelt der Innenwelt. Unser Puschkaitis,
auf den wir uns verlassen konnten. Es war Alfred, der Ab-
trünnige, der Überläufer, der Deserteur, der die Sprache
wiederfand. Er sah wohl immer noch vor seinem ungeisti-
gen Auge, wie ich die Eierchen der kleinen Eberferkel den
Müttern zum Fraß vorwarf, die sie gierig verschlangen. Er
sagte — es war sächsisch; das hatte er inzwischen auch gelernt: »Ich gloobe, mir sin hier falsch.«

»Da kannst du recht haben«, bestätigte ich ihn.

Nur keine Unklarheiten aufkommen lassen! Alle Klarhei-
ten beseitigen!

»Weißt du, Alfred, du warst ein wunderbarer Kumpel auf
unserer großen Gammelfahrt, und du hast unsere ganze
Prima rot eingefärbt. Jetzt müßtest du nach Spanien gehen. Da werden rote Kämpfer gebraucht. Aber du fährst ja
jetzt gleich zurück in dein Führerhauptquartier, Filiale
Leipzig. Mein Vater läßt *mich* hier hängen, deiner hat *dir*
das Studium ermöglicht und bezahlt. Er kann zufrieden
sein mit dir. Er hat einen Bürger und einen treuen Diener
seines Herren, einen Staatsdiener, aus dir gemacht. Hier
ist es langweilig für dich und deine Minna. Ihr könnt kein
Blut sehen, nicht mal Ferkelblut. Aber ihr werdet noch Blut
vergießen müssen, eimerweise. Das ist euer Leben. Dort
gehört ihr hin.«

Nachsatz: Der Fregattenkapitän Alfred Mettke ging mit seinem Torpedoboot in der Schlacht um Ostpreußen vor Pil-
lau durch einen Volltreffer unter. Diese Karriere stand ihm

schon bei unserer letzten Begegnung, unserem Requiem in der Schweinebucht, im Gesicht geschrieben. Es war bar jeder Wärme. Seine Augen waren kalt. Er war unfähig zur Freundschaft geworden. Ich bin sicher, die beiden Mettkes lasen noch im Bett den »Völkischen Beobachter« und den »Angriff«. Das Evangelium »Mein Kampf« brauchten sie nicht mehr zu lesen. Das konnten sie auswendig.

Es war unglaublich. Wo lag Liepowo und wo lag Madrid? Aber es muß im November, jedenfalls vor meiner Expedition nach Dresden zu Eva Riemer, gewesen sein, da hörten wir in Lucys sicherheitshalber abgeschlossenem Proustzimmer — Vorsicht! Feind hört mit! — noch einmal die Stimme des deutschen Sprechers aus dem von den Faschisten, den Truppen Francos, belagerten Madrid. Ich erinnere mich deutlich, daß ein Reporter von der Front berichtete und daß wir Maschinengewehrfeuer hören konnten. Aber das ging wie ein Spuk vorüber. Es war wie ein wüster Traum, aus dem wir erwachten, aufgeschreckt von unserer traurigen Wirklichkeit. Von der Tür zur Terrasse starrten wir, blicklos geworden, stumm und verzweifelt, auf die ferne Kulisse des entlaubten Waldes. Wir dachten an die Internationalen Brigaden, die die Hauptlast des Kampfes zu tragen hatten.

Die Zeitungen, die wir sporadisch lasen, waren natürlich gleichgeschaltet, brachten nur Nachrichten über den »Terror« der »Roten« und feierten die Faschisten, die rebellierenden Generale und die marokkanischen Söldner als Befreier. Gedruckt durfte nur das werden — und das mußte gedruckt werden, — was der schmutzige Caligula in der »Reichskanzlei« erlaubte oder befahl. Wir mußten — und das hatten wir gelernt — alle Zeitungen gegen den Strich lesen, sozusagen von hinten oder spiegelverkehrt. Wir mußten das lesen, was *nicht* in ihnen stand, was nur wir herausfinden konnten.

Lucy, die im Grunde politisch uninteressiert war — ihre Eltern und ihr Bruder waren eher bereit, den Nazis zu glauben; vor allem der ahnungslose und gutgläubige Fritz war infiziert — wachte immer mehr auf und war hellhörig geworden. Mit Roppel war in dieser Hinsicht nichts anzufangen. Er war ein naiver Mensch. Für ihn galt das Wort und das Recht des Stärkeren, und da die Obrigkeit, die Herrschenden, immer die stärkeren Bataillone hatte, war es ratsam, ihm von Tschapajew und unserem »Verbrechen«, Auslandssender, noch dazu aus dem »roten« Madrid, zu hören, nichts zu erzählen.

Es gab genug Betriebsinterna und Vorgänge in unserem Umfeld, die uns gemeinsam interessierten. So wenn Roppel von seinen einsamen Wanderungen durch das Kranichbruch die Abwurfstangen der gräflichen Hirsche mitbrachte, oft bizarre Gebilde, sie paßten nie zueinander. Denn die Geweihträger werfen ihre beiden Stangen nicht gleichzeitig ab. Sie streifen oder schlagen zuerst mit *einer* Stange gegen starke Bäume, bis sie sich lockert und abbricht. Dann ziehen sie oft tagelang mit der anderen Stange und schiefliegendem Haupt — denn die Last ist beträchtlich — durch die Landschaft. Allmählich löst sich auch die zweite Geweihstange, aber sie liegt dann an einem anderen Platz, meist sogar im anderen Revier.

Ich selbst brachte nie solche Funde von meinen langen Pirschgängen mit nach Hause. Diese Abwurfstangen — bald hatte ich einen ganzen Kronleuchter aus Hirschgeweihen zusammen, die alle Roppel gefunden hatte — begleiteten mich mit allen anderen Trophäen, mit den Decken der Hirsche, Keiler und Dachse, die ich gerben ließ und die ich als Läufer im Zimmer ausbreitete. Die Schwarte meines größten Keilers, des ersten überhaupt, von der ruinierten Viehweide, trug eine handbreite Rückenborste und wurde zum Bettvorleger verarbeitet.

Ja, und dann war ich an einem dieser ereignisreichen Novembertage mit meiner Mauserbüchse gefallen. Sie war zum Glück gesichert, sonst wäre ich möglicherweise dem Forstmeister Frevert in den Jägerhimmel gefolgt. Aber durch diesen Sturz mußte sich etwas an der Zieleinrichtung, an der Einstellung des aufmontierten Fernrohrs verändert haben. Ich schoß und schoß und verfehlte alle Ricken, die ich laut Abschußplan noch erlegen mußte. Auf dem ehemaligen Kartoffelacker, nun der neuen Roggensaat, ästen tagsüber ungehindert 30—50 Rehe. Ich fuhr sogar mit dem Milchwagen auf die kürzeste Entfernung heran. Die Schüsse trafen nicht. Ich erntete schon Spott von Roppel: »Du mußt nicht soviel saufen, Kasanowitz. Davon bekommst du den Tatterich.«

Ich setzte mich eines Tages, als mir der Geduldsfaden riß, auf meine alte NSU, hängte mir die Büchse im Futteral über und preschte los zu meinem Büchsenmacherfreund Seidelbast. Die Trophäen, also das Gehörn des Sechserbockes und die schönen blanken Keilerwaffen, nahm ich mit. Seidelbast präparierte auch diese jedem Jäger wertvollen Erinnerungsstücke, setzte sie auf die passenden Holztafeln, machte daraus den Wandschmuck, der zum Brauchtum gehört. Na, das Brauchtum mit Jagdhornblasen und Halali am Grab mit einer letzten Ehrensalve war mir zuwider, ist geschenkt. Aber meine Büchse mußte zielsicher schießen.

Wir gingen auf den Schießstand. Seidelbast, der ein Meisterschütze war — das verlangte schon sein Beruf —, gab drei Schüsse auf die Wildschweinscheibe ab und traf nicht einmal die Scheibe. Die Kugeln gingen handbreit davon in den Sand, in die Deckung hinter dem anvisierten Ziel. Also nicht meine unruhige Hand, auch nicht Gerlings Martinis waren die Fehlerquelle. Ich war rehabilitiert.

Seidelbast stellte das Zielfernrohr neu ein und sagte: »Nun können Sie wieder draufhalten!«

Probeschuß. Er saß genau auf dem Blatt. Dann gingen wir zu ihm in die Werkstatt zurück. Die junge Frau Seidelbast machte mir schöne Augen, aber sie war keine Bacchantin. Da war ihr Hermann eher ein Bacchus. »Nehmen wir noch ein Bierchen?« fragte er mich. Die Frage war eher ein Befehl, ein Verlangen, eine Forderung, einzulösen von dem Kunden. Da Seidelbasts neben dem Gasthaus »Zur Eiche« wohnten, war das ja kein weiter Weg nach Tipperary. Wir hoben einige dicke Biere, dann mußte ich noch bei Tageslicht und per Motorrad die Piste durch den tiefen Forst finden. Bis Vollrathsruhe war es ja kein Problem. Aber dann wurde es eine Nacht- und Nebelaktion, und besoffen wäre es eine Amokfahrt geworden. Ich fuhr nicht blau nach der Devise: »Wer reitet so spät durch die Bratkartoffeln.«

Inzwischen hatte sich durch die Vermittlung meiner Mutter ein heftiger Briefwechsel zwischen mir und dem Waisenkind Eva Riemer — das absolut kein Kind mehr, sondern eine richtige junge Frau geworden war — in Dresden-Loschwitz entwickelt, wenn auch in dieser Phase unserer Beziehung lediglich Sympathieerklärungen abgegeben wurden. Schließlich ging sie auf meinen immer drängender werdenden Vorschlag ein, sie in Dresden zu besuchen. Es stand in diesem Ersuchen nichts davon, daß die Visite zwecks späterer Heirat erfolgen sollte. Aber ich war dann sehr schnell und sehr offen in diese Eva, die ich schon seit meiner Schulzeit kannte, verliebt. Ich mußte handeln, ehe Eva mir wieder abhanden kam, ein anderer Bewerber sie eroberte. So schickte ich ein Telegramm, das meine Ankunft an dem nächsten Wochenende ankündigte: »Treffpunkt an der Sperre. Große Vorfreude. Peter Glahn.«

Das war nicht zu verfehlen, denn alle Bahnsteige waren damals noch durch eine sogenannte »Sperre« von der Eingangshalle getrennt. Diese »Sperre« mußte jeder Reisende, ob zur Abfahrt oder Ankunft eines Zuges, auch zum Abholen von Besuchen, alten Herrschaften mit Gepäck, passieren und seine Fahrkarte beziehungsweise Bahnsteigkarte vorweisen.

So, und nun lag alles an Evas Bereitschaft, auf mich einzugehen, aber auch an meinem Verhalten ihr gegenüber. Wie sollte ich nur diesen gordischen Knoten lösen, mich enthemmen? Das war ja mein eigentliches bisher unlösbares Problem.

Ich konnte mit wenigen Worten, mit falschen Reaktionen, alles, was ich so vorsichtig angeteigt hatte, aufweichen und auswischen, Eva in die »innere Emigration« mir gegenüber, in eine abweisende Position drängen. Ich selbst war entschlossen, Eva, so wie sie war, wie sie ging und stand, zu akzeptieren. Ich kannte sie ja von einigen Motorradausflügen durch meinen Heimatkreis, wenn meine Eltern den Mut hatten, uns allein zu lassen. Aber Eva war stets passiv geblieben. Sie ertrug meine Huldigungen ohne Emotionen. Ich bemerkte nie, daß sie zur Zärtlichkeit bereit oder fähig war. Ich küßte eine Mumie. Das mußte jetzt ein Ende nehmen. Ich hatte meine Sauen im Stich gelassen, um Eva zu sehen, zu sprechen, in ihr inneres Spannungsfeld einzudringen. Ich mußte diese kühle Zurückhaltung überwinden und sie zu einem Bekenntnis veranlassen, nicht zwingen, aber gewinnen. Diese Liebesreise durfte keine tote Hose werden. Ich mußte eine Landfrau aus dem verwaisten Mädchen machen, sie zur Taigafrau aufbauen. Diese zwei Tage, die ich für Dresden vorgesehen hatte, mußten meine amouröse Offensive zum Siege führen.

So kam ich mit einem starken Aufwind in Dresden an. Ich setzte auf Erfolg, wozu die drei doppelten Steinhäger auf dem Stettiner Bahnhof beim Zwischenhalt in Berlin wesentlich beigetragen hatten. Meine echte Zuneigung sollte Eva überzeugen, daß nur sie die richtige Erbhofbäuerin für die Hufen 10 und 11 im fernen Taigaland sein konnte. Dieses zarte, blutarme Wesen mit den blassen anämischen Lippen, dem schöngeschwungenen Mund und den großen schreckhaften, fragend auf mich gerichteten Augen: ein Experiment, dem vorerst jede Möglichkeit der Verwirklichung fehlte, zu fehlen schien.

Die Liebe allein sollte und mußte es schaffen! »Drauf und dran, Stich und Hieb und ein Lieb muß ein, ja muß ein Landsknecht haben!« Das war meine Parole.

Ich küßte einen blassen Schemen. Diese Lippen waren nicht nur blutleer, sie waren zugeschneit, eingefroren. Es war Januar, und Dresden war weich, aber eisig gebettet in Schnee. Da hat die Liebe eine schlechte Zeit und eine geringe Chance. Das Eis war dick, aber mein Platz auf dieser treibenden Eisscholle war schmal. Hauchdünn knirschte es unter meinen langschäftigen Reiterstiefeln, die ich noch vor der Fahrt in Waren bei meiner mehr als freundlichen Schuhgeschäftsinhaberin gekauft hatte. Drei Jahre später war sie eine einsame Witwe, deren Mann, der mir damals die Angeberstiefel ausgesucht, angepaßt und angezogen hatte, in Polen den Soldatentod gestorben war, für nichts anderes, als aus dieser liebenswerten und herzlichen jungen Frau eine 25jährige Kriegerwitwe zu machen. Ihm zu Ehren hatte Caligulas hochdotierter Hofdichter die »Hymne für junge Helden« geschrieben, von der ich nur die herrlich bildstarke Verszeile in meinem absoluten Gedächtnis bewahrt habe: »Auf grünem Wiesenplane Freund Hein malt Blumen rot. Doch über uns die Fahne singt rauschend Sieg und Tod.« Aber nun war Eva an der »Sperre« — meine Ev —, und wir hatten alles noch vor uns, was wir niemals hinter uns bringen konnten. Schon die ersten Stunden bestanden aus Mißverständnissen und Kontroversen. Gegensätze bauten sich auf wie babylonische Türme.

Aber zuerst gab es Einvernehmen zwischen uns. Ich spielte naßforsche Selbstsicherheit dank Gerlings vorgetankter Martinis und der Bahnhofssteinhäger in Berlins düsterstem Bahnhof. Mein Herz pochte angstvoll, fürchtete ich oder ahnte ich doch das Scheitern aller meiner bisherigen Annäherungen, diese vergeblichen Liebesversuche, die leichtsinnig vertanen Chancen. Wir freuten uns auf das Wiedersehen, aber ich hatte im Auge das Scheitern. Das war auch Evas erste Reaktion.

Wir schoben uns durch die stets von eiligen Passanten und flanierenden Schaufensterbummlern verstopfte, weit über die Stadt und das Land hinaus berühmte Prager Straße. Es war ein Bad in der Menge, das Untertauchen in der Anonymität. Diese dichte Atmosphäre tat uns gut. Sie schuf Distanz und gleichzeitig Zusammengehörigkeit. Wir waren zwei uns nahe Menschen in der treibenden Masse dieses luxuriösen Einkaufszentrums. Der Prunk und der Glanz der Gründerjahre schien hier konserviert zu sein.

Dann lösten wir uns aus dieser Anonymität und stiegen die Brühlschen Terrassen hinunter zum Elbufer. Links im Hintergrund lag die Dresdner Oper, und in meiner Erinnerung vermeinte ich die melodisch klangvolle Tenorstimme Tino Pattieras zu vernehmen.

Das Melodram konnte beginnen. Immer noch blieben wir eng auf Tuchfühlung. Nun wurden wir nicht mehr geschoben und vorübergehend getrennt von einem Menschenstrom, der chaotisch durcheinandertrieb. Nun hatten wir Raum für unsere Bewegungen, unsere so lange verhinderten Liebkosungen.

Ev schlug vor, daß ich zuerst einmal ihre Pflegeeltern, Pädagogen in Loschwitz, kennenlernen müßte — sie hatte bereits Kurs auf diesen Villenvorort an der Elbe genommen. Ich protestierte leidenschaftlich und lautstark, aber nicht überzeugend: »Ich besuche dich, nicht deine Pflegeeltern, die mich überhaupt nicht interessieren.« Ich beharrte auf meinem »Non, ne jamais!«

Meine zügellose Beredsamkeit machte einige Kapriolen, Saltos vorwärts. Ev sah blaß und kalt aus. Sie bekam traurige, enttäuschte Augen, übrigens sehr schöne, große tiefblaue Augen, die ihre Verzagtheit noch tiefer erscheinen ließen, sie abgründig machte. Auch ich fror, aber nicht wegen der winterlichen Witterung. Es war ein klarer Sonnentag. Kalininwetter. Der Schnee glänzte wolgaweich. Ein bläuliches Totenlicht tanzte auf dem Strom, auf dem sich kein Leben zeigte, kein Schiff nach Pillnitz unterwegs war. Kein Wetter für Kaffeefahrten.

Aber Ev gab nicht auf. Sie bestand auf diesem Besuch und wehrte sich gegen meine anmaßende Behauptung: »Alle Eltern, vor allem Pflegeeltern sind Spießer, sind langweilige Alltagsmenschen. Wir gehören nicht zu diesen konservativen Typen, die alles, was nicht in ihr Programm paßt, verteufeln, alle, die ihre Vorstellung von Leben und Liebe nicht teilen, als verkommene gescheiterte Nichtskönner oder Nichtstuer verdammen. Ich bin nicht gekommen, um wau wau zu sagen und Männchen zu machen vor deinen Halbgöttern.«

Ich dachte und erinnerte Ev an die Ablehnung meines Vaters der Leitbilder meiner Jugend, Klabund und Tucholsky und natürlich Dostojewskij, den abartigen Spieler. Proust war gänzlich unbekannt, sein Name unter Kleinstadtakademikern völlig fremd. Er war wie Rilke »sicher auch so'n Verrückter«. Urteil meines Vaters, als irgendein subalterner Ignorant den Namen Rilke erwähnte.

»Du mußt dein Leben ändern, lieber Vater!«

Ich weigerte mich noch immer, Evs Wunsch zu erfüllen. Sie sah mich bittend und gleichzeitig erstaunt an.

»Ich habe uns doch schon angemeldet, sie erwarten uns zum Kaffee.«

Jetzt tobte ich erneut, schoß lauter Giftpfeile ins Leere ab: »Diese Kaffeeklatschbesuche hasse ich sowieso wie die Pest. Das kannst du von mir nicht verlangen. Das ist doch ein Affentheater.«

Natürlich sollte ich bei dieser Gelegenheit getestet werden, ob ich als ernst zu nehmender Bewerber für die behütete Pflegetochter in Frage kam. Ich würde so oder so abgewählt werden. Meine Einstellung zu den Themen des Tages, ihres Alltages, dieses verabscheuenswürdigen Routinebetriebes, und vor allem mein eindeutiges Bekenntnis zu Puschkaitis mußten sie schockieren. Ich gab um Evas willen, um ihrer Mimi-Augen, die niemals eine echte Boheme, aber auch keine Taiga-Anarchie erleben würden, schließlich nach. Ich sagte mit einem gräßlichen Widerwillen in der Stimme: »Meinetwegen, aber ich tue das nur für *dich!*«

Das sollte eine versteckte Liebeserklärung sein. Ich faßte Ev um die Hüfte, schlang meinen Ferkelschneiderarm um ihre Wespentaille, und sie ließ sich küssen. Ihre Lippen waren kalt und verschlossen und gaben keine Antwort. Ich stellte sie mir wollüstig vor, wir näherten uns wieder um einige Millimeter in dieser turbulenten Begegnung. Wir näherten uns aber auch der Gründerstilvilla der Pflegeeltern. Gleich würde das Abtasten und Abhorchen beginnen. In Gedanken machte ich bereits einen Tauchversuch. Ich hätte einen Herzschrittmacher gebraucht, um dieser Stichprobe auf Herz und Nieren gewachsen zu sein, standhalten zu können. So verlief der Besuch wie erwartet. Er brachte keine Annäherung der Meinungen. Der Herr Studienrat lächelte sanft und mit offensichtlich geheucheltem Verständnis zu meinen Ausführungen über meine Sauen, die weite Ausblicke und Einsichten, große Perspektiven, kühne Projektionen in die Zukunft zuließen. Er folgte dieser Spur aber um keinen Zentimeter in die von mir gezeigte Richtung. Seine Frau bestätigte diese distanzierte, wenn nicht offen ablehnende Haltung. Es interessierte keinen der drei Gesprächspartner, die weniger Partner als Kontrahenten waren. Denn Ev schwieg solidarisch mit ihren Eltern, die sie sich wohl nicht selbst ausgesucht hatte, sondern eine Instanz, die zuständig war für verwaiste Kinder, ein Experte für solche Fälle, ein Amtsträger.

To the hell mit allen Amtspersonen inklusive Pseudoeltern! Diese Eltern hier waren überzeugt, daß ich Scheiße bauen würde mit ihrer Tochter, vor allem, als ich ihnen mein Zuchtsauenkonzept — und meine Fahne wehte mir voran — entwickelte, den Anbau von Mais, Sonnenblumen und Markstammkohl zu erklären versuchte und dann mein gutes Einvernehmen mit meiner die Hauswirtschaft betreibenden Gefährtin Lucy und ihrer unübertrefflichen Sülze erwähnte. Diese dreizehn Jahre ältere Lucy war ihnen suspekt. Sie hatten noch nie erfahren, daß das Landleben eine Passion war, eine Leidenschaft, die jeden mitreißt, der sich ihm verschreibt. Für sie gab es nur Kalkulationen und Sanierungsprogramme im akademischen Bereich. Eine Ehe mußte so eine Sanierung für alle Beteiligten bringen. Sie waren von Anfang an entschlossen, diesen Spinner nicht als Schwiegersohn zu akzeptieren, Puschkaitis nicht als Trauzeugen zuzulassen.

Ich tat so, als bemerkte ich das nicht, und nahm ihr Schweigen zu meinen Großprojekten, die ja auch von der Philosophie Gromacks getragen wurden, als Zustimmung. Ich suggerierte mir ihr Wohlwollen und ihr Einvernehmen. Ev antwortete auf meine kühnen Pläne mit einem müden Lächeln aus ihren frostigen Teichaugen.

So verging der Nachmittag wie eine Abrüstungskonferenz, wie ein Familiengipfel ohne konkretes Ergebnis und in absentia Bakunins. Ich empfahl mich dann. Ev begleitete mich bis vor die Haustür, wo mir der eisige Winter den Frost in die Seele blies. Immerhin, wir verabredeten uns, daß ich sie am folgenden Tag zu einem Spaziergang, einer Wanderung zum berühmten Sanatorium »Der weiße Hirsch« — im Krieg dann Vorzugslazarett für Bauchschüsse — abholen würde.

Die Pseudoeltern hatten dazu ihr Plazet gegeben, wenn auch mit strengem Gesicht. Da konnte ja nichts passieren. Es geschah dann doch etwas, das mir bis heute unerklärlich geblieben ist, nämlich Evs spontane Zusage, sich mit mir in Kürze zu verloben und schon immer eine Lehrstelle als Landwirtschaftselevin auf einem Gutsbetrieb in der Nähe von Dresden zu suchen. Denn so ohne jede Kenntnis dessen, was sie auf den Hufen 10 und 11 erwartete — das konnte nicht einmal *sie* ahnen, dafür reichte keine noch so gewagte und blühende Phantasie aus —, konnte sie ja keinen Landwirt heiraten. So war es denn beschlossen. Ich machte den sie bestätigenden Zusatzvorschlag, daß sie zwei Jahre Praxis vorweisen müßte, um ihrer Aufgabe in Liepowo gewachsen zu sein. Sie stimmte vorbehaltlos zu. Wir umarmten uns heftig, aber folgenlos. Ich spürte den

Reiz ihres jungen Körpers, aber hakte sie dann unter und stapfte mit ihr durch den hohen Schnee des Weges bergan zum »weißen Winterhirsch«. Sie war schnell erschöpft! Das hätte ein Vorzeichen, ein Alarmsignal, sein können, aber ich reagierte nicht auf Zeichen. Ich war rundum zufrieden mit ihr und mir. Später, viel zu spät, eben zu spät sollte ich erfahren, was diese überraschende Zustimmung bedeutete. Sie war eine Tretmine mit Zeitzünder und keineswegs der Endpunkt in der langen Kette der Täuschungen. Jedenfalls verabredeten wir einen Verlobungstermin im Frühjahr, eventuell im Juni, wenn die Kraniche abgestrichen waren, in Grodk. Dort würden wir unseren Schicksalsbund besiegeln, bis dahin wollte Ev ihre Lehrstelle gefunden haben. Ich war blind genug, um an solche Wunder zu glauben. Wir wanderten dann zurück bis zu dem Hotel am Altmarkt, wo ich ein Zimmer für zwei Nächte genommen hatte. Dort riß der Film. Eva stieg in eine Straßenbahn Richtung Loschwitz. Es war Nacht geworden. Der Altmarkt lag leer und öde im Licht der Winterstille. Ich stand und ließ Ev noch einmal an mir vorbeifahren, das gefrorene Gesicht mit den tiefen blauen, aber nun fast geschlossenen Teichaugen hinter der vereisten Scheibe. Ich hatte mir eingebildet, sie aufgetaut, das Eis gebrochen, die Pflegeeltern für mich gewonnen zu haben. Doch sie sponnen schon an einem anderen Garn. Sie wollten Seide und nicht Seidelbast.

So verließ ich denn diesen zum Tod verurteilten Platz und spürte mein Herz schwer wie einen Lavastein in meiner Brust, einen Fremdkörper allemal. Der Altmarkt ging schon damals für immer unter. Es gab ihn nicht mehr. Das Urteil wurde dann erst acht Jahre später vollstreckt, im Februar 1945. Aber da wußte ich nichts mehr von Eva.

Der Prozeß gegen Schnabel

Es wurde ein turbulentes Jahr 37, ein Katastrophenjahr. Ich muß hier einige Betriebsinterna nachholen beziehungsweise vorwegnehmen, damit der Lauf der Dinge, die Entwicklung überblickt werden kann. Kurz nach meiner Rückkehr aus Dresden versanken auch wir hier im Schnee. Der Hof war zugeweht, und wir mußten, bevor Tauwetter einsetzte, den Schnee — der für uns absolut keine weiße Pracht war —, diese Schneeberge auf Kastenwagen laden und wegfahren, weit hinaus auf die Felder, sonst wären uns die Ställe vollgelaufen und die Ferkel ertrunken. Es hatte durch die kaputten Dächer den Kühen und Schweinen auf die Rücken geschneit. Aber sie standen gut im Futter. Es gab Heu, Hafer und Gemenge ausreichend, wenn auch ganz scharf und genau kalkuliert. Ich konnte aus der Heuscheune noch 300 Zentner Hafer dreschen und verkaufen. Starke stach dabei im Fach mit der Doppelzinkengabel einen fetten Iltis tot. Ich hatte nie zuvor eine Marderart gesehen, weder Stein- noch Baummarder, und eben auch keinen Iltis. Heute würde ich das Tier in die Freiheit entlassen.

Eines Tages kam Funke und schwitzte vor Verlegenheit — er war mein bester Mann, ich konnte ihn ohne Aufsicht pflügen lassen, er legte sich nicht neben das Gespann und verschlief den Tag — und brachte die ihn selbst betroffen machende Nachricht, daß er zur Wehrmacht einberufen worden sei. Er hatte seine Mütze in der Hand und drehte verlegen an ihr. Mit dieser Mütze hatte ich ihn seit dem ersten Tag auf meinem Hof gekannt. Nun wollten sie aus ihm erst einen Rekruten, dann einen Mustersoldaten machen.

Denn das würde Funke werden. Er tat alles, was er tun sollte, was ihm befohlen wurde, geradezu mit Gefolgschaftstreue. So wird er auch gehorsam für eine Sache, deren mörderisches Gesetz er nicht kannte, marschiert und gestorben sein, irgendwo gefallen oder verschollen zwischen Weichsel und Wolga.

Ich mußte mich wieder an das Arbeitsamt wenden, das nur noch menschlichen Ausschuß, Abfallprodukte vermitteln konnte. Denn wer etwas taugte und konnte, ging in die gut bezahlte Rüstungsindustrie, baute an den Kasernen, Flugzeug- und Panzerfabriken, unterirdischen Munitionsdepots und Bunkern, oder er ging gleich freiwillig zur Wehrmacht.

So erschien denn eines Tages ein junger Mann, beinahe ohne Hemd und ohne Hose. Er stampfte mit losem Schuhwerk, zerfransten Hosen, durchgewetzter Jacke, den speckigen Kragen hochgeschlagen, durch den Schneematsch und stellte sich mit einer Bärenstimme, so tief wie laut, vor:

»Ick heeße Hans, bin Bäcker, komme aus Berlin. Det liegt an der Panke, manchmal ooch an der Spree, und soll hier bei Sie arbeeten.«

Ein arbeitsloser Bäcker als Pferdepfleger? Es wurde immer obskurer, was sich die Vermittler von Arbeitskräften für das Land einfallen ließen. Ich fragte ihn, ob er schon mal was mit Pferden zu tun gehabt hat.

»Mit solche Gäule nie. Aber mit Pferdefleesch. Det kenne ick.«

»Gut, also das werden Sie lernen.«

»Werde ick, Chef. Hans macht allet, kann allet. Sie werden sich wundern, wat der Hans allet kann.«

Seine schwere, dunkelbehaarte Gestalt bog sich im Wind der Zeit.

»Dann übernehmen Sie Funkes Gespann. Der ist gerade zu den Preußen abmarschiert.«

»Zum Teufel. Da kriegen se mir nich hin, freiwillig nich.

Auf'm Bauch durch die Scheiße kriechen: Det is nischt für Hans, den Bäcker.«

Auch Bäcker wurden gebraucht. Warum Hans kein Bäcker in Berlin mehr sein wollte, erzählte er mir nicht, und ich fragte ihn nicht. Vielleicht war er ein Kommunist und wollte einfach hier vergessen werden von den Rollkommandos des kleinen Doktors.

Hans bezog die eine freigewordene Kammer, in der er nicht schwimmen lernen mußte. Dann konnte es ja losgehen. Ich ahnte nichts Gutes. Der Bursche trat auf wie ein Tangobubi in den verdreckten Klamotten, die einmal einen richtigen Straßenanzug abgegeben hatten, als Hans noch große Brötchen gebacken hatte. Sein Mundwerk war immer noch flott und gar nicht abgewetzt. Jeden Morgen weckte mich sein Tagesmotto, das er erschallen ließ, wenn er die Bodentreppe herunterpolterte, meist verspätet, aber bemüht, betriebsam zu wirken, betriebsbereit zu sein. Sein Gesicht drückte tiefsten Widerwillen gegen jede Art von Arbeit aus, ob es nun um Pferde oder Brötchen ging. Diese Parole, die mich und Lucy und Roppel, uns alle aus dem sich in Wachheit auflösenden letzten Traum riß, lautete kurz und unmißverständlich: »Ick mach euch alle fertig.«

Es blieb bei diesem Kampfruf, mit dem er auch seine vier verhaßten Pferde begrüßte, die er nicht nur mit Worten traktierte, sondern auch mit Fußtritten und Prügel. Ich nahm ihn mir vor und sagte, daß ich ihn wieder zurück zum Arbeitsamt schicken müßte, auf die große Reise, wenn er nicht aufhören würde, um sich zu schlagen.

»Wenn Sie mir nich brauchen können, Chef: Ein Wort und ick bin weg.«

Ich mußte ihn brauchen können. Es gab für ihn noch keinen Ersatz. Aber ich suchte nach einem brauchbaren Ersatz für den Ersatzmann Hans, der keinen Funke ersetzen konnte und keinen Funken wert war. Ich inserierte im Kreisblatt: »Zuverlässiger Gespannführer für sofort gesucht. Gut Liepowo über Vollrathsruhe.« Mal abwarten, wen ich da aus dem Winterschlaf wecken würde!

So gingen wir schlecht gerüstet in die Frühjahrsoffensive. Ich selbst machte aus Ostern wieder zwei zusätzliche Arbeitstage, zog mit den schweren schottischen Eggen über die Felder, bereitete das Haferfeld und den Gemengeschlag, dazu noch die für Mais, Sonnenblumen und Markstammkohl bestimmten kleineren Ackerflächen für die Frühjahrsaussaat vor.

Dann kam Blech und machte ein letztes Interview mit Wotan, führte eine Besichtigung des unverwendbar gewordenen Belgiers durch.

»Der verreckt Ihnen ja. Der ist für den Abdecker reif.«

Blech war entsetzt und ich entschied mich nun, unverzüglich Klage gegen Schnabel zu erheben, einen Anwalt zu nehmen.

Außerdem offerierte Blech mir — und das war unverzichtbar — einen Zuchtbullen für meine 16 Kühe und einen Jungeber für die 4 Zuchtsauen. Er machte dann den Vorschlag, die Mischlingssauen, die Metöken unter den Schweinen, noch durch reinrassige Sauen des »Veredelten Deutschen Landschweines« zu ergänzen. Er wüßte da eine hervorragende Zucht auf dem Gut Adamsdorf bei Neustrelitz, das einem Bruder des bekannten Kartoffel- und Schweinezüchters Benckendorff gehörte, sozusagen dem kleineren Bruder.

Ja, was ist eine Kuh ohne Bullen, eine Sau ohne Eber?

Also, ich fuhr mit Blech zum Bullen nach Kittendorf, wo die Herrschaft von Oertzen residierte, und dann nach Adamsdorf, wo der kleine Benckendorff seine Edelschweinzucht aufgezogen hatte. Bezahlt wurde vom Geld, das mir der leichtsinnig verkaufte Hafer einbrachte. Breitner hatte ihn mit Kußhand abgenommen und einen guten Preis dafür geboten. Und die längst fälligen Zinsen an Hoepker, die ich beim allerbesten Willen nicht aufbringen konnte, hatte mein Vater direkt auf dessen Konto überwiesen. Ich hatte meinem Vater die Rechnung präsentiert. Er mußte einsehen, daß eine Herde ohne Zuchtbullen und ohne Zuchteber eben keine Herde war. Oder sollten sich die Muttertiere von selbst fortpflanzen?

Blech besorgte alles, und er trug nie ein Parteibonbon am Jackenaufschlag. Er vermied jedes Politisieren und Polemisieren, seitdem ich angedeutet hatte, daß sein Weg nicht mein Weg war. Es gab zwischen uns nicht die geringste Trübung, kein Mißverständnis. Er blieb ein fairer Geschäftspartner. Er besorgte mir auch den Anwalt für meine Aktion gegen Schnabelowopski, den Regentröpfchen-Gauner. Der Malchower Anwalt formulierte die Klage, die Anzeige lautete auf *Betrug* und schilderte den Fall nach den von mir gelieferten Angaben zum Kauftermin und Preis, sowie Schnabels Garantieversprechen, daß Wotan, unser dreibeiniger Belgier, nur eine harmlose Verletzung am Fuß hätte. Wotan konnte auf dem kranken Bein nicht mehr stehen. Meist lehnte er sich an den Koppelzaun, um überhaupt stehen zu können, fraß auch nicht mehr und fiel vom Fleisch. Es war ein extremer Fall von Tierquälerei.

Der Anwalt argumentierte scharf und kompromißlos: »Beweismaterial Hufkrebs, festgestellt bei einem als gesund verkauften Pferd, angeblich Fußverletzung durch Nagel. Krankheitsverlauf: rapide Verschlechterung des Befunds, keine erfolgversprechende Behandlung mehr möglich. Es muß mit Totalverlust gerechnet werden, wenn das Tier nicht unverzüglich an einen Roßschlächter verkauft wird. Um umgehenden Verhandlungstermin wird schön aus diesen Gründen gebeten. Das Leiden, die Qual des Pferdes — einer wehrlosen Kreatur — muß abgekürzt und sofort beendet werden.«

So stand es in der Klageschrift. Blech vermittelte. Er wurde als sachverständiger Zeuge benannt. Ich selbst habe meinen Anwalt nie gesehen, bin nicht zum Gerichtstermin gefahren. Alles schien mir ja sonnenklar und unwiderlegbar zu sein. Was sollte Schnabel dagegen vorbringen können, was zu seiner Entlastung anführen? Mit dem Regentröpfchen-Prélude konnte er vor Gericht nicht antreten.

Der vom Amtsgericht in Malchow bestimmte Tierarzt würde bestimmt die Fakten vorlegen, die gegen diesen Mafioso entscheiden mußten. Ich war auch in dieser Hinsicht naiv und hatte keine Ahnung von der komplizierten Materie, auf die ich mich eingelassen hatte. Weder Blech noch ich konnten voraussehen, daß hier Richter und Angeklagter ein Paar waren, ein Liebespaar aus der gleichen Familie der »ehrenwerten Gesellschaft«, eben der Taiga-Mafia. Denn das hohe Gericht ordnete in der in der Tat schon bald erfolgten Vorverhandlung an, daß ein Tierarzt an Ort und Stelle das Pferd untersuchen und ein Gutachten anfertigen sollte, das bei dem Haupttermin vorgelegt werden mußte.

Es war kaum zu glauben. Heute, nach fast 50 Jahren erfolgreicher Prozeßführung gegen die Mafia weiß ich, wovon ich spreche, beziehungsweise detailliert schreibe.

Der Tierseuchenspezialist — übrigens aus Schnabels Stadt, dem Hauptquartier dieser Gesellschaft von »Ehrenmännern« — erschien stante pede. Er war ein Typ mit einem dunklen, undurchsichtigen Gesicht und schaute verbiestert und aggressiv drein wie der ihm im Aussehen und in der Statur ähnliche General der Franco-Faschisten Mola während der Offensive der Interbrigaden auf das von Francotruppen besetzte und zur Festung ausgebaute Bergnest Huesca in Aragonien. Dieser Vergleich drängte sich mir spontan auf.

Also dieser vom Amtsgericht kreditierte Spezialist für Tierquälerei, den ich nicht einmal nach seinem Namen fragte — soviel Vertrauensvorschuß räumte ich ihm ein —, stellte sich gar nicht vor, sondern sprach nur barsch und mit drohender Stimme — diesen Ton kannte ich, das war der Befehlston aller subalternen Instanzen, deren Urteil schon feststeht, die den Gegenstand, über den sie urteilen sollen, gar nicht ernsthaft prüfen, weil sie mit dem fertigen Gutachten in der Tasche oder im Kopf bereits zur Besichtigung des ihnen anvertrauten Objektes schreiten. Sie gehen nicht, sie schreiten zur Vollzugsmeldung an den Ort, zu dem sie auf Weisung des Gerichts abkommandiert sind — dieser Tierquälerspezialist nahm es mir übel, daß er auf diesen seinen Wagen ruinierenden Sandpisten über Schlaglöcher und glattgeschliffene Felsabstürze hinweg, immer von Puschkaitis bedroht, hierher fahren mußte, um einem Auftrag des Gerichts zu folgen. Aber er tat es aus Freundestreue seinem Stammtischbruder, dem ehrenwerten Schnabelowopski zuliebe und — nicht zu vergessen — unter dem gefährlichen Druck der Camorra.

So stand es von vornherein fest, daß der Unsägliches erduldende Wotan in einen Nagel getreten und von uns falsch behandelt worden war. So stand es dann auch im Gutachten: »Das erkrankte Pferd leidet nicht an Hufkrebs, sondern an einer chronischen Entzündung beziehungsweise Blutvergiftung, die infolge falscher Behandlung durch den Pferdehalter, den Erbhofbauern Peter Glahn, hervorgerufen worden ist. Der Zustand des betroffenen Tieres ist allerdings aufgrund dieser als Tierquälerei zu bezeichnenden Unterlassung hoffnungslos. Eine Heilung ist nicht mehr zu erwarten. Es müßte eine Amputation vorgenommen werden. Diese erübrigt sich, da ein Pferd nicht auf drei Beinen stehen oder arbeiten kann. Das hohe Gericht möchte zur Kenntnis nehmen, daß operative Eingriffe dieser Art bei Pferden in jedem Fall erfolglos und daher auch zwecklos sind. Pferde lassen sich nicht in einen latenten Ruhezustand versetzen. Daher empfehle ich die Zurückweisung der Klage. Der Kläger ist kostenpflichtig zu machen.«

Obwohl dieses Fazit bereits unerlaubt, zumindest unstatthaft in das laufende Gerichtsverfahren eingriff, scheute sich der offensichtlich von Schnabel informierte und gekaufte, im Dienst der Camorra, beziehungsweise Mafia, stehende »Sachverständige des hohen Gerichts« nicht, dem Urteil vorzugreifen. Als ich Blech anrief und ihm von dem Besuch und dem Eindruck berichtete, den der Beauftragte des Amtsgerichts Malchow auf mich machte, fragte er mich gleich nach dem Namen des Tierquälerspezialisten, den ich ihm nicht angeben konnte. Aber er beschrieb ihn mir: »Ja, den kenne ich, ist ein dicker Freund von Schnabel. Die beiden schieben sich gegenseitig die Trümpfe zu. Nun kommt es auf den Richter an. Aber hier in Malchow gibt es keinen Richter, der nicht schon bei Schnabel mitgemischt und mitgesoffen hat. Das ist eine Clique. Da läßt keiner den anderen im Stich. Kurz, die Sache ist beschissen. Die Chancen stehen schlecht für Sie.«

Ich war auf alles gefaßt. Denn ich lebte nach der schrecklichen Zäsur der Niederlage von Malaga, das die Faschisten und ihre Sackabschneider Anfang Februar erobert hatten, worüber wir einen Siegesbericht in unserem gleichgeschalteten Kreisblatt lesen konnten, in einem seltsamen Rauschzustand, einer Art Todesrausch, einer Untergangsstimmung, die ich nur deswegen nicht ausleben konnte, weil die täglichen Pflichten, die das morgendliche Alarmsignal des Weckers ankündigten, mich total beanspruchten.

Was außerhalb dieses winzigen Lebensraumes, den ich ausfüllen mußte, der mich ausfüllte, geschah, trat in den Hintergrund, verblaßte wie die beschworene Abendwolke am Horizont, der wir blöde und unfähig, ihren Zauber auf uns wirken zu lassen, nachschauen, hinterherglotzen, dümmlich, menschlich und für kein Wunder mehr erreichbar. Nachdem sich Tausende von Bewohnern Malagas vor Angst und Entsetzen über den Untergang ihrer Stadt, aus berechtigter Panik von den Klippen ins Meer gestürzt hatten, gab es zwischen Tag und Nacht keinen Unterschied mehr. Und die schreckliche Wahrheit jener Tage, die auch für den in seinem Gestank hilflos leidenden Wotan galt: »Es lebe der Tod« — wurde zu meinem Motto, ging mir nicht mehr aus dem Sinn. Ich schleppte mich durch die wilde Kamille des verwahrlosten Hofes und wiederholte immer wieder diese Schlüsselworte der menschlichen Existenz »Es lebe der Tod!«

Aber dann schlug meine Stimmung um. Sie weckte in mir eine besessene Lebenslust, eine Umkehrung des Wahns in den Sinn. Ich stritt mich mit Lucys Bruder Fritz, einem Konformisten, einem netten Kerl, einem tüchtigen Landwirt und noblen Gesprächspartner, der ebensowenig mein Feind wurde wie Blech, obwohl mir übel geworden wäre, wenn ich den beiden in ihrer Uniform oder mit dem Bonbon am Revers begegnet wäre. Aber sie hielten sich zurück. Ich sagte zu Fritzi nach der alarmierenden Nachricht aus Malaga, die ich wieder spiegelverkehrt und zwischenzeitig lesen mußte: »Ich möchte jetzt diese verdammte Klitsche, auf der mein Vater mich am langen Arm verhungern läßt, an den ersten besten Flugplatzvertriebenen verscheuern.«

Es gab ja schon damals das Problem der Vertreibung. Aber es befanden sich darunter ihrem Führer ergebene Vertriebene, die noch stolz darauf waren und sich freuten über ihre Aussiedlung, ihre Heimatlosigkeit, wurde ihr Besitz, ihr Hof, ihr Rittergut doch dadurch hochgeehrt, daß es für einen Militärflugplatz oder ein Manövergelände bestimmt war. Welche Ehre, mein Führer! Sie verneigten sich vor ihm und suchten irgendwo im Hinter- oder Niemandsland eine neue Bleibe, waren sie doch faschistisch-fürstlich mit einem Sack voll Piepen abgefunden worden. Es gab genug kaputte Klitschen, Pleitebarone wie der von Ellermann auf Langenkamp, Pleitegrafen wie der Graf von Schlieffen auf Reiffenberg, wie der Graf von Bassewitz auf Burg Klitz, wie der Fürst zu Schaumburg-Lippe auf Baumgarten und Grabowhöfe. Da waren überall sogenannte Restgüter und neue Siedlerstellen zu haben. Land genug für Vertriebene der Wehrmacht. Es war Land über, nicht Land unter, auch wenn die See hochging und die Dämme brachen. Scheiß drauf! Ein Leben für den Führer!

»Und was willst du dann machen?« fragte Fritzi Schröder

arglos. Er wußte nicht, was das mit Malaga und umliegender Ortschaften zu tun hatte, mit den treibenden Toten im Meer, im römischen Meer, durch das Mussolinis Truppentransporter Nachschub nach Spanien schafften für die Legion des kleinen Generalissimus.

»Ich will gegen die Faschisten kämpfen. Ich bin ein Roter. Du bist braun. Ich fürchte, unsere Farben können wir nicht ändern, nicht auswechseln. Wir müssen bleiben, was wir sind, und damit leben oder wie die deutschen Freunde in Spanien damit sterben. Kennst du das mitreißende Kampflied der Interbrigaden: Spaniens Himmel breitet seine Sterne über unsere Schützengräben aus . . .?«

»Komm, hör auf, du bist ein Phantast.«

»Ich bin schon ganz still. Aber ich stehe auch hier an vorderster Front, vielleicht, nein bestimmt, auf verlorenem Posten. Aber überall, wo die Nazis Widerstand spüren, haben sie die Schlacht schon verloren. Du wirst sehen. So wird es kommen. Wir werden ihren Untergang noch erleben. Das wird ein Fest der Freude. Das will ich mitfeiern. Deswegen halte ich die Klitsche hier und gebe nicht auf. Ich bleibe hier, weil der Schaufuß und sein Schwager-Intimus Marinus mich zum Teufel jagen möchten.«

»Du bist ganz schön stur«, lächelte Fritzi verlegen und etwas beschämt. Denn er las die Zeitungen von vorn, und er las nur das, was *gedruckt* war. Ach, Scheiße! Ich konnte ihm nichts erklären.

Er fuhr davon, tief enttäuscht über diesen jungen »Erbhofbauern«, der im Begriff war, seine letzte Chance zu verspielen. Fritzi ging an meinem Rübenfeld entlang, streifte mit seinen Händen durch den jungen Roggen, freute sich über das Wachstum. Er ging über die Grenze nach Hallalit durch den verbotenen Wald, aus dem mich im Vorjahr der übereifrige Förster des Grafen vertrieben hatte. Wir hatten alle hier nichts zu suchen. Denn unsere Heimat war jetzt Madrid, das wunderbare, das, verraten von seinen Generalen, von der Legion der deutschen Luftgangster bombardiert und systematisch zerstört wurde, ohne sich wehren zu können. Ich wurde von den Splittern ins Herz getroffen, die für die anderen bestimmt waren.

»Komm wieder, Fritzi! Steck dein Bonbon in eine Tüte und stifte es dem Winterhilfswerk!« rief ich ihm nach. Er winkte ab, ohne sich noch einmal umzudrehen. Der Wald hatte ihn vor mir bewahrt.

Ich war besoffen — diesmal nicht von Gerlings feurigflüssigen Sorgentröstern, den Magenputzern, den Boonekamps und Martinis — ich war besoffen von Begeisterung beim Anblick meiner sich begrünenden Felder. Die Saat stand dicht und gesund. So weit das Auge reichte: Das war eine andere Botschaft. Die Füße haben mich getragen all die Sonntage und Festtage, und morgens um 5 Uhr nahm mich der Stalldienst wieder in den Schwitzkasten. Ich hatte nun für 10 Sauen, 30 Mastschweine und immer um etwa 100 Ferkel zu sorgen. Ich ließ mir die Futtereimer nicht aus der Hand nehmen.

Lucy warnte: »Verbrennen Sie nicht in diesem Feuer. Sie treiben Schindluder mit Ihren Kräften, verausgaben sich. Das kann nicht gut gehen!«

»Verhalten Sie sich anders?« fragte ich zurück. Und sie mußte nachgeben, sah, daß ich nicht zu bremsen war.

In den Wochen, als sich der Prozeß entschied — ich ahnte das Urteil, das die Schnabel-Mafia vorfabriziert hatte, war ich berauscht von meiner blühenden Erde. Doch im Hinterkopf wucherte noch der Gedanke an Eva und ihr Versprechen, Landwirtin zu werden, mit mir zusammen den Kampf aufzunehmen, der schon verloren war.

Dieser Glanz im Tau, dieser perlende Glanz, morgens, wenn ich aus dem Stall zurückkam, die Laterne löschte und den Hügel zum Wohnhaus hochging, im Rücken den Lärm der fressenden Schweine, das Quieken der Ferkel, die sich um die Zitzen stritten!

Gibt es ein größeres Glück, als das Erlebnis dieser Berauschtheit von der erwachenden Erde? Hier war das

Glück, hier auf den tief eingegrünten Frühjahrssaaten, dem Roggen, auf dem abends die Damhirsche ästen — nun in der Schonzeit ohne ihre Schaufeln —, wenn sie sich aus dem knospenden Buchenhochwald, dem schmalen Schattenschutzgürtel herauswagten auf meinen großen Roggenschlag. In diesem Jahr hatte ich ihn entlang des Südwaldes unter meinem Hochsitz angelegt. Da war ein enormer Wildschaden zu erwarten. In der Dämmerung überraschte mich ein Dachs im Grenzgraben und trottete sorglos davon. Er beschnupperte meine Stiefelspitze, drehte dann seine Abendrunde, suchte sich einen Partner unter der Normaluhr.

Hier lebe ich nun. Hier wollte ich leben. Ich war am Ziel meiner Reise durch die Krankheit der Jugend angekommen, hatte mich freigekämpft, war auf alles vorbereitet, auf alle Zwänge. Ich kultivierte meinen Traum von der großen Freiheit des einfachen Lebens. Ich verstand es anders als die Dichter, die ein Zerrbild, einen Wahn ohne Sinn als Freiheit ausgaben. Meine Freiheit war gebunden an das feste Arbeitsprogramm, nicht an die vergeblichen Träume. Nicht Illusionen: Tatsachen, Fakten bestimmten über das Ausmaß dieser Befreiung. Sie mußte sich umsetzen lassen in Zahlen, in Zentnern, in Hektar. Es waren Regeln, keine Rituale, denen ich mich unterwarf.

30 Mastschweine an Blech: Das war ein Traum, der sich verwirklichen ließ. Das war meine Art von Freiheit. Täglich eine Steigerung der Milchlieferung um einige Liter, von 220 sukzessive auf 250, bis an die Grenze der Leistungsfähigkeit meiner Kühe. Aber mit diesem Mondkalb von Melker? Da ist mir etwas widerfahren, das ich für unglaublich gehalten hatte. Aber noch war es nicht geschehen. Ich ziehe Bilanz dieser Monate nach Malaga: Das Erwachen wird kommen auch für mich, und es wird Bitternis in diesem Erwachen sein.

Die erste Botschaft aus der Unterwelt der Oberwelt, aus dem Saustall der Institutionen kam vom Amtsgericht Malchow. Das Gericht hatte Beschluß gefaßt. Er lautete — ich beschränke mich hier auf das Wesentliche: »Die Klage des Klägers Peter Glahn, Erbhofbauer auf den Hufen 10 und 11 in Liepowo, gegen den Viehhändler Georg Schnabel wird als gegenstandslos abgewiesen.«

Die Mafia hatte beschlossen, Wotans Hufkrebs für eine harmlose Verletzung durch einen Nagel zu halten, die durch falsche Behandlung und unterlassene Pflege beziehungsweise Unachtsamkeit des Pferdehalters eine schwere Infektion herbeigeführt und das Pferd in einen Erkrankungsgrad versetzt hatte, der eine sofortige Notschlachtung erforderlich machte.

»Die Kosten des Verfahrens trägt der Kläger«, stand unter dem schandbaren Dokument. Damit hatte ich gerechnet. Blechs Vorwarnung hatte mich gut präpariert. Mein Anwalt hatte noch im Sitzungssaal des Gerichts Berufung angekündigt. Dann wurde der Vorgang vor dem Landgericht in Parchim, einer weit entfernten Kreisstadt verhandelt. Dort tagte auch ein NS-Sondergericht, das berüchtigte »Anerbengericht«. Aber das kam erst später gegen mich zum Zug. Hier ging es lediglich um Wotan, und ich war selbst noch unbelastet, noch kein Zielobjekt für die Sondergerichte der Nazijustiz. Das stand mir noch bevor. Aber nun beginnt der zweite Akt in der Tragödie des Opfers, und das war Wotan, der zu Tode gequält wurde, weil die Mafia für die Folter entschieden hatte, und diese Quälerei hieß hier: weiterleben um jeden Preis, bis auch die Berufungsinstanz ihr Urteil gesprochen hatte.

Auch für das Weiterbestehen des Hofes, für das Zusammenleben mit meinen Mitarbeitern traten unvorhergesehene Veränderungen ein. Die erste Hürde, die nun genommen werden mußte, war die Berufungsverhandlung in dem Prozeß gegen Schnabel beim Landgericht in Parchim. Wotan hatte keine Zeit mehr, auf das Ende des Verfahrens zu warten. Er stützte sich mit letzter Kraftanstrengung — seine Reserven waren längst verbraucht — gegen einen Pfeiler des Knotengitterzaunes. Seine Augen waren glanzlos. Nur der Schmerz, die nicht mehr ertragbare Qual des Leidens hielt sie offen, aber er selbst nahm kaum noch wahr, was um ihn herum vorging. Endlich schickte das Berufungsgericht einen anderen Tierarzt, einen neutralen, unabhängigen, keinen Kumpan der »ehrenwerten Gesellschaft« aus Schnabels Dunstkreis. Dieser über den Zustand des Pferdes empörte Mann hatte natürlich vorher das Gutachten des Schnabelintimus aus Malchow gelesen. Er kannte die dortige Camorra, er roch den Krebs, er sah den Tod, er brauchte das stinkende Bein Wotans nicht zu untersuchen. Das heimgesuchte Tier war bis auf seinen Knochenbau, bis auf das Skelett abgemagert und glich nun einem fossilen Fund der Grube Messel.

»Das Tier ist ja schon in Fäulnis übergegangen. Das sieht doch ein Kerl mit 'nem Holzkopp, daß dieser Zerfall der Zellen, dieses sich auflösende Gewebe ein Krebs im Endstadium ist. Der Mann, der dieses Gutachten für das Amtsgericht erstellt hat, ist genauso ein Gauner und Betrüger wie dieser Schnabel. Hier wäre die Staatsanwaltschaft zuständig. Ich werde ein Gutachten schreiben, das sich gewaschen hat. So kommen diese Herrschaften nicht davon.«

Dieser Besuch war fast schon ein gewonnener Prozeß. Bereits zwei Wochen später wurde der Termin für die Berufungsverhandlung angesetzt. Ich wollte diesmal dabei sein.

Unabhängige Richter — bei Berufungsinstanzen sind es immer drei, von denen einer den Vorsitz führt — waren diesmal tätig. Es war wieder einmal alles sonnenklar. Mein naiver Optimismus wurde wirklich belohnt.

Als ich zuerst allein auf einer Bank im Gang vor dem Sitzungssaal mit der Tafel »Glahn gegen Schnabel« wartete, erschien plötzlich auch mein Gegner Schnabel, hochrot und gut vor- beziehungsweise vollgetankt, und setzte sich nach kurzem Zögern neben mich, allerdings mit einer gewissen Distanz und ohne Tuchfühlung. Ich hätte ihm eine geschmiert, zumindest auf die Pfoten gekloppt, hübsch mit einem Götz-Zitat garniert, »backe, backe Kuchen« und dazu Schnabelowopskis Regentröpfchen-Prélude gesungen, na, sagen wir gesummt. Denn Singen war hier nicht gestattet. Es ging gedämpft zu wie in einem Trauerhaus, und viele Besucher verließen diesen von der Zeit geschwärzten Backsteinbau ja auch in tiefer Trauer. Ich bekam keinen Grund zum Trauern.

Schnabel sah verzweifelt aus, zerknirscht, er wirkte wie schon gegessen, absolut hilflos. Er stierte vor sich hin, war verstört, ratlos. Die heimatliche Mafia, die Malchower Camorra, hatte ihn verlassen. Es war nicht ihr Revier, sie war hier nicht jagdberechtigt. Der zusammengesunkene Mann, der da saß und seine Schnapsfahne hißte, nein, mühevoll aus dem Staub erhob, war ein Verlorener.

Unsere Anwälte waren noch im Anwaltszimmer und zerrten sich gegenseitig ihre Roben auf den Leib. Dann rief uns die Stimme des Aufsehers, des Türhüters in dieser kafkaesken Tragikkomödie, deren Text Schnabelowopski und seine Kumpane geschrieben hatten, einen schlechten Text, einen falschen Text. Schnabelowopski, ganz zur Heine-Imitation verkommen, wagte noch einen Versuch, mich umzustimmen und für sich zu gewinnen, mich zurückzugewinnen mit einem ganz fernen und stillen Blick auf weitere Geschäfte.

»Aber Herr Glahn, machen wir doch einen Vergleich. Lassen Sie uns die Sache aus der Welt schaffen. Ja, ich bitte Sie.« Er hielt mir die Hand hin. Ich nahm sie nicht. Ich hatte kein Haumesser dabei. So sagte ich abweisend: »Da gibt es nichts zu vergleichen. Jetzt wird Kahlschlag gemacht.« Er erhob sich jetzt, mehr blau als rot — blau war er sowieso — und taumelte hinter mir her in den Gerichtssaal, wo die drei Richter, die Anwälte, die Sekretäre und der Gerichtsdiener schon versammelt waren. Es war die kürzeste Verhandlung, an der ich in meinem verhandlungsreichen Leben teilgenommen habe.

Als erster wurde Schnabel vom Vorsitzenden nach seinen privaten Daten befragt. Eine reine Routineangelegenheit. Denn es stand ja alles schon in den vorliegenden Akten. Ich wurde nicht aufgefordert, über mich auszusagen. Es war nichts mehr zu sagen. Es war alles bereits entschieden. Nachdem sich Schnabel mit wirren Worten bekanntgemacht hatte — er schien aus dem Prozeß ausgestiegen und in ein alkoholisiertes Nirwana ausgewandert zu sein, Säufertränen kullerten über seine vom Elmsfeuer, vom Polareis verfärbten Backen —, wurde er mit donnernder Stimme von dem Vorsitzenden angebrüllt, geweckt und einfach am Boden zerstört.

Ich bin mir der Laienhaftigkeit meiner Darstellung bewußt. Aber alles ging so schnell, daß ich kaum Luft holen konnte und den Atem anhielt wie bei einem Tauchversuch.

»Also hören Sie mal gut zu«, so schrie der Richter den zu einem Nichts geschrumpften Pferdehändler an: »Sie sind ein ganz großer Halunke. Ich kann Ihr Verhalten in dieser Sache, die eine einzige Schweinerei ist, nicht anders bezeichnen. Sie sind außerdem ein Betrüger, und das ist mit Bestimmtheit die einzige Tätigkeit, die Sie perfekt beherrschen und skrupellos ausüben. Ich möchte nicht wissen, wieviel arme Siedler und Bauern Sie schon auf die gleiche schäbige Weise hereingelegt haben. Sie haben bisher Glück gehabt, daß sich noch keine Staatsanwaltschaft mit Ihnen beschäftigt hat. Sie werden des Betruges in einem besonders schweren Fall für schuldig befunden. Folgende Auflagen sind von Ihnen zu erfüllen und zwar innerhalb von drei Tagen: Rückgabe des von dem Landwirt Peter Glahn erhaltenen Kaufbetrags für das an Hufkrebs tödlich erkrankte Pferd. Erstattung der Futterkosten für das arbeitsunfähige Tier vom Tag der Abnahme durch den Käufer bis zur Abnahme durch einen Roßschlächter oder im Todesfall durch den Abdecker. Übernahme aller durch den Arbeitsausfall entstandenen Unkosten und Verluste für den Pferdehalter. Außerdem Zahlung eines Schmerzensgeldes für die durch Ihr Verhalten gequälte Kreatur. Was denken Sie eigentlich, wer Sie sind?

Sie spielen ›Lieber Gott‹, aber sind nur ein erbärmlicher Tierschinder, ein mieser kleiner Gauner, ein Volksschädling« — der Vorsitzende steigerte seine Stimme zum Diskant, es war das Kreischen einer Kreissäge, deren Zähne sich in einen Buchenkloben festgebissen hatten.

»Da keine weiteren Fragen von Ihrer Seite zu erwarten sind, ziehe ich die Summe. Ich bitte, das gewissenhaft zu notieren. Also, die Summe der Entschädigungen, die Sie in dem genannten Zeitraum an Herrn Glahn zu zahlen haben. Ich komme da auf einen Endbetrag von 11 500 Reichsmark. Dazu kommen die noch zu berechnenden Gerichtskosten. Der Beschluß wird Ihnen morgen zugestellt, und jetzt raus mit Ihnen! Das Verfahren ist abgeschlossen. Eine Berufung gegen das Urteil ist nicht möglich.«

Die Mafia beziehungsweise Camorra, Schnabelowopskis Hintermänner, wurde nicht erwähnt. In Großdeutschland durfte es keine »ehrenwerten« Menschen geben, sie konnten daher auch nicht genannt werden. Sie fungierten außerdem als 5. Kolonne des Duce und waren somit tabu, unantastbar.

Die Rechtsanwälte waren lediglich als Statisten am Platz. Wir durften davongehen, davonfahren. Ich begrüßte und verabschiedete gleichzeitig meinen Anwalt, drückte ihm die hingehaltene Hand.

»Na, der Kerl ist bedient. Der hat sein Fett weg. Der scheißt so bald keinen Landwirt mehr an«, lachte er höchst befriedigt.

»Im Augenblick nicht«, fügte ich hinzu, »aber bald wieder. Er kann nicht anders. Er hat keinen anderen Beruf erlernt. Er ist der geborene kleine Gauner. Zum Format der Mafia fehlen ihm alle Voraussetzungen.«

Der freundliche Anwalt lachte wieder, zufrieden mit sich, dem Prozeß und wohl auch mit mir. Dann mußte er zu einem anderen Verfahren in den Saal zurück, zu dem die Parteien gerade aufgerufen wurden. Ich schwang mich auf den Sattel meiner alten, aber noch immer funktionierenden NSU aus Gumbinnen und fuhr um ein Problem leichter nach Hause, wenn man dieses seltsame »Puppenheim« aus einer alten Westernsaga so nennen wollte, also heim zur Hufe 10 und 11 an der Grenze zu den »Anderen-von-Drüben, von Hinter-dem-Bruch, Aus-dem-Hinterland«, den Nachbarn in Hallalit, die ich immer noch nicht kennengelernt hatte. Hinter der Grenze sah ich wohl hin und wieder die Gespanne zu den Feldern ziehen, aber die Menschen von Hallalit sah ich nicht, sie blieben anonyme Gestalten, die in der Dämmerung davonzogen und im Morgengrauen wieder zu ihren Stellplätzen marschierten, eine Geisterarmee im Solde des Grafen Regis von Breitingen. Es war eines langen Tages Reise in die Nacht.

Ein schlechter Schuß

Zu Hause empfing mich Roppel mit einer beunruhigenden Nachricht. Er kam wie immer, wenn ihn etwas beschäftigte, worauf er keine Antwort wußte, nasebohrend, leicht vorgebeugt, von Furunkeln geplagt, die er durch den Genuß der morgens vor dem Abtransport der Milch entstandenen Sahne wegzaubern wollte, mit seinem schweren Masurenschritt über den Hof gestampft.

»Es kommt vom Blut, das verseucht ist«, behauptete er. Er kam also in der für ihn typischen Ratlosigkeit zu mir, als ich meine heiß gewordene NSU zu den Hühnern in den windschiefen Schuppen schob, und sagte:

»Hör mal, Kasanowitz, der Ernst« — so hieß mein nicht mehr ganz neuer Melker, der immer ziemlich verschmutzt herumlief, vor allem die rot-weiß gestreifte Melkerbluse, die bei Martin immer blütenrein war und täglich erneuert wurde, stank nach saurer Milch und Kuhscheiße — »unser Melker vögelt die Kuhkälber, ich habe ihn beobachtet, er treibt sie in die Ecke der Bucht und nimmt sich immer eines vor und schiebt ihm eine Nummer.«

Ich konnte das nicht nachvollziehen, hatte ich doch noch nie etwas von Sodomie gehört. Kälber, Hühner, Ratten und andere Haustiere konnte ich mir als Sexualobjekte nicht vorstellen. Da stieß meine Phantasie an ihre Grenzen. Dafür fehlte mir das Verständnis.

Aber wenn Roppel darauf bestand, mußte ich der Sache nachgehen. Roppel sagte nur, was er sah. Er war der phantasieloseste Mensch, den ich kannte. Für ihn gab es außerhalb seines Wirkungskreises keine Wirklichkeit, über die er nachdenken oder mit der er sich beschäftigen konnte. Das erklärte auch sein Ausharren auf verlorenem Posten wie eben in Masuren bei dem bankrotten Gutsbesitzer von Duneyken, der sich von seinem Schmied Geld leihen muße, um die Arbeiter auszuzahlen, die Akkordlöhne aufzubringen. Nun war Roppel in eine andere vergleichbare Falle geraten, und seine entrüstete Reaktion auf meine Lagebeschreibung »Da kann ich ja gleich wieder umkehren«, als ich ihn vom Bahnhof abholte und ihm voreilig verraten hatte, daß auch bei mir Schmalhans Küchenchef war, war das vergebliche Aufbäumen gegen sein Schicksal, das ihn schon fest im Griff hatte. Er war süchtig nach Niederlagen, nach verlorenen Posten. Das waren für ihn lohnende Ziele. Dort erwarteten ihn unlösbare Aufgaben. Dort konnte er Sümpfe und Steinbrüche in Ackerland verwandeln, konnte sich austoben. Es war die einzige Methode, gegen seine Furunkel etwas zu unternehmen. Sie versprach Heilung zwar nicht durch den Geist, aber durch das Engagement, durch die Passion, wobei Passion hier in der Tat im doppelten Wortsinn galt und zwar als Leidenschaft und Leiden, als Besessenheit und Opfersinn.

Unleugbare Tatsache war, daß es zwischen Roppel und Lucy Reibungen gab, daß sie Schwierigkeiten miteinander hatten, daß Rivalitäten bestanden im Verhältnis der beiden in Bezug auf mich. Roppel war — und er wußte es nicht einmal — auf ganz weibische Art eifersüchtig auf Lucy. Lucy, die diese allzu menschliche Eigenschaft, diese schlimme Unart, nicht kannte, witterte in Roppel nichts anderes als einen Mann, der ihr fremd war und sie grundlos bekämpfte. Er ging ihr aus dem Weg, sie mied ihn. Da gab es keine Brücke. Noch schlimmer war es, daß ich mich nicht darum bemühte, eine Brücke zu schlagen. So wurde der Abgrund immer tiefer, der uns alle zu verschlingen drohte, in den wir eines Tages stürzen mußten, wenn der Konflikt nicht ausgetragen, das Problem nicht aus der Welt geschafft wurde.

Also, Ernst vögelte die Kälber. Ich legte mich in einen Hinterhalt, was ja nicht schwierig war, da ich morgens der erste im Stall war. Ich blieb nach dem Füttern der Schweine, durch ihr infernalisches Geschrei gut abgeschirmt, hinter einer Bucht in Deckung und wartete, bis Ernst gekommen war und die 16 Kühe gemolken hatte. Er brauchte zur Zeit nur 13 melken, die anderen 3 standen trocken, das heißt, sie waren kurz vor dem Kalben.

Dann nahm Ernst einen Melkschemel, ging in die Kälberbucht und schob mit dem schweren Schemel ein Jungtier, eine Färse, kein Kalb mehr, an die Wand in die hinterste Ecke des Jungtierstalles. Als er das blökende Tier attackierte und zu vergewaltigen versuchte, kam ich aus meiner Deckung und rief ihn an: »Ernst, nehmen Sie Ihre Klamotten und holen Sie sich Ihr Arbeitsbuch. Ich muß Sie entlassen.«

Ernst leistete keinen Widerstand, versuchte sich nicht zu rechtfertigen. Er warf den Schemel zwischen die Kühe und stolperte aus dem Halbdunkel des Stalles, der sein Oberlicht aus dem zerfetzten Dach empfing und in seiner Verkommenheit etwas Obszönes angenommen hatte.

Nun saß ich wieder auf dem Trockenen, sozusagen gestrandet. Denn woher sollte ich so schnell einen anderen Melker bekommen? Melker waren noch mehr Mangelware als Pferdepfleger. Da konnte selbst mein Bäcker nicht die Vertretung übernehmen. Ich rief das Rentamt in Vollrathsruhe an. Fräulein Kress war sehr besorgt um die Qualität meiner Milch. Auf dem Filter, der immer als Probe des Reinheitsgrades von der Molkerei mitgeschickt wurde, zeichneten sich Schmutzpunkte ab. Meine Milch besaß nur noch die Reinheitsklasse drei. Es gab fünf Reinheitsklassen.

»Was ist mit Ihrer Milch los?« fragte das Narbengesicht.

»Ja, es ist nichts mehr los. Das heißt, ich mußte meinen Melker rauswerfen, er trieb es mit Kälbern.«

»Ach, du meine Güte! Was nun?« fragte sie bestürzt.

»Ja, was nun? Deswegen rufe ich Sie an. Kann mir Ihr Rentamt nach Rücksprache mit dem Herrn Grafen nicht einen Leihmelker schicken für die Zwischeneiszeit, bis ich einen neuen Mann dafür habe? Sprechen Sie doch bitte mal mit Ihrem Melkermeister. Vielleicht kann er einen jungen Melker für einige Tage abgeben.«

»Aus denen dann einige Wochen werden«, kommentierte Fräulein Kress meinen ungewöhnlichen Wunsch. »Ich werde sehen, was sich machen läßt, Herr Glahn. Sie haben unsere Sympathie. Ich bewundere Ihre Leistung. Sie haben ein heißes Eisen angepackt dort in der Wildnis.«

Das hatte sie von Leistikow aufgeschnappt, aber immerhin, sie war großzügig, kam mir entgegen, würde das arrangieren, obwohl ich ihr immer noch keinen Antrag gemacht hatte. Es gibt Frauen, deren Reaktion in solchen Fällen in blanken Haß umschlägt und die sich für ihr Verschmähtwerden mit mörderischer Gezieltheit rächen. Hier wäre ihre Stunde gekommen gewesen, sich zu rächen. Aber sie war generös und die Rentmeisterin eines Grafen. Da bewahrt man Haltung.

Roppel war ein großer Liebender. Aber er hatte keinen

Partner. Seine Leidenschaft richtete sich ausschließlich auf das Erreichbare, das Machbare, auf die Erde, der er diente. Er war ein letzter Zeitzeuge Hamsuns, und seine Hingabe galt allein dem Gedeihen und der Verwirklichung seiner Pläne. Überall dort, wo er eingriff in das Leben der ihm anvertrauten Erde, der Felder, Wiesen und Weiden, war Nörholmen. Er verwirklichte täglich seine Liebe, indem er seinen Plan erfüllte.

Roppel hatte Hafer gesät auf den Umbruchwiesen, auf der schwarzen Moorerde, die er dem Kranichbruch abgetrotzt hatte.

Wieder war der Frühling mit der grauen Kranichwolke, mit den Trompetenstößen aus den langen Wendehälsen der Großvögel gekommen, die nordwärts zogen und hier eine Flugpause von einigen Tagen einlegten. Ihre Weckrufe übertönten sogar das morgenfrische »Ick mach euch alle fertig« des Bäckers ohne Brötchen, den wir nicht als Gespannführer verwenden konnten und mit Gelegenheitsarbeiten beschäftigten oder immer nur unter Aufsicht einsetzen konnten. So mußte er mit uns in Reih und Glied, von Loch zu Loch vorrücken und in jedes Pflanzloch drei Maiskörner werfen. Wir hatten keine Lochmaschine, wir mußten alle Löcher mit der Fußspitze markieren. So wurden auch die Kartoffeln gelegt. Loch nach Loch und geht doch. Wir arbeiteten wie die Papuas, archaisch, mühsam.

Aber hier ist von Roppels unstillbarer Leidenschaft die Rede, von seiner unerkannten, ihm selbst nicht bewußten Liebe, seinem in Arbeit umgesetzten Eros. Überall, wo Roppel hinkam, schuf er sein Nörholmen. Er wäre nie auf ein Mustergut gegangen. Was sollte er da? Da war kein Neuland zu gewinnen. Er schuf »Neuland unterm Pflug«, wie es Scholochow gefordert hatte. Er verwirklichte Scholochows Parole für die Bewohner am »stillen Don«. Das alles sind Signaturen, die Roppel hinterließ, seine Duftmarken, die er setzte. Mit seinen gewaltigen Händen, seinen Pranken, diesen Schaufelrädern, prüfte er die Qualität des

Bodens, umfaßte er den Pflug, stieß er den Spaten in die Erde.

Die Maiskörner wurden im Abstand von je 30 Zentimeter in der Länge und je 50 Zentimeter in der Breite gelegt. Denn einen halben Meter Spielraum mußte der Grubber oder der Häufelpflug haben, wenn der Mais bearbeitet, sauber gehalten werden sollte. Es hatte etwas Zauberhaftes, etwas Sinne und Herz Ergreifendes, wenn die kleinen Blattbüschel, die Keimlinge aus der gut präparierten Erde hervorkrochen, wenn sie dann emporschossen zu meterhohen Stauden, wenn sich die exotische Blüte entfaltete und der Kolben, die Frucht sich entwickelte und wuchs wie eine Riesenbirne, besetzt mit Körnern, die zuerst weiß und weich, dann in der Reife gelb und fest wurden.

Dobbertinsky kam herüber nach einem Mahl aus 20 Staren und betrachtete kritisch unser seltsames Tun, aber mit wachen Augen, die ohne Worte sagten: »Na, woll'n mal abwarten, was der verrückte Nabber, der Spinner sich da wieder für Raupen in den Kopf gesetzt hat« — und hustete hohl in sein Halstuch. Er rotzte in den Wind. Taschentuch hatte er nicht oder verwendete er nicht. Der Rest wurde von der Hand geschlackert. Sein Rotz war vermischt mit Priemsaft, der ihm aus den Mundwinkeln rann. Er schnaufte. Jeder Schritt war eine sportliche Leistung. Aber die Schrotflinte trug er stets auf dem Rücken. Er ballerte auf Krähen, Elstern, Eichelhäher und vor allem immer wieder auf die wohlschmeckenden Stare. Es konnte ihn ja ein Starenvolk unbewaffnet überraschen. Das wäre für ihn ein Alptraum geworden.

»Nabber, hast du schon gehört? Wir 9 Bauern haben alle zusammen die Gemeindejagd übernommen. Wir dürfen jetzt alle unsere Felder schützen. Klinke« — das war der Opel-Bürgermeister, wohlhabend dank Schafschwingel — »hat versprochen, daß der erste Keiler, den er schießt, gemeinsam aufgefressen wird. Er gibt ein Jägeressen beim Bleicher. Nabber, da hauen wir mal richtig auf die Pauke.

Der Klinke ist schon in Ordnung. Der hält, was er verspricht. Der ist kein Großmaul, und einen guten Bürgermeister ist er außerdem.«

Ich habe Dobbertinskys lange Rede ins Deutsche übersetzt. Er sprach kisuaheli. Aber ich verstand jede Sprache jedes Volkes dieser einen letzten Erde, nach der »nichts Nennenswertes« mehr kommen würde. Ich hatte das »Popol Vuh« gelesen. Wie konnte ich da meinen Freund, den Starentöter, nicht verstehen?

»Hast du wieder einen Bock oder einen Keiler geschossen? Vor einigen Tagen hat es nachts geknallt. Ich war draußen und hörte es. Es kam von dir herüber. Hast du gehört, was mir passiert ist? Du, das ist eine ganz große Viecherei.«

Dobbertinskys immer schreckhaft aufgerissene Augen durchbohrten mich, prüfend und so, als wolle er mich mit diesem Blick an eine imaginäre Wand heften.

»Nein, was denn?«

»Das war so, Nabber: Ich hatte einen Hirsch geschossen oben am Nordwald, dicht an der Grenze zum Gräflichen. Nach Hause schleppen konnte ich ihn nicht.«

Ein Hustenanfall schüttelte ihn. Ich trat unwillkürlich einen Schritt zurück. Er verspritzte Priem und grünen Schleim.

»Ich laufe, ich kann ja nicht mehr, der ganze Rücken tut mir weh, bin ja krumm und alt — ich laufe und will meinen Sohn holen mit 'nem Pferd und Karren. Da muß so eine Stunde vergangen sein. Der Kowalz war auch unterwegs. Wir hatten uns noch von weitem zugewinkt. Ist der Kowalz ein Gauner? Ich trau ihm nicht.«

Endlich ließ mein Starentöterfreund vom »Berg der Stummen« — einem Landschaftstableau mit dem von Jahrhunderteichen umgebenen Hof, die zusammengedrängten Gebäude wie schutzsuchend unter den Laubdächern — die Katze aus dem Sack.

»Weißt du, Nabber, als wir an die Stelle kamen, wo der Hirsch, ein junger, ein Abschußhirsch gelegen hatte, war er weg.«

Er mußte bei dem Gedanken an den niederträchtigen Vorgang eine lange Atempause machen. Die Erinnerung an das schändliche Geschehen schnürte ihm die Kehle zu. Er rang mit allen Dämonen. Auch Puschkaitis konnte ihm jetzt nicht helfen. Er funkelte mich an.

»Du, das hat bestimmt der Kowalz getan. Keiner außer ihm kann einen Hirsch so einfach auf den Buckel nehmen und nach Hause tragen, keiner. Hältst du das für möglich, daß der Konrad so ein Schuft ist und mir meinen Hirsch klaut?«

Ich verneinte das, ohne überhaupt die Möglichkeit eines solchen Frevels zu erwägen.

»Niemals, Nabber, der Konrad ist in Ordnung. Er dreht zwar gern den Herren von oben, den Bürohengsten und Bonzen, eine Nase. Aber du bist sein Nabber. Du bist genauso ein Meuterer und Wilddieb wie wir alle. Du wärst der letzte, den Konrad beklauen würde. Da muß dich jemand aus dem Gräflichen beobachtet haben. Ich traue dem Förster Reul so etwas zu, aber allein kann er deinen Hirsch auch nicht erbeutet haben. Ob der mit seinen Töchtern unterwegs war? Die ersetzen ja zwei Kerle von unserem Format.«

»Meinst du, Nabber? Wenn du das sagst, glaube ich das. Aber der Kowalz ist stark wie ein Baum. Der schleppt auch drei Zentner so einen Kilometer weit. An den Reul habe ich auch schon gedacht. Verdammte Schweinerei! Laß gut sein! Was willst du denn mit dem Mais machen, wenn er reif ist?«

»Der wird nicht reif, nicht bei uns hier in der Taiga. Der kommt aus Ungarn. Wir schneiden ihn vor der Reife als Grünfutter, wenn die Kolben Früchte tragen, weiche Früchte, vor der Ernte. Das ist das beste Milchfutter, das du dir denken kannst, nicht diese Scheißölkuchen vom Händler. Das ist reine Natur und bringt Milch. Wirst sehen, eine prima Sache. Hat mein Freund Roppel veranlaßt.«

»Na, dann wollen wir mal abwarten. Aber ist der Kowalz

nicht doch vielleicht so ein heimlicher Himmelhund?
Dann soll er krepieren.«

»Der Hirsch ist weg, Nabber, und kommt nicht wieder.
Schieß einen anderen, besseren. Es gibt genug, und sie gehören ja alle dem Grafen oder dem Hildebrandt. Wir knal-
len ab, was uns vor die Büchse läuft. Immer draufhalten!
Das hat mein Büchsenmacher Seidelbast in Waren auch gesagt.«

»Kannst du mich nicht mal mit deiner Maschine mit nach
Waren nehmen, wenn du fahren mußt?«

»Klar, mache ich, Nabber, und sag mir immer, wo die Böcke
stehen. Du hast die bessere Aussicht von dort oben. Ich
muß immer erst auf die Höhe, um zu sehen, was los ist auf
den Wechseln.«

»Mach ich. Bis später, Nabber Glahn. Wiedersehen!«
Handschlag ist nicht üblich hier. Jeder dreht sich um und
geht davon, als käme er nie wieder.

Zehn Morgen waren nun mit Mais bestellt entlang der Koppel bis zum kleinen See hinunter, auf dem wieder ein
Schwanenpaar geräuschlos dahinglitt. Wenn sie aufstie-
gen, zischte ihr schneller Flügelschlag dicht über den Hof.
Es klang wie das Pfeifen der Herbststürme. Weiß wie auf-
stiebender Schnee fuhr die Federwolke über das Land.
Nach dem Mais kamen die Sonnenblumen, wieder nach
demselben System gelegt, drei schwarze Kerne in jedes
Loch, dann noch einige Morgen Markstammkohl, und als
besondere Rarität eine Mischung aus Klee, Luzerne, Raygras und welschem Weidelgras. Das nannte man »Landsberger Gemenge« und wurde in dieser Zusammensetzung
von Breitner geliefert.

Nachdem ich alle Wechsel eingelöst hatte, besaß ich auch
für das Jahr 37 wieder unbeschränkten Kredit. Zenker meldete sich hin und wieder und mahnte die noch offene
Rechnung vom Vorjahr an. Ich beruhigte ihn immer wieder
mit dem Hinweis, daß ich demnächst einen neuen Garbenbinder und eine neue Dreschmaschine brauchte. Bis dahin

wollte ich die Restforderung begleichen. Blech sollte in Kürze 30 Mastschweine bekommen, sobald sie das von mir gewünschte Gewicht von mindestens 3,30 Zentner je Stück erreicht hatten. Fettschweine waren damals gefragt. Speck wurde gebraucht. Eine Handbreit Speck mußten diese Schweine auf dem Fleisch aufgesattelt haben. Solche mageren Rippen, solche Schlammspringer wie heutzutage hätte damals kein Händler abgenommen. Mast hieß: Speck produzieren. Ich lieferte später eine gemästete Zuchtsau, die zur Fortpflanzung nicht mehr geeignet war, und dann noch eine andere, die stets ihre eigenen Ferkel auffraß und die ich ebenfalls auf Mast stellte, mit einem Gewicht von je sechs Zentnern.

Es würde nun Mais- und Sonnenblumenfelder in der Taiga wie in der Ukraine geben in einigen Monaten, mannshoch und höher, dicht wie Mangrovenwälder, mein aus Masuren importierter Dschungel. Ich hatte dabei nicht an die Hirsche und Wildschweine gedacht. Denn ich schuf damit neue Futterplätze für das Wild, das dann den weiten Anmarsch über die im Spätsommer schon abgeernteten Felder nicht mehr nötig hatte. Es konnte sich gleich im Mais — besonders dicht, den Sonnenblumen vorzuziehen, die weniger Schutz boten — einrichten und seine Lager aufschlagen, die Sauen ihre Wochenbetten, falls sie ihren Wurf nicht im Roggen großzogen. Eine neue Situation war entstanden. Unfreiwillig schuf ich das, was heute mit großer Mühe und gegen den größten Widerstand der herrschenden Lobby versucht wird: *ein neues Biotop.*

Der Markstammkohl auf der anderen Seite der Koppel wurde bis zum See hinunter gepflanzt. Auch diese Pflanzen mußten in Waren besorgt werden, waren hier unbekannt wie Mais und Sonnenblumen. Schaufuß stand am Weg mit seinem Ortsbauernführerfahrrad und seinem Sahnebonbon am Jackenaufschlag und schüttelte seinen westpreußischen Rundschädel. Wir hatten hier dunkle, schmale, fast römisch geformte Langschädel wie bei Ko-

walz, doch vorherrschend kugelförmige, slawische Dickköpfe, Obotritenköpfe. Aber wenn's ums Eingemachte
ging, waren alle Bauern aus Liepowo Dickköpfe.

Schaufuß sagte nichts, stieg aber vom Rad und sah sich diese Klugscheißerei an, die wir da anrichteten. Denn alles,
was von draußen in diese hermetische Schafbengelgesell-
schaft getragen oder eingeführt wurde, war nicht geheuer,
war die pure Großtuerei, Besserwisserei. Hier hatten Generationen überlebt und nie etwas von Mais, Sonnenblumen, Markstammkohl und noch anderem Gemüse, das ihnen noch als Überraschungseffekt aus Roppels und meiner
Zauberkiste angeboten wurde, gehört, und wenn sie es gehört hatten, dann blieb es unbeachtet, wurde als Fremdkörper abgelehnt. Sie waren konservativ und große Igno-
ranten. Sie taugten nicht für das Konzept der neuen Herren, die jetzt die Bestellungspläne bestimmten und mit Hilfe des Reichsbauernführers und Ernährungsschlachtexper-
ten Walter Darré durchsetzen wollten.

Die 9 Bauern von Liepowo blieben bei Roggen, Hafer, Kartoffeln, Rüben und vor allem beim Schafschwingel. Aber
unsere neuen Meister aus Deutschland hatten nichts übrig
für Flugplätze in Australien und anderen fernen Ländern,
die allesamt das »Reich« ablehnten, bekämpften oder überhaupt nicht zur Kenntnis nahmen. Die 9 Hufenbauern waren Fremde in ihrer eigenen Heimat und mußten von dem
aus Westpreußen eingewanderten Familienclan der Schaufuß und Marinus auf Vordermann gebracht werden. Diese
Kämpfe wurden nicht offen ausgetragen. Die Macht der
Cäsaren und ihrer Handlanger, Zuträger und Agenten bestand in der perfekt getarnten Intrige, in einem reibungslos
funktionierenden Spitzelsystem. Das sollte ich zu spüren
bekommen, als meine Stunde schlug, bald, schon bald,
schon allzubald. Noch wurde mir Narrenfreiheit gewährt,
war ich Erbhofbauer auf Probe. Aber die Wachen waren
aufgezogen, die Spitzel warteten auf das Stichwort zum
Eingreifen.

Das Landsberger Gemenge — nur fünf Morgen — gedieh direkt vor der Terrasse des Proustzimmers, sozusagen unter Lucys wachsamen Augen. Dazwischen lag nur der in seinen Urzustand zurücksinkende ehemalige Garten von Combrai, der so bunt war wie eine Modezeitschrift, in dem aber Habichte und Füchse die Hühner holten. Lucy war beglückt von dem blühenden Gemenge, in dem abends die Rehe aus dem Südwald standen. Es war ja auch ein blühendes Meer von süßen Düften und noch nie angebotenen Genüssen für die naschhaften Rehe, die Feinschmecker unter den Tieren des Waldes.

Roppel sagte: »Wenn wir von dem großen Roggenschlag am Südwald etwas ernten wollen, müssen wir entlang der Grenze unter den Buchen ein Wildverwitterungsmittel einsetzen, also Kornitol, und zwar die Mischung ›Schwarz extra‹ gegen die Schweine und ›Rot spezial‹ gegen die Hirsche.« Ich hatte davon zwar schon in »Wild und Hund« gelesen, aber für mich daraus keine Konsequenzen gezogen. Aber ich sah ein, daß wir hier Lumpen mit dem stinkenden Kornitol — wer damit in Berührung kommt, wird den Gestank nicht mehr los, er kann seine Klamotten wegwerfen, verbrennen — tränken und mit einem Stein beschwert auslegen mußten. Wir bestellten einen Kanister der scharfen, ätzenden Flüssigkeit und verteilten die Lappen in etwa zweihundert Meter Abstand am ganzen Waldrand entlang. Nun würde der Roggen nicht mehr heimgesucht werden, jedenfalls nicht aus den Cramoner Schonungen.

Das Ergebnis war erstaunlich und wohl auch den Experten beziehungsweise der Firma nicht bekannt. Im »Rot spezial« wälzten sich die Sauen, waren vom Gestank geradezu angelockt worden und süchtig danach. Es fanden sich mehr Wildschweine ein als zuvor. Die Hirsche mieden zwar das »Rot spezial«, ignorierten aber das »Schwarz extra«. Dieser Geruch griff sie nicht an.

So konnte ich mich nun in der Nähe der stinkenden Lappen ansetzen und je nach der betreffenden »Duftnote« auf das entsprechende Wild warten. Hirsche waren ja wieder tabu. Ich mußte sie vorbeilassen. Aber Schwarzwild hatte, bis auf tragende Bachen, keine Schonzeit, keine Galgenfrist. So wurde ich zum Experten der Schwarzwildjagd. Fast immer, wenn ich in der Dämmerung etwa hundert Meter von einem Lappen »Rot spezial« Deckung nahm, konnte ich damit rechnen, bald darauf zu Schuß zu kommen auf einen Überläufer, einen jungen Keiler — die alten waren selten und kamen spät in der Nacht —, eine Bache, die augenscheinlich keine Frischlinge führte.

Ich schoß so noch vor meiner Wiederbegegnung mit Eva im Juni mehrere Stück Schwarzwild. Darunter traf ich einen mittleren Keiler so unglücklich, schweißte ihn an, hatte offensichtlich lediglich seinen Lauf zerschmettert, daß er noch auf drei Beinen über die Grenze in den Urwald zurückwechseln konnte. Ich mußte Förster Vogelsang anrufen, damit wir die pflichtgemäße Nachforschung mit dem spurensicheren Dackel aufnehmen konnten. Wir schlugen uns auf der Schweißfährte durch die Wildnis. Der Keiler hatte stark geschweißt und sich mehrere Mal im Wundbett niedergetan, war aber immer wieder auf seine drei Läufe gekommen. Nach etwa drei Kilometern ließen die Markierungen nach, hörten bald ganz auf. Vogelsangs Waldi begann zu faseln, verlor die Fährte und konnte den angeschweißten Keiler nicht mehr wittern. Vogelsang war auch erschöpft und zerkratzt wie ich von den bürstendichten Kiefernschonungen. Er gab die Nachsuche auf.

»Hat keinen Zweck, Herr Glahn. Der hat sich wieder erholt. Die Burschen sind zäh. Sie leben auch auf drei Beinen weiter. Die Wunden vernarben schnell. Ein Stück Rehwild wäre längst verendet oder hätte nicht mehr die Kraft gehabt, aus seinem Wundbett hochzukommen. Wir müssen umkehren. Schade. Aber der kommt wieder. Wenn nicht der, dann ein anderer. Haben Sie von der Kanzel geschossen?«

»Ja, heute ausnahmsweise, sonst bleibe ich im Graben und

liege so in der Deckung. Aber von dort habe ich keinen Einblick. Die Kanzel ist da günstiger. Ich kann den ganzen Feldrand einsehen.«

»Na ja, das schon, aber der Schuß schräg von oben ist immer ein Risiko und viel schwieriger als direkt aus der Geraden heraus. Von oben ist die Perspektive, der Schußwinkel ganz anders. Da unterschätzt man zu leicht die Entfernung oder hält zu hoch oder zu tief. Daher auch der schlechte Schuß. Sie haben auf das Blatt gehalten und trafen dann den Lauf. Sie sind zu tief abgekommen.«

So war es wohl, und ich hatte wieder in Vogelsangs Schule etwas gelernt. Aber dann passierte mir später noch ein ähnliches Pech. Doch das ist schon wieder ein anderes Kapitel, ein Winterkapitel. Denn es ging dann um einen geweihten Hirsch, einen guten Rothirsch mit starken Stangen, herrlichen Rosen, vollkommener Vereckung und mindestens zwölf Enden.

Eine Orgie in Prosa

Als der Waldmeister blühte im Buchenaltholz im Südwald, kam Kurt Almquist. Ein Telegramm kündigte seinen völlig unerwarteten, mich verblüffenden Besuch an. Almquist war ein schwedischer Dichter, ein schwerblütiger junger Mann mit einem kleinen rosigen Kindergesicht, ein Mädchen fast, mit einer grazilen Figur. Er flüsterte. Er sprach nicht. Er hauchte die Worte, die Wortfetzen, die Wortkrümel in gebrochenem Deutsch in den Wind der Zeit. Blond und mit einem Bretzelring von Sommersprossen um die Stupsnase war er mir seinerzeit während unseres gemeinsamen Literaturstudiums in München begegnet.

Dichter war Almquist, weil er nur Lyrik schrieb und auch nur Lyrik als Literatur anerkannte beziehungsweise schätzte und gelten ließ. Es war exklusive Kunst, die Sprachform der intellektuellen Elite. Er suchte und fand keinen Kontakt zur Prosa. Und alle, außer Rimbaud, Baudelaire, Rilke und eventuell noch Benn waren Prosaisten. Die Welt, die ihn umgab, versank in Prosa. Das war ein Grund, sie nicht wahrzunehmen, keine Gespräche, keine Bekanntschaft und niemals Vertrautheit mit anderen Studenten zu suchen.

Und nun saß ich hier und wurde von dem größten Ästheten aller Zeiten in meinen mit Schweinemist verklebten Gummistiefeln, die Hände noch nach Kornitol stinkend, die Klamotten zusammengepappt von Schweiß und Staub, von Regen und Wind, durchtränkt von der Aura der Arbeit, ohne im Besitz eines einzigen Buches, geschweige Lyrikbuches zu sein — denn nur Lyrik durfte gedruckt werden im Schatten junger Mädchenblüte — heimgesucht. Denn eine Heimsuchung mußte dieser telegrafisch angemeldete Besuch werden. Daran konnte ich nicht zweifeln. Mit Kurt Almquist, dem Dichter, der nicht aus der Kälte, sondern gerade aus Persien kam, den stillen und ganz fernen Blick auf Persepolis gerichtet, konnte es sich nur um eine Heimsuchung dritten Grades handeln.

Es gab keine Möglichkeit mehr, der Katastrophe auszuweichen, die Begegnung auf einen anderen Stern, auf den Abendstern zum Beispiel, zu verlegen. Als das Telegramm mich erreichte, war der inzwischen um acht Jahre gealterte und gereifte Dichter schon unterwegs. Es war, als ob sich alle Maisblüten, von einem heißen Windhauch berührt, auf einmal öffneten und ihre grünroten Staubgefäße ausfuhren, um die feinen Nüstern eines Engels zu streifen und mit Duft füllen zu können.

Almquist ante portas! Ich besaß keinen Maßanzug, nicht einmal einen von der Stange. Meine Schuhe waren zerrissen. Das Bad war immer noch nicht repariert. Der Mädchenmann, nun um acht Jahre weiser geworden, von reifen Gedichten, vom Wind der Zeit getragen, mußte, wie wir alle, einen Ort im Freien — ich werde ihm den Holunderbusch vorschlagen — aufsuchen, wenn er scheißen wollte.

Ich spannte Lotte ungeschminkt und ungestriegelt, mit einer dicken Staubschicht vom Kartoffelfeld auf dem breiten Rücken, auf dem ich ohne Sattel reiten konnte, vor den Jagdwagen-Verschnitt und rollte haarscharf am Riesenphallus vorbei zum deutschen Tor hinaus, Almquist entgegen. Almquist is coming. Die moderne schwedische Lyrik, von persischen Quellen genährt, in Persepolis gedichtet, umgeben von der Aura der Unsterblichkeit, ist unterwegs zu mir, zur Hufe 10 und 11, und nicht mehr aufzuhalten.

Was konnte ich mit der toten Zikade des europäischen Nihilismus dagegen aufbieten? 30 Mastschweine zu je 3 Zentnern Lebendgewicht, Jauche saufende Ferkel, die in ihrem eigenen Kot krepierten. Es war eine Seuche ausgebrochen. Die hochgezüchteten Sauen aus dem Stall von Adamsdorf hatten sich nicht bewährt. Sie waren überzüchtet, entartet, brachten, selbst schmal und hochbeinig wie die Windhunde, nur lebensunfähigen Nachwuchs hervor. Ferkel, die nicht die Milch ihrer Mütter, sondern die in den Abflußrinnen stehende Jauche soffen, die ihre Eingeweide verbrannte.

Das war die Poesie, die ich dem engelhaften Dichter, der direkt von der Herzogin von Guermantes aus Isfahan kam mit den »Blumen des Bösen« im Haar, bieten konnte. So versuchte ich denn auf der langen Reise durch die Nacht mit der arbeitsmüden Lotte auch etwas zu reimen, das ich diesem unerwarteten Besucher aus dem persischen Golf zitieren konnte, ohne rot zu werden. Aber mein Kopf war leer. In dem Dunstschleier, der sich über die Taiga ausbreitete, sah ich eine Herde Kamele dahinziehen in dem gemütlichen Trott fernöstlicher Überlegenheit, die meine Eile nicht aufhalten und meine Unruhe nicht dämpfen konnte.

Dann waren wir am Ort des Grauens, des Wiedersehens, der Trennung, des Abschieds für immer. Der Dichter Almquist stieg mit einer krokodilledernen Reisetasche und einem Plaid überm Asketenarm aus einem, dem einzigen Abteil 1. Klasse und schritt auf mich zu. Die schmale, niedliche, entzückende kleine Stupsnase hoch in den Wind gehalten. Denn er mußte uns schon gerochen haben. Er verneigte sich und sagte in persischem Deutsch: »That bist du?«

»Ja, ich bin es, und das hier ist Lotte, meine geliebte Lotte, meine einzige lebende Liebe.«

Almquist schwieg. Denn was ich sagte, war Prosa. So konnte ich ihn denn bewegen, in dem bodennahen Gefährt Platz zu nehmen. Ich sah ihm die Sehnsucht, das Heimweh, die unvergeßliche Erinnerung an Baalbek an. Wir fuhren tatsächlich auf den nur mir und Lotte vertrauten Wegen, durch Schlaglöcher und über Felsabstürze, die Almquists Verse erschütterten, zu meinem verkommenen Domizil, wo der Frühjahrswind mit den Pappdächern spielte und die Fetzen vor sich hertrieb, uns entgegen.

Almquist fragte und ahnte es bereits:

»Dort wohnst du? Wie riecht es hier so komisch?«

»Ja, es riecht, wie es riechen muß. Meine Ferkel haben Durchfall.«

Ich sprach hochdeutsch, geziert, maniriert. Keiner sprach hier von Durchfall. Das Substantiv von scheißen hieß hier Scheißerei. Aber mein Freund aus Studentagen hätte dieses doch so klare Wort nicht verstanden. Die Alternative Diarrhöe war mir nicht eingefallen. Ich sprach damals noch deutsch und höchstens in Augenblicken der Ekstase masurisch oder sorbisch wie etwa »Hanka mua piffka stoi« oder »Marie, kumm runter, es dunnert. Ach wo, ick hörrsch hier oben ock.«

Ich hätte den schwedisch-persischen Dichter fragen können:

»Hast du mir mitgebracht ganzen Sack voll Bakuschka?«

Es hatte ja keinen Zweck. Er verstand keine Prosa.

So gingen wir dann durch die Hitze reflektierende Blechveranda auf die Diele mit dem riesigen, von Axthieben markierten, fast gespaltenen Tisch, an dem wir alle unser Mittagessen einnahmen. Von dort geleitete ich den Dichter auf der Suche nach seiner verlorenen Zeit in Schiras an Lucy und Schröders vorbei — Roppel schlich nasebohrend durch die Diele; wenn er bohrte, hatte er immer ein Problem, aber er wagte uns nicht zu stören, er witterte wohl, daß hier Großes geschah; da hieß für ihn die Lösung nur wegtreten — und bot ihm in meinem Schlaf-, Arbeits-, Wohn- und Schrankzimmer den einzigen Stuhl an, den ich für ihn freimachen konnte.

Ich setzte mich auf den Schreibtisch aus rohem Kiefernholz und zog die Beine an, imitierte eine meditative Haltung beziehungsweise Spannung. Was würde nun geschehen? Der Dichter mußte in einen tiefen Traum versunken sein. Denn er nahm ganz offensichtlich nicht wahr, wo er sich befand. Er konnte das, was er sah, nicht glauben. Seine Augen waren an solche Motive nicht gewöhnt. Sie waren voll Bildern, die der Engel über ungeheure Entfernungen hierher geblinkt hatte und die nun Almquists Pupillen bis an den Rand füllten. Dann liefen sie über, und Almquist sagte noch einmal in Prosa:

»Hier wohnst du also?«

Es war eine Variation der ersten Feststellung in Frageform:

»Dort wohnst du?«

Tiefes Erstaunen färbte das Blau in den Flöten des Enzian. Es bekam die Farbe überreifer Sauerkirschen.

»Ja, hier wohne, lebe und arbeite ich«, sagte ich nicht ohne Betroffenheit.

»Was arbeitest du denn? Ich meine, *woran* arbeitest du?« fragte der verschlossene Dichter, dem kein passender Vers über die schmalen, rissigen, zurückgenommenen Mädchenlippen kommen wollte. Die Quelle sprudelte nicht, sie war versiegt. Der Anblick, dem er konfrontiert wurde, hatte sie zum Versiegen gebracht.

»Soll ich dir zeigen, woran *ich* arbeite? Dann komm mit.«

»Gern«, gab er zu und richtete sich auf. Er war immer noch ein Ephebe in seiner gertenhaften, stark geschnürten Schlankheit, die durch ein Korsett gestützt die Schnittigkeit eines Rolls-Royce zu imitieren schien.

»Ja, dann komm mit.«

Ich führte meinen Freund über den Hof, den er vorsichtig auf seine Begehbarkeit abtastete, indem er vor jedem Schritt die Stelle, auf die er seinen Fuß in dieser merkwürdigen Odyssee seiner Wanderschaft zu den Quellen des Gedichts setzen mußte, genau musterte. Dann betraten wir den zertrümmerten, ruinösen Stall. Es regnete nicht. Ich konnte dem Dichter meinen Wasserspeier, diese natürliche Fontäne, diese je nach der Witterung heiße oder kalte Dusche nicht vorführen. Er war dadurch um ein Erlebnis ärmer geworden. Aber ich konnte ihm meinen ganzen Stolz, die Erfüllung meiner Berufsträume, die Summe meiner Tage und Nächte, meines Taiga-Lebens hier vorführen: die 30 Mastschweine für Blech.

Almquist sah herab auf die grunzenden Schweinerücken. Aber er sah nichts. Er roch alles. Er reckte und streckte sich, wollte sich erheben wie Ikarus zum tödlichen Flug, hinweg von diesem schrecklichen Bild, das ihm die Augen verschloß, sie mit Scheiße verklebte. Dann nahm er innerlich Abschied von mir:

»Nee, nee, das nennst du deine Arbeit? So etwas gibt es in Schweden auch. Aber das machen nur dumme Menschen, Bauern, die dümmsten Menschen, die es bei uns gibt. Die leben auch auf dem Land. Aber die wissen nichts von Baudelaire und Rilke. Das sind Analphabeten. Mit solchen sprechen wir in Uppsala und Stockholm nicht. Das ist die Hefe des Volkes. Nee, nee, das nenne ich nicht Arbeit. Arbeit kann nur im Kopf geleistet werden. Arbeiten heißt Dichten. Du mußt dein Leben ändern, Peter Glahn!«

»Ich habe es geändert, und nun ist es richtig, Kurt Almquist. Komm, laß uns gehen!«

»Gern«, sagte der Olympier und schüttelte sich. Ich hatte, weil wir nichts zu saufen im Haus hatten außer einer halben Flasche Steinhäger, Lucy mit dem Rad zu Bleichers Dorfkneipe geschickt. Vielleicht konnte sie einige Flaschen Wein auftreiben. Der Waldmeister blühte. Wir würden unseren Gast und Freund aus alten Tagen mit einer Waldmeisterbowle bewirten.

Er setzte sich nach diesem Schweinefest erschöpft auf meinen einzigen freien Stuhl ans Fenster und schaute blicklos auf den mit kaputten Maschinen und Wagen und anderem Gerümpel vollgestellten Hof. Es trat eine für mich geschäftige Pause ein. Ich hatte mich um den Betrieb zu kümmern und überließ den letzten Engel, der zu mir herabgestiegen war, seinen Gedanken. Vielleicht unterhielt er sich mit den apokalyptischen Reitern. Denn er war ihnen hier an diesem verdammten Ort begegnet. Mit dieser Gewißheit würde er morgen wieder davonfahren zu seinen schwedischen Gedichten, zu den Heiligen der jüngsten Tage, die ihn dort unter seinesgleichen beschützen würden vor fetten Schweinen und Jauche saufenden Ferkeln, vor dem entsetzlichen Unrat der Prosa.

Es war seltsam, der osmanische Dichter, der nach der Stallbegehung eigentlich Hunger haben müßte, äußerte: »Ich kann nichts essen.«

Wie konnte ein Mensch, der mit einer so geballten Ladung Schweinefleisch konfrontiert worden war, keinen Appetit haben? So blieb denn Lucys Wildschweinsülze, die sich schon so oft bewährt hatte, im Faß. Wir pökelten Wildfleisch immer in Holzfässern ein. Es hielt sich darin, bis Nachschub kam, bis ich neue Beute vom nächtlichen Streifzug mitbrachte. Gesülzt wurde immer erst im Spätherbst, wenn auch die Hirsche zum Abschuß frei waren. Blech bereitete dann eine landesweit, nein weit über die Landesgrenzen hinaus berühmte und bewunderte Salami zu, die aus zwei Drittel Hausschwein und einem Drittel Dam- oder Rothirschfleisch bestand, haltbar bis zur Stunde Null.

Aber jetzt betrat Lucy mit einem Korb voll frischem Waldmeister die Szene. Der moslemische Dichter beachtete sie nicht. Sie gehörte offensichtlich zum Prosa-Wortstamm, zum Fußvolk, war kein engelhaftes Wesen, das sich unter seinen lichtblauen Augen und feingliedrigen Händen in Lyrik, in ein Objekt für die Lyrik verwandeln und umformen ließ.

Wir setzten die Bowle an. Ich kippte unbemerkt die halbe Flasche Harten dazu, rührte den Waldmeister, aber nur die Blätter, nicht die Blüten hinein und stellte den Kübel zum Ziehen in die Badewanne. Dort war er sicher. Niemand suchte diesen wüsten Ort auf, wenn er mußte. Der Holunderbusch bot eine bessere Deckung, und außerdem stand er in voller Blüte, über und über besät mit gelbweißen Dolden. Ein charmanter Hintergrund für eine zutiefst menschliche Handlung, einen kreatürlichen Prozeß, der immer einer Wiedergeburt glich.

Auch der seraphische Dichter hatte sich dort erleichtert, vom Duft des Holunders getröstet und beruhigt. Dort in dieser Senkgrube war ja auch der Hauptgefechtsstand unseres Taigagottes Puschkaitis, der noch nie einem Lyriker beim Scheißen zugesehen hatte. So war dieser Prozeß der Entleerung eines Dichterleibes auch für den Waldgott etwas Neues und Faszinierendes. Nur unser herzensreiner schwedisch-osmanischer Poet ahnte nicht, daß er sich zum erstenmal — und sicher danach nie wieder — in der Nähe eines Gottes befand, der sich im Wurzelwerk des duftenden Holunders niedergelassen hatte und von dort gelegentlich zu spektakulären Aktionen aufstieg. Puschkaitis also!

Almquist — wir nannten ihn nun Kurtchen —, aus dessen blondem, schwedischem Haar der süße Staub der Maisblüte rieselte, konnte Puschkaitis nicht wahrnehmen, und selbst wenn er ihn bemerkt hätte, wäre es ihm unmöglich gewesen, ihn zu identifizieren. Denn der Waldgott war ein prosaisches Objekt. Er war die Gott gewordene Prosa schlechthin. Und so mußte auch diese Sekunde der Wahrheit für unseren Metropoliten der Poesie ungenützt bleiben.

Wir ließen der Bowle fünf Stunden Schonzeit, die unsere Albertine, unausgekleidet auf meinem Bett ausgestreckt, verschlief. Dann schöpften wir mit einem Kochlöffel das wunderbare Getränk in unsere Suppentassen. Gläser gab es nicht. Sie waren mit Eingemachtem gefüllt und standen in der dämmrigen Speisekammer. Der nüchterne Seraphim, der das Essen, Lucys kenntnisreich abgeschmeckte Sülze, verschmäht hatte, brauchte nicht viel Stoff. Er soff auch nicht wie ein Kamel auf Vorrat, ihm genügte in seinem Zustand, bei seiner Überforderung, eine minimale Menge, um abzutauchen in das Heimatland der blauen Engel, das eigentlich in den Lüften lag. Aber der Dichter Almquist, unser Kurtchen, ließ wie ein Ballon im Steigen Luft ab, um nicht davongetragen zu werden und das Ende des ersten Pioniers der Luftfahrt, eben Ikarus', zu erleiden. So blieb es bei einem Quentchen Lilienthal plus Mölders.

Während ich Sentenzen der anthropofugalen Philosophie lautstark zum Besten gab, Nietzsche und Ernst Bloch zitierte, während ich auf vollen Touren lief und Heiterkeit aus meiner Suppentasse auf mein Tun goß, trat der morgenländische Poet allmählich immer tiefer in den Schatten des Wahns. Er lehnte sich schließlich an meinen von meinem Vater verachteten Kleiderschrank und rutschte langsam an ihm herunter, ohne seine Suppentasse aus der Hand zu geben.

Die Mädchenträume, die in ihm sangen, jubelten und jauchzten, bekamen lange Schlagschatten. Kurtchen verlor mehr und mehr Farbe. Er graute ein, er welkte dahin. Er welkte mit dem aus der Bowle gefischten Waldmeister und legte sich dann quer vor die Tür zum demolierten Schlafzimmer. Roppel, den nichts umwarf, vor allem kein Weibergesöff, als das er die Bowle denunzierte, und den ich hinzugeladen hatte, ebenso wie die alten Schröders, schürfte den Grund der Terrine auf, um noch einen Rest des süßen Saftes für sich zu gewinnen.

Er hatte dann den Einfall — er war ein Mann des langen Nachdenkens und kurzen Entschlusses:

»Weißt du, Kasanowitz, wir bringen den Qualmist ins Bett. Der ist fertig, am Boden zerstört.«

»Aber in welches Bett denn? Hier ist kein Bett für ihn.«

»Wir machen eins und zwar in der Badewanne. Da kann er nicht rausfallen. Er wird doch schwimmen können?«

Aber diese Kunst hatte er bestimmt nicht erlernt. Sie gehörte zu einem anderen Genre, zum Prosaersatz, völlig unlyrisch. Immerhin war es für Roppel und seine Hände, groß wie Bratpfannen, kein Problem, den völlig wehrlos Gewordenen wie ein Kind davonzutragen und ganz sanft — diese groben masurischen Bauernburschen besaßen ein Feingefühl, wenn es um Nuancen ging — in die Badewanne zu betten, ihn dort abzulegen, ihn von Schlips und Kragen zu befreien, die Atemwege freizumachen. Zu seiner eigenen Gaudi kippte er noch einen Eimer Wasser aus der Pferdetränke auf den »Leblosen«. Danach zog er sich zurück.

Auch Schröders waren in Lucys Kabinett zur Ruhe gegangen. Ich saß allein gelassen neben der Badewanne des Dichters und hätte ihm so gern ein Vollbad eingelassen. Aber die Wanne war ja nur eine Attrappe. Sie war kaputt und würde es bleiben, solange der Dichter aus Persepolis und ich beisammen waren, und beide ganz allein mit dem Schicksal der Poesie und der Prosa.

Am nächsten Morgen beschwerte sich der von den Engeln verschmähte Poet aus dem Norden, daß er einen entsetzlichen Kopfschmerz habe: eine Nervenentzündung, eine unheilbare Nervenkrise. Er sprach den mir sehr entgegenkommenden Wunsch aus, zum Bahnhof gefahren zu werden und zwar möglichst schon am nächsten Tag in Richtung Rostock und weiter nach Warnemünde. Einen Seelenverkäufer, ein Schiff ganz allein für sich, wollte er dort mieten. Er war nicht mehr dazu gekommen, seine Gedichte aus Isfahan, seine »persischen Elegien« vorzulesen. Sie lagen unbekannt geblieben und uns nicht mehr zugänglich in der Krokodilledertasche.

Er sah nicht gut aus, als er aus dem Haus ging. Ich konnte ihn nicht zum Bahnhof begleiten. Denn, so begründete ich mein Verhalten:

»Ich muß bei einer Sau bleiben, die gerade in dieser Stunde ein Dutzend Ferkel werfen wird.«

So umarmten wir uns auf der Schwelle zum Schweinestall ein erstes und ein letztes Mal in diesem Leben. Almquist zitterte leicht wie eine Espe, die ganz allein dem Wind der Zeit ausgeliefert ist.

HEYNE
BÜCHER

Leonie Ossowski

Lebendig, unterhaltsam, wirklichkeitsgetreu – die Werke einer großen Erzählerin der deutschen Gegenwartsliteratur. Für ihr Gesamtwerk erhielt Leonie Ossowski den Schillerpreis der Stadt Mannheim.

Stern ohne Himmel
01/7817

Wer fürchtet sich vorm schwarzen Mann?
01/7835

Liebe ist kein Argument
01/7922

Weichselkirschen
01/7954

Wolfsbeeren
01/8037

Blumen für Magritte
01/8183

Weckels Angst
Mannheimer Geschichten
01/8255

Von Gewalt keine Rede
01/8417

Holunderzeit
Roman
01/8641

Wilhelm Heyne Verlag
München

Frühling, Sommer, Herbst und Winter

Das Leben im Wandel der Jahreszeiten ist das Thema und Leitmotiv dieser vier literarischen Lesebücher, die Texte bedeutender Autoren in einer exemplarischen Auswahl präsentieren.

DAS FRÜHLINGS-LESEBUCH

MIT ERZÄHLUNGEN VON
GÜNTER GRASS
VLADIMIR NABOKOV
MARIE-LUISE KASCHNITZ
SIEGFRIED LENZ
CHRISTA WOLF
HENRY MILLER
UND VIELEN ANDEREN AUTOREN

01/8423

Außerdem erschienen:

Das Sommer-Lesebuch
01/8424

Das Herbst-Lesebuch
01/8425

Das Winter-Lesebuch
01/8426

Wilhelm Heyne Verlag
München